# 코드로 배우는
# 스프링 웹 프로젝트 [개정판]

# 코드로 배우는
# 스프링 웹 프로젝트 [개정판]

**초　판** | 01쇄 2018년 09월 13일
　　　　　 23쇄 2024년 08월 16일

**지은이** | 구멍가게 코딩단
**발행인** | 이민호

**발　　행** | 남가람북스
**등　　록** | 2014년 12월 31일 제 2014-000040호
**주　　소** | 인천광역시 연수구 송도미래로 30, E동 1910호
**전　　화** | 032 506 3536
**팩　　스** | 0303 3446 3536
**홈페이지** | www.namgarambooks.co.kr
**이 메 일** | namgarambooks@naver.com

**편　　집** | 남가람북스 편집팀
**디자인** | 강민정

**ISBN** | 979-11-89184-01-8

현 업 개 발 을 위 한 단 계 별 실 습 서

# 코드로 배우는
# 스프링 웹 프로젝트

## 개정판

구멍가게 코딩단 지음

남가람북스

# 이 책을 내며...

프로그래밍을 배우면서 가장 큰 장벽은 단순히 문법이나 특정한 API를 사용하는 것이 아닌 경우가 많습니다. 초급 개발자와 중급 이상의 개발자와의 가장 큰 차이는 어쩌면 '생각의 시작점'에 있는 것 같습니다. 처음에 프로그램을 어떤 과정을 통해서 만들어 갈 것인가, 어떤 단계까지 우선적으로 진행할 것인가..와 같은 문제가 경력의 차이가 되는 것 같습니다. 프레임워크를 이용하는 작업도 유사합니다. 어떤 과정에서 어떤 내용을 구현해야 하는지를 구분해 줄 필요가 있는데 이는 단순히 방대한 프레임워크의 내용을 이해하는 것과는 약간의 거리가 있다고 생각합니다.

3년 전, 개발자들과의 만남에서 신입사원들에게 필요한 스프링 예제를 만들어 보자고 시작한 것이 '코드로 배우는 스프링 웹 프로젝트'라는 도서를 출간하게 된 계기였습니다. 필자와 지인들이 생각하는 체계와 방법론을 바탕으로 책을 출간해 보자던 시도였습니다. 겁 없이 시작한 시도가 결국 책으로 출간되었고, 예상 밖의 사랑을 받아왔습니다. 독자 여러분의 많은 사랑에 감사하며, 부족한 부분을 좀 더 매워서 개정판을 출간하게 되었습니다.

이 책의 목적은 '스프링을 이용해서 프로젝트를 만드는 기술을 익히는 것'입니다. 필자는 이 책의 구성을 방대한 설정을 다루기 보다는 필요한 단계를 다루고, 복잡한 설정 보다는 필수적인 구성을 다루고 싶었습니다. 최대한 실무에서 사용하는 방식에 포커스를 두고, 구현의 과정을 세분화 시켜보고자 했습니다. 3년이 지난 시점에 개정판에서 변경된 부분은 크게 다음과 같습니다.

- XML뿐만 아니라 Java 설정을 이용하는 스프링 설정
- MySQL이 아닌 Oracle 데이터베이스를 이용하는 처리
- 스프링 시큐리티의 소개

이미 세상에는 많은 종류의 스프링 관련 서적이 출간되어 있고, 앞으로도 많은 서적이 출간될 것입니다. 개인적인 바람은 수많은 스프링 서적 중에서 이 책이 스프링에 입문하는 사람에게 실질적으로 많은 도움이 되는 책으로 남았으면 합니다.

Thanks to...

게으름과 저질 체력으로 무장한 저를 개정판으로 이끌게 되기까지는 수많은 분들의 수고가 함께 했습니다. 남가람북스 대표님과 편집 및 디자인을 담당해준 직원분들, 게으른 저를 항상 깨워주던 병준이형, 익찬씨, '구멍가게 코딩단' 카페의 부 운영자로 필자 대신 많은 질문을 해결해준 창현씨와 카페 회원분들 모두에게 감사합니다. 또한, 비트캠프 종로에서 강의를 들으며 원고를 검수해준 동희와 학생들, 좋은 의견을 주신 여러 강사님들에게 감사 인사를 드립니다.

무엇보다, 항상 원고 작업에 밀려 제대로 아빠 노릇을 못하는 저와 살고 있는 우리 가족에게도 고마움을 전합니다.

2018년 8월 무더운 밤 화랑대역 카페에서

**구멍가게 코딩단** 드림

# 코드로 배우는 스프링 웹 프로젝트 v2.0

이 책은 Spring Framework(이하 스프링)를 사용해서 말 그대로 '웹 프로젝트'를 어떻게 진행하는지를 설명하는 책입니다. 웹 프로젝트라고 거창하게 표현하지만, 좀 더 구체적으로는 스프링으로 웹 프로젝트에서 사용되는 게시물 관리를 만들어 보는 것이 주된 목적입니다.

모든 웹 프로젝트는 그 성격에 따라 구성과 구조가 다르기는 하지만 결과적으로는 게시물 관리 모듈의 집합체라고 볼 수 있습니다. 이 책에서는 웹 프로젝트에 사용되는 게시물을 다음과 같은 예제들로 작성합니다.

- 데이터베이스를 활용해서 기본적인 등록, 수정, 삭제, 조회 기능을 구현
- 웹 화면에서 페이징 처리와 검색 처리
- 다양한 종류의 첨부파일을 웹에 게시
- Ajax를 이용하는 데이터 처리
- 스프링 시큐리티를 이용해서 웹의 로그인/로그아웃 처리

현재까지 출간된 스프링 관련 많은 서적들은 주로 스프링의 내부 구조나 원리 등 이론적인 배경에 초점을 두었지만, 이 책은 실무 개발에서 사용하는 도구로서 스프링을 다루고 있습니다. 이 책에서 바라보는 스프링은 다음과 같은 의미가 있습니다.

- 스프링은 이 책의 예제를 만드는 하나의 도구로 사용합니다. 스프링 프레임워크는 다양한 이론과 쓰임새가 있지만, 이 책에서는 하나의 웹 프로젝트를 목표로 두고 이를 완성해 가는 과정을 상세히 설명합니다. 이러한 과정을 통해서 필요한 최소한의 이론과 사용법을 익히게 됩니다.
- 웹 개발자가 스프링을 이용할 때 이를 사용하는 순서에 초점을 둡니다. 스프링은 초기의 설정이 어렵게 다가오기 때문에 각 단계를 진행할 때 어떤 방식으로 테스트를 하고, 어떤 단계를 확인해야 하는지에 중점을 둡니다.

## 이 책의 대상 독자

스프링으로 웹 프로젝트를 진행하기 위해서는 다음과 같은 선행학습이 필요합니다.

- Java 언어에 관한 기본 지식

- Servlet/JSP에 관한 기본 지식 및 실습 경험 – 모델1, 모델2에 대한 기본적인 개념이 필요합니다.

- HTML/JavaScript/CSS에 관한 기본 지식 – jQuery 등을 다뤄본 경험이 있다는 것을 전제로 예제를 작성합니다.

- SQL에 관한 기본 지식 – 오라클 데이터베이스를 이용해 본 경험이 있고, 사용자 생성이나 테이블, 시퀀스 등의 경험이 필요합니다.

이 책은 다음과 같은 개발자를 대상으로 합니다.

- 스프링 프레임워크를 사용해서 자신만의 경험을 쌓으려는 초급 개발자

- 웹 개발 지식과 경험은 있지만, 스프링을 이용한 예제를 작성하는데 어려움을 느끼는 초급 개발자

- 최근에 변화된 스프링을 이용해서 개발하고 싶은 개발자

- 웹 프로젝트를 진행하면서 어떤 개발 단계를 거쳐야 하는지 알고 싶은 개발자


## 개정판에서 달라진 점

개정판에서는 다음과 같은 점들이 달라지게 되었습니다.

- 스프링의 버전은 5.x 버전을 사용하고, 개발도구는 Spring Tool Suite(이하 STS) 혹은 Eclipse와 Maven으로 작성합니다.

- 기존에 사용하던 XML과 Java Configuration(이하 Java 설정)과 어노테이션 기반의 설정을 이용합니다. – 최근 스프링 관련 예제나 프로젝트에서 XML 대신에 Java 설정을 이용할 때가 점점 증가하고 있으므로 이를 반영합니다.

- 데이터베이스는 기존의 MySQL이 아닌 Oracle Database 11g Express Edition 버전을 사용합니다.

- 스프링 시큐리티(Spring Security)를 추가해서 로그인 부분을 처리합니다.

- Lombok 라이브러리를 활용해서 Getter/Setter 등의 코드를 줄여서 최소한의 코드로 프로젝트를 작성합니다.

- MyBatis의 Mapper 인터페이스와 XML을 활용합니다. 기존의 DAO를 이용하던 개발 방식을 개선해서 더 적은 양의 코드로 개발을 할 수 있습니다.

## 이 책의 구성과 활용방법

이 책의 구성은 크게 다음과 같습니다.

- PART 1: 스프링 개발 환경 구축
- PART 2: 스프링 MVC 설정
- PART 3: 기본적인 웹 게시물 관리
- PART 4: REST 방식과 Ajax를 이용하는 댓글 처리
- PART 5: AOP와 트랜잭션
- PART 6: 파일 업로드 처리
- PART 7: Spring Web Security를 이용한 로그인 처리

PART 1에서는 스프링을 공부하는 데 필요한 기본적인 지식을 간단하게 소개합니다. 스프링으로 웹 프로젝트를 진행할 때는 단순히 스프링만 사용하는 것이 아니기 때문에 그와 관련된 기반 지식을 함께 공부할 필요가 있습니다. 이 책의 예제는 스프링과 MyBatis, Oracle을 사용해서 프로젝트를 진행합니다.

PART 2부터는 각 장의 목표에 맞게 단계별로 개발의 목표와 과정을 설명합니다. 각 장은 개발 단계와 더불어 구현이 필요한 지식을 추가하는 형태로 구성하고 있습니다.

## 소스 코드 다운로드 및 Q&A

소스 코드 다운로드 및 Q&A는 구멍가게 코딩단 카페의 자료실에서 확인할 수 있습니다.

http://cafe.naver.com/gugucoding

# 내용

## Part 7
# Spring Web Security를 이용한 로그인 처리

## Appendix
## 부록

# 스프링 개발 환경 구축

PART 1은 이 책의 모든 예제에서 사용하는 '설정'에 관한 것입니다. 스프링을 활용하는 개발은 프레임워크에 대한 지식 외에도 데이터베이스, WAS(이 책에서는 Tomcat) 등 여러 가지 설정이 필요합니다. 입문자들은 이러한 설정에 어려움을 느끼는 경우가 많기 때문에 각 단계별로 어떠한 설정이 필요한지를 자세하게 설명하겠습니다.

PART 1에서는 다음과 같은 설정을 진행합니다.

- 스프링의 개발 환경 (STS(혹은 Eclipse), Lombok 등)
- 오라클 데이터베이스 설치 및 계정 설정
- 스프링과 MyBatis의 연동 설정
- 스프링 MVC의 구성 설정 및 테스트

Part 01

Part 02

Part 03

Part 04

Part 05

Part 06

Part 07

Chapter

# 01 │ 개발을 위한 준비

스프링을 학습하는 단계는 대부분 웹 프로그래밍을 학습한 후 진행하게 됩니다. 스프링은 설정이 꽤 복잡하기 때문에 흔히들 '설정이 반이다'라고 말할 정도로 설정의 난이도 때문에 진입장벽이 높을 때가 많습니다.

PART 1에서는 다음과 같은 설정을 처리합니다.

- JDK 1.8버전 설치(2018년 8월 현재 JDK 10버전은 Tomcat 등의 연동에 문제가 완전히 해결되지 않았을 수 있으므로 권장하지 않습니다.)
- STS(Eclipse) 설치 및 프로젝트 생성
- Tomcat 설치 및 연동
- 오라클 데이터베이스 / SQL Developer 설치 및 설정
- 스프링 프로젝트 생성 및 라이브러리 추가
- MyBatis / mybatis-spring 설정
- 스프링 MVC 개발 설정

## 1.1 개발 환경설정

본격적인 학습에 앞서 개발을 하는데 시간을 단축해주는 여러 개발도구를 설정할 필요가 있습니다. 다행스러운 점은 스프링으로 개발할 경우 통합 개발도구들이 스프링과 관련된 프로젝트 개발에 많은 기능을 제공한다는 점입니다.

스프링 개발에서 가장 많이 사용하는 통합 개발도구는 Eclipse 기반으로 개발된 Spring Tool Suite(이하 STS)를 이용하거나, Intellij Ultimate 혹은 Eclipse에 플러그인의 형태로 사용하는 경우가 많습니다. 이 책은 기본적으로 Eclipse + 스프링 관련 플러그인 혹은 STS를 이용해서 진행하며, 이를 사용하기 위해서 사전에 JDK의 설치가 필요합니다.

JDK는 Java SE 8 혹은 11버전을 사용하는 것이 좋습니다. 스프링은 버전에 따라 JDK 버전의 제한이 있으므로 주의해야 합니다. 이클립스나 STS에서 Java SE 16버전은 문제가 있을 수 있으므로 주의합니다.

- 5.x의 경우 JDK 1.8 이상
- 4.x의 경우 JDK 1.6 이상
- 3.x의 경우 JDK 1.5 이상

### 1.1.1 JDK 설치

JDK 버전은 2021년 9월 현재 JDK 16 버전이 출시된 상태입니다만, Eclipse 혹은 Tomcat 등에서 아직 약간의 문제가 있는 관계로 JDK 11 버전을 기준으로 환경설정을 하겠습니다. https://www.oracle.com/kr/java/technologies/javase-downloads.html에서 JDK를 다운 받아서 설치합니다.

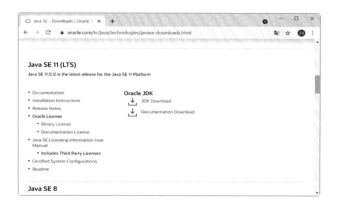

JDK 설치 후에는 환경 변수에서 JAVA_HOME을 설정합니다. 환경 변수의 값은 JDK가 설치된 경로를 지정합니다.

Part 01

Part 02

Part 03

Part 04

Part 05

Part 06

Part 07

PATH에는 JDK의 bin 디렉토리를 '%JAVA_HOME%\bin'으로 지정합니다. PATH 설정은 Windows 버전에 따라 차이가 있습니다. 아래 화면은 Windows 10의 경우입니다.

```
%USERPROFILE%\AppData\Local\Microsoft\WindowsApps
%JAVA_HOME%\bin
C:\Program Files\Microsoft VS Code\bin
```

설정이 완료된 후에는 명령 프롬프트를 이용해서 'javac' 명령어가 제대로 동작하는지 확인합니다.

```
C:\>javac
Usage: javac <options> <source files>
where possible options include:
  @<filename>                  Read options and filenames from file
  -Akey[=value]                Options to pass to annotation processors
  --add-modules <module>(,<module>)*
                   Root modules to resolve in addition to the initial modules, or all modules
                   on the module path if <module> is ALL-MODULE-PATH.
  --boot-class-path <path>, -bootclasspath <path>
                   Override location of bootstrap class files
  --class-path <path>, -classpath <path>, -cp <path>
                   Specify where to find user class files and annotation processors
  -d <directory>               Specify where to place generated class files
  -deprecation
```

## 1.1.2 Eclipse 혹은 STS3 설치

코드를 작성하기 전에 어떤 도구를 활용할 것인지 선택하는 것은 개발의 생산성과 관련 있기 때문에 신중하게 결정해야 합니다. 스프링 프레임워크의 개발에는 다음과 같은 방법들을 사용할 수 있습니다.

- Eclipse + STS3 플러그인
- STS(Spring Tool Suite)3 통합 개발 도구
- Intellij 등

스프링 개발 환경 구축

일반적으로 스프링 프레임워크 설정에는 크게 XML을 기반으로 설정하는 방식과 Java 클래스를 기반으로 설정하는 방식이 있습니다. 이 중에서 기존 프로젝트를 익혀야 하는 경우에는 XML을 기반으로 학습할 필요가 있습니다. XML 설정의 경우 XML 파일의 네임스페이스나 기타 설정 등이 필요한데 추가적인 개발 도구를 설치하면 이에 대한 약간의 도움을 받을 수 있게 됩니다. 엄밀하게 말하면 스프링 프레임워크를 이용하는 개발 자체는 jar 파일들과 설정 파일을 추가하는 형식이기 때문에 'Web Project'를 생성하고 실행할 수 있다면 별도의 플러그인 없이도 개발이 가능하긴 합니다.

최근 Eclipse의 경우 버전에 따라서 플러그인 설치 시 여러 종류의 문제가 발생하기 때문에 가장 안전한 방법은 STS3를 다운로드 받아서 설치하는 방법입니다(2022년 10월 현재 Eclipse에서 플러그인이 정상적으로 설치되지 못하는 문제가 많습니다.). STS 4버전부터는 스프링 프레임워크 대신에 스프링 부트만을 지원하기 때문에 반드시 3버전을 찾아서 설치해야 합니다.

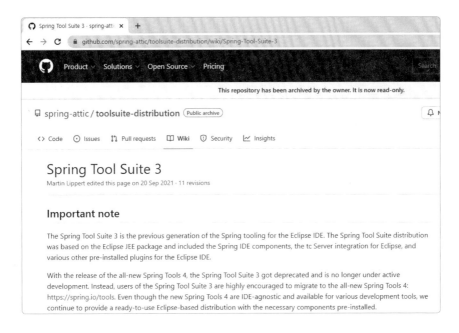

https://github.com/spring−attic/toolsuite−distribution/wiki/Spring−Tool−Suite−3에서 이전 버전의 STS3를 검색합니다.

Part 01

Part 02

Part 03

Part 04

Part 05

Part 06

Part 07

**Previous STS3 Versions**

**Spring Tool Suite 3.9.17 (New and Noteworthy)**

**full distribution on Eclipse 4.20**

- https://download.springsource.com/release/STS/3.9.17.RELEASE/dist/e4.20/spring-tool-suite-3.9.17.RELEASE-e4.20.0-win32-x86_64.zip
- https://download.springsource.com/release/STS/3.9.17.RELEASE/dist/e4.20/spring-tool-suite-3.9.17.RELEASE-e4.20.0-macosx-cocoa-x86_64.dmg
- https://download.springsource.com/release/STS/3.9.17.RELEASE/dist/e4.20/spring-tool-suite-3.9.17.RELEASE-e4.20.0-linux-gtk-x86_64.tar.gz

3.9.17버전을 다운로드 해서 압축을 해제하고 STS.exe 파일을 실행합니다. 압축을 해체할 때 주의할 점은 다음과 같습니다.

- 중간에 한글 경로가 있는 폴더에 압축을 해제하지 않도록 합니다.
- 설치 경로가 너무 길거나 복잡한 경우 정상적으로 압축이 풀리지 못하는 문제가 발생할 수 있습니다.

압축이 해제되면 'sts-budle'이라는 폴더가 생성되고 아래와 같은 구조가 생성됩니다.

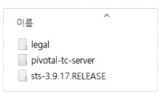

이름

- legal
- pivotal-tc-server
- sts-3.9.17.RELEASE

이 중에서 'sts...' 폴더의 내부를 살펴보면 'STS.exe' 파일이 있어 이를 통해서 실행합니다.

스프링 개발 환경 구축

Eclipse와 같이 STS 역시 최초 실행 시에는 워크스페이스를 지정해 주어야 합니다.

### 1.1.3 Eclipse(STS) 실행 환경 편집

설치된 이클립스를 별다른 설정 없이 사용하는 것도 가능하지만 이클립스가 기본적으로 JDK가 아닌 JRE를 이용해서 실행되기 때문에 이후에 설치하는 Lombok 라이브러리 등의 사용에 지장이 있을 수 있습니다(이 책의 예제에서 사용될 것입니다.). 이러한 문제를 미리 막기 위해서 STS(이클립스)가 설치된 폴더 내에 'sts.ini(Eclipse의 경우 eclipse.ini)' 파일을 수정할 필요가 있습니다.

sts.ini 파일을 메모장 등의 편집 프로그램을 이용해서 아래와 같이 '-vm' 관련 옵션을 추가합니다. 이때 값은 현재 설치된 JDK의 경로를 이용합니다.

```
-vm
C:\Program Files\Java\jdk-11.0.2\bin\javaw.exe
-startup
plugins/org.eclipse.equinox.launcher_1.6.200.v20210416-2027.jar
```

변경된 파일을 저장하고 실행에 문제가 없는지 확인합니다.

### 1.1.4 프로젝트 템플릿 확인

STS가 정상적으로 실행되었다면 새로운 'Spring Legacy Project'를 선택합니다.

프로젝트의 생성 시에는 기존 템플릿을 이용할 수 있는데 이 중에서 'Spring MVC Project'를 선택합니다. 만일 'Spring MVC Project' 메뉴가 보이지 않는다면 'Configure templates' 메뉴를 조정합니다.

　　　　　　　　　　　　　　　　　　　　스프링 개발 환경 구축

위의 화면에서 'spring-defaults'만을 남기고 'apply' 합니다.

프로젝트 생성 템플릿을 'Refresh'해서 'Spring MVC Project' 메뉴가 나오는지 확인합니다.

### 1.1.5 워크스페이스 환경설정

개발할 때는 주로 UTF-8을 이용하는 것을 권장하는데 Eclipse의 경우 윈도우 환경에서는 별도의 설정이 필요합니다.

'Window -> Preferences -> General -> Workspace' 메뉴를 선택합니다.

Part 01

Part 02

Part 03

Part 04

Part 05

Part 06

Part 07

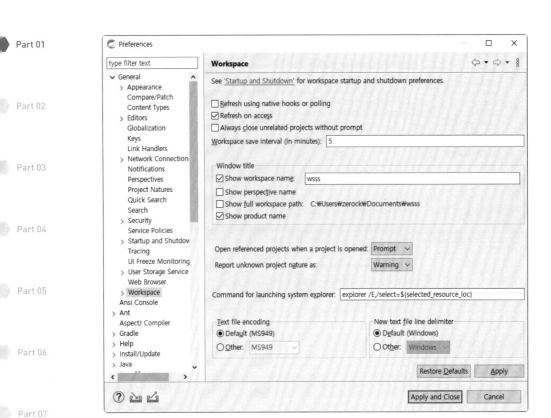

아래쪽의 'Text File encoding' 부분을 보면 'MS949'로 되어 있는 것을 확인할 수 있는
데 이를 'UTF-8'로 변경해 줍니다.

### 1.1.6 HTML/CSS/JS 파일의 인코딩 변경

웹에서 사용하는 파일들의 경우 한국어인 'EUC-KR' 설정으로 되어 있으므로 이를
'UTF-8'로 변경해 주도록 합니다. 'Window -> Preferences' 메뉴에서 'Web' 항목을
선택합니다.

스프링 개발 환경 구축

'CSS Files/HTML Files/JavaScript' 항목에서 'Encoding' 항목을 수정합니다.

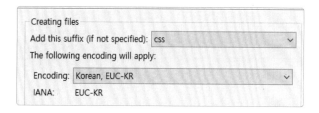

## 1.1.7 Tomcat 9(8) 서버 설정

STS(혹은 Eclipse)로 생성하는 프로젝트의 구동은 Tomcat을 이용해서 진행합니다. http://tomcat.apache.org/를 통해서 Tomcat 9.0버전을 이용합니다(JDK 1.8 이상을 사용하기 위해서 입니다. 만일 Spring을 4.x로 진행한다면 Tomcat 8.x 버전을 이용해도 무방합니다.). Tomcat을 사용할 때에는 항상 http://tomcat.apache.org/whichversion.html 문서를 통해서 자신의 환경에 맞는 버전을 이용해야 합니다.

Part 02
Part 03
Part 04
Part 05
Part 06
Part 07

Apache Tomcat® is an open source software implementation of the Java Servlet and JavaServer Pages technologies. Different versions of Apache Tomcat are avail specifications and the respective Apache Tomcat versions is:

| Servlet Spec | JSP Spec | EL Spec | WebSocket Spec | JASPIC Spec | Apache Tomcat Version | Latest Released Version | Supported Java Versions |
|---|---|---|---|---|---|---|---|
| 4.0 | 2.3 | 3.0 | 1.1 | 1.1 | 9.0.x | 9.0.8 | 8 and later |
| 3.1 | 2.3 | 3.0 | 1.1 | 1.1 | 8.5.x | 8.5.31 | 7 and later |
| 3.1 | 2.3 | 3.0 | 1.1 | N/A | 8.0.x (superseded) | 8.0.52 (superseded) | 7 and later |
| 3.0 | 2.2 | 2.2 | 1.1 | N/A | 7.0.x | 7.0.88 | 6 and later (7 and later for WebSocket) |
| 2.5 | 2.1 | 2.1 | N/A | N/A | 6.0.x (archived) | 6.0.53 (archived) | 5 and later |
| 2.4 | 2.0 | N/A | N/A | N/A | 5.5.x (archived) | 5.5.36 (archived) | 1.4 and later |
| 2.3 | 1.2 | N/A | N/A | N/A | 4.1.x (archived) | 4.1.40 (archived) | 1.3 and later |
| 2.2 | 1.1 | N/A | N/A | N/A | 3.3.x (archived) | 3.3.2 (archived) | 1.1 and later |

Tomcat 사이트의 다운로드 링크를 이용해서 적절한 버전을 다운로드합니다.

**Download**
Which version?
Tomcat 9
Tomcat 8
Tomcat 7
Tomcat Connectors
Tomcat Native
Taglibs
Archives

**Documentation**
Tomcat 9.0
Tomcat 8.5
Tomcat 8.0
Tomcat 7.0
Tomcat Connectors
Tomcat Native
Wiki
Migration Guide
Presentations

**Problems?**
Security Reports
Find help
FAQ

**Mirrors**

You are currently using **http://mirror.navercorp.com/apache/**. If you encounter a problem with this mirror.

Other mirrors: http://apache.mirror.cdnetworks.com/ ▼ [Change]

**9.0.8**

Please see the README file for packaging information. It explains what every distribution contains.

**Binary Distributions**

- Core:
  - zip (pgp, sha1, sha512)
  - tar.gz (pgp, sha1, sha512)
  - 32-bit Windows zip (pgp, sha1, sha512)
  - 64-bit Windows zip (pgp, sha1, sha512)
  - 32-bit/64-bit Windows Service Installer (pgp, sha1, sha512)
- Full documentation:
  - tar.gz (pgp, sha1, sha512)
- Deployer:
  - zip (pgp, sha1, sha512)
  - tar.gz (pgp, sha1, sha512)
- Extras:

스프링 개발 환경 구축

zip이나 tar.gz 등의 압축형태를 다운로드해서 원하는 경로에 압축을 해제합니다. 필자는 C 드라이브 밑에 압축을 해제하고 사용합니다.

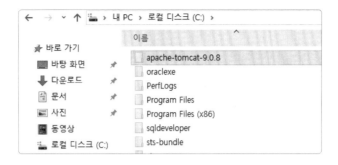

Eclipse에서는 'Window 〉 Preferences' 메뉴의 'Server' 항목을 통해서 추가합니다. 'Add' 버튼을 통해서 'Apache Tomcat 9'를 선택하고, Tomcat이 설치된 경로를 지정해 줍니다.

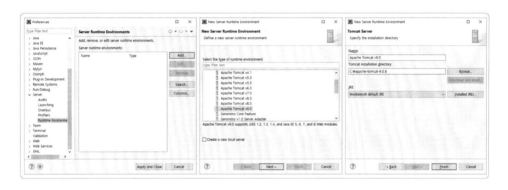

Part 01

Part 02

Part 03

Part 04

Part 05

Part 06

Part 07

## 1.2 스프링 프로젝트 생성

이클립스(STS)에서 스프링 프로젝트를 생성하는 방식은 1) 처음부터 스프링 프로젝트를 지정하고 생성하는 방식, 2) Maven이나 Gradle 프로젝트를 생성한 후 프레임워크를 추가하는 방식, 3) 직접 프레임워크 라이브러리를 추가하는 방식이 있습니다.

### 1.2.1 'ex00' 프로젝트 생성

STS나 Eclipse의 스프링 관련 플러그인을 설치하면 별도의 설정 없이 몇 번의 클릭만으로도 Maven을 사용하는 스프링 프로젝트를 생성할 수 있습니다. 화면 오른쪽 상단의 'Perspective'를 'Spring'으로 지정한 후 'File' 메뉴를 통해서 프로젝트를 생성합니다.

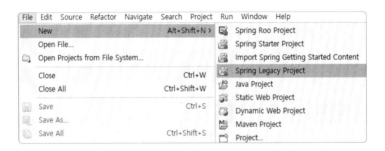

'Spring Legacy Project' 메뉴를 이용하면 아래 화면과 같이 여러 종류의 스프링 기반 프로젝트를 Maven 기반으로 생성할 수 있습니다.

프로젝트는 'Spring MVC Project'를 이용해서 생성합니다. 패키지명은 'org.zerock. controller'로 지정합니다.

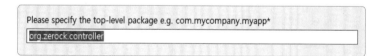

프로젝트를 최초로 생성하면 필요한 코드와 라이브러리를 다운로드하게 됩니다. 다운로드 하는 라이브러리들은 사용자 폴더 내 '.m2'라는 이름의 폴더를 이용합니다. '.m2' 폴더에 생성된 repository 폴더 안에는 프로젝트 생성 시 다운로드된 파일들이 추가됩니다.

Part 01

Part 02

Part 03

Part 04

Part 05

Part 06

Part 07

**Note** | **프로젝트 생성 시 에러가 발생하는 경우**

STS 등을 이용해서 스프링 관련 프로젝트를 생성하는 경우에 간혹 아래와 같이 에러가
발생하는 경우가 있습니다.

```
∨ 🗁 src
  ∨ 🗁 main
    ∨ 🗁 webapp
      🗁 resources
      ∨ 🗁 WEB-INF
        🗁 classes
        ∨ 🗁 spring
          ∨ 🗁 appServlet
            🗋 servlet-context.xml
          🗋 root-context.xml
        > 🗁 views
        🗋 web.xml
  🗁 test
```

이와 같이 프로젝트가 온전히 생성되지 않는 경우 대부분은 Maven 등에서 스프링 관련
jar 파일들을 다운로드하는 중에 문제가 발생하는 경우가 대부분입니다. 만일 실습 중에
위와 같이 프로젝트가 정상적으로 생성되지 못했다면 먼저 이클립스를 종료하고 현재
사용자 폴더 내에 있는 '.m2' 밑에 'repository' 폴더의 내용물을 삭제해야 합니다. 이후
이클립스를 재시작하면 자동으로 생성된 프로젝트를 점검하면서 아래와 같이 관련 라
이브러리를 다시 다운로드하게 됩니다.

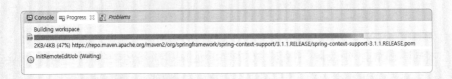

다운로드도 인 라이브러리의 경우 다른 프로젝트에서 필요로 하는 경우에는 다시 다운
로드되지 않으므로, 최초의 프로젝트 생성이나 라이브러리가 추가되는 경우에만 문제
가 발생할 수 있습니다.

## 1.2.2 스프링 버전 변경

생성된 프로젝트는 다음과 같은 구조로 Java 폴더나 JSP 폴더, 테스트 폴더 등이 생성됩니다.

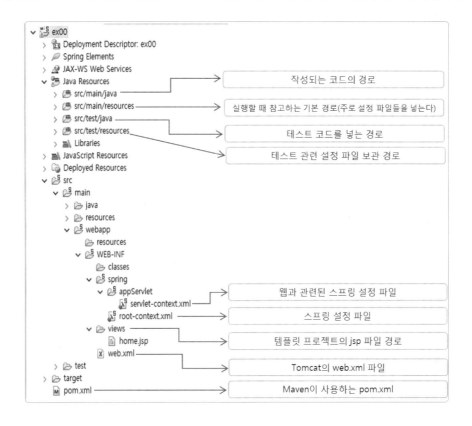

'Spring Legacy Project' 메뉴를 이용해서 생성하는 프로젝트는 편리하기는 하지만 아쉽게도 생성되는 스프링의 버전은 3.x이고, JDK 환경 역시 1.6을 기준으로 작성되어 있습니다. 예제는 스프링 5버전을 이용할 것이므로 이에 대한 수정이 필요합니다. 생성된 프로젝트의 라이브러리는 pom.xml 파일을 통해서 관리되므로 이를 수정합니다.

스프링과 관련된 버전은 'maven spring'으로 검색해서 'Maven Repository'의 스프링 링크를 찾아서 사용합니다.

Part 01

Part 02

Part 03

Part 04

Part 05

Part 06

Part 07

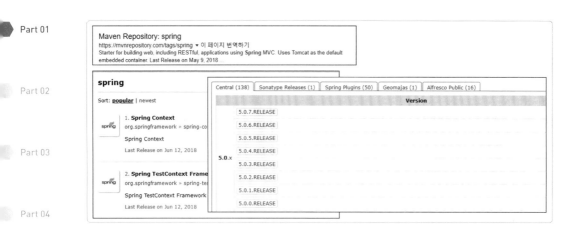

pom.xml에서 스프링 프레임워크 버전은 3.1.1로 생성되므로, 예제는 5.0.7 버전으로 수정합니다.

**pom.xml의 일부**

```
<name>ex00</name>
 <packaging>war</packaging>
 <version>1.0.0-BUILD-SNAPSHOT</version>
 <properties>
  <java-version>1.6</java-version>
  <org.springframework-version>5.0.7.RELEASE</org.springframework-
version>
  <org.aspectj-version>1.6.10</org.aspectj-version>
  <org.slf4j-version>1.6.6</org.slf4j-version>
 </properties>
 <dependencies>
```

스프링 프레임워크의 버전을 수정하고 나면 관련 라이브러리들을 새롭게 추가하는데 시간이 조금 걸립니다. 완료된 후에는 프로젝트 구조의 'Maven Dependencies' 항목을 통해서 스프링 프레임워크 라이브러리들이 제대로 변경되었는지를 확인합니다.

### 1.2.3 Java version 변경

생성된 프로젝트의 JRE System Library를 보면 'JavaSE-1.6' 버전으로 생성된 것을 볼 수 있습니다. 스프링 5 버전의 경우 최소 1.8 이상을 사용해야 하기 때문에 이를 변경해 주어야 합니다. 앞에서 JDK 환경은 11 버전으로 변경했으므로 프로젝트의 JRE System Library 역시 변경해 주어야 합니다.

pom.l의 〈plugin〉태그 중 maven-compiler-plugin의 내용을 1.6에서 11로 변경합니다.

**pom.xml의 일부**

```
<plugin>
    <groupId>org.apache.maven.plugins</groupId>
    <artifactId>maven-compiler-plugin</artifactId>
    <version>2.5.1</version>
    <configuration>
        <source>11</source>
        <target>11</target>
        <compilerArgument>-Xlint:all</compilerArgument>
        <showWarnings>true</showWarnings>
        <showDeprecation>true</showDeprecation>
    </configuration>
</plugin>
```

Part 01

Part 02

Part 03

Part 04

Part 05

Part 06

Part 07

이 후 프로젝트를 선택한 상태에서 'Maven 〉 Update Project'를 실행합니다.

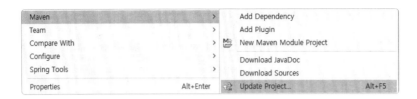

실행된 뒤에는 프로젝트의 컴파일이나 실행환경이 JDK 11으로 설정된 것을 확인할 수 있습니다.

## 1.3 Tomcat을 이용한 프로젝트 실행 확인

작성된 프로젝트가 정상적으로 동작하는지 프로젝트를 실행해서 확인하는 과정은 프로젝트의 'Run As 〉 Run on Server'를 이용해서 처리합니다.

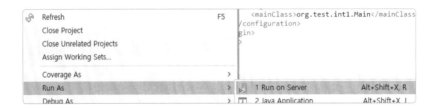

프로젝트가 정상적으로 실행되면 Eclipse(STS) 내에서 실행되는 모습을 확인할 수 있습니다. 프로젝트가 실행되면서 문제가 없다면 Eclipse 내 브라우저에서 'http://localhost:8080/controller/'라는 URL이 실행됩니다.

스프링 개발 환경 구축

```
정보: Initializing Spring FrameworkServlet 'appServlet'
INFO : org.springframework.web.servlet.DispatcherServlet - FrameworkServlet 'appServlet': initialization started
INFO : org.springframework.web.context.support.XmlWebApplicationContext - Refreshing WebApplicationContext for namespace 'appSe
INFO : org.springframework.beans.factory.xml.XmlBeanDefinitionReader - Loading XML bean definitions from ServletContext resourc
INFO : org.springframework.beans.factory.annotation.AutowiredAnnotationBeanPostProcessor - JSR-330 'javax.inject.Inject' annota
INFO : org.springframework.web.servlet.mvc.method.annotation.RequestMappingHandlerMapping - Mapped "{[/],methods=[GET]}" onto p
INFO : org.springframework.web.servlet.mvc.method.annotation.RequestMappingHandlerAdapter - Looking for @ControllerAdvice: WebA
INFO : org.springframework.web.servlet.mvc.method.annotation.RequestMappingHandlerAdapter - Looking for @ControllerAdvice: WebA
INFO : org.springframework.web.servlet.handler.SimpleUrlHandlerMapping - Mapped URL path [/resources/**] onto handler 'org.spri
INFO : org.springframework.web.servlet.DispatcherServlet - FrameworkServlet 'appServlet': initialization completed in 832 ms
6월 14, 2018 11:34:34 오전 org.apache.coyote.AbstractProtocol start
정보: Starting ProtocolHandler ["http-nio-8080"]
6월 14, 2018 11:34:34 오전 org.apache.coyote.AbstractProtocol start
정보: Starting ProtocolHandler ["ajp-nio-8009"]
6월 14, 2018 11:34:34 오전 org.apache.catalina.startup.Catalina start
정보: Server startup in 6577 ms
INFO : org.zerock.controller.HomeController - Welcome home! The client locale is ko_KR.
```

### 1.3.1 프로젝트 실행 시 흔히 발생하는 문제들

프로젝트 생성과 관련해서는 여러 종류의 문제가 발생할 수 있습니다. 프로젝트 발생 시에 생기는 문제를 보려면 우선 'Problems' 화면을 통해서 어떤 문제들이 발생하는지 확인해야 합니다.

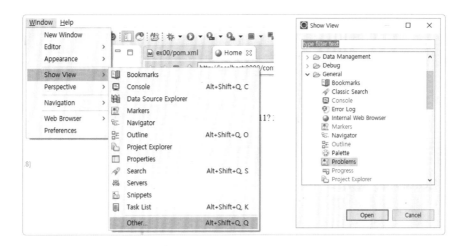

흔히 발생하는 문제와 해결책을 정리해 보면 다음과 같습니다.

Part 01

Part 02

Part 03

Part 04

Part 05

Part 06

Part 07

- pom.xml에서 빨간색 경고가 발생하는 경우 – 해당 라이브러리를 다운로드하지 못하면서 생기는 문제인 경우가 많습니다. Maven으로 여러 라이브러리들을 받으려고 할 때 가끔 비정상적으로 다운로드가 되는 경우가 생길 수 있습니다. Maven으로 다운로드되는 파일들은 '사용자 이름' 폴더 내 '.m2' 폴더에 모이게 됩니다. 따라서 Eclipse를 종료한 후 '.m2' 폴더 내의 모든 내용을 삭제한 후 다시 Eclipse를 실행합니다. Eclipse는 기본적으로 프로젝트의 유효성을 점검하기 때문에 Maven으로 다시 관련 라이브러리를 다운로드합니다.

- Tomcat으로 실행할 때 'invalid loc header (bad signature)' 메시지가 보이면서 정상적으로 실행되지 않는 경우 – 앞에서와 마찬가지로 대부분 라이브러리 관련 문제입니다. 다만 이 문제는 Tomcat 쪽에 라이브러리가 제대로 처리되지 않아서 생기는 문제이므로 위의 방식으로 해결되는 경우가 대부분이고, Maven을 강제로 업데이트 시켜볼 수도 있습니다. 프로젝트를 선택한 후 Maven 메뉴를 이용해서 'Update Project'를 선택합니다. 이후의 화면에서 강제로 업데이트를 실행할 수 있습니다.

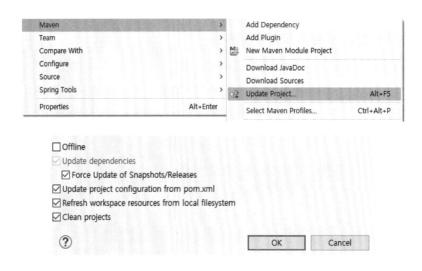

## 1.4 Lombok 라이브러리 설치

이클립스와 스프링 플러그인 만으로도 스프링 개발은 가능하지만, Lombok을 이용하면 Java 개발 시 자주 사용하는 getter/setter, toString( ), 생성자 등을 자동으로 생성해 주므로 약간의 코드만으로도 필요한 클래스를 설계할 때 유용합니다. Lombok은 다른 jar 파일들과 달리 프로젝트의 코드에서만 사용되는 것이 아니라 Eclipse 에디터 내에서도 사용되어야 하기 때문에 별도로 설치합니다.

Lombok의 다운로드는 https://projectlombok.org에서 jar 파일 형태로 받을 수 있습니다.

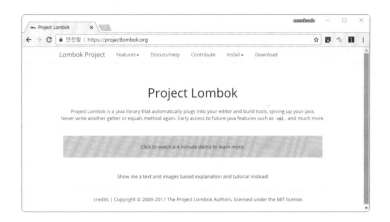

2018년 8월 현재 Lombok 버전은 1.18.2 버전을 다운로드 할 수 있습니다. (https://projectlombok.org/download)

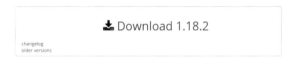

다운로드한 lombok.jar 파일은 운영체제에서 바로 실행해 보거나, 다운로드된 경로에서 명령 프롬프트창에서 'java -jar lombok.jar'와 같은 명령어를 통해서 실행할 수 있습니다.

실행되는 화면에는 필요한 IDE를 선택할 수 있습니다. 만일 Eclipse의 설치 경로를 찾지 못하는 경우 지정해서 설치합니다.

Part 01

Part 02

Part 03

Part 04

Part 05

Part 06

Part 07

설치가 끝나면 Eclipse(STS)의 실행 경로에 lombok.jar 파일이 추가된 것을 확인할 수 있습니다.

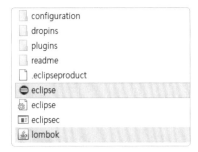

만일 Lombok을 설치한 후 바탕화면의 이클립스 '바로가기'가 정상적으로 동작하지 않는다면, 실제로 이클립스가 설치된 경로에서 제대로 실행되는지 확인하고, 바탕화면의 '바로가기'는 삭제 후 다시 생성합니다.

스프링 개발 환경 구축

## 1.5 Java Configuration을 하는 경우

Eclipse(STS)를 통해 생성하는 'Spring Legacy Project'의 경우 XML 기반으로 스프링 관련 설정을 하도록 되어 있습니다. 스프링 3버전 이후에는 Java 클래스 파일을 이용하는 설정을 지원하는데, 최근 인터넷에 공개된 예제들 역시 XML과 별개로 Java를 이용하는 설정(Java Configuration – 이하 Java 설정)이 점점 증가하고 있습니다. 국내 프로젝트 역시 XML을 이용하는 경우가 많기는 하지만, 점차 Java 설정을 이용하는 경우도 증가하고 있어서 XML을 이용하는 학습 이후에 Java 설정을 학습하겠습니다.

예제로 작성된 'ex00' 프로젝트의 경우 XML을 기반으로 설정된 것이므로 Java 설정을 이용하는 예제는 'jex00'과 같이 'j'를 붙여서 프로젝트를 생성합니다. 'jex00' 프로젝트는 기존과 동일하게 'Spring Legacy Project'로 설정합니다. 프로젝트 생성 시 패키지명은 'org.zerock.controller'로 기존과 동일하게 작성합니다.

'jex00' 프로젝트가 생성된 후에는 다음과 같은 작업을 진행합니다.

* web.xml의 파일 삭제 및 스프링 관련 파일 삭제

* pom.xml의 수정 및 스프링 버전 변경

* Java 설정 관련 패키지 생성

### 1.5.1 XML 파일 삭제

삭제해야 하는 대상의 파일은 'web.xml'과 'servlet-context.xml, root-context. xml' 파일입니다.

'web.xml'과 달리 다른 파일들은 spring이라는 이름의 폴더 내에 있으므로 spring 폴더 자체를 삭제하고, 아래와 같은 형태가 되어야 합니다.

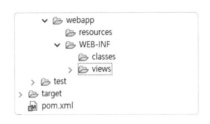

web.xml을 삭제하면 pom.xml에서 에러가 발생하는데, 이것은 과거의 웹 프로젝트들이 기본적으로 web.xml을 사용하는 것을 기본으로 설정했기 때문입니다. 이를 해결하기 위해서는 pom.xml의 하단부에 〈plugins〉 내에 아래의 설정을 추가해 줍니다.

**pom.xml의 일부**

```xml
<plugin>
  <groupId>org.apache.maven.plugins</groupId>
  <artifactId>maven-war-plugin</artifactId>
  <version>3.2.0</version>
  <configuration>
    <failOnMissingWebXml>false</failOnMissingWebXml>
  </configuration>
</plugin>

..생략...
```

　　　　　　　　　　　　　　　　스프링 개발 환경 구축

pom.xml의 스프링 버전도 같이 변경합니다.

**pom.xml의 일부**

```
<properties>
    <java-version>11</java-version>
    <org.springframework-version>5.0.7.RELEASE</org.springframework-version>
```

컴파일 관련 버전 역시 11 버전으로 수정하고 'Maven 〉 Update Project'를 실행합니다.

**pom.xml의 일부**

```
<plugin>
        <groupId>org.apache.maven.plugins</groupId>
        <artifactId>maven-compiler-plugin</artifactId>
        <version>2.5.1</version>
        <configuration>
          <source>11</source>
          <target>11</target>
          <compilerArgument>-Xlint:all</compilerArgument>
```

Java 설정을 이용하는 프로젝트는 기존과 달리 여러 설정 파일을 직접 작성해야 하므로 뒤의 예제들에서 사용하는 설정들을 추가해야만 정상적으로 동작합니다.

### 1.5.2 @Configuration

Java 설정을 이용하는 경우에는 XML 대신 설정 파일을 직접 작성할 필요가 있습니다. 다행스럽게도 스프링은 @Configuration이라는 어노테이션을 이용해서 해당 클래스의 인스턴스를 이용해서 설정 파일을 대신합니다.

프로젝트 내에 'org.zerock.config'라는 폴더를 생성하고 RootConfig 클래스를 작성해 둡니다.

```
  ∨ 🗁 src/main/java
      ∨ 🏢 org.zerock.config
          > 🗾 RootConfig.java
      > 🏢 org.zerock.controller
  > 🗁 src/main/resources
```

**RootConfig 클래스**

```java
package org.zerock.config;

import org.springframework.context.annotation.Configuration;

@Configuration
public class RootConfig {

}
```

### 1.5.3 web.xml을 대신하는 클래스 작성

기존 프로젝트에서는 web.xml을 이용해서 스프링을 구동시켰지만, XML을 사용하지 않는 경우에는 이 역할을 대신하는 클래스를 작성해서 처리합니다. org.zerock.config 패키지 내에 WebConfig 클래스를 생성합니다. WebConfig 클래스는 AbstractAnnotationConfigDispatcherServletInitializer라는 긴(?) 이름의 추상 클래스를 상속하도록 작성합니다.

스프링 개발 환경 구축

```
package org.zerock.config;

import org.springframework.web.servlet.support.
AbstractAnnotationConfigDispatcherServletInitializer;

public class WebConfig extends
  AbstractAnnotationConfigDispatcherServletInitializer {

  @Override
  protected Class<?>[] getRootConfigClasses() {
    // TODO Auto-generated method stub
    return null;
  }

  @Override
  protected Class<?>[] getServletConfigClasses() {
    // TODO Auto-generated method stub
    return null;
  }

  @Override
  protected String[] getServletMappings() {
    // TODO Auto-generated method stub
    return null;
  }

}
```

작성된 WebConfig 클래스는 3개의 추상 메서드를 오버라이드 하도록 작성됩니다. 이때 생성된 getRootConfig( ) 클래스는 'root-context.xml'을 대신하는 클래스를 지정하는데 예제는 RootConfig 클래스를 사용하므로 아래와 같이 메서드의 내용을 변경합니다.

```
@Override
  protected Class<?>[] getRootConfigClasses() {
    return new Class[] {RootConfig.class};
  }
```

작성된 프로젝트를 Tomcat을 통해서 실행하면 간단하게 스프링 관련된 로그가 기록되는 것을 확인할 수 있습니다.

Part 01

Part 02

Part 03

Part 04

Part 05

Part 06

Part 07

```
INFO : org.springframework.web.servlet.DispatcherServlet -
FrameworkServlet 'dispatcher': initialization started
INFO : org.springframework.web.context.support.
AnnotationConfigWebApplicationContext - Refreshing WebApplicationContext
for namespace 'dispatcher-servlet': startup ...
INFO : org.springframework.beans.factory.annotation.
AutowiredAnnotationBeanPostProcessor - JSR-330 'javax.inject.Inject'
annotation found and supported for autowiring
INFO : org.springframework.web.servlet.mvc.method.annotation.
RequestMappingHandlerAdapter - Looking for @ControllerAdvice:
WebApplicationContext for namespace...
INFO : org.springframework.web.servlet.DispatcherServlet -
FrameworkServlet 'dispatcher': ...
```

# 02 | 스프링의 특징과 의존성 주입

1장에서 예제를 위한 이클립스와 스프링의 기본 설정을 완료하였습니다. 2장에서는 스프링 프레임워크에 대한 이론적인 부분을 살펴보겠습니다. 살펴볼 내용을 크게 3가지로 구분을 할 수 있습니다. 1) Java 관련 프레임워크들이 추구했던 목표, 2) 스프링 프레임워크가 살아남은 이유, 3) 스프링의 가장 중요한 특징으로 말하는 '의존성 주입'에 대해서 알아봅니다.

이번 장의 학습 목표는 다음과 같습니다.

- 스프링 프레임워크를 이용해서 '의존성 주입'에 대한 이해와 테스트
- 스프링에서 XML을 이용하는 객체 관리 방법
- 스프링의 테스트 환경 구축

## 2.1 스프링 프레임워크의 간략한 역사

스프링이 인기 있는 프레임워크가 된 이유를 이야기하자면 어쩔 수 없이 프레임워크라는 존재에 대해서 얘기를 해야만 합니다. 프레임워크는 말 그대로 '뼈대나 근간을 이루는 코드들의 묶음'이라고 할 수 있습니다. 중요한 점은 이 뼈대가 왜 필요한지에 대한 이야기입니다.

개발자는 각 개개인의 능력 차이가 큰 직종이고, 따라서 개발자 구성에 따라 프로젝트의 결과 역시 큰 차이를 낳습니다. 프레임워크는 바로 이런 상황을 극복하기 위한 코드의 결과물입니다. 프레임워크를 이용한다는 의미는 프로그램의 기본 흐름이나 구조를 정하고, 모든 팀원이 이 구조에 자신의 코드를 추가하는 방식으로 개발하게 됩니다.

Part 01

Part 02

Part 03

Part 04

Part 05

Part 06

Part 07

프레임워크 최대의 장점은 개발에 필요한 구조를 이미 코드로 만들어 놓았기 때문에, 실력이 부족한 개발자라 하더라도 반쯤 완성한 상태에서 필요한 부분을 조립하는 형태의 개발이 가능하다는 점입니다. 회사의 입장에서는 프레임워크를 사용하면 일정한 품질이 보장되는 결과물을 얻을 수 있고, 개발자의 입장에서는 완성된 구조에 자신이 맡은 코드를 개발해서 넣어주는 형태이므로 개발 시간을 단축할 수 있습니다.

2000년대 초반부터 시작된 엔터프라이즈급의 개발은 안정된 품질의 개발이 절실했고, 그 결과 많은 프레임워크의 전성시대라고 할 수 있었습니다. 스프링은 비교적 그 시작이 조금 늦은 프로젝트였지만, 가장 성공적인 '경량(light-weight) 프레임워크'입니다.

> **Note** | **경량 프레임워크(light-weight Framework)**
>
> 경량 프레임워크(light-weight Framework)라는 용어는 90년대 말에 복잡한 구동 환경과 하드웨어적인 구성이 필요한 프레임워크의 반대되는 개념으로 등장했습니다. 과거 J2EE 기술은 너무나 복잡하고 방대했기 때문에, 그 전체를 이해하고 개발하기에는 어려운 점이 많아서, 특정 기능을 위주로 간단한 jar 파일 등을 이용해서 모든 개발이 가능하도록 구성된 프레임워크입니다.

그 당시에 나왔던 다른 프레임워크들과 스프링은 다음과 같은 뚜렷한 차별성이 있었습니다.

■ **복잡함에 반기를 들어서 만들어진 프레임워크**

엔터프라이즈급 프레임워크들의 가장 큰 문제점으로는 복잡성으로 보고 있습니다. 다양한 경우를 처리할 수 있는 다양한 기능을 가지도록 만들다 보니 하나의 기능을 위해서 너무 많은 구조가 필요한 상태가 되었습니다. 이러한 복잡성을 해결하기 위해서 나온 경량화된 프레임워크가 스프링입니다. 일반적인 Java의 클래스와 인터페이스를 이용하는 구조이기 때문에 진입장벽이 높지 않았고, EJB로 대표되는 복잡한 프레임워크에 비해 가볍기 때문에 빠르게 엔터프라이즈급의 시스템을 작성할 수 있습니다.

■ **프로젝트의 전체 구조를 설계할 때 유용한 프레임워크**

다른 프레임워크들은 웹 영역이나 데이터베이스 영역 등의 전문적인 영역에 대해서만 지원하는 경우가 많았고, 비즈니스 로직을 처리하는 부분에 대한 설계는 개발자의 역량에 맡기는 경우가 많았습니다. 반면에 스프링은 어느 한 분야에 집중하지 않고, 전체를 설계하는 용도로 사용될 수 있었습니다. 사실 스프링 프로젝트가 대부분이 Web이라는 제한된 영역에서 많이 사용되기는 하지만, 근본적인 사상 자체는 OOP 구조를 뒷받침하고 구조를 설계하는 사상입니다. 조금 뒤에서 설명하는 '의존성 주입(Dependency Injection)'은 이에 대한 설명입니다.

■ **다른 프레임워크들의 포용**

스프링은 전체 구조에 집중했기 때문에 특정한 영역의 프레임워크와 공존하는 방식으로 사용할 수 있었습니다. 다른 프레임워크들은 특정 프레임워크를 채택하면 해당 영역 전체를 수정해야 하는 고질적인 문제를 가지고 있었지만, 스프링은 다른 프레임워크들과의 통합을 지원했기 때문에 최소한의 수정이 가능했습니다. 스프링의 최대 장점은 기본 뼈대를 흔들지 않고, 여러 종류의 프레임워크를 혼용해서 사용할 수 있다는 점입니다.

■ **개발 생산성과 개발도구의 지원**

스프링의 경우 이론적으로는 개발자가 제대로 이해해야 하는 부분이 많았지만, 결과적으로 코드의 양은 확실히 줄어들 수 있었고, 유지 보수에 있어서도 XML의 설정 등을 이용했기 때문에 환영받을 수 있었습니다. STS나 Eclipse, Intellij 등의 플러그인의 지원 역시 다른 프레임워크들에 비해서 빠른 업데이트가 되었기 때문에 별도의 새로운 개발도구에 대한 적응이 없이도 개발이 가능했습니다.

위와 같은 이유에서 스프링은 개발자에게 환영받을 수 있었지만, 그 기대에 부응하기 위한 변화 역시 주목할 필요가 있습니다. 가장 눈에 띄는 변화는 다음과 같습니다.

- Spring 2.5버전: 어노테이션(Annotation)을 활용하는 설정을 도입하면서 편리한 설정과 개발이 가능하도록 지원

- Spring 3.0버전: 별도의 설정 없이도 Java 클래스만으로 설정 파일을 대신할 수 있게 지원

Part 01

Part 02

Part 03

Part 04

Part 05

Part 06

Part 07

- Spring 4.0버전: 모바일 환경과 웹 환경에서 많이 사용되는 REST 방식의 컨트롤러 지원

- Spring 5.0버전: Reactor를 이용한 Reactive 스타일의 개발 환경 지원

## 2.1.1 스프링의 주요 특징

스프링의 주요 특징이라고 하면 주로 다음과 같은 점을 들 수 있습니다.

- POJO 기반의 구성
- 의존성 주입(DI)을 통한 객체 간의 관계 구성
- AOP(Aspect-Oriented-Programming) 지원
- 편리한 MVC 구조
- WAS의 종속적이지 않은 개발 환경

### POJO 기반의 구성

스프링의 성격 자체가 가벼운(light-weight) 프레임워크지만, 그 내부에는 객체 간의 관계를 구성할 수 있는 특징을 가지고 있습니다. 스프링은 다른 프레임워크들과 달리 이 관계를 구성할 때 별도의 API 등을 사용하지 않는 POJO(Plain Old Java Object)의 구성만으로 가능하도록 제작되어 있습니다. 쉽게 말해서 여러분이 일반적인 Java 코드를 이용해서 객체를 구성하는 방식을 그대로 스프링에서 사용할 수 있다는 얘기입니다.

이것이 중요한 이유는 코드를 개발할 때 개발자가 특정한 라이브러리나 컨테이너의 기술에 종속적이지 않다는 것을 의미하기 때문입니다. 개발자는 가장 일반적인 형태로 코드를 작성하고 실행할 수 있기 때문에 생산성에서도 유리하고, 코드에 대한 테스트 작업 역시 좀 더 유연하게 할 수 있다는 장점이 생깁니다.

### 의존성 주입(DI)과 스프링

스프링에 대한 얘기를 하면서 빠지지 않는 개념이 '의존성 주입'이라는 개념입니다. 이에 대해서는 사실 프레임워크를 이용해 본 적이 없는 경우라면 쉽게 이해하지 못하는 개념이라 간단한 이야기로 정리해보면 좋을 듯합니다.

의존성(Dependency)이라는 것은 하나의 객체가 다른 객체 없이 제대로 된 역할을 할 수 없다는 것을 의미합니다. 예컨대, 음식점이라면 서빙을 담당하는 직원이 갑자기 하루 못 나오는 상황이 있어도 장사는 할 수 있지만, 주방장에게 문제가 생겨서 못 나오면 장사를 할 수 없는 일이 발생합니다. 의존성은 이처럼 하나의 객체가 다른 객체의 상태에 따라 영향을 받는 것을 의미합니다. 흔히 A 객체가 B 객체 없이 동작이 불가능한 상황을 'A가 B에 의존적이다'라고 표현합니다.

'주입(Injection)'은 말 그대로 외부에서 '밀어 넣는 것'을 의미합니다. 외부에서 주입하는 것과 그렇지 않은 것을 이해하기 위해서 음식점의 식재료를 생각해 보면 이해가 쉽습니다. 어떤 음식점의 경우는 매일 가게를 열기 전 직접 식재료를 구하기 위해 시장을 가지만, 프랜차이즈 식당들은 본사가 트럭 등을 이용해서 식재료를 공급합니다. 이 두 가지 방식의 차이는 필요한 객체를 얻기 위해서 주체가 능동적인지 수동적인지에 대한 문제입니다.

의존성과 주입을 결합해서 생각해 보면 '어떤 객체가 필요한 객체를 외부에서 밀어 넣는다'는 의미가 됩니다. 그렇다면 다음은 '왜 외부에서 객체를 주입하는 방식'을 사용하는지에 대한 문제를 알아볼 필요가 있습니다.

음식점의 예에서 직접 식재료를 사지 않고, 대행업체에서 배송해 주는 것을 사용하는 경우에 얻는 장점이 무엇인가에 대해서 고민해보면 역시 '편리하다', '장사에만 집중할 수 있다'와 같은 장점들을 생각해 볼 수 있습니다. 이를 코드에 대입해서 살펴보면 '주입을 받는 입장에서는 어떤 객체인지 신경 쓸 필요가 없다','어떤 객체에 의존하든 자신의 역할은 변하지 않는다'와 같은 의미로 볼 수 있습니다. 이러한 변화를 그림으로 표현하면 다음과 같은 형태가 될 수 있을 것입니다.

A객체에서 B객체를 직접 생성하는 방식

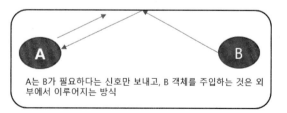

A는 B가 필요하다는 신호만 보내고, B 객체를 주입하는 것은 외부에서 이루어지는 방식

Part 01

Part 02

Part 03

Part 04

Part 05

Part 06

Part 07

'의존성 주입' 방식을 사용하려면 오른쪽 그림의 바깥쪽 도형처럼 추가적인 하나의 존재가 필요하게 됩니다. 이 존재는 의존성이 필요한 객체에 필요한 객체를 찾아서 '주입'하는 역할을 하게 됩니다.

스프링은 이러한 구조를 만드는 데 적합한 구조로 설계되어 있습니다. 스프링에서는 'ApplicationContext'라는 존재가 필요한 객체들을 생성하고, 필요한 객체들을 주입하는 역할을 해 주는 구조입니다. 따라서 스프링을 이용하면 개발자들은 기존의 프로그래밍과 달리 객체와 객체를 분리해서 생성하고, 이러한 객체들을 엮는(wiring) 작업을 하는 형태의 개발을 하게 됩니다. 스프링에서는 ApplicationContext가 관리하는 객체들을 '빈 (Bean)'이라는 용어로 부르고, 빈과 빈 사이의 의존관계를 처리하는 방식으로 XML 설정, 어노테이션 설정, Java 설정 방식을 이용할 수 있습니다.

## AOP의 지원

좋은 개발환경의 중요 원칙은 '개발자가 비즈니스 로직에만 집중할 수 있게 한다.'입니다. 이 목표를 이루기 위해서는 몇 가지 중요한 원칙이 있지만, 가장 쉽게 생각할 수 있는 것이 '반복적인 코드의 제거'라고 할 수 있습니다. 스프링은 프레임워크를 이용한 개발에도 이러한 반복적인 코드를 줄이고, 핵심 비즈니스 로직에만 집중할 수 있는 방법을 제공합니다.

대부분의 시스템이 공통으로 가지고 있는 보안이나 로그, 트랜잭션과 같이 비즈니스 로직은 아니지만, 반드시 처리가 필요한 부분을 스프링에서는 '횡단 관심사(cross-concern)'라고 합니다. 스프링은 이러한 횡단 관심사를 분리해서 제작하는 것이 가능합니다. AOP(Aspect Oriented Programming)는 이러한 횡단 관심사를 모듈로 분리하는 프로그래밍의 패러다임입니다.

스프링은 AOP를 AspectJ의 문법을 통해서 작성할 수 있는데, 이를 통해서 개발자는 1) 핵심 비즈니스 로직에만 집중해서 코드를 개발할 수 있게 되었고, 2) 각 프로젝트마다 다른 관심사를 적용할 때 코드의 수정을 최소화시킬 수 있었으며, 3) 원하는 관심사의 유지보수가 수월한 코드를 구성할 수 있습니다.

데이터베이스를 이용할 때 반드시 신경 써야 하는 부분은 하나의 업무가 여러 작업으로 이루어지는 경우의 트랜잭션 처리입니다. 이 트랜잭션 처리는 상황에 따라서 복잡하게 구성될 수도 있고, 아닐 수도 있는데, 그때마다 코드를 이용해서 처리하는 작업은 개발자에게는 상당히 피곤한 일입니다. 스프링은 이런 트랜잭션의 관리를 어노테이션이나 XML로 설정할 수 있기 때문에 개발자가 매번 상황에 맞는 코드를 작성할 필요가 없도록 설계되었습니다.

이 밖에도 스프링에는 많은 장점과 특징이 있지만, 이 책에서는 그런 특징들을 이론적으로 설명하지는 않습니다. 각 예제를 만들어 가면서 필요한 부분에 대한 설명이 추가될 것이며, 예제를 통해서 어떻게 사용되는지 확인할 수 있을 것입니다.

## 2.2 의존성 주입 테스트

작성된 프로젝트를 이용해서 간단하게 의존성에 대한 기능을 작성하고 테스트해 보겠습니다. 예제로 구성할 내용은 레스토랑(Restaurant) 객체를 만들고 레스토랑에서 일하는 셰프(Chef) 객체를 주입하는 예제를 작성하려고 합니다(실제 코드를 개발할 때는 그다지 사용될 일이 없는 예제지만, 의존성 주입을 코드를 통해서 이해하는 용도로 사용하려고 합니다.).

스프링에서는 생성자를 이용한 주입과 setter 메서드를 이용한 주입으로 의존성 주입을 구현합니다. 설정 방식은 주로 XML이나 어노테이션을 이용해서 처리합니다. 예제는 Lombok을 이용해서 setter 메서드를 자동으로 구현되도록 할 것이고, 스프링의 동작을 테스트할 것이므로 pom.xml에서 Lombok 라이브러리를 추가하고, spring-test 라이브러리를 이용합니다.

Part 01

Part 02

Part 03

Part 04

Part 05

Part 06

Part 07

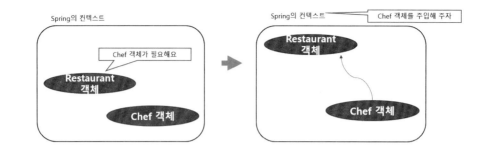

예제를 작성하기 위해서 pom.xml에 추가하거나 혹은 변경할 라이브러리들이 존재합니다.

**pom.xml에 추가되는 라이브러리**

```xml
<dependency>
    <groupId>org.springframework</groupId>
    <artifactId>spring-test</artifactId>
    <version>${org.springframework-version}</version>
</dependency>
<dependency>
    <groupId>org.projectlombok</groupId>
    <artifactId>lombok</artifactId>
    <version>1.18.0</version>
    <scope>provided</scope>
</dependency>
<dependency>
    <groupId>log4j</groupId>
    <artifactId>log4j</artifactId>
    <version>1.2.17</version>
</dependency>
```

생성된 프로젝트의 Log4j 라이브러리는 1.2.15로 설정되어 있으므로, 위와 같이 Log4j 1.2.17버전을 추가하고 기존 1.2.15 부분은 삭제하거나 주석처리 합니다(나중에 Lombok을 활용할 때 문제가 생길 수 있으니 주의가 필요합니다.).

**pom.xml에서 변경되는 라이브러리**

```xml
<!-- Test -->
<dependency>
    <groupId>junit</groupId>
    <artifactId>junit</artifactId>
    <version>4.12</version>
    <scope>test</scope>
</dependency>
```

스프링 개발 환경 구축

## 2.2.1 예제 클래스 생성

우선 ex00 프로젝트에 'org.zerock.sample' 패키지를 생성하고, Restaurant 클래스와 Chef 클래스를 생성합니다.

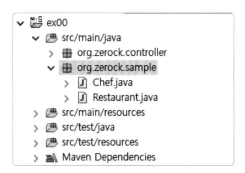

일반적으로 스프링에서 의존성 주입은 Chef를 클래스가 아닌 인터페이스로 설계하는 것이 좋지만, 지금은 최소한의 코드만을 이용해서 의존성 주입을 테스트해보기 위한 것이므로 클래스로 설계합니다.

Chef 클래스를 다음과 같이 작성합니다.

---

**org.zerock.sample.Chef 클래스**

```java
package org.zerock.sample;

import org.springframework.stereotype.Component;

import lombok.Data;

@Component
@Data
public class Chef {

}
```

---

Restaurant 클래스는 Chef를 주입받도록 설계합니다. 이때 Lombok의 setter를 생성하는 기능과 생성자, toString( ) 등을 자동으로 생성하도록 @Data 어노테이션을 이용합니다.

Part 01

Part 02

Part 03

Part 04

Part 05

Part 06

Part 07

**org.zerock.sample.Restaurant 클래스**

```java
package org.zerock.sample;

import org.springframework.beans.factory.annotation.Autowired;
import org.springframework.stereotype.Component;

import lombok.Data;
import lombok.Setter;

@Component
@Data
public class Restaurant {

    @Setter(onMethod_ = @Autowired)
    private Chef chef;

}
```

위 코드에서 사용되는 어노테이션들에 대해서는 뒤에서 설명하겠습니다. 작성된 코드가 의미하는 것은 Restaurant 객체는 Chef 타입의 객체를 필요로 한다는 상황입니다. @Component는 스프링에게 해당 클래스가 스프링에서 관리해야 하는 대상임을 표시하는 어노테이션이고, @Setter는 자동으로 setChef( )를 컴파일 시 생성합니다.

@Setter에서 사용된 onMethod 속성은 생성되는 setChef( )에 @Autowired 어노테이션을 추가하도록 합니다. Lombok으로 생성된 클래스에 대한 정보는 이클립스를 통해서 확인할 수 있습니다.

```java
import lombok.Data;
import lombok.Setter;

@Component
@Data
public class Restaurant {

    @Setter(onMethod = @__({ @Autowired }))
    private Chef chef;

}
```

- **Restaurant**
  - getChef() : Chef
  - equals(Object) : boolean
  - canEqual(Object) : boolean
  - hashCode() : int
  - toString() : String
  - Restaurant()
  - chef : Chef
  - setChef(Chef) : void

## 2.2.2 XML을 이용하는 의존성 주입 설정

스프링은 클래스에서 객체를 생성하고 객체들의 의존성에 대한 처리 작업까지 내부에서 모든 것이 처리됩니다. 스프링에서 관리되는 객체를 흔히 '빈(Bean)'이라고 하고, 이에 대한 설정은 XML과 Java를 이용해서 처리할 수 있습니다.

기존의 시스템은 아직까지는 XML 방식을 선호하지만, 최근 몇 년 동안 스프링과 관련된 자료를 검색해보면 Java를 이용하는 설정도 많이 사용되고 있습니다. STS의 'Spring Legacy Project'의 경우 기본적으로 XML을 이용해서 스프링에서 관리해야 하는 객체들을 처리합니다.

프로젝트의 src 폴더 내에 'root-context.xml'은 스프링 프레임워크에서 관리해야 하는 객체(이러한 객체를 스프링에서는 빈(Bean)이라고 표현합니다.)를 설정하는 설정 파일입니다.

'root-context.xml'을 클릭하면 아래쪽에 'NameSpaces'라는 탭이 보이게 되는데, 이때 'context'라는 항목을 체크합니다.

Part 01

Part 02

Part 03

Part 04

Part 05

Part 06

Part 07

'Source' 탭을 선택해서 아래의 코드를 추가합니다.

**root-context.xml의 일부**

```xml
<?xml version="1.0" encoding="UTF-8"?>
<beans xmlns="http://www.springframework.org/schema/beans"
  xmlns:xsi="http://www.w3.org/2001/XMLSchema-instance"
  xmlns:context="http://www.springframework.org/schema/context"
  xsi:schemaLocation="http://www.springframework.org/schema/beans http://
www.springframework.org/schema/beans/spring-beans.xsd
  http://www.springframework.org/schema/context http://www.
springframework.org/schema/context/spring-context-4.3.xsd">

  <!-- Root Context: defines shared resources visible to all other web
components -->

  <context:component-scan base-package="org.zerock.sample">
  </context:component-scan>

</beans>
```

변경된 XML을 저장하고 'Bean Graph' 탭을 선택해 보면 Restaurant와 Chef 객체가
설정된 것을 확인할 수 있습니다.

스프링 개발 환경 구축

만일 프로젝트 내에 스프링 설정을 XML을 이용하는 방식 대신에 Java를 이용하고 싶은 경우에는 전혀 다른 방식으로 설정하므로 프로젝트 초기에 어떤 방식을 사용할 것인지 확실하게 결정해야만 합니다.

### Java 설정을 이용하는 의존성 주입

Java 설정을 이용하는 경우에 'root-context.xml'을 대신하는 것은 RootConfig 클래스를 이용하도록 합니다. XML로 설정된 내용은 RootConfig에서 @ComponentScan 어노테이션을 이용해서 처리할 수 있습니다.

**'jex00'의 RootConfig 클래스**

```
package org.zerock.config;

import org.springframework.context.annotation.ComponentScan;
import org.springframework.context.annotation.Configuration;

@Configuration
@ComponentScan(basePackages= {"org.zerock.sample"})
public class RootConfig {

}
```

## 2.3 스프링이 동작하면서 생기는 일

작성한 2개의 클래스와 'root-context.xml'이 어떻게 동작하는지 이해하기 위해서는 스프링과 함께 시간의 순서대로 고민해 보아야 합니다. 스프링이 동작한다는 가정하에 스프

Part 01

Part 02

Part 03

Part 04

Part 05

Part 06

Part 07

링에서 어떤 일들이 벌어지는지 그림으로 정리하면 다음과 같이 표현할 수 있습니다.

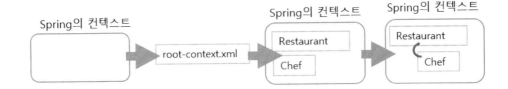

- 스프링 프레임워크가 시작되면 먼저 스프링이 사용하는 메모리 영역을 만들게 되는데 이를 컨텍스트 (Context)라고 합니다. 스프링에서는 ApplicationContext라는 이름의 객체가 만들어집니다.
- 스프링은 자신이 객체를 생성하고 관리해야 하는 객체들에 대한 설정이 필요합니다. 이에 대한 설정 이 root-context.xml 파일입니다.
- root-context.xml에 설정되어 있는 〈context:component-scan〉 태그의 내용을 통해서 'org.zerock. sample' 패키지를 스캔(scan)하기 시작합니다.
- 해당 패키지에 있는 클래스들 중에서 스프링이 사용하는 @Component라는 어노테이션이 존재하는 클래스의 인스턴스를 생성합니다.
- Restaurant 객체는 Chef 객체가 필요하다는 어노테이션(@Autowired) 설정이 있으므로, 스프링은 Chef 객체의 레퍼런스를 Restaurant 객체에 주입합니다.

위의 그림대로 동작하는지를 테스트하기 위해서는 직접 main 메서드를 만드는 방식도 있지만, 좀 더 간편하게 테스트 코드를 작성하는 방법을 사용하는 것이 좋습니다.

### 2.3.1 테스트 코드를 통한 확인

프로젝트 내 'src/test/java' 폴더 내에 'org.zerock.sample.SampleTests' 클래스를 추가합니다.

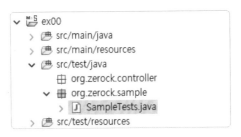

스프링 개발 환경 구축

SampleTests 클래스는 spring-test 모듈을 이용해서 간단하게 스프링을 가동시키고, 위에서 설명된 동작들이 일어나게 합니다. 이때 Junit은 반드시 4.10 이상의 버전을 사용해야 합니다.

**org.zerock.sample 밑의 SampleTests 클래스**

```
package org.zerock.sample;

import static org.junit.Assert.assertNotNull;

import org.junit.Test;
import org.junit.runner.RunWith;
import org.springframework.beans.factory.annotation.Autowired;
import org.springframework.test.context.ContextConfiguration;
import org.springframework.test.context.junit4.SpringJUnit4ClassRunner;

import lombok.Setter;
import lombok.extern.log4j.Log4j;

@RunWith(SpringJUnit4ClassRunner.class)
@ContextConfiguration("file:src/main/webapp/WEB-INF/spring/root-context.
xml")
@Log4j
public class SampleTests {

  @Setter(onMethod_ = { @Autowired })
  private Restaurant restaurant;

  @Test
  public void testExist() {

    assertNotNull(restaurant);

    log.info(restaurant);
    log.info("-------------------------------");
    log.info(restaurant.getChef());

  }
}
```

테스트 코드는 우선 현재 테스트 코드가 스프링을 실행하는 역할을 할 것이라는 것을 @Runwith 어노테이션으로 표시합니다.

Part 01

Part 02

Part 03

Part 04

Part 05

Part 06

Part 07

다음으로 가장 중요한 설정은 @ContextConfiguration 어노테이션과 속성값인 문자열 설정입니다. @ContextConfiguration은 지정된 클래스나 문자열을 이용해서 필요한 객체들을 스프링 내에 객체로 등록하게 됩니다(흔히 스프링의 빈으로 등록된다고 표현하곤 합니다.). @ContextConfiguration에 사용하는 문자열은 'classpath:'나 'file:'을 이용할 수 있으므로, 이클립스에서 자동으로 생성된 root-context.xml의 경로를 지정할 수 있습니다.

@Log4j는 Lombok을 이용해서 로그를 기록하는 Logger를 변수로 생성합니다. 별도의 Logger 객체의 선언이 없이도 Log4j 라이브러리와 설정이 존재한다면 바로 사용할 수 있습니다. 'Spring Legacy Project'로 생성하는 경우 기본으로 Log4j와 해당 설정이 완료되는 상태이기 때문에 별도의 처리 없이도 사용이 가능합니다. 로그에 대한 설정은 'src/main/resources'와 'src/test/resources'에 별도로 존재합니다.

@Autowired는 해당 인스턴스 변수가 스프링으로부터 자동으로 주입해 달라는 표시이고, 스프링은 정상적으로 주입이 가능하다면 obj 변수에 Restaurant 타입의 객체를 주입하게 됩니다. testExist( )에 선언되어 있는 @Test는 JUnit에서 테스트 대상을 표시하는 어노테이션입니다. 해당 메서드를 선택하고 JUnit Test 기능을 실행합니다. assertNotNull( )은 restaurant 변수가 null이 아니어야만 테스트가 성공한다는 것을 의미합니다. 테스트 작업은 프로젝트 초기에 설정해 두고 사용하는 습관을 가지는 것이 좋습니다.

'Run As 〉 Junit Test'를 실행해서 테스트 결과를 확인합니다.

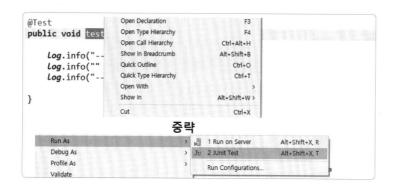

코드의 실행 결과를 보면 정상적으로 객체가 생성된 것을 확인할 수 있습니다(만일 테스트 자체가 실행되지 않는다면 junit의 버전을 다시 확인하고, spring-test 라이브러리가 포함되어 있는지 확인해야 합니다.).

```
INFO : org.springframework.beans.factory.annotation.
AutowiredAnnotationBeanPostProcessor - JSR-330 'javax.inject.Inject'
annotation found and supported for autowiring
INFO : org.zerock.sample.SampleTests - Restaurant(chef=Chef())
INFO : org.zerock.sample.SampleTests - --------------------------------
INFO : org.zerock.sample.SampleTests - Chef()
INFO : org.springframework.context.support.GenericApplicationContext
```

실행된 결과에서 주목해야 하는 부분은 다음과 같습니다.

- new Restaurant( )와 같이 Restaurant 클래스에서 객체를 생성한 적이 없는데도 객체가 만들어졌다는 점 – 스프링은 관리가 필요한 객체(Bean)를 어노테이션 등을 이용해서 객체를 생성하고 관리하는 일종의 '컨테이너'나 '팩토리'의 기능을 가지고 있습니다.

- Restaurant 클래스의 @Data 어노테이션으로 Lombok을 이용해서 여러 메서드가 만들어진 점 – Lombok은 자동으로 getter/setter 등을 만들어 주는데 스프링은 생성자 주입 혹은 setter 주입을 이용해서 동작합니다. Lombok을 통해서 getter/setter 등을 자동으로 생성하고 'onMethod' 속성을 이용해서 작성된 setter에 @Autowired 어노테이션을 추가합니다.

- Restaurant 객체의 Chef 인스턴스 변수(멤버 변수)에 Chef 타입의 객체가 주입되어 있다는 점 – 스프링은 @Autowired와 같은 어노테이션을 이용해서 개발자가 직접 객체들과의 관계를 관리하지 않고, 자동으로 관리되도록 합니다.

Part 01

Part 02

Part 03

Part 04

Part 05

Part 06

Part 07

테스트 결과가 의미하는 바는 스프링을 공부하는 데 있어서 가장 중요한 내용입니다. 1) 테스트 코드가 실행되기 위해서 스프링 프레임워크가 동작했고, 2) 동작하는 과정에서 필요한 객체들이 스프링에 등록되었고, 3) 의존성 주입이 필요한 객체는 자동으로 주입이 이루어졌다는 내용을 정리해 둘 필요가 있습니다.

### Java를 이용하는 경우의 테스트 설정

테스트에서 사용한 @ContextConfiguration 어노테이션은 XML 뿐만 아니라 Java 설정을 이용할 때도 사용할 수 있습니다.

위의 SampleTests 클래스의 선언부는 Java 설정을 이용하는 'jex00' 프로젝트에서는 아래와 같이 변경됩니다.

```
@RunWith(SpringJUnit4ClassRunner.class)
@ContextConfiguration(classes= {RootConfig.class})
@Log4j
public class SampleTests {

    ...생략...
}
```

## 2.3.2 코드에 사용된 어노테이션들

몇 줄 안되는 코드지만 그 안에는 여러 종류의 어노테이션들이 사용되어서 혼란스러울 수 있습니다. 사용된 어노테이션들을 분류해 보면 다음과 같습니다.

| Lombok 관련 어노테이션 | Spring 관련 어노테이션 | 테스트 관련 어노테이션 |
| --- | --- | --- |
| @Setter | @Autowired | @RunWith |
| @Data | @Component | @ContextConfiguration |
| @Log4j | | @Test |

Lombok 관련

Lombok을 간단히 설명하면 컴파일 시 흔하게 코드를 작성하는 기능들을 완성해주는 라이브러리입니다. @Setter 어노테이션은 setter 메서드를 만들어주는 역할을 합니다. Restaurant 클래스를 조사해 보면 아래와 같이 @Setter 메서드가 작성된 것을 볼 수 있습니다.

@Setter는 말 그대로 setter 메서드를 생성해 주는 역할을 합니다. @Setter에는 3가지의 속성을 부여해 줄 수 있습니다.

| 속성명 | 의미 |
| --- | --- |
| value | 접근 제한 속성을 의미합니다.<br>기본값은 lombok.AccessLevel.PUBLIC |
| onMethod | setter 메서드의 생성 시 메서드에 추가할 어노테이션을 지정합니다.<br>예제는 @Autowired라는 어노테이션이 지정되도록 작성되었습니다.<br>코드는 특이하게도 '_' 표기가 사용되는데 JDK 버전에 따라 차이가 있습니다.<br>up to JDK7:<br>@Setter(onMethod=@__({@AnnotationsGoHere}))<br>from JDK8:<br>@Setter(onMethod_={@AnnotationsGohere}) // note the underscore after onMethod. |
| onParam | setter 메서드의 파라미터에 어노테이션을 사용하는 경우에 적용합니다. |

@Data는 Lombok에서 가장 자주 사용되는 어노테이션입니다. @Data는 @ToString, @EqualsAndHashCode, @Getter/@Setter, @RequiredArgsConstructor를 모두

Part 01

Part 02

Part 03

Part 04

Part 05

Part 06

Part 07

결합한 형태로 한 번에 자주 사용되는 모든 메서드들을 생성할 수 있다는 장점이 있습니다. 만일 세부적인 설정이 필요 없는 경우라면 @Data를 주로 이용합니다.

@Log4j 어노테이션은 로그 객체를 생성하게 됩니다. @Log4j는 Log4j 설정을 이용하고, Log4j가 존재하지 않을 경우에는 @Log를 이용할 수 있습니다. 작성된 코드와 실제 컴파일된 결과는 아래와 같이 달라지게 됩니다.

```
@Log
public class LogExample {
 }

클래스로 변환된 후

public class LogExample {
    private static final java.util.logging.Logger log = java.util.
logging.Logger.getLogger(LogExample.class.getName());
 }
```

@Log를 클래스 쪽에 붙여주면 내부적으로 static final로 Logger 객체가 생성되므로 개발 시 별도의 로그를 설정할 필요 없이 필요한 코드를 만들어 낼 수 있습니다. STS 등을 이용해서 'Spring Legacy Project'로 생성한 경우에는 기본적으로 Log4j 설정이 있기 때문에 추가적인 설정 없이 @Log4j만으로 로그 객체를 준비할 수 있습니다.

Spring 관련

@Component는 해당 클래스가 스프링에서 객체로 만들어서 관리하는 대상임을 명시하는 어노테이션입니다. 현재 예제의 경우 @Component가 있는 클래스를 스프링이 읽어주도록 @ComponentScan을 통해서 지정되어 있으므로 해당 패키지에 있는 클래스들을 조사하면서 @Component가 존재하는 클래스들을 객체로 생성해서 빈으로 관리하게 됩니다.

@Autowired는 스프링 내부에서 자신이 특정한 객체에 의존적이므로 자신에게 해당 타입의 빈을 주입해주라는 표시입니다. 예제에서 Restaurant 객체는 Chef 타입의 객체가 필요하다는 것을 명시합니다. 스프링은 @Autowired 어노테이션을 보고 스프링 내부에 관리되는 객체(들) 중에 적당한 것이 있는지를 확인하고, 자동으로 주입해 줍니다. 당연한

얘기지만 필요한 객체가 존재하지 않는다면 스프링은 제대로 객체들을 구성할 수 없기 때문에 에러를 발생합니다.

예를 들어, Chef 클래스에 @Component가 없다면 스프링은 Chef 객체를 스프링에서 관리하지 않게 됩니다. 따라서 실행 시 아래와 같이 Chef 타입의 객체가 없어서 제대로 실행할 수 없게 됩니다.

**만일 Chef 클래스에 @Component가 없다면**

```
aused by: org.springframework.beans.factory.
NoSuchBeanDefinitionException: No qualifying bean of type 'org.zerock.
domain.Chef' available: expected at least 1 bean which qualifies as
autowire candidate. Dependency annotations: {}
```

예외가 발생한 메시지의 내용을 보면 Chef 타입의 객체(빈)를 찾을 수 없어서 적어도 1개 이상의 해당 타입의 객체가 필요하다고 나오는 것을 볼 수 있습니다.

### 테스트 관련 어노테이션

테스트 관련해서 가장 중요한 어노테이션은 @ContextConfiguration입니다. @ContextConfiguration은 스프링이 실행되면서 어떤 설정 정보를 읽어 들여야 하는지를 명시합니다. 속성으로는 locations를 이용해서 문자열의 배열로 XML 설정 파일을 명시할 수도 있고, classes 속성으로 @Configuration이 적용된 클래스를 지정해 줄 수도 있습니다. @Runwith는 테스트 시 필요한 클래스를 지정합니다. 스프링은 SpringJUnit4ClassRunner 클래스가 대상이 됩니다. @Test는 junit에서 해당 메서드가 jUnit 상에서 단위 테스트의 대상인지 알려줍니다.

## 2.4 스프링 4.3 이후 단일 생성자의 묵시적 자동 주입

스프링의 의존성 주입은 크게 1) 생성자 주입과 2) Setter 주입을 사용합니다. Setter 주입은 앞의 예제와 같이 setXXX( )와 같은 메서드를 작성하고(혹은 Lombok으로 생성하고) @Autowired와 같은 어노테이션을 통해서 스프링으로부터 자신이 필요한 객체를 주

Part 01

Part 02

Part 03

Part 04

Part 05

Part 06

Part 07

입해 주도록 합니다.

생성자 주입은 이러한 주입을 생성자를 통해서 처리합니다. 생성자 주입의 경우 객체 생성 시 의존성 주입이 필요하므로 좀 더 엄격하게 의존성 주입을 체크하는 장점이 있습니다. 기존에 스프링에서는 생성자 주입을 하기 위해서 생성자를 정의하고, @Autowired 와 같은 어노테이션을 추가해야만 생성자 주입이 이루어 졌지만 스프링 4.3 이후에는 묵시적으로 생성자 주입이 가능합니다.

예를 들어 Chef라는 존재는 호텔에서도 필요하다고 가정하고 이를 코드를 만들어 본다면 다음과 같은 구성이 가능합니다(설명을 위한 예제이므로 반드시 실습할 필요는 없습니다.).

**SampleHotel 클래스**

```
package org.zerock.sample;

import org.springframework.stereotype.Component;

import lombok.Getter;
import lombok.ToString;

@Component
@ToString
@Getter
public class SampleHotel {

  private Chef chef;

  public SampleHotel(Chef chef) {

    this.chef = chef;

  }

}
```

코드를 보면 기존과 달리 생성자를 선언하고 Chef를 주입하도록 작성되었습니다. 기존과 다른 점은 @Autowired 어노테이션이 없이 처리되고 있다는 점입니다.

SampleHotel에 대한 테스트 코드는 아래와 같이 만들어 볼 수 있습니다.

```
@RunWith(SpringJUnit4ClassRunner.class)
@ContextConfiguration("file:src/main/webapp/WEB-INF/spring/root-context.
xml")
@Log4j
public class HotelTests {

    @Setter(onMethod_ = { @Autowired })
    private SampleHotel hotel;

    @Test
    public void testExist() {

      assertNotNull(hotel);

      log.info(hotel);
      log.info("--------------------------------");
      log.info(hotel.getChef());

    }
}
```

테스트 코드의 내용은 기존과 거의 동일하고, 테스트 결과는 아래와 같이 의존성 주입이 이루어진 것을 확인할 수 있습니다.

```
INFO : org.springframework.beans.factory.annotation.
AutowiredAnnotationBeanPostProcessor - JSR-330 'javax.inject.Inject'
annotation found and supported for autowiring
INFO : org.zerock.sample.HotelTests - SampleHotel(chef=Chef( ))
INFO : org.zerock.sample.HotelTests - --------------------------------
INFO : org.zerock.sample.HotelTests - Chef()
```

생성자의 자동 주입과 Lombok을 결합하면 SampleHotel은 아래와 같이 변경할 수 있습니다.

```
@Component
@ToString
@Getter
@AllArgsConstructor
public class SampleHotel {
```

Part 01

Part 02

Part 03

Part 04

Part 05

Part 06

Part 07

```
    private Chef chef;
}
```

@AllArgsConstructor는 인스턴스 변수로 선언된 모든 것을 파라미터로 받는 생성자를 작성하게 됩니다. 컴파일된 결과를 살펴보면 생성자로 Chef를 받도록 만들어 진 것을 확인할 수 있습니다.

```
∨ 🗐 SampleHotel.java
    ∨ ⓒ SampleHotel
        □ chef
        ⓒ SampleHotel(Chef)
        ● getChef() : Chef
        ⚫ toString() : String
```

만일 여러 개의 인스턴스 변수들 중에서 특정한 변수에 대해서만 생성자를 작성하고 싶다면 아래와 같이 @NonNull과 @RequiredArgsConstructor 어노테이션을 이용할 수 있습니다.

**SampleHotel 클래스**

```
@Component
@ToString
@Getter
@RequiredArgsConstructor
public class SampleHotel {

    @NonNull
    private Chef chef;
}
```

@RequiredArgsConstructor는 @NonNull이나 final이 붙은 인스턴스 변수에 대한 생성자를 만들어 냅니다.

스프링 개발 환경 구축

# 03 | 스프링과 Oracle Database 연동

이 책의 예제들은 관계형 데이터베이스인 Oracle 11g XE(이하 오라클)를 이용해서 작성합니다. 본격적인 예제를 작성하기 전에 오라클을 설치하고 스프링 프로젝트에서 간단히 테스트하는 것을 목적으로 합니다. 오라클 설정에서는 SQL Developer 혹은 별도의 프로그램을 통해서 설치된 데이터베이스에 연결이 가능해야 하고, 중간의 JDBC 연결 테스트와 스프링 연동 테스트를 반드시 실습해야만 합니다.

## 3.1 오라클 설치

오라클 데이터베이스는 'Express Edition(이하 XE)'이라고 하는 단일 데이터베이스 구성용 프로그램을 설치해서 사용합니다. 2021년 9월 현재 18 버전만 다운로드가 가능한 상황입니다(오라클 데이터베이스의 경우 학습용으로 사용하는 것은 무료지만, 상업적인 서비스를 하는 경우에는 유료이므로 주의해야 합니다.).

이 책의 예제는 11g XE를 이용합니다.(18 버전의 경우 너무 용량이 크고, 메모리를 많이 차지하기 때문에 실습 환경이 좋지 않다면 11g XE를 사용하는 것이 좋습니다.) 2021년 중반부터 11g XE는 오라클 사이트에서 다운로드가 불가능하므로 구멍가게 코딩단 카페(cafe.naver.com/gugucoding)에서 올린 링크(https://url.kr/bmt5ua)를 이용하세요. 18c XE를 이용하고자 한다면 데이터베이스 내 사용자 계정 생성 시에 'C##'이라는 접두어만 붙이면 동일하게 사용할 수 있습니다.

Part 01

Part 02

Part 03

Part 04

Part 05

Part 06

Part 07

다운로드 경로는 https://www.oracle.com/tools/downloads/sqldev-downloads.
html입니다.

설치하는 중간 과정에 System, SYS 계정의 패스워드를 지정하게 되는데, 이 패스워드
는 무척 중요하기 때문에 반드시 기억해야 합니다(System 계정의 패스워드는 다른 사용
자 계정을 만들 때도 필요합니다.).

스프링 개발 환경 구축

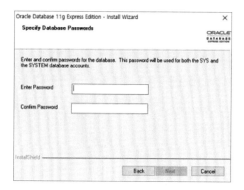 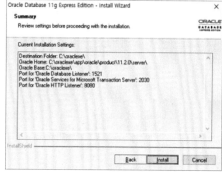

## 3.2 SQL Developer 설치

오라클을 이용할 때 기본적으로 제공되는 SQL Plus를 이용하는 방식도 나쁘지는 않지만 (SQL을 처음 배우는 시점에서는 SQL Plus를 이용해 보는 것이 좋습니다만), 가능하면 좀 더 많은 기능을 가지고 있는 SQL Developer를 이용하면 편리합니다. SQL Developer는 무료로 다운로드 받을 수 있고, 다운로드 후에 압축을 해제해서 사용하면 됩니다. 다운로드의 경로는 데이터베이스를 다운로드하는 경로와 동일합니다.

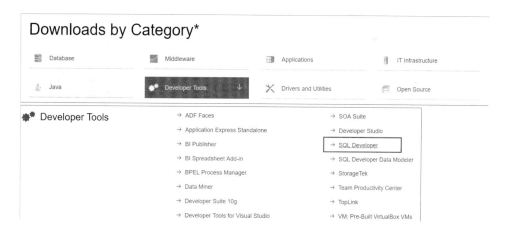

Part 01

Part 02

Part 03

Part 04

Part 05

Part 06

Part 07

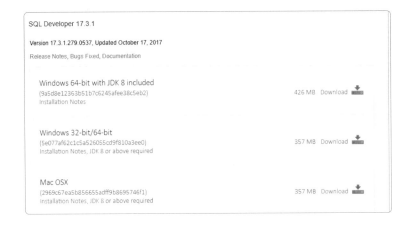

다운로드한 Sql Developer는 별도의 설치 절차 없이 압축파일을 해제하고 실행하면 됩니다. 실행된 후에는 System 계정으로 설치 시 입력했던 패스워드를 통해서 접속합니다.

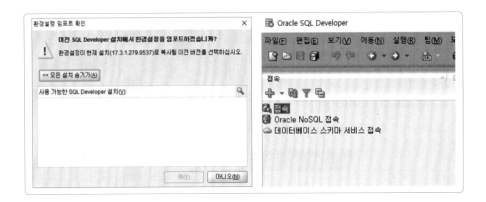

데이터베이스에 접속할 때는 아래와 같은 화면을 이용하게 됩니다.

스프링 개발 환경 구축

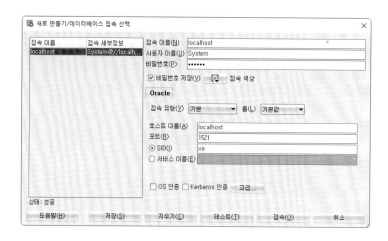

계정의 이름은 System으로 지정하고 호스트의 이름은 localhost, 포트는 1521번, SID
는 xe라는 이름으로 접속해 보고 데이터베이스 연결에 아무 문제가 없는 것을 확인한 후
다음 단계를 진행합니다.

### 3.2.1 예제에 사용하는 계정 생성

SQL Developer에 System 계정으로 접속에 성공한 후에는 예제에서 사용할 계정을 만
들어 줍니다. 사용자를 생성하기 위해서는 접속 후에 보이는 텍스트 편집기를 이용합
니다.

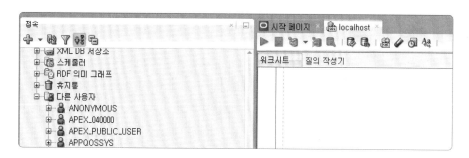

사용자 생성시 계정의 이름은 'book_ex'로 지정하고(대소문자 주의), IDENTIFIED BY
뒤에는 패스워드를 지정합니다. 기본 테이블 스페이스는 'USERS'로 지정하고, 임시 테이
블 스페이스는 'TEMP' 로 지정합니다.

Part 01

Part 02

Part 03

Part 04

Part 05

Part 06

Part 07

편집기 화면에서 아래의 내용을 추가한 후에 '실행'메뉴로 사용자를 생성합니다.

```
CREATE USER book_ex IDENTIFIED BY book_ex
DEFAULT TABLESPACE USERS
TEMPORARY TABLESPACE TEMP;
```

정상적으로 사용자가 생성되면 아래와 같은 결과를 확인할 수 있습니다.

> User BOOK_EX이 (가) 생성되었습니다.

오라클의 사용자 계정으로 특정 행위를 하기 위해서는 권한이나 롤(role)이 필요하므로 GRANT구문을 이용해서 처리합니다.

```
GRANT CONNECT, DBA TO BOOK_EX;
```

GRANT로 사용자에게 접속(connect)권한과 DBA권한을 부여합니다.

> Grant을 (를) 성공했습니다.

올바르게 연결 정보가 되었는지 확인하기 위해서 다시 기존의 연결을 해제하고 새롭게 연결을 시도해서 성공하는지를 확인합니다.

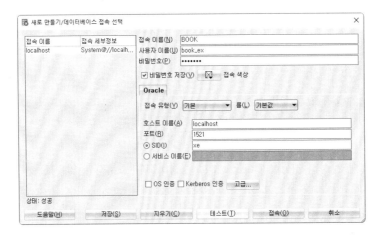

SQL Developer는 내부적으로는 JDBC를 이용해서 데이터베이스와 연결을 처리하기 때문에, SQL Developer에서 연결이 불가능하다면 프로그램을 작성해도 제대로 동작하지 않을 가능성이 높습니다. 따라서 JDBC 연결을 테스트하기 전에 연결이 가능한지 테스트해 보는 것이 좋습니다.

### 3.2.2 8080 포트 변경

오라클 11g의 경우 기본적으로 8080 포트를 이용해서 웹 환경으로도 데이터베이스를 접근할 수 있습니다. 문제는 웹 개발 시 많이 사용하는 Tomcat의 기본 포트가 8080이기 때문에 동시에 오라클과 Tomcat이 8080 포트를 사용하는 문제를 가지게 됩니다. 이 문제를 해결하기 위해 오라클의 포트를 변경해 주는 것이 좋습니다.

우선은 SQL Developer 혹은 SQL Plus를 이용해서 SYS 계정에 SYSDBA 권한으로 접속합니다.

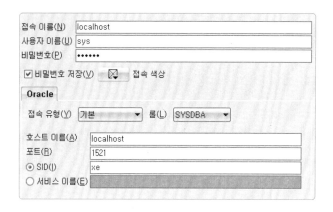

접속 후에는 'select dbms_xdb.gethttpport() from dual;'을 이용해서 현재 사용하는 포트 번호가 몇 번인지 확인합니다.

Part 01

Part 02

Part 03

Part 04

Part 05

Part 06

Part 07

쿼리의 결과가 8080으로 출력되는 경우 'exec dbms_xdb.sethttpport(9090);'을 이용해서 포트를 변경합니다. 보통 1000번 이하의 포트는 예약 포트이므로, 9090이나 9000 등 원하는 번호로 변경해야 합니다. 포트 변경 후에는 다시 포트를 확인해서 정상적으로 변경되었는지 확인해야 합니다.

## 3.3 프로젝트의 JDBC 연결

본격적인 예제를 구성하기 위해서는 반드시 JDBC 연결에 문제가 없는지 확인해야 합니다. 예제 프로젝트에서 준비한 jUnit을 이용해서 테스트를 진행하는 코드를 작성해 봅니다. 우선 JDBC 연결을 하려면 JDBC Driver가 필요합니다. 이 책의 모든 라이브러리가 Maven을 이용하지만 불행히도 Oracle 데이터베이스의 JDBC Driver는 11g까지 공식적으로 Maven으로는 지원되지 않기 때문에 예제는 직접 jar 파일을 프로젝트에 추가시켜 줘야 합니다.

SQL Developer를 설치했다면 설치 경로에 jdbc/lib 폴더에 JDK 8버전용 ojdbc8.jar 파일이 존재합니다.

SQL Developer가 설치되지 않았다면 데이터베이스가 설치된 폴더 내부에 jdbc/lib 폴더가 존재하고, jar 파일을 찾을 수 있습니다.

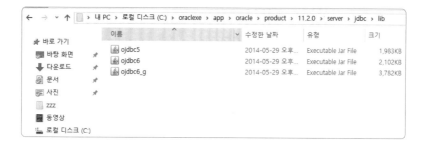

oracle.com 사이트에서는 SQL Developer의 경우처럼 JDBC Driver를 다운로드 받을
수 있습니다(https://www.oracle.com/database/technologies/appdev/jdbc-
downloads-2.html). 다만, 11g의 경우에는 적당한 드라이버가 없으므로 설치된 오라
클 데이터베이스의 내부에 jdbc 드라이버 폴더에 있는 jar파일을 이용하도록 합니다.

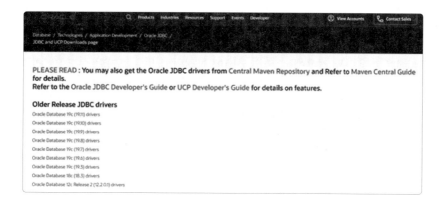

예제에서는 12c (https://www.oracle.com/database/technologies/jdbc-ucp-
122-downloads.html) 링크에 있는 ojdbc8.jar를 이용하도록 합니다.

Part 01

Part 02

Part 03

Part 04

Part 05

Part 06

Part 07

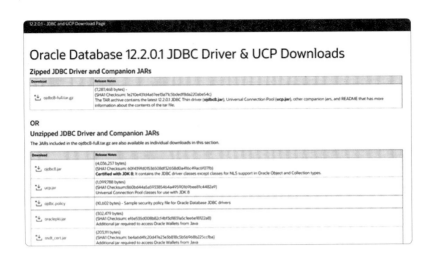

다른 라이브러리들과 달리 오라클 JDBC 라이브러리는 Maven으로 제공하지 않았던 시절이 있으므로 안전하게 직접 추가하는 방법을 사용합니다.

만일 메이븐을 이용하는 경우에는 pom.xml에 아래의 내용을 추가할 수도 있습니다.

```
<dependency>
    <groupId>com.oracle.ojdbc</groupId>
    <artifactId>ojdbc8</artifactId>
    <version>19.3.0.0</version>
</dependency>
```

예제 프로젝트를 선택한 후 'Build Path'를 이용해서 다운로드한 ojdbc8.jar 파일을 경로에 추가합니다. 나중에 war 파일로 만들어 질 때에도 jar 파일이 포함될 수 있도록 'Web Deployment Assembly' 항목에도 jar 파일을 추가합니다(만일 테스트할 때는 정상적으로 동작하고, Tomcat에서 JDBC 드라이버에 문제가 생겼다고 나온다면 Web Deployment Assembly를 확인해 봐야 합니다.).

스프링 개발 환경 구축

'Web Deployment Assembly' 항목에서는 Add 버튼을 눌러 'Java Build Path'를 선택합니다.

### 3.3.1 JDBC 테스트 코드

JDBC 드라이버가 정상적으로 추가되었고, 데이터베이스의 연결이 가능하다면 이를 눈으로 확인할 수 있게 테스트 코드를 작성해야 합니다. 테스트 코드가 있는 폴더에 org.zerock.persistence.JDBCTests 클래스를 추가합니다.

**JDBCTests 테스트 코드**

```
package org.zerock.persistence;

import static org.junit.Assert.fail;

import java.sql.Connection;
import java.sql.DriverManager;

import org.junit.Test;

import lombok.extern.log4j.Log4j;
```

Part 01

Part 02

Part 03

Part 04

Part 05

Part 06

Part 07

```java
@Log4j
public class JDBCTests {

  static {
    try {
      Class.forName("oracle.jdbc.driver.OracleDriver");
    } catch (Exception e) {
      e.printStackTrace();
    }
  }

  @Test
  public void testConnection() {

    try(Connection con =
        DriverManager.getConnection(
            "jdbc:oracle:thin:@localhost:1521:XE",
            "book_ex",
            "book_ex")){

      log.info(con);
    } catch (Exception e) {
      fail(e.getMessage());
    }
  }

}
```

테스트 코드는 Java와 JDBC 드라이버만으로 구현해서 먼저 테스트해야 합니다. 데이터 베이스 연결이 가능하다면 정상적으로 데이터베이스가 연결된 Connection 객체가 출력 됩니다.

```
Markers   Properties   Servers   Data Source Explorer   Snippets   Console   Progress   JUnit   @RequestMappings
<terminated> JDBCTests.testConnection [JUnit] C:₩Program Files₩Java₩jdk1.8.0_151₩bin₩javaw.exe (2017. 12. 14. 오후 12:25:13)
INFO : org.zerock.domain.JDBCTests - oracle.jdbc.driver.T4CConnection@2d6e8792
```

만일 데이터베이스에 어떤 문제가 있거나, JDBC 드라이버에 문제가 있다면 이후의 예제 를 작성할 수 없기 때문에 반드시 테스트 코드를 만들어서 확인해야 합니다.

## 3.4 커넥션 풀 설정

일반적으로 여러 명의 사용자를 동시에 처리해야 하는 웹 애플리케이션의 경우 데이터베이스 연결을 이용할 때는 '커넥션 풀(Connection Pool)'을 이용하므로, 아예 스프링에 커넥션 풀을 등록해서 사용하는 것이 좋습니다. Java에서는 DataSource라는 인터페이스를 통해서 커넥션 풀을 사용합니다. DataSource를 통해 매번 데이터베이스와 연결하는 방식이 아닌, 미리 연결을 맺어주고 반환하는 구조를 이용하여 성능 향상을 꾀합니다.

커넥션 풀은 여러 종류가 있고, spring-jdbc 라이브러리를 이용하는 방식도 있지만, 예제는 최근 유행하는 HikariCP(https://github.com/brettwooldridge/HikariCP)를 이용해 보겠습니다. HikariCP는 스프링 부트 2.0에서도 사용될 만큼 빠르게 퍼지고 있습니다.

### 3.4.1 라이브러리 추가와 DataSource 설정

pom.xml을 수정해서 HikariCP를 추가합니다.

**pom.xml의 수정**

```
<!-- https://mvnrepository.com/artifact/com.zaxxer/HikariCP -->
<dependency>
    <groupId>com.zaxxer</groupId>
    <artifactId>HikariCP</artifactId>
    <version>2.7.4</version>
</dependency>
```

root-context.xml 안에 설정은 직접 〈bean〉 태그를 정의해서 작성합니다. 〈bean〉 태그 내에는 〈property〉를 이용해서 여러 속성에 대해서 설정할 수 있는데 HikariCP에

Part 01

Part 02

Part 03

Part 04

Part 05

Part 06

Part 07

대한 자세한 설정은 https://github.com/brettwooldridge/HikariCP#configura-tion-knobs-baby를 참고해서 작성합니다. 예제는 최소한의 설정만을 이용해서 아래와 같이 작성하도록 합니다.

**root-context.xml**

```xml
<?xml version="1.0" encoding="UTF-8"?>
<beans xmlns="http://www.springframework.org/schema/beans"
  xmlns:xsi="http://www.w3.org/2001/XMLSchema-instance"
  xmlns:context="http://www.springframework.org/schema/context"
  xsi:schemaLocation="http://www.springframework.org/schema/beans http://
www.springframework.org/schema/beans/spring-beans.xsd
    http://www.springframework.org/schema/context http://www.
springframework.org/schema/context/spring-context-4.3.xsd">

  <!-- Root Context: defines shared resources visible to all other web
components -->
  <bean id="hikariConfig" class="com.zaxxer.hikari.HikariConfig">
    <property name="driverClassName"
      value="oracle.jdbc.driver.OracleDriver"></property>
    <property name="jdbcUrl"
      value="jdbc:oracle:thin:@localhost:1521:XE"></property>
    <property name="username" value="book_ex"></property>
    <property name="password" value="book_ex"></property>
  </bean>

  <!-- HikariCP configuration -->
  <bean id="dataSource" class="com.zaxxer.hikari.HikariDataSource"
    destroy-method="close">
    <constructor-arg ref="hikariConfig" />
  </bean>

  <context:component-scan
    base-package="org.zerock.sample"></context:component-scan>

</beans>
```

스프링에서 root-context.xml은 스프링이 로딩되면서 읽어 들이는 문서이므로, 주로 이미 만들어진 클래스들을 이용해서 스프링의 빈(Bean)으로 등록할 때 사용됩니다. 일반적인 상황이라면 프로젝트에 직접 작성하는 클래스들은 어노테이션을 이용하는 경우가 많고, 외부 jar 파일 등으로 사용하는 클래스들은 〈bean〉 태그를 이용해서 작성하는 경우가 대부분입니다.

스프링 개발 환경 구축

## Java 설정을 이용하는 경우

Java 설정을 이용하는 경우에는 앞에서 작성한 RootConfig 클래스와 @Bean을 이용해서 처리합니다. @Bean은 XML 설정에서 〈bean〉 태그와 동일한 역할을 한다고 생각하면 됩니다. @Bean이 선언된 메서드의 실행 결과로 반환된 객체는 스프링의 객체(Bean)로 등록됩니다.

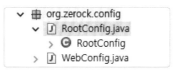

**RootConfig 클래스**

```
package org.zerock.config;

import javax.sql.DataSource;

import org.springframework.context.annotation.Bean;
import org.springframework.context.annotation.ComponentScan;
import org.springframework.context.annotation.Configuration;

import com.zaxxer.hikari.HikariConfig;
import com.zaxxer.hikari.HikariDataSource;

@Configuration
@ComponentScan(basePackages = { "org.zerock.sample" })
public class RootConfig {

  @Bean
  public DataSource dataSource() {
    HikariConfig hikariConfig = new HikariConfig();
    hikariConfig.setDriverClassName("oracle.jdbc.driver.OracleDriver");
    hikariConfig.setJdbcUrl("jdbc:oracle:thin:@localhost:1521:XE");
    hikariConfig.setUsername("book_ex");
    hikariConfig.setPassword("book_ex");

    HikariDataSource dataSource = new HikariDataSource(hikariConfig);

    return dataSource;
  }

}
```

스프링이 시작되면 root-context.xml을 읽어서 아래와 같은 형태로 id가 dataSource
인 객체가 처리됩니다.

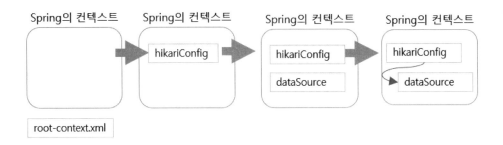

초기에 스프링에 대한 경험이 많지 않다면 위와 같이 빈(Bean)을 정의한 다음에는 항상
테스트를 작성하는 습관을 가지는 것이 좋습니다. 'src/test/java'에 DataSourceTests
클래스를 작성합니다.

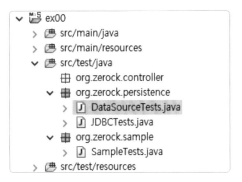

**DataSourceTests 클래스**

```
package org.zerock.persistence;

import static org.junit.Assert.fail;

import java.sql.Connection;

import javax.sql.DataSource;

import org.junit.Test;
import org.junit.runner.RunWith;
import org.springframework.beans.factory.annotation.Autowired;
```

스프링 개발 환경 구축

```
import org.springframework.test.context.ContextConfiguration;
import org.springframework.test.context.junit4.SpringJUnit4ClassRunner;

import lombok.Setter;
import lombok.extern.log4j.Log4j;

@RunWith(SpringJUnit4ClassRunner.class)
@ContextConfiguration("file:src/main/webapp/WEB-INF/spring/root-context.
xml")
//Java 설정을 사용하는 경우
//@ContextConfiguration(classes= {RootConfig.class})
@Log4j
public class DataSourceTests {

@Setter(onMethod_ = { @Autowired })
  private DataSource dataSource;
  @Test
  public void testConnection() {


    try (Connection con = dataSource.getConnection()){

      log.info(con);

    }catch(Exception e) {
      fail(e.getMessage());
    }
  }
}
```

테스트 코드는 스프링에 빈(Bean)으로 등록된 DataSource를 이용해서 Connection을
제대로 처리할 수 있는지를 확인해 보는 용도입니다. testConnection( )을 실행해 보면
내부적으로 HikariCP가 시작되고, 종료되는 로그를 확인할 수 있습니다.

```
INFO : org.springframework.beans.factory.annotation.
AutowiredAnnotationBeanPostProcessor - JSR-330 'javax.inject.Inject'
annotation found and supported for autowiring
INFO : com.zaxxer.hikari.HikariDataSource - HikariPool-1 - Starting...
WARN : com.zaxxer.hikari.util.DriverDataSource - Registered driver with
driverClassName=oracle.jdbc.driver.OracleDriver was not found, trying
direct instantiation.
INFO : com.zaxxer.hikari.HikariDataSource - HikariPool-1 - Start
completed.
INFO : org.zerock.persistence.DataSourceTests -
```

Part 01

Part 02

Part 03

Part 04

Part 05

Part 06

Part 07

```
HikariProxyConnection@1336001042 wrapping oracle.jdbc.driver.
T4CConnection@11bd0f3b
INFO : org.springframework.context.support.GenericApplicationContext
- Closing org.springframework.context.support.
GenericApplicationContext@4e9ba398: startup date [Fri Jun 15 15:37:41
KST 2018]; root of context hierarchy
INFO : com.zaxxer.hikari.HikariDataSource - HikariPool-1 - Shutdown
initiated...
INFO : com.zaxxer.hikari.HikariDataSource - HikariPool-1 - Shutdown
completed.
```

실행 결과는 서버의 로그를 확인하는 것으로 설정에 문제가 없는지를 확인하는 수준이고, 불행하게도 아직 브라우저에서 최종 결과를 확인하지는 못합니다. 브라우저에서 최종 결과를 확인하는 것은 뒷부분에 나오는 여러 설정(Chapter 06, 161p)을 추가해 준 후에야 가능합니다.

스프링 개발 환경 구축

# 04 | MyBatis와 스프링 연동

이번 장에서는 스프링 프레임워크와 MyBatis를 연동해서 좀 더 빠르게 SQL을 처리할 수 있는 구조를 만들어 보겠습니다. 마찬가지로 테스트 작업을 진행해서 이를 확인해야 합니다. MyBatis는 모든 예제의 작성 시 적용할 기술이므로, 이번 장의 모든 코드는 반드시 실습을 해야만 합니다.

## 4.1 MyBatis

MyBatis(http://www.mybatis.org/mybatis-3/)는 흔히 'SQL 매핑(mapping) 프레임워크'로 분류되는데, 개발자들은 JDBC 코드의 복잡하고 지루한 작업을 피하는 용도로 많이 사용합니다. 전통적인 JDBC 프로그래밍의 구조와 비교해 보면 MyBatis의 장점을 파악할 수 있습니다.

| 전통적인 JDBC 프로그램 | MyBatis |
|---|---|
| 직접 Connection을 맺고 마지막에 close( ) | 자동으로 Connection close( ) 가능 |
| PreparedStatement 직접 생성 및 처리 | MyBatis 내부적으로 PreparedStatement 처리 |
| PreparedStatement의 setXXX( ) 등에 대한 모든 | #{prop}와 같이 속성을 지정하면 내부적으로 자동 |
| 작업을 개발자가 처리 | 처리 |
| SELECT의 경우 직접 ResultSet 처리 | 리턴 타입을 지정하는 경우 자동으로 객체 생성 및 |
| | ResultSet 처리 |

Part 01

Part 02

Part 03

Part 04

Part 05

Part 06

Part 07

MyBatis는 기존의 SQL을 그대로 활용할 수 있다는 장점이 있고, 진입장벽이 낮은 편이 어서 JDBC의 대안으로 많이 사용합니다. 스프링 프레임워크의 특징 중 하나는 다른 프레임워크들을 배척하는 대신에 다른 프레임워크들과의 연동을 쉽게 하는 추가적인 라이브러리들이 많다는 것입니다. MyBatis 역시 mybatis-spring이라는 라이브러리를 통해서 쉽게 연동작업을 처리할 수 있습니다.

예제에서 사용하는 구조는 아래와 같은 형태입니다.

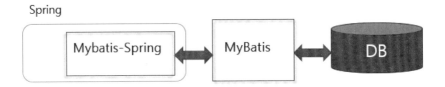

### 4.1.1 MyBatis 관련 라이브러리 추가

MyBatis와 mybatis-spring을 사용하기 위해서 pom.xml 파일에 추가적인 라이브러리들을 설정해야 합니다.

- spring-jdbc/spring-tx: 스프링에서 데이터베이스 처리와 트랜잭션 처리(해당 라이브러리들은 MyBatis와 무관하게 보이지만 추가하지 않은 경우에 에러가 발생하므로 주의합니다.)

- mybatis/mybatis-spring: MyBatis와 스프링 연동용 라이브러리

**pom.xml 의 추가되는 라이브러리**

```xml
<!-- https://mvnrepository.com/artifact/org.mybatis/mybatis -->
<dependency>
  <groupId>org.mybatis</groupId>
  <artifactId>mybatis</artifactId>
  <version>3.4.6</version>
</dependency>

<!-- https://mvnrepository.com/artifact/org.mybatis/mybatis-spring -->
<dependency>
  <groupId>org.mybatis</groupId>
  <artifactId>mybatis-spring</artifactId>
  <version>1.3.2</version>
</dependency>
```

　　　　　　　　　　　　　　　스프링 개발 환경 구축

```
<dependency>
  <groupId>org.springframework</groupId>
  <artifactId>spring-tx</artifactId>
  <version>${org.springframework-version}</version>
</dependency>
<dependency>
  <groupId>org.springframework</groupId>
  <artifactId>spring-jdbc</artifactId>
  <version>${org.springframework-version}</version>
</dependency>
```

### 4.1.2 SQLSessionFactory

MyBatis에서 가장 핵심적인 객체는 SQLSession이라는 존재와 SQLSessionFactory 입니다. SQLSessionFactory의 이름에서 보듯이 내부적으로 SQLSession이라는 것을 만들어 내는 존재인데, 개발에서는 SQLSession을 통해서 Connection을 생성하거나 원하는 SQL을 전달하고, 결과를 리턴 받는 구조로 작성하게 됩니다.

root-context.xml에서는 아래와 같은 형태로 작성합니다.

**root-context.xml 일부**

```
<!-- HikariCP configuration -->
  <bean id="dataSource" class="com.zaxxer.hikari.HikariDataSource"
    destroy-method="close">
    <constructor-arg ref="hikariConfig" />
  </bean>

  <bean id="sqlSessionFactory" class="org.mybatis.spring.
SqlSessionFactoryBean">
    <property name="dataSource" ref="dataSource"></property>
  </bean>
```

스프링에 SqlSessionFactory를 등록하는 작업은 SqlSessionFactoryBean을 이용합니다. 패키지명을 보면 MyBatis의 패키지가 아니라 스프링과 연동 작업을 처리하는 mybatis-spring 라이브러리의 클래스임을 알 수 있습니다.

Java 설정을 이용하는 경우

RootConfig 클래스에 @Bean을 이용해서 설정합니다.

**RootConfig 클래스의 일부**

```
@Bean
public SqlSessionFactory sqlSessionFactory() throws Exception {
    SqlSessionFactoryBean sqlSessionFactory = new
SqlSessionFactoryBean();
    sqlSessionFactory.setDataSource(dataSource());
    return (SqlSessionFactory) sqlSessionFactory.getObject();
}
```

SqlSessionFactoryBean을 이용해서 SqlSession을 사용해 보는 테스트는 기존의
DataSourceTests 클래스에 추가해서 확인합니다.

**DataSourceTests 클래스의 일부**

```
package org.zerock.persistence;

...생략...

@RunWith(SpringJUnit4ClassRunner.class)
@ContextConfiguration("file:src/main/webapp/WEB-INF/spring/root-context.
xml")
//Java 설정을 이용하는 경우
//@ContextConfiguration(classes= {RootConfig.class})
@Log4j
public class DataSourceTests {

@Setter(onMethod_ = { @Autowired })
  private DataSource dataSource;

  @Setter(onMethod_ = { @Autowired })
private SqlSessionFactory sqlSessionFactory;

  @Test
  public void testMyBatis() {

    try (SqlSession session = sqlSessionFactory.openSession();
      Connection con = session.getConnection();
    ) {

      log.info(session);
      log.info(con);
```

```
    } catch (Exception e) {
      fail(e.getMessage());
    }

  }

...생략...
```

testMyBatis( )는 설정된 SqlSessionFactory 인터페이스 타입의 SqlSessionFactoryBean을 이용해서 생성하고, 이를 이용해서 Connection까지를 테스트합니다. 테스트 코드가 정상적으로 실행된다면 아래와 유사한 로그가 출력되는 것을 볼 수 있습니다.

```
INFO : com.zaxxer.hikari.HikariDataSource - springHikariCP - Start completed.
INFO : org.zerock.persistence.DataSourceTests - org.apache.ibatis.session.
defaults.DefaultSqlSession@70abf9b0
INFO : org.zerock.persistence.DataSourceTests - HikariProxyConnection@1779479139
wrapping oracle.jdbc.driver.T4CConnection@7e242b4d
```

## 4.2 스프링과의 연동 처리

SQLSessionFactory를 이용해서 코드를 작성해도 직접 Connection을 얻어서 JDBC 코딩이 가능하지만, 좀 더 편하게 작업하기 위해서는 SQL을 어떻게 처리할 것인지를 별도의 설정을 분리해 주고, 자동으로 처리되는 방식을 이용하는 것이 좋습니다. 이를 위해서는 MyBatis의 Mapper라는 존재를 작성해 줘야 합니다.

Mapper는 쉽게 말해서 SQL과 그에 대한 처리를 지정하는 역할을 합니다. MyBatis-Spring을 이용하는 경우에는 Mapper를 XML과 인터페이스 + 어노테이션의 형태로 작성할 수 있습니다.

## 4.2.1 Mapper 인터페이스

Mapper를 작성하는 작업은 XML을 이용할 수도 있지만, 이번 예제에서는 최소한의 코
드를 작성하는 Mapper 인터페이스를 사용해 보겠습니다.

우선 org.zerock.mapper라는 패키지를 만들고, TimeMapper라는 인터페이스를 추가
합니다(src/main/java).

TimeMapper 인터페이스에는 MyBatis의 어노테이션을 이용해서 SQL을 메서드에 추
가합니다.

**TimeMapper 인터페이스**

```java
package org.zerock.mapper;

import org.apache.ibatis.annotations.Select;

public interface TimeMapper {

  @Select("SELECT sysdate FROM dual")
  public String getTime();

}
```

Mapper 설정

Mapper를 작성해 주었다면 MyBatis가 동작할 때 Mapper를 인식할 수 있도록 root-
context.xml에 추가적인 설정이 필요합니다. 가장 간단한 방식은 〈mybatis:scan〉이

스프링 개발 환경 구축

라는 태그를 이용하는 것입니다.

root-context.xml 파일을 열고, 아래쪽의 'Namespaces' 항목에서 'mybatis-spring'
탭을 선택합니다.

### root-context.xml의 일부

```xml
<bean id="sqlSessionFactory" class="org.mybatis.spring.SqlSessionFactoryBean">
    <property name="dataSource" ref="dataSource"></property>
</bean>

<mybatis-spring:scan base-package="org.zerock.mapper"/>

<context:component-scan
    base-package="org.zerock.sample"></context:component-scan>
```

〈mybatis-spring:scan〉 태그의 base-package 속성은 지정된 패키지의 모든
MyBatis 관련 어노테이션을 찾아서 처리합니다. Mapper를 설정하는 작업은 각각의
XML이나 Mapper 인터페이스를 설정할 수도 있지만, 매번 너무 번잡하기 때문에 예제
는 자동으로 org.zerock.mapper 패키지를 인식하는 방식으로 작성하는 것이 가장 편리
합니다.

Java 설정을 이용하는 경우

Java 설정을 이용하는 경우에는 클래스 선언부에 mybatis-spring에서 사용하는 @MapperScan을 이용해서 처리합니다.

---

**RootConfig 클래스의 일부**

```java
import org.apache.ibatis.session.SqlSessionFactory;
import org.mybatis.spring.SqlSessionFactoryBean;
import org.mybatis.spring.annotation.MapperScan;
import org.springframework.context.annotation.Bean;
import org.springframework.context.annotation.ComponentScan;
import org.springframework.context.annotation.Configuration;

import com.zaxxer.hikari.HikariConfig;
import com.zaxxer.hikari.HikariDataSource;

@Configuration
@ComponentScan(basePackages = { "org.zerock.sample" })
@MapperScan(basePackages= {"org.zerock.mapper"})
public class RootConfig {

...생략...
```

### 4.2.2 Mapper 테스트

MyBatis-Spring은 Mapper 인터페이스를 이용해서 실제 SQL 처리가 되는 클래스를 자동으로 생성합니다. 따라서 개발자들은 인터페이스와 SQL만을 작성하는 방식으로도 모든 JDBC 처리를 끝낼 수 있습니다.

작성한 TimeMapper를 테스트하는 코드는 src/test/java 밑에 org.zerock. persistence.TimeMapperTests라는 클래스를 생성해서 처리합니다.

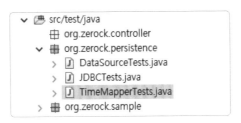

스프링 개발 환경 구축

## TimeMapperTests 클래스

```java
package org.zerock.persistence;

import org.junit.Test;
import org.junit.runner.RunWith;
import org.springframework.beans.factory.annotation.Autowired;
import org.springframework.test.context.ContextConfiguration;
import org.springframework.test.context.junit4.SpringJUnit4ClassRunner;
import org.zerock.mapper.TimeMapper;

import lombok.Setter;
import lombok.extern.log4j.Log4j;

@RunWith(SpringJUnit4ClassRunner.class)
@ContextConfiguration("file:src/main/webapp/WEB-INF/spring/root-context.
xml")
//Java 설정의 경우
//@ContextConfiguration(classes = { org.zerock.config.RootConfig.class })
@Log4j
public class TimeMapperTests {

  @Setter(onMethod_ = @Autowired)
  private TimeMapper timeMapper;

  @Test
  public void testGetTime() {
    log.info(timeMapper.getClass().getName());
    log.info(timeMapper.getTime());
  }

}
```

TimeMapperTests 클래스는 TimeMapper가 정상적으로 사용이 가능한지를 알아보기 위한 테스트 코드입니다. 위의 코드가 정상적으로 동작한다면 스프링 내부에는 TimeMapper 타입으로 만들어진 스프링 객체(빈)가 존재한다는 뜻이 됩니다.

위의 코드에서 timeMapper.getClass( ).getName( )은 실제 동작하는 클래스의 이름을 확인해 주는데 실행 결과를 보면 개발 시 인터페이스만 만들어 주었는데 내부적으로 적당한 클래스가 만들어진 것을 확인할 수 있습니다(이에 대한 자세한 얘기는 스프링 AOP를 설명할 때 하겠습니다.).

우선 여기서는 스프링이 인터페이스를 이용해서 객체를 생성한다는 사실에 주목합니다. 테스트를 실행하면 아래와 같은 로그들이 기록되는 것을 볼 수 있습니다.

```
INFO : com.zaxxer.hikari.HikariDataSource - HikariPool-1 - Starting...
WARN : com.zaxxer.hikari.util.DriverDataSource - Registered driver with
driverClassName=oracle.jdbc.driver.OracleDriver was not found, trying direct
instantiation.
INFO : com.zaxxer.hikari.HikariDataSource - HikariPool-1 - Start completed.
INFO : org.zerock.persistence.TimeMapperTests - com.sun.proxy.$Proxy22
INFO : org.zerock.persistence.TimeMapperTests - 2018-06-15 16:15:41.0
INFO : org.springframework.context.support.GenericApplicationContext - Closing
org.springframework.context.support.GenericApplicationContext@887af79: startup
date [Fri Jun 15 16:15:40 KST 2018]; root of context hierarchy
INFO : com.zaxxer.hikari.HikariDataSource - HikariPool-1 - Shutdown initiated...
INFO : com.zaxxer.hikari.HikariDataSource - HikariPool-1 - Shutdown completed.
```

### 4.2.3 XML 매퍼와 같이 쓰기

MyBatis를 이용해서 SQL을 처리할 때 어노테이션을 이용하는 방식이 압도적으로 편리하기는 하지만, SQL이 복잡하거나 길어지는 경우에는 어노테이션 보다는 XML을 이용하는 방식을 더 선호하게 됩니다. 다행히도 MyBatis-Spring의 경우 Mapper 인터페이스와 XML을 동시에 이용할 수 있습니다.

XML을 작성해서 사용할 때에는 XML 파일의 위치와 XML 파일에 지정하는 namespace 속성이 중요한데, XML 파일 위치의 경우 Mapper 인터페이스가 있는 곳에 같이 작성하거나 다음 그림처럼 src/main/resources 구조에 XML을 저장할 폴더를 생성할 수 있습니다. XML 파일을 만들 때 이름에 대한 규칙은 없지만, 가능하다면 Mapper 인터페이스와 같은 이름을 이용하는 것이 가독성을 높여줍니다.

src/main/resources 폴더 내 다음 그림과 같이 org 폴더와 하위에 zerock 폴더, mapper 폴더를 작성합니다(폴더를 생성할 때 반드시 한 번에 하나씩 폴더를 생성합니다. 만일 한 번에 폴더를 만들면 제대로 인식이 되지 않는 문제가 발생하므로 주의합니다.).

스프링 개발 환경 구축

생성된 폴더에 TimeMapper.xml 파일을 생성합니다.

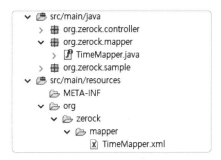

XML 파일에는 MyBatis의 XML 매퍼에서 이용하는 태그에 대한 설정이 필요합니다. 이에 대한 자세한 정보는 http://www.mybatis.org/mybatis-3/ko/sqlmap-xml.html를 통해서 확인할 수 있습니다.

Mapper 인터페이스와 XML을 같이 이용해 보기 위해서 기존의 TimeMapper 인터페이스에 추가적인 메서드를 선언합니다.

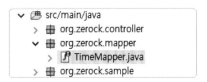

**TimeMapper 인터페이스**

```java
package org.zerock.mapper;

import org.apache.ibatis.annotations.Select;

public interface TimeMapper {

  @Select("SELECT sysdate FROM dual")
  public String getTime();

  public String getTime2();
}
```

Part 01

Part 02

Part 03

Part 04

Part 05

Part 06

Part 07

TimeMapper 인터페이스를 보면 getTime2( )가 추가된 것을 볼 수 있는데 특이하게도 @Select와 같이 MyBatis의 어노테이션이 존재하지 않고 SQL 역시 존재하지 않는 것을 볼 수 있습니다.

실제 SQL은 XML을 이용해서 처리할 것이므로, 생성한 TimeMapper.xml은 다음과 같이 작성합니다.

```
TimeMapper.xml

<?xml version="1.0" encoding="UTF-8" ?>
<!DOCTYPE mapper
  PUBLIC "-//mybatis.org//DTD Mapper 3.0//EN"
  "http://mybatis.org/dtd/mybatis-3-mapper.dtd">
<mapper namespace="org.zerock.mapper.TimeMapper">

  <select id="getTime2" resultType="string">
  SELECT sysdate FROM dual
  </select>

</mapper>
```

XML 매퍼를 이용할 때 신경 써야 하는 부분은 〈mapper〉 태그의 namespace 속성값입니다. MyBatis는 Mapper 인터페이스와 XML을 인터페이스의 이름과 namespace 속성값을 가지고 판단합니다. 위와 같이 org.zerock.mapper.TimeMapper 인터페이스가 존재하고, XML의 〈mapper namespace="org.zerock.mapper.TimeMapper"〉와 같이 동일한 이름이 존재하면, 이를 병합해서 처리합니다. 따라서 위의 경우 메서드 선언은 인터페이스에 존재하고 SQL에 대한 처리는 XML을 이용하는 방식이라고 볼 수 있습니다.

〈select〉 태그의 id 속성의 값은 메서드의 이름과 동일하게 맞춰야 합니다. 〈select〉 태그의 경우 resultType 속성을 가지는데 이 값은 인터페이스에 선언된 메서드의 리턴 타입과 동일하게 작성합니다.

최종적인 확인을 위해서 TimeMapperTests 클래스를 이용해서 테스트 작업을 진행해야 합니다.

**TimeMapperTests 클래스 일부**

```java
@Test
public void testGetTime2() {

    log.info("getTime2");
    log.info(timeMapper.getTime2());

}
```

getTime2( ) 테스트 코드의 결과는 getTime( )과 동일합니다.

## 4.3 log4jdbc-log4j2 설정

MyBatis는 내부적으로 JDBC의 PreparedStatement를 이용해서 SQL을 처리합니다. 따라서 SQL에 전달되는 파라미터는 JDBC에서와 같이 '?'로 치환되어서 처리됩니다. 복잡한 SQL의 경우 '?'로 나오는 값이 제대로 되었는지 확인하기가 쉽지 않고 실행된 SQL의 내용을 정확히 확인하기는 어렵습니다. 이런 문제를 해결하기 위해서 SQL을 변환해서 PreparedStatement에 사용된 '?'가 어떤 값으로 처리되었는지 확인하는 기능을 추가하도록 합니다. SQL 로그를 제대로 보기 위해서는 log4jdbc-log4j2 라이브러리를 사용해야 합니다.

pom.xml에 라이브러리를 설정합니다.

**pom.xml 일부**

```xml
<!-- https://mvnrepository.com/artifact/org.bgee.log4jdbc-log4j2/
log4jdbc-log4j2-jdbc4 -->
<dependency>
    <groupId>org.bgee.log4jdbc-log4j2</groupId>
    <artifactId>log4jdbc-log4j2-jdbc4</artifactId>
    <version>1.16</version>
</dependency>
```

라이브러리를 추가한 후에는 1) 로그 설정 파일을 추가하는 작업과 2) JDBC의 연결 정보를 수정해야 합니다.

우선 src/main/resources 밑에 log4jdbc.log4j2.properties 파일을 추가합니다.

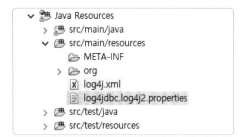

**log4jdbc.log4j2.properties**

```
log4jdbc.spylogdelegator.name=net.sf.log4jdbc.log.slf4j.Slf4jSpyLogDelegator
```

log4jdbc를 이용하는 경우는 JDBC 드라이버와 URL 정보를 수정해야 합니다. root-context.xml의 일부를 수정합니다.

**root-context.xml의 일부**

```xml
<bean id="hikariConfig" class="com.zaxxer.hikari.HikariConfig">
  <!-- <property name="driverClassName"
    value="oracle.jdbc.driver.OracleDriver"></property>
  <property name="jdbcUrl"
    value="jdbc:oracle:thin:@localhost:1521:XE"></property>
  -->

  <property name="driverClassName"
    value="net.sf.log4jdbc.sql.jdbcapi.DriverSpy"></property>
  <property name="jdbcUrl"
    value="jdbc:log4jdbc:oracle:thin:@localhost:1521:XE"></property>

  <property name="username" value="book_ex"></property>
  <property name="password" value="book_ex"></property>
```

스프링 개발 환경 구축

dataSource( ) 메서드에서 변경되는 부분은 JDBC 드라이버의 클래스를 'net.sf. log4jdbc.sql.jdbcapi.DriverSpy'로 수정하는 작업과 JDBC 연결 URL 부분에서 중간에 'log4jdbc' 문자열이 추가되는 부분입니다. 이 두 설정이 제대로 되어 있지 않으면 데이터베이스의 로그가 정상적으로 기록되지 않습니다.

설정을 변경한 후 기존의 테스트 코드를 실행해보면 이전과는 달리 JDBC와 관련된 로그들이 출력되는 것을 볼 수 있습니다.

```
INFO : jdbc.resultset - 1. ResultSet.getMetaData() returned oracle.jdbc.driver.OracleResultSetMetaData@5b11a194
INFO : jdbc.resultset - 1. ResultSet.getType() returned 1003
INFO : jdbc.resultset - 1. ResultSet.next() returned true
INFO : jdbc.resultset - 1. ResultSet.getString(SYSDATE) returned 2018-06-15 17:22:25.0
INFO : jdbc.resultset - 1. ResultSet.wasNull() returned false
INFO : jdbc.resultsettable -
|---------------------|
|sysdate              |
|---------------------|
|2018-06-15 17:22:25.0|
|---------------------|

INFO : jdbc.resultset - 1. ResultSet.next() returned false
INFO : jdbc.resultset - 1. ResultSet.close() returned void
INFO : jdbc.audit - 1. Connection.getMetaData() returned oracle.jdbc.driver.OracleDatabaseMetaData@53f48368
INFO : jdbc.audit - 1. PreparedStatement.isClosed() returned false
INFO : jdbc.audit - 1. PreparedStatement.close() returned
INFO : jdbc.audit - 1. Connection.clearWarnings() returned
```

Java 설정을 이용하는 경우에는 같은 내용을 RootConfig 클래스에 아래와 같이 반영하게 됩니다.

**RootConfig 클래스의 일부**

```java
public class RootConfig {

  @Bean
  public DataSource dataSource() {
    HikariConfig hikariConfig = new HikariConfig();
    // hikariConfig.setDriverClassName("oracle.jdbc.driver.OracleDriver");
    // hikariConfig.setJdbcUrl("jdbc:oracle:thin:@localhost:1521:XE");
    hikariConfig.setDriverClassName("net.sf.log4jdbc.sql.jdbcapi.
DriverSpy");
    hikariConfig.setJdbcUrl("jdbc:log4jdbc:oracle:thin:@
localhost:1521:XE");

    hikariConfig.setUsername("book_ex");
    hikariConfig.setPassword("book_ex");
...생략...
```

Part 01

Part 02

Part 03

Part 04

Part 05

Part 06

Part 07

### 4.3.1 로그의 레벨 설정

테스트 코드를 실행하면 상당히 많은 양의 로그가 출력되기 때문에 처음 개발할 때는 좋지만 시간이 지나면서 불편하다고 느낄 수 있습니다. 이런 상황에서는 로그의 레벨을 이용해서 조금 수정해 줄 필요가 있습니다.

테스트 코드가 실행될 때의 로그와 관련된 설정은 src/test/resources 밑에 log4j.xml을 이용합니다(src/main/resources가 아닌 src/test/resources 임을 주의합니다.).

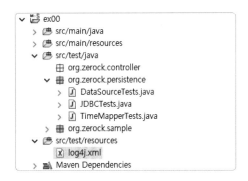

테스트 코드가 실행될 때 보여지는 'INFO ....' 메시지는 log4j.xml의 마지막 부분에 있는 설정에 영향을 받기 때문입니다.

```
src/test/resources/log4j.xml의 일부

    <!-- Root Logger -->
    <root>
      <priority value="info" />
      <appender-ref ref="console" />
    </root>

</log4j:configuration>
```

만일 log4jdbc에서 출력되는 로그를 조절하고 싶다면 추가적인 〈logger〉를 지정해서 처리합니다.

```
<logger name="jdbc.audit">
  <level value="warn" />
</logger>

<logger name="jdbc.resultset">
  <level value="warn" />
</logger>
<logger name="jdbc.connection">
  <level value="warn" />
</logger>
```

기본 설정의 로그는 info 레벨이기 때문에 warn과 같이 좀 더 높은 레벨의 로그만 기록하게 수정하면 테스트 코드를 실행할 때 이전에 비해 로그의 양이 줄어드는 것을 확인할 수 있습니다(로그의 레벨에 대한 자세한 설명은 https://logging.apache.org/log4j/2.x/manual/customloglevels.html를 참고하기 바랍니다.).

```
INFO : com.zaxxer.hikari.pool.PoolBase - HikariPool-1 - Driver does not support get/set network timeout for connections.
INFO : com.zaxxer.hikari.HikariDataSource - HikariPool-1 - Start completed.
INFO : org.zerock.persistence.TimeMapperTests - com.sun.proxy.$Proxy22
INFO : jdbc.sqlonly - SELECT sysdate FROM dual

INFO : jdbc.sqltiming - SELECT sysdate FROM dual
 {executed in 32 msec}
INFO : jdbc.resultsettable -
|---------------------|
|sysdate              |
|---------------------|
|2018-06-15 17:25:13.0 |
|---------------------|

INFO : org.zerock.persistence.TimeMapperTests - 2018-06-15 17:25:13.0
INFO : org.springframework.context.support.GenericApplicationContext - Closing org.springframework.context.support.Generic
INFO : com.zaxxer.hikari.HikariDataSource - HikariPool-1 - Shutdown initiated...
INFO : com.zaxxer.hikari.HikariDataSource - HikariPool-1 - Shutdown completed.
```

스프링 개발 환경 구축

# 스프링 MVC 설정

PART 2에서는 스프링 프레임워크가 가장 많이 활용되는 Web 관련 개발 환경과 라이브러리 설정에 대한 내용으로 진행합니다. 스프링 MVC라고 불리는 웹 관련 스프링 라이브러리는 최근 웹 개발에서 필수적으로 사용되는 구조로 기존에 Servlet/JSP를 이용하는 개발에 비해서 간단하고, 빠른 개발이 가능하기 때문에 수많은 웹 관련 프레임워크들 중에서 독보적인 인기를 얻고 있습니다.

국내에서는 전자정부 표준 프레임워크를 스프링 프레임워크와 스프링 MVC를 이용해서 공공 프로젝트에서 표준으로 사용하고 있습니다. 일반적인 경우라면 스프링 프레임워크를 이용한다는 의미는 스프링 MVC 프로젝트인 경우가 대부분입니다.

PART 2에서는 다음과 같은 내용들을 학습합니다.

- 스프링 MVC 프로젝트의 생성과 동작 과정
- 스프링 MVC 구조의 이해와 다양한 예제 작성
- 스프링 MVC를 이용하는 파일 업로드 처리
- 스프링 MVC의 예외 처리

Part 01

Part 02

Part 03

Part 04

Part 05

Part 06

Part 07

Chapter

# 05 | 스프링 MVC의 기본 구조

스프링 MVC를 학습하는데 가장 먼저 기억해야 하는 점은 스프링 MVC가 스프링의 서브 (sub) 프로젝트라는 것입니다. https://spring.io/projects를 보면 Spring Framework 라는 메인 프로젝트 외에도 여러 종류의 서브 프로젝트가 존재하는데, 스프링 MVC 역시 이러한 프로젝트 중 일부입니다.

스프링은 하나의 기능을 위해서만 만들어진 프레임워크가 아니라 '코어'라고 할 수 있는 프레임워크에 여러 서브 프로젝트를 결합해서 다양한 상황에 대처할 수 있도록 개발되었 습니다. 서브 프로젝트라는 의미를 개발자의 입장에서 가장 쉽게 이해할 수 있는 방법은 '별도의 설정이 존재할 수 있다'라는 개념입니다. Spring Legacy Project로 생성한 예제 의 경우에도 servlet-context.xml과 root-context.xml로 설정 파일이 분리된 것을 볼 수 있습니다. 스프링 MVC가 서브 프로젝트이므로 구성 방식이나 설정 역시 조금 다 르다고 볼 수 있습니다.

이 책의 예제에서 만드는 구조는 다음 그림과 같은 구조가 됩니다.

스프링 MVC 설정

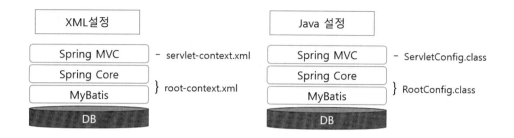

## 5.1 스프링 MVC 프로젝트의 내부 구조

스프링 MVC 프로젝트를 구성해서 사용한다는 의미는 내부적으로는 root-context.xml
로 사용하는 일반 Java 영역(흔히 POJO(Plain Old Java Object))과 servlet
-context.xml로 설정하는 Web 관련 영역을 같이 연동해서 구동하게 됩니다. 그림으로
간단하게 표현하면 다음과 같은 구조라고 볼 수 있습니다.

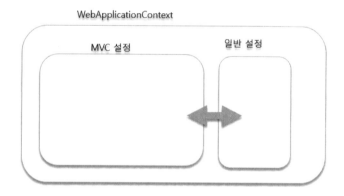

바깥쪽에 있는 WebApplicationContext라는 존재는 기존의 구조에 MVC 설정을 포함
하는 구조로 만들어 집니다. 스프링은 원래 목적 자체가 웹 애플리케이션을 목적으로 나
온 프레임워크가 아니기 때문에 달라지는 영역에 대해서는 완전히 분리하고 연동하는 방
식으로 구현되어 있습니다.

Eclipse(STS) 내 'Spring Legacy Project'를 이용해서 'ex01' 프로젝트를 생성합니다.
프로젝트는 'Spring MVC Project'로 생성합니다. 패키지명은 기존과 동일하게 'org.
zerock.controller'로 지정합니다.

Part 01

Part 02

Part 03

Part 04

Part 05

Part 06

Part 07

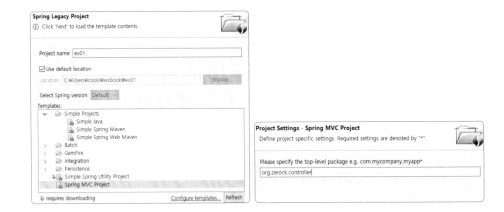

생성된 프로젝트는 스프링 버전이 3버전이므로 pom.xml을 수정해서 스프링을 5.0.7버전으로 변경합니다.

**pom.xml의 일부**

```
<properties>
<java-version>1.8</java-version>
    <org.springframework-version>5.0.7.RELEASE</org.springframework-version>
    <org.aspectj-version>1.6.10</org.aspectj-version>
    <org.slf4j-version>1.6.6</org.slf4j-version>
  </properties>
```

작성된 프로젝트 역시 Lombok 기능을 이용해서 간단한 코드를 작성하고, 테스트할 것이므로 pom.xml에 추가합니다.

**pom.xml의 일부**

```
<dependency>
  <groupId>org.springframework</groupId>
  <artifactId>spring-test</artifactId>
  <version>${org.springframework-version}</version>
</dependency>
<dependency>
  <groupId>org.projectlombok</groupId>
  <artifactId>lombok</artifactId>
  <version>1.18.0</version>
  <scope>provided</scope>
</dependency>
```

스프링 MVC 설정

Spring Legacy Project로 생성된 프로젝트는 서블릿 버전이 2.5버전을 사용하지만, Java 설정 등을 이용하려면 서블릿 3.0 이상을 사용하는 것이 좋습니다. pom.xml 파일을 아래와 같이 2.5버전은 주석 처리하거나 삭제하고, 3.1.0 이상 버전을 사용하도록 수정합니다.

**pom.xml의 일부**

```
<!-- Servlet -->
    <!-- <dependency> <groupId>javax.servlet</groupId>
<artifactId>servlet-api</artifactId>
      <version>2.5</version> <scope>provided</scope> </dependency>
-->
    <!-- https://mvnrepository.com/artifact/javax.servlet/javax.servlet-
api -->
    <dependency>
        <groupId>javax.servlet</groupId>
        <artifactId>javax.servlet-api</artifactId>
        <version>3.1.0</version>
    </dependency>
```

Maven의 컴파일 옵션은 1.8버전으로 변경하고 프로젝트의 'Maven' 메뉴에서 'update project'를 실행합니다.

**pom.xml의 일부**

```
<plugin>
    <groupId>org.apache.maven.plugins</groupId>
    <artifactId>maven-compiler-plugin</artifactId>
    <version>2.5.1</version>
    <configuration>
        <source>1.8</source>
        <target>1.8</target>
        <compilerArgument>-Xlint:all</compilerArgument>
        <showWarnings>true</showWarnings>
        <showDeprecation>true</showDeprecation>
    </configuration>
</plugin>
```

생성된 프로젝트를 실행하고 이상이 없는지 확인합니다.

Part 01

Part 02

Part 03

Part 04

Part 05

Part 06

Part 07

웹 프로젝트는 가능하면 절대 경로를 이용하는 구조를 사용하는 것이 바람직하므로, Tomcat의 'Modules' 메뉴를 이용해서 '/' 경로로 프로젝트가 실행될 수 있도록 처리합니다(혹은 해당 프로젝트 Properties의 'Web Project Settings' 속성을 '/'로 지정합니다.).

프로젝트의 경로(Context Path)를 수정한 뒤에는 '/' 경로가 인식되는지 Tomcat을 재시작해서 확인합니다.

스프링 MVC 설정

### 5.1.1 Java 설정을 이용하는 경우

Java 설정을 이용하는 프로젝트는 'jex01'로 생성하고 web.xml과 servlet-context.
xml, root-context.xml을 제거합니다.

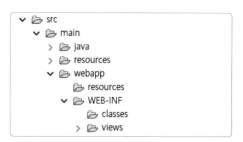

Java 설정을 이용하는 경우에는 pom.xml에서 web.xml이 없다는 설정을 추가해야 합
니다. pom.xml에 〈plugin〉 설정을 추가합니다.

**pom.xml의 일부**

```
<plugin>
  <groupId>org.apache.maven.plugins</groupId>
  <artifactId>maven-war-plugin</artifactId>
  <version>3.2.0</version>
  <configuration>
    <failOnMissingWebXml>false</failOnMissingWebXml>
  </configuration>
</plugin>
```

해당 프로젝트 내에 존재하는 servlet-context.xml, root-context.xml, web.xml은
삭제하고 시작합니다.

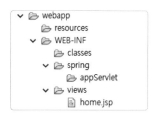

Part 01

Part 02

Part 03

Part 04

Part 05

Part 06

Part 07

Java 설정을 이용하는 경우에는 servlet-context.xml이 없는 상태에서 프로젝트를 시작하게 되므로 'org.zerock.config' 패키지를 작성하고, WebConfig 클래스와 RootConfig 클래스를 작성합니다.

RootConfig 클래스는 PART 2에서는 별다른 역할이 없으므로 별다른 내용 없이 작성합니다.

**RootConfig 클래스**

```
package org.zerock.config;

import org.springframework.context.annotation.Configuration;

@Configuration
public class RootConfig {

}
```

WebConfig 클래스는 AbstractAnnotationConfigDispatcherServletInitializer를 상속합니다.

**WebConfig 클래스**

```
package org.zerock.config;

import org.springframework.web.servlet.support.
AbstractAnnotationConfigDispatcherServletInitializer;

public class WebConfig extends
AbstractAnnotationConfigDispatcherServletInitializer {

    @Override
    protected Class<?>[] getRootConfigClasses() {
      return new Class[] {RootConfig.class};
    }
```

```
    @Override
    protected Class<?>[] getServletConfigClasses() {
      // TODO Auto-generated method stub
      return null;
    }

    @Override
    protected String[] getServletMappings() {
      // TODO Auto-generated method stub
      return null;
    }

}
```

Spring MVC를 이용하는 경우에는 servlet-context.xml을 대신하는 별도의
ServletConfig 클래스를 작성합니다.

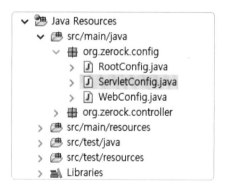

ServletConfig 클래스는 기존의 servlet-context.xml에 설정된 모든 내용을 담아야
하는데, 이때는 주로 다음과 같은 방식을 이용합니다.

- @EnableWebMvc 어노테이션과 WebMvcConfigurer 인터페이스를 구현하는 방식(과거에는
  WebMvcConfigurerAdapter 추상 클래스를 사용했으나, 스프링 5.0버전부터는 Deprecated되었
  으므로 주의합니다.).

- @Configuration과 WebMvcConfigurationSupport 클래스를 상속하는 방식 – 일반 @Configuration
  우선 순위가 구분되지 않는 경우에 사용

Part 01

Part 02

Part 03

Part 04

Part 05

Part 06

Part 07

예제는 @EnableWebMvc 어노테이션을 이용해서 제작합니다. 기존에 servlet- context.xml 의 내용을 아래 코드를 통해서 설정합니다.

**ServletConfig 클래스**

```
package org.zerock.config;

import org.springframework.context.annotation.ComponentScan;
import org.springframework.web.servlet.config.annotation.EnableWebMvc;
import org.springframework.web.servlet.config.annotation.
ResourceHandlerRegistry;
import org.springframework.web.servlet.config.annotation.
ViewResolverRegistry;
import org.springframework.web.servlet.config.annotation.
WebMvcConfigurer;
import org.springframework.web.servlet.view.InternalResourceViewResolver;
import org.springframework.web.servlet.view.JstlView;

@EnableWebMvc
@ComponentScan(basePackages= {"org.zerock.controller"})
public class ServletConfig implements WebMvcConfigurer {

    @Override
    public void configureViewResolvers(ViewResolverRegistry registry) {

      InternalResourceViewResolver bean = new InternalResourceViewResolver();
        bean.setViewClass(JstlView.class);
        bean.setPrefix("/WEB-INF/views/");
        bean.setSuffix(".jsp");
        registry.viewResolver(bean);
    }

    @Override
    public void addResourceHandlers(ResourceHandlerRegistry registry) {

      registry.addResourceHandler("/resources/**").addResourceLocations("/
resources/");
    }

}
```

WebMvcConfigurer는 스프링 MVC와 관련된 설정을 메서드로 오버라이드 하는 형태 를 이용할 때 사용합니다. ServletConfig 클래스 역시 @ComponentScan을 이용해서 다른 패키지에 작성된 스프링의 객체(Bean)를 인식할 수 있습니다.

작성된 ServletConfig 클래스를 정상적으로 실행하려면 WebConfig의 설정은 아래와 같이 ServletConfig를 이용하고, 스프링 MVC의 기본 경로도 '/'로 변경되어야 합니다.

**WebConfig 클래스**

```java
package org.zerock.config;

import org.springframework.web.servlet.support.
AbstractAnnotationConfigDispatcherServletInitializer;

public class WebConfig extends
AbstractAnnotationConfigDispatcherServletInitializer  {

    @Override
    protected Class<?>[] getRootConfigClasses() {
      return new Class[] {RootConfig.class};
    }

    @Override
    protected Class<?>[] getServletConfigClasses() {

      return new Class[] {ServletConfig.class};
    }

    @Override
    protected String[] getServletMappings() {
      return new String[] { "/" };
    }

}
```

설정 이후의 작업은 XML 방식과 동일하게 Tomcat에서 실행하면 됩니다.


## 5.2 예제 프로젝트의 로딩 구조

프로젝트가 정상적으로 실행되었다면 서버의 구동 시 약간의 로그가 기록되는 것을 볼 수 있습니다. 이 로그를 이용해서 어떤 과정을 통해서 프로젝트가 실행되는지를 엿볼 수 있습니다. 프로젝트 구동 시 관여하는 XML은 web.xml, root-context.xml, servlet-context.xml 파일입니다. 이 파일들 중 web.xml은 Tomcat 구동과 관련된 설정이고, 나머지 두 파일은 스프링과 관련된 설정입니다.

Part 01

Part 02

Part 03

Part 04

Part 05

Part 06

Part 07

프로젝트의 구동은 web.xml에서 시작합니다. web.xml의 상단에는 가장 먼저 구동되는 Context Listener가 등록되어 있습니다.

**web.xml의 일부**

```
<!-- The definition of the Root Spring Container shared by all Servlets
and Filters -->
  <context-param>
    <param-name>contextConfigLocation</param-name>
    <param-value>/WEB-INF/spring/root-context.xml</param-value>
  </context-param>

  <!-- Creates the Spring Container shared by all Servlets and Filters
-->
  <listener>
    <listener-class>org.springframework.web.context.
ContextLoaderListener</listener-class>
  </listener>
```

⟨context-param⟩에는 root-context.xml의 경로가 설정되어 있고, ⟨listener⟩에는 스프링 MVC의 ContextLoaderListener가 등록되어 있는 것을 볼 수 있습니다. ContextLoaderListener는 해당 웹 애플리케이션 구동 시 같이 동작하므로 해당 프로젝트를 실행하면 다음과 같이 가장 먼저 로그를 출력하면서 기록하는 것을 볼 수 있습니다.

```
INFO : org.springframework.web.context.ContextLoader - Root
WebApplicationContext: initialization started
INFO : org.springframework.web.context.support.XmlWebApplicationContext
- Refreshing Root WebApplicationContext: startup ...
INFO : org.springframework.beans.factory.xml.XmlBeanDefinitionReader -
Loading XML bean definitions from ServletContext resource [/WEB-INF/
spring/root-context.xml]
INFO : org.springframework.web.context.ContextLoader - Root
WebApplicationContext: initialization completed ...
```

root-context.xml이 처리되면 파일에 있는 빈(Bean) 설정들이 동작하게 됩니다. 이를 그림으로 표현하면 다음과 같이 표현할 수 있습니다.

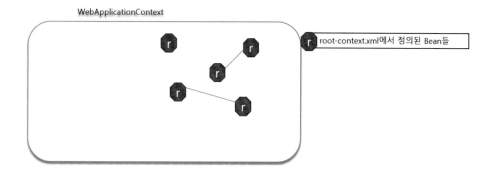

root-context.xml에 정의된 객체(Bean)들은 스프링의 영역(context) 안에 생성되고, 객체들 간의 의존성이 처리됩니다. root-context.xml이 처리된 후에는 스프링 MVC에서 사용하는 DispatcherServlet이라는 서블릿과 관련된 설정이 동작합니다.

**web.xml의 일부**

```
<!-- Processes application requests -->
  <servlet>
    <servlet-name>appServlet</servlet-name>
    <servlet-class>org.springframework.web.servlet.DispatcherServlet</
servlet-class>
    <init-param>
      <param-name>contextConfigLocation</param-name>
      <param-value>/WEB-INF/spring/appServlet/servlet-context.xml</
param-value>
    </init-param>
    <load-on-startup>1</load-on-startup>
  </servlet>

  <servlet-mapping>
    <servlet-name>appServlet</servlet-name>
    <url-pattern>/</url-pattern>
  </servlet-mapping>
```

org.springframework.web.servlet.DispatcherServlet 클래스는 스프링 MVC의 구조에서 가장 핵심적인 역할을 하는 클래스입니다. 내부적으로 웹 관련 처리의 준비작업을 진행하는데 이때 사용하는 파일이 servlet-context.xml입니다. 프로젝트가 실행될 때 로그의 일부를 보면 아래와 같습니다.

Part 01

Part 02

Part 03

Part 04

Part 05

Part 06

Part 07

```
INFO : org.springframework.web.servlet.DispatcherServlet -
FrameworkServlet 'appServlet': initialization started
INFO : org.springframework.web.context.support.XmlWebApplicationContext
- Refreshing WebApplicationContext for namespace 'appServlet-servlet':
startup date ...
INFO : org.springframework.beans.factory.xml.XmlBeanDefinitionReader -
Loading XML bean definitions from ServletContext resource [/WEB-INF/
spring/appServlet/servlet-context.xml]
INFO : org.springframework.beans.factory.annotation.
AutowiredAnnotationBeanPostProcessor - JSR-330 'javax.inject.Inject'
annotation found and supported for autowiring
```

DispatcherServlet에서 XmlWebApplicationContext를 이용해서 servlet-context.xml을 로딩하고 해석하기 시작합니다. 이 과정에서 등록된 객체(Bean)들은 기존에 만들어진 객체(Bean)들과 같이 연동되게 됩니다.

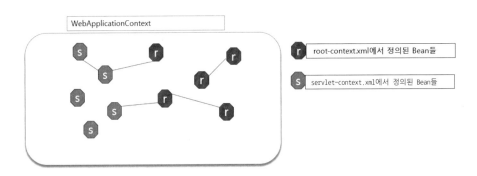

## 5.3 스프링 MVC의 기본 사상

Java를 이용하는 웹 애플리케이션을 제작해 본적이 있다면 Servlet/JSP 기술을 활용해서 제작하는 방식을 먼저 배우게 됩니다. 이후에는 모델 2라는 방식에 대해서 학습하게되는데, 스프링 MVC의 경우 이러한 부분은 개발자들에게 보여주지 않고, 개발자들은 자신이 필요한 부분만을 집중해서 개발할 수 있는 구조로 만들어져 있습니다.

웹 프로그래밍을 배워본 적이 있다면 가장 익숙한 단어들 중 하나는 Request/Response일 것입니다. Servlet/JSP에서는 HttpServletRequest/HttpServletResponse라는 타입의 객체를 이용해 브라우저에서 전송한 정보를 처리하는 방식입니다. 스프링 MVC의 경우 이 위에 하나의 계층을 더한 형태가 됩니다.

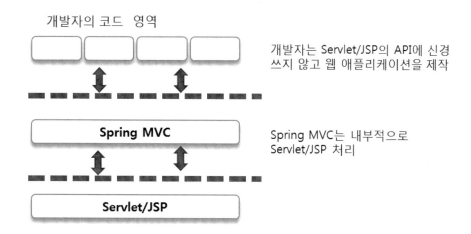

스프링 MVC를 이용하게 되면 개발자들은 직접적으로 HttpServletRequest/ HttpServletResponse 등과 같이 Servlet/JSP의 API를 사용할 필요성이 현저하게 줄어듭니다. 스프링은 중간에 연결 역할을 하기 때문에 이러한 코드를 작성하지 않고도 원하는 기능을 구현할 수 있게 됩니다.

개발자의 코드는 스프링 MVC에서 동작하기 때문에 과거에는 스프링 MVC의 특정한 클래스를 상속하거나 인터페이스를 구현하는 형태로 개발할 수 있었지만, 스프링 2.5버전부터 등장한 어노테이션 방식으로 인해 최근 개발에는 어노테이션이나 XML 등의 설정만으로 개발이 가능하게 되었습니다.

## 5.4 모델 2와 스프링 MVC

위의 그림에서 보여주듯이 스프링 MVC 역시 내부적으로는 Servlet API를 활용합니다. 스프링 MVC는 '모델 2'라는 방식으로 처리되는 구조로이므로 모델 2방식에 대해서 간단히 살펴볼 필요가 있습니다. 모델 2방식은 쉽게 말해서 '로직과 화면을 분리'하는 스타일의 개발 방식입니다. 모델 2방식은 MVC의 구조를 사용하는데, 이를 그림으로 표현하면 아래와 같습니다.

Part 01

Part 02

Part 03

Part 04

Part 05

Part 06

Part 07

1. Request → **Controller**

2. Request 처리를 위한 로직 연동

3. 순수한 데이터 처리 로직

**Model**

4. 처리된 데이터를 View로 전달

5. Response ← **View**

모델 2방식에서 사용자의 Request는 특별한 상황이 아닌 이상 먼저 Controller를 호출하게 됩니다. 이렇게 설계하는 가장 중요한 이유는 나중에 View를 교체하더라도 사용자가 호출하는 URL 자체에 변화가 없게 만들어 주기 때문입니다. 컨트롤러는 데이터를 처리하는 존재를 이용해서 데이터(Model)를 처리하고 Response 할 때 필요한 데이터(Model)를 View 쪽으로 전달하게 됩니다. Servlet을 이용하는 경우 개발자들은 Servlet API의 RequestDispatcher 등을 이용해서 이를 직접 처리해 왔지만 스프링 MVC는 내부에서 이러한 처리를 하고, 개발자들은 스프링 MVC의 API를 이용해서 코드를 작성하게 됩니다.

스프링 MVC의 기본 구조는 아래 그림과 같이 표현할 수 있습니다.

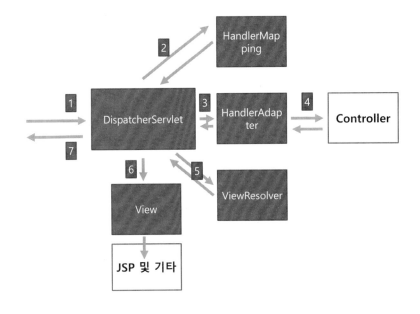

스프링 MVC 설정

**1** 사용자의 Request는 Front-Controller인 DispatcherServlet을 통해서 처리합니다. 생성된 프로젝트의 web.xml을 보면 아래와 같이 모든 Request를 DispatcherServlet이 받도록 처리하고 있습니다.

```
<servlet>
    <servlet-name>appServlet</servlet-name>
    <servlet-class>org.springframework.web.servlet.
DispatcherServlet</servlet-class>
    <init-param>
      <param-name>contextConfigLocation</param-name>
      <param-value>/WEB-INF/spring/appServlet/servlet-context.xml</
param-value>
    </init-param>
    <load-on-startup>1</load-on-startup>
</servlet>

<servlet-mapping>
    <servlet-name>appServlet</servlet-name>
    <url-pattern>/</url-pattern>
</servlet-mapping>
```

**2 3** HandlerMapping은 Request의 처리를 담당하는 컨트롤러를 찾기 위해서 존재합니다. HandlerMapping 인터페이스를 구현한 여러 객체들 중 RequestMappingHandlerMapping 같은 경우는 개발자가 @RequestMapping 어노테이션이 적용된 것을 기준으로 판단하게 됩니다. 적절한 컨트롤러가 찾아졌다면 HandlerAdapter를 이용해서 해당 컨트롤러를 동작시킵니다.

**4** Controller는 개발자가 작성하는 클래스로 실제 Request를 처리하는 로직을 작성하게 됩니다. 이때 View에 전달해야 하는 데이터는 주로 Model이라는 객체에 담아서 전달합니다. Controller는 다양한 타입의 결과를 반환하는데 이에 대한 처리는 ViewResolver를 이용하게 됩니다.

Part 01

Part 02

Part 03

Part 04

Part 05

Part 06

Part 07

**5** ViewResolver는 Controller가 반환한 결과를 어떤 View를 통해서 처리하는 것이 좋을지 해석하는 역할입니다. 가장 흔하게 사용하는 설정은 servlet-context.xml에 정의된 InternalResourceViewResolver입니다.

```
<beans:bean class="org.springframework.web.servlet.view.
InternalResourceViewResolver">
   <beans:property name="prefix" value="/WEB-INF/views/" />
   <beans:property name="suffix" value=".jsp" />
</beans:bean>
```

**6 7** View는 실제로 응답 보내야 하는 데이터를 Jsp 등을 이용해서 생성하는 역할을 하게 됩니다. 만들어진 응답은 DispatcherServlet을 통해서 전송됩니다.

위의 그림을 보면 모든 Request는 DispatcherServlet을 통하도록 설계되는데, 이런 방식을 Front-Controller 패턴이라고 합니다. Front-Controller 패턴을 이용하면 전체 흐름을 강제로 제한할 수 있습니다. 예를 들어 HttpServlet을 상속해서 만든 클래스를 이용하는 경우 특정 개발자는 이를 활용할 수 있지만 다른 개발자는 자신이 원래 하던 방식대로 HttpServlet을 그대로 상속해서 개발할 수도 있습니다. Front-Controller 패턴을 이용하는 경우에는 모든 Request의 처리에 대한 분배가 정해진 방식대로만 동작하기 때문에 좀 더 엄격한 구조를 만들어 낼 수 있습니다.

# 06 | 스프링 MVC의 Controller

스프링 MVC를 이용하는 경우 작성되는 Controller는 다음과 같은 특징이 있습니다.

- HttpServletRequest, HttpServletResponse를 거의 사용할 필요 없이 필요한 기능 구현
- 다양한 타입의 파라미터 처리, 다양한 타입의 리턴 타입 사용 가능
- GET 방식, POST 방식 등 전송 방식에 대한 처리를 어노테이션으로 처리 가능
- 상속/인터페이스 방식 대신에 어노테이션만으로도 필요한 설정 가능

다른 프레임워크들과 달리 스프링 MVC는 어노테이션을 중심으로 구성되기 때문에 예제들을 작성할 때에도 각 어노테이션의 의미에 대해서 주의해가며 학습해야 합니다.

## 6.1 @Controller, @RequestMapping

프로젝트 내 org.zerock.controller 패키지 폴더에 SampleController라는 이름의 클래스를 작성합니다.

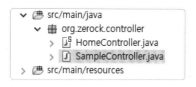

**SampleController 클래스**

```
package org.zerock.controller;

import org.springframework.stereotype.Controller;
import org.springframework.web.bind.annotation.RequestMapping;
```

```
@Controller
@RequestMapping("/sample/*")
public class SampleController {

}
```

SampleController의 클래스 선언부에는 @Controller라는 스프링 MVC에서 사용하는 어노테이션을 적용하고 있습니다. 작성된 SampleController 클래스는 위의 그림과 같이 자동으로 스프링의 객체(Bean)로 등록되는데 servlet-context.xml에 그 이유가 있습니다.

**servlet-context.xml의 일부**
```
<context:component-scan base-package="org.zerock.controller" />

</beans:beans>
```

servlet-context.xml에는 〈context:component-scan〉이라는 태그를 이용해서 지정된 패키지를 조사(스캔)하도록 설정되어 있습니다. 해당 패키지에 선언된 클래스들을 조사하면서 스프링에서 객체(Bean) 설정에 사용되는 어노테이션들을 가진 클래스들을 파악하고 필요하다면 이를 객체로 생성해서 관리하게 됩니다.

SampleController 클래스가 스프링에서 관리되면 화면상에는 클래스 옆에 작게 's' 모양의 아이콘이 추가됩니다.

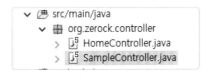

클래스 선언부에는 @Controller와 함께 @RequestMapping을 많이 사용합니다.

@RequestMapping은 현재 클래스의 모든 메서드들의 기본적인 URL 경로가 됩니다. 예를 들어, SampleController 클래스를 다음과 같이 '/sample/*'이라는 경로로 지정했다면 다음과 같은 URL은 모두 SampleController에서 처리됩니다.

스프링 MVC 설정

- /sample/aaa

- /sample/bbb

@RequestMapping 어노테이션은 클래스의 선언과 메서드 선언에 사용할 수 있습니다.

**SampleController 클래스**

```java
package org.zerock.controller;

import org.springframework.stereotype.Controller;
import org.springframework.web.bind.annotation.RequestMapping;

import lombok.extern.log4j.Log4j;

@Controller
@RequestMapping("/sample/*")
@Log4j
public class SampleController {

  @RequestMapping("")
  public void basic() {

    log.info("basic..................");

  }

}
```

SampleController는 Lombok의 @Log4j를 사용합니다. @Log4j는 @Log가 java. util.Logging을 이용하는데 반해 Log4j 라이브러리를 활용합니다. Spring Legacy Project로 생성한 프로젝트는 기본적으로 Log4j가 추가되어 있으므로 별도의 설정이 필요하지 않습니다.

프로젝트를 WAS에서 실행해보면 스프링이 인식할 수 있는 정보가 출력되는 것을 볼 수 있는데, 위와 같은 경우에는 아래와 같이 로그가 보입니다. src/resources 폴더 내에 log4j.xml의 모든 'info'를 'debug'로 수정하면 아래와 같은 로그가 보입니다.

```
INFO : org.springframework.web.servlet.mvc.method.annotation.
RequestMappingHandlerMapping - Mapped "{[/],methods=[GET]}" onto public
java.lang.String org.zerock.controller.HomeController.home(java.util.
```

Part 01

Part 02

Part 03

Part 04

Part 05

Part 06

Part 07

```
Locale,org.springframework.ui.Model)
INFO : org.springframework.web.servlet.mvc.method.annotation.
RequestMappingHandlerMapping - Mapped "{[/sample/*]}" onto public void
org.zerock.controller.SampleController.basic()
```

현재 프로젝트의 경우 '/'와 '/sample/*'는 호출이 가능한 경로라는 것을 확인할 수 있습니다.

## 6.2 @RequestMapping의 변화

@Controller 어노테이션은 추가적인 속성을 지정할 수 없지만, @RequestMapping의 경우 몇 가지의 속성을 추가할 수 있습니다. 이 중에서도 가장 많이 사용하는 속성이 method 속성입니다. Method 속성은 흔히 GET 방식, POST 방식을 구분해서 사용할 때 이용합니다.

스프링 4.3버전부터는 이러한 @RequestMapping을 줄여서 사용할 수 있는 @GetMapping, @PostMapping이 등장하는데 축약형의 표현이므로, 아래와 같이 비교해서 학습하는 것이 좋습니다.

**SampleController 클래스의 일부**

```
@RequestMapping(value = "/basic", method = {RequestMethod.GET,
RequestMethod.POST})
public void basicGet() {

  log.info("basic get..................");

}

@GetMapping("/basicOnlyGet")
public void basicGet2() {

  log.info("basic get only get..................");

}
```

스프링 MVC 설정

@RequestMapping은 GET, POST 방식 모두를 지원해야 하는 경우에 배열로 처리해서 지정할 수 있습니다. 일반적인 경우에는 GET, POST 방식만을 사용하지만 최근에는 PUT, DELETE 방식 등도 점점 많이 사용하고 있습니다. @GetMapping의 경우 오직 GET 방식에만 사용할 수 있으므로, 간편하기는 하지만 기능에 대한 제한은 많은 편입니다.

## 6.3 Controller의 파라미터 수집

Controller를 작성할 때 가장 편리한 기능은 파라미터가 자동으로 수집되는 기능입니다. 이 기능을 이용하면 매번 request.getParameter( )를 이용하는 불편함을 없앨 수 있습니다.

예제를 위해서 org.zerock.domain이라는 패키지를 작성하고, SampleDTO 클래스를 작성합니다.

**SampleDTO 클래스**

```java
package org.zerock.domain;

import lombok.Data;

@Data
public class SampleDTO {

  private String name;
  private int age;
}
```

Part 01

Part 02

Part 03

Part 04

Part 05

Part 06

Part 07

SampleDTO 클래스는 Lombok의 @Data 어노테이션을 이용해서 처리합니다. @Data 를 이용하게 되면 getter/setter, equals( ), toString( ) 등의 메서드를 자동 생성하기 때문에 편리합니다.

SampleController의 메서드가 SampleDTO를 파라미터로 사용하게 되면 자동으로 setter 메서드가 동작하면서 파라미터를 수집하게 됩니다(이를 확인하고 싶다면 직접 set 메서드를 제작하고 set 메서드 내 간단한 로그 등을 출력해 보면 확인할 수 있습니다.).

**SampleController의 일부**

```java
package org.zerock.controller;

import org.springframework.stereotype.Controller;
import org.springframework.web.bind.annotation.GetMapping;
import org.springframework.web.bind.annotation.RequestMapping;
import org.springframework.web.bind.annotation.RequestMethod;
import org.zerock.domain.SampleDTO;

import lombok.extern.log4j.Log4j;

@Controller
@RequestMapping("/sample/*")
@Log4j
public class SampleController {

  …생략…

  @GetMapping("/ex01")
  public String ex01(SampleDTO dto) {

    log.info("" + dto);

    return "ex01";
  }

}
```

SampleController의 경로가 '/sample/*'이므로 ex01( ) 메서드를 호출하는 경로는 '/sample/ex01'이 됩니다. 메서드에는 @GetMapping이 사용되었으므로, 필요한 파라미터를 URL 뒤에 '?name=AAA&age=10'과 같은 형태로 추가해서 호출할 수 있습니다.

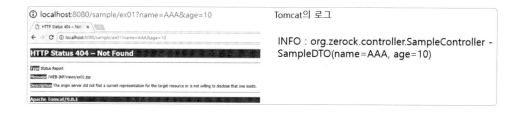

실행된 결과를 보면 SampleDTO 객체 안에 name과 age 속성이 제대로 수집된 것을 볼수 있습니다(특히 주목할 점은 자동으로 타입을 변환해서 처리한다는 점입니다. 프로젝트를 실행할 때 기본 경로는 '/controller'라는 경로로 동작하므로, 이를 앞의 예제와 같이 '/'로 동작하도록 변경해서 실행해야 합니다.).

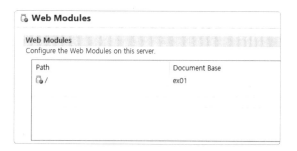

### 6.3.1 파라미터의 수집과 변환

Controller가 파라미터를 수집하는 방식은 파라미터 타입에 따라 자동으로 변환하는 방식을 이용합니다. 예를 들어, SampleDTO에는 int 타입으로 선언된 age가 자동으로 숫자로 변환되는 것을 볼 수 있습니다.

만일 기본 자료형이나 문자열 등을 이용한다면 파라미터의 타입만을 맞게 선언해주는 방식을 사용할 수 있습니다.

**SampleController에 추가**

```java
@GetMapping("/ex02")
  public String ex02(@RequestParam("name") String name,
@RequestParam("age") int age) {

    log.info("name: " + name);
    log.info("age: "+ age);
```

Part 01

Part 02

Part 03

Part 04

Part 05

Part 06

Part 07

```
        return "ex02";
    }
```

ex02( ) 메서드는 파라미터에 @RequestParam 어노테이션을 사용해서 작성되었는데, @RequestParam은 파라미터로 사용된 변수의 이름과 전달되는 파라미터의 이름이 다른 경우에 유용하게 사용됩니다(지금 예제의 경우 변수명과 파라미터의 이름이 동일하기 때문에 사용할 필요는 없었지만 @RequestParam의 소개 차원에서 사용해 보았습니다.).

브라우저에서 'http://localhost:8080/sample/ex02?name=AAA&age=10'과 같이 호출하면 이전과 동일하게 데이터가 수집된 것을 볼 수 있습니다.

```
INFO : org.zerock.controller.SampleController - name: AAA
INFO : org.zerock.controller.SampleController - age: 10
```

### 6.3.2 리스트, 배열 처리

동일한 이름의 파라미터가 여러 개 전달되는 경우에는 ArrayList⟨ ⟩ 등을 이용해서 처리가 가능합니다.

**SampleController에 추가**
```
@GetMapping("/ex02List")
  public String ex02List(@RequestParam("ids")ArrayList<String> ids) {

    log.info("ids: " + ids);

    return "ex02List";
}
```

스프링은 파라미터의 타입을 보고 객체를 생성하므로 파라미터의 타입은 List⟨ ⟩와 같이 인터페이스 타입이 아닌 실제적인 클래스 타입으로 지정합니다. 위 코드의 경우 'ids'라는 이름의 파라미터가 여러 개 전달되더라도 ArrayList⟨String⟩이 생성되어 자동으로 수

스프링 MVC 설정

집됩니다. 브라우저 등을 이용해서 '프로젝트 경로/sample/ex02List?ids=111&ids=22
2&ids=333'을 호출한다면 아래와 같이 로그가 출력됩니다.

```
INFO : org.zerock.controller.SampleController - ids: [111, 222, 333]
```

배열의 경우도 동일하게 처리할 수 있습니다.

**SampleController에 추가**

```
@GetMapping("/ex02Array")
public String ex02Array(@RequestParam("ids") String[] ids) {

  log.info("array ids: " + Arrays.toString(ids));

  return "ex02Array";
}
```

### 6.3.3 객체 리스트

만일 전달하는 데이터가 SampleDTO와 같이 객체 타입이고 여러 개를 처리해야 한다면
약간의 작업을 통해서 한 번에 처리를 할 수 있습니다. 예를 들어 SampleDTO를 여러 개
전달받아서 처리하고 싶다면 다음과 같이 SampleDTO의 리스트를 포함하는
SampleDTOList 클래스를 설계합니다.

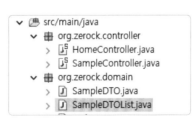

**SampleDTOList 클래스**

```
package org.zerock.domain;

import java.util.ArrayList;
import java.util.List;
```

Part 01

Part 02

Part 03

Part 04

Part 05

Part 06

Part 07

```
import lombok.Data;

@Data
public class SampleDTOList {

  private List<SampleDTO> list;

  public SampleDTOList() {
    list = new ArrayList<>();
  }
}
```

SampleController에서는 SampleDTOList 타입을 파라미터로 사용하는 메서드를 작성합니다.

**SampleController에 추가**

```
@GetMapping("/ex02Bean")
public String ex02Bean(SampleDTOList list) {

  log.info("list dtos: " + list);

  return "ex02Bean";
}
```

파라미터는 '[인덱스]'와 같은 형식으로 전달해서 처리할 수 있습니다.

**전송하려고 하는 URL**

> 프로젝트 경로/sample/ex02Bean?list[0].name=aaa&list[2].name=bbb

Tomcat은 버전에 따라서 위와 같은 문자열에서 '[ ]' 문자를 특수문자로 허용하지 않을 수 있습니다.

```
HTTP Status 400 – Bad Request
Type Exception Report
Message Invalid character found in the request target. The valid characters are defined in RFC 7230 and RFC 3986
Description The server cannot or will not process the request due to something that is perceived to be a client error (e.g., malformed request syntax, invalid request message framing, or deceptive request routing).
Exception
java.lang.IllegalArgumentException: Invalid character found in the request target. The valid characters are defined in RFC 7230 and RFC 3986
        org.apache.coyote.http11.Http11InputBuffer.parseRequestLine(Http11InputBuffer.java:463)
        org.apache.coyote.http11.Http11Processor.service(Http11Processor.java:298)
        org.apache.coyote.AbstractProcessorLight.process(AbstractProcessorLight.java:66)
        org.apache.coyote.AbstractProtocol$ConnectionHandler.process(AbstractProtocol.java:754)
        org.apache.tomcat.util.net.NioEndpoint$SocketProcessor.doRun(NioEndpoint.java:1385)
        org.apache.tomcat.util.net.SocketProcessorBase.run(SocketProcessorBase.java:49)
        java.util.concurrent.ThreadPoolExecutor.runWorker(ThreadPoolExecutor.java:1149)
        java.util.concurrent.ThreadPoolExecutor$Worker.run(ThreadPoolExecutor.java:624)
        org.apache.tomcat.util.threads.TaskThread$WrappingRunnable.run(TaskThread.java:61)
        java.lang.Thread.run(Thread.java:748)
```

JavaScript를 이용하는 경우에는 encodeURIComponent( )와 같은 방법으로 해결할
수 있으나 현재 예제의 경우에는 '['는 '%5B'로 ']'는 '%5D'로 변경하도록 합니다.

프로젝트 경로/sample/ex02Bean?list%5B0%5D.name=aaa&list%5B1%5D.name=BBB&list%5B2%5D.name=CCC

위의 URL을 호출하면 다음과 같이 여러 개의 SampleDTO 객체를 생성하는 것을 볼 수
있습니다.

```
INFO : org.zerock.controller.SampleController - list dtos:
SampleDTOList(list=[SampleDTO(name=aaa, age=0), SampleDTO(name=BBB,
age=0), SampleDTO(name=CCC, age=0)])
```

출력된 결과를 보면 3개의 SampleDTO 객체가 생성된 것을 볼 수 있고, '[ ]' 안에 인덱스
번호에 맞게 객체의 속성값이 세팅된 것을 확인할 수 있습니다.

### 6.3.4 @InitBinder

파라미터의 수집을 다른 용어로는 'binding(바인딩)'이라고 합니다. 변환이 가능한 데이
터는 자동으로 변환되지만 경우에 따라서는 파라미터를 변환해서 처리해야 하는 경우도
존재합니다. 예를 들어, 화면에서 '2018-01-01'과 같이 문자열로 전달된 데이터를 java.
util.Date 타입으로 변환하는 작업이 그러합니다. 스프링 Controller에서는 파라미터를
바인딩할 때 자동으로 호출되는 @InitBinder를 이용해서 이러한 변환을 처리할 수 있습
니다.

Part 01

Part 02

Part 03

Part 04

Part 05

Part 06

Part 07

org.zerock.domain 패키지에 TodoDTO라는 클래스를 작성합니다.

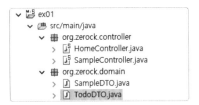

**TodoDTO 클래스**

```java
package org.zerock.domain;

import java.util.Date;

import lombok.Data;

@Data
public class TodoDTO {

    private String title;
    private Date dueDate;
}
```

TodoDTO에는 특별하게 dueDate 변수의 타입이 java.util.Date 타입입니다. 만일 사용자가 '2018-01-01'과 같이 들어오는 데이터를 변환하고자 할 때 문제가 발생하게 됩니다. 이러한 문제의 간단한 해결책은 @InitBinder를 이용하는 것입니다.

**SampleController의 일부**

```java
package org.zerock.controller;

import java.text.SimpleDateFormat;
import java.util.ArrayList;
import java.util.Arrays;
import java.util.Date;

import org.springframework.beans.propertyeditors.CustomDateEditor;
import org.springframework.stereotype.Controller;
import org.springframework.web.bind.WebDataBinder;
import org.springframework.web.bind.annotation.GetMapping;
import org.springframework.web.bind.annotation.InitBinder;
import org.springframework.web.bind.annotation.RequestMapping;
```

```java
import org.springframework.web.bind.annotation.RequestMethod;
import org.springframework.web.bind.annotation.RequestParam;
import org.zerock.domain.SampleDTO;
import org.zerock.domain.SampleDTOList;
import org.zerock.domain.TodoDTO;

import lombok.extern.log4j.Log4j;

@Controller
@RequestMapping("/sample/*")
@Log4j
public class SampleController {

  @InitBinder
  public void initBinder(WebDataBinder binder) {
    SimpleDateFormat dateFormat = new SimpleDateFormat("yyyy-MM-dd");
    binder.registerCustomEditor(java.util.Date.class, new
CustomDateEditor(dateFormat, false));
  }

...생략...

  @GetMapping("/ex03")
  public String ex03(TodoDTO todo) {
    log.info("todo: " + todo);
    return "ex03";
  }

}
```

만일 브라우저에서 'http://localhost:8080/sample/ex03?title=test&dueDate
=2018-01-01'과 같이 호출했다면 서버에서는 정상적으로 파라미터를 수집해서 처리합
니다.

```
INFO : org.zerock.controller.SampleController - todo: TodoDTO(title=test,
dueDate=Mon Jan 01 00:00:00 KST 2018)
```

반면에 @InitBinder 처리가 되지 않는다면 브라우저에서는 400 에러가 발생하는 것을
볼 수 있습니다(400 에러는 요청 구문(syntax)이 잘못되었다는 의미입니다.). 날짜가 정
상적으로 처리되어도 아직 jsp 페이지는 없으므로 다음과 같은 결과를 확인할 수 있습
니다.

Part 01

Part 02

Part 03

Part 04

Part 05

Part 06

Part 07

**HTTP Status 404 – Not Found**

**Type** Status Report

**Message** /WEB-INF/views/ex02.jsp

**Description** The origin server did not find a current representation for the target resource or is not willing to disclose that one exists.

### 6.3.5 @DateTimeFormat

@InitBinder를 이용해서 날짜를 변환할 수도 있지만, 파라미터로 사용되는 인스턴스 변수에 @DateTimeFormat을 적용해도 변환이 가능합니다(@DateTimeFormat을 이용하는 경우에는 @InitBinder는 필요하지 않습니다.).

```java
package org.zerock.domain;

import java.util.Date;

import org.springframework.format.annotation.DateTimeFormat;

import lombok.Data;

@Data
public class TodoDTO {

  private String title;

  @DateTimeFormat(pattern = "yyyy/MM/dd")
  private Date dueDate;
}
```

문자열로 'yyyy/MM/dd'의 형식이 맞다면 자동으로 날짜 타입으로 변환이 됩니다.

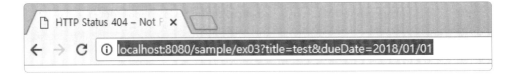

```
INFO : org.zerock.controller.SampleController - todo: TodoDTO(title=test,
dueDate=Mon Jan 01 00:00:00 KST 2018)
```

스프링 MVC 설정

## 6.4 Model이라는 데이터 전달자

Controller의 메서드를 작성할 때는 특별하게 Model이라는 타입을 파라미터로 지정할 수 있습니다. Model 객체는 JSP에 컨트롤러에서 생성된 데이터를 담아서 전달하는 역할을 하는 존재입니다. 이를 이용해서 JSP와 같은 뷰(View)로 전달해야 하는 데이터를 담아서 보낼 수 있습니다. 메서드의 파라미터에 Model 타입이 지정된 경우에는 스프링은 특별하게 Model 타입의 객체를 만들어서 메서드에 주입하게 됩니다.

Model은 모델 2 방식에서 사용하는 request.setAttribute( )와 유사한 역할을 합니다. Servlet을 이용해 본 적이 있다면 다음과 같은 코드에 익숙할 것입니다.

**Servlet에서 모델 2방식으로 데이터를 전달하는 방식**

```
request.setAttribute("serverTime", new java.util.Date());

RequestDispatcher dispatcher = request.getRequestDispatcher("/WEB-INF/jsp/home.jsp");

dispatcher.forward(request, response);
```

위의 코드를 스프링에서는 Model을 이용해서 다음과 같이 처리하게 됩니다.

**스프링 MVC에서 Model을 이용한 데이터 전달**

```
public String home(Model model) {

    model.addAttribute("serverTime", new java.util.Date());

    return "home";
}
```

메서드의 파라미터를 Model 타입으로 선언하게 되면 자동으로 스프링 MVC에서 Model 타입의 객체를 만들어 주기 때문에 개발자의 입장에서는 필요한 데이터를 담아 주는 작업만으로 모든 작업이 완료됩니다. Model을 사용해야 하는 경우는 주로 Controller에 전달된 데이터를 이용해서 추가적인 데이터를 가져와야 하는 상황입니다.

예를 들어, 다음과 같은 경우들을 생각해 볼 수 있습니다.

Part 01

Part 02

Part 03

Part 04

Part 05

Part 06

Part 07

- 리스트 페이지 번호를 파라미터로 전달받고, 실제 데이터를 View로 전달해야 하는 경우

- 파라미터들에 대한 처리 후 결과를 전달해야 하는 경우

## 6.4.1 @ModelAttribute 어노테이션

웹페이지의 구조는 Request에 전달된 데이터를 가지고 필요하다면 추가적인 데이터를 생성해서 화면으로 전달하는 방식으로 동작합니다. Model의 경우는 파라미터로 전달된 데이터는 존재하지 않지만 화면에서 필요한 데이터를 전달하기 위해서 사용합니다. 예를 들어 페이지 번호는 파라미터로 전달되지만, 결과 데이터를 전달하려면 Model에 담아서 전달합니다.

스프링 MVC의 Controller는 기본적으로 Java Beans 규칙에 맞는 객체는 다시 화면으로 객체를 전달합니다. 좁은 의미에서 Java Beans의 규칙은 단순히 생성자가 없거나 빈 생성자를 가져야 하며, getter/setter를 가진 클래스의 객체들을 의미합니다. 앞의 예제에서 파라미터로 사용된 SampleDTO의 경우는 Java Bean의 규칙에 맞기 때문에 자동으로 다시 화면까지 전달됩니다. 전달될 때에는 클래스명의 앞글자는 소문자로 처리됩니다.

반면에 기본 자료형의 경우는 파라미터로 선언하더라도 기본적으로 화면까지 전달되지는 않습니다.

**SampleController에 추가**

```
@GetMapping("/ex04")
public String ex04(SampleDTO dto, int page) {

    log.info("dto: " + dto);
    log.info("page: " + page);

    return "/sample/ex04";
}
```

ex04( )는 SampleDTO 타입과 int 타입의 데이터를 파라미터로 사용합니다. 결과를 확인하기 위해서 '/WEB-INF/views' 폴더 아래 sample 폴더를 생성하고 리턴값에서 사용한 'ex04'에 해당하는 ex04.jsp를 작성합니다.

```
<%@ page language="java" contentType="text/html; charset=UTF-8"
    pageEncoding="UTF-8"%>
<!DOCTYPE html PUBLIC "-//W3C//DTD HTML 4.01 Transitional//EN" "http://
www.w3.org/TR/html4/loose.dtd">
<html>
<head>
<meta http-equiv="Content-Type" content="text/html; charset=UTF-8">
<title>Insert title here</title>
</head>
<body>

<h2>SAMPLEDTO    ${sampleDTO }</h2>
<h2>PAGE ${page }</h2>

</body>
</html>
```

서버를 실행하고 브라우저를 통해서 'http://localhost:8080/sample/ex04
?name=aaa&age=11&page=9'와 같이 호출하면 화면에 SampleDTO만이 전달된 것
을 확인할 수 있습니다. int 타입으로 선언된 page는 전달되지 않습니다.

Part 01

Part 02

Part 03

Part 04

Part 05

Part 06

Part 07

@ModelAttribute는 강제로 전달받은 파라미터를 Model에 담아서 전달하도록 할 때 필요한 어노테이션입니다. @ModelAttribute가 걸린 파라미터는 타입에 관계없이 무조건 Model에 담아서 전달되므로, 파라미터로 전달된 데이터를 다시 화면에서 사용해야 할 경우에 유용하게 사용됩니다.

기존의 코드에서 int 타입의 데이터가 화면까지 전달되지 않았으므로 @ModelAttribute를 추가하면 다음과 같은 형태가 됩니다.

```
@GetMapping("/ex04")
public String ex04(SampleDTO dto, @ModelAttribute("page") int page) {

  log.info("dto: " + dto);
  log.info("page: " + page);

  return "/sample/ex04";
}
```

@ModelAttribute가 붙은 파라미터는 화면까지 전달되므로 브라우저를 통해서 호출하면 아래와 같이 ${page}가 출력되는 것을 확인할 수 있습니다(기본 자료형에 @ModelAttribute를 적용할 경우에는 반드시 @ModelAttribute("page")와 같이 값(value)을 지정하도록 합니다.).

스프링 MVC 설정

### 6.4.2 RedirectAttributes

Model 타입과 더불어서 스프링 MVC가 자동으로 전달해 주는 타입 중에는 Redirect Attributes 타입이 존재합니다. RedirectAttributes는 조금 특별하게도 일회성으로 데이터를 전달하는 용도로 사용됩니다. RedirectAttributes는 기존에 Servlet에서는 response.sendRedirect( )를 사용할 때와 동일한 용도로 사용됩니다.

**Servlet에서 redirect 방식**

```
response.sendRedirect("/home?name=aaa&age=10");
```

스프링 MVC를 이용하는 경우에는 다음과 같이 변경됩니다.

**스프링 MVC를 이용하는 redirect 처리**

```
rttr.addFlashAttribute("name", "AAA");
    rttr.addFlashAttribute("age", 10);

    return "redirect:/";
```

RedirectAttributes는 Model과 같이 파라미터로 선언해서 사용하고, addFlash Attribute(이름,값) 메서드를 이용해서 화면에 한 번만 사용하고 다음에는 사용되지 않는 데이터를 전달하기 위해서 사용합니다. RedirectAttributes의 용도는 PART 3에서 예제를 작성할 때 여러 번 사용할 것입니다.


## 6.5 Controller의 리턴 타입

스프링 MVC의 구조가 기존의 상속과 인터페이스에서 어노테이션을 사용하는 방식으로 변한 이후에 가장 큰 변화 중 하나는 리턴 타입이 자유로워 졌다는 점입니다.

Controller의 메서드가 사용할 수 있는 리턴 타입은 주로 다음과 같습니다.

- String: jsp를 이용하는 경우에는 jsp 파일의 경로와 파일이름을 나타내기 위해서 사용합니다.
- void: 호출하는 URL과 동일한 이름의 jsp를 의미합니다.

Part 01

Part 02

Part 03

Part 04

Part 05

Part 06

Part 07

- VO, DTO 타입: 주로 JSON 타입의 데이터를 만들어서 반환하는 용도로 사용합니다.

- ResponseEntity 타입: response 할 때 Http 헤더 정보와 내용을 가공하는 용도로 사용합니다.

- Model, ModelAndView: Model로 데이터를 반환하거나 화면까지 같이 지정하는 경우에 사용합니다(최근에는 많이 사용하지 않습니다.).

- HttpHeaders: 응답에 내용 없이 Http 헤더 메시지만 전달하는 용도로 사용합니다.

### 6.5.1 void 타입

메서드의 리턴 타입을 void로 지정하는 경우 일반적인 경우에는 해당 URL의 경로를 그대로 jsp 파일의 이름으로 사용하게 됩니다.

**SampleController의 일부**

```java
@GetMapping("/ex05")
public void ex05() {
  log.info("/ex05..........");
}
```

브라우저에서 SampleController의 경로에 ex05( )의 경로를 합쳐 '/sample/ex05'를 호출하면 다음과 같은 결과를 보게 됩니다.

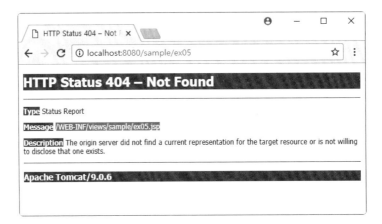

스프링 MVC 설정

에러 메시지를 자세히 보면 에러 메시지의 원인이 '/WEB-INF/views/sample/ex05. jsp'가 존재하지 않아서 생기는 문제라는 것을 볼 수 있습니다. 이것은 servlet-context. xml의 아래 설정과 같이 맞물려 URL 경로를 View로 처리하기 때문에 생기는 결과입니다.

**servlet-context.xml의 일부**

```xml
<beans:bean class="org.springframework.web.servlet.view.
InternalResourceViewResolver">
    <beans:property name="prefix" value="/WEB-INF/views/" />
    <beans:property name="suffix" value=".jsp" />
  </beans:bean>
```

## 6.5.2 String 타입

void 타입과 더불어서 가장 많이 사용하는 것은 String 타입입니다. String 타입은 상황에 따라 다른 화면을 보여줄 필요가 있을 경우에 유용하게 사용합니다(if ~ else와 같은 처리가 필요한 상황). 일반적으로 String 타입은 현재 프로젝트의 경우 JSP 파일의 이름을 의미합니다. 프로젝트 생성 시 기본으로 만들어진 HomeController의 코드를 보면 String을 반환 타입으로 사용하는 것을 볼 수 있습니다.

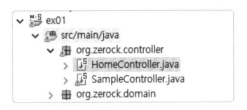

**HomeController의 일부**

```java
@RequestMapping(value = "/", method = RequestMethod.GET)
  public String home(Locale locale, Model model) {
    logger.info("Welcome home! The client locale is {}.", locale);

    Date date = new Date();
    DateFormat dateFormat = DateFormat.getDateTimeInstance(DateFormat.
LONG, DateFormat.LONG, locale);

    String formattedDate = dateFormat.format(date);
```

```
        model.addAttribute("serverTime", formattedDate );

        return "home";
    }
```

home( ) 메서드는 'home'이라는 문자열을 리턴했기 때문에 경로는 '/WEB-INF/views/home.jsp'
경로가 됩니다.

String 타입에는 다음과 같은 특별한 키워드를 붙여서 사용할 수 있습니다.

- redirect: 리다이렉트 방식으로 처리하는 경우

- forward: 포워드 방식으로 처리하는 경우

### 6.5.3 객체 타입

Controller의 메서드 리턴 타입을 VO(Value Object)나 DTO(Data Transfer Object)
타입 등 복합적인 데이터가 들어간 객체 타입으로 지정할 수 있는데, 이 경우는 주로
JSON 데이터를 만들어 내는 용도로 사용합니다.

우선 이를 위해서는 jackson-databind 라이브러리를 pom.xml에 추가합니다.

**pom.xml에 추가되는 Jackson -databind 라이브러리**

```xml
<!-- https://mvnrepository.com/artifact/com.fasterxml.jackson.core/
jackson-databind -->
<dependency>
    <groupId>com.fasterxml.jackson.core</groupId>
    <artifactId>jackson-databind</artifactId>
    <version>2.9.4</version>
</dependency>
```

SampleController에는 아래와 같은 메서드를 생성합니다.

**SampleController의 일부**

```java
  @GetMapping("/ex06")
  public @ResponseBody SampleDTO ex06() {
    log.info("/ex06..........");
```

스프링 MVC 설정

```
    SampleDTO dto = new SampleDTO();
    dto.setAge(10);
    dto.setName("홍길동");

    return dto;
}
```

스프링 MVC는 자동으로 브라우저에 JSON 타입으로 객체를 변환해서 전달하게 됩니다.

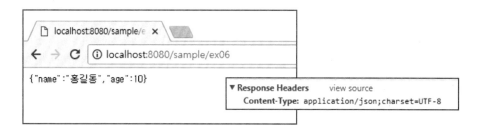

개발자 도구를 통해서 살펴보면 서버에서 전송하는 MIME 타입이 'application/json'으로 처리되는 것을 볼 수 있습니다. 만일 Jackson-databind 라이브러리가 포함되지 않았다면 다음과 같은 에러 화면을 보게 됩니다. 스프링 MVC는 리턴 타입에 맞게 데이터를 변환해 주는 역할을 지정할 수 있는데 기본적으로 JSON은 처리가 되므로 별도의 설정이 필요로 하지 않습니다(스프링 3버전까지는 별도의 Converter를 작성해야만 했습니다.).

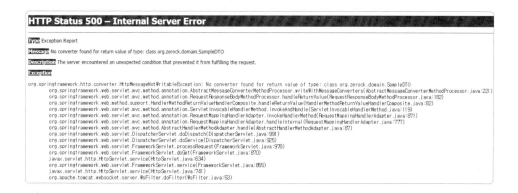

Part 01

Part 02

Part 03

Part 04

Part 05

Part 06

Part 07

### 6.5.4 ResponseEntity 타입

Web을 다루다 보면 HTTP 프로토콜의 헤더를 다루는 경우도 종종 있습니다. 스프링 MVC의 사상은 HttpServletRequest나 HttpServletResponse를 직접 핸들링하지 않아도 이런 작업이 가능하도록 작성되었기 때문에 이러한 처리를 위해 ResponseEntity를 통해서 원하는 헤더 정보나 데이터를 전달할 수 있습니다.

> **SampleController의 일부**
>
> ```java
> @GetMapping("/ex07")
> public ResponseEntity<String> ex07() {
>   log.info("/ex07..........");
>
>   // {"name": "홍길동"}
>   String msg = "{\"name\": \"홍길동\"}";
>
>   HttpHeaders header = new HttpHeaders();
>   header.add("Content-Type", "application/json;charset=UTF-8");
>
>   return new ResponseEntity<>(msg, header, HttpStatus.OK);
> }
> ```

ResponseEntity는 HttpHeaders 객체를 같이 전달할 수 있고, 이를 통해서 원하는 HTTP 헤더 메시지를 가공하는 것이 가능합니다. ex07( )의 경우 브라우저에는 JSON 타입이라는 헤더 메시지와 200 OK라는 상태 코드를 전송합니다.

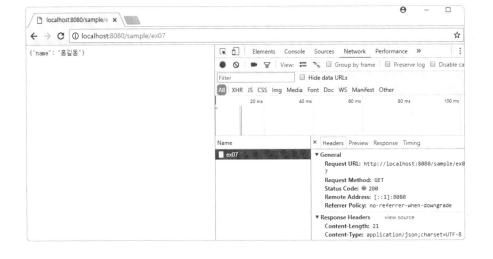

스프링 MVC 설정

## 6.5.5 파일 업로드 처리

Controller의 많은 작업은 스프링 MVC를 통해서 처리하기 때문에 개발자는 자신이 해야 하는 역할에만 집중해서 코드를 작성할 수 있지만, 조금 신경 써야 하는 부분이 있다면 파일을 업로드하는 부분에 대한 처리일 것입니다. 파일 업로드를 하기 위해서는 전달되는 파일 데이터를 분석해야 하는데, 이를 위해서 Servlet 3.0 전까지는 commons의 파일 업로드를 이용하거나 cos.jar 등을 이용해서 처리를 해 왔습니다. Servlet 3.0 이후 (Tomcat 7.0)에는 기본적으로 업로드되는 파일을 처리할 수 있는 기능이 추가되어 있으므로 더 이상 추가적인 라이브러리가 필요로 하지 않습니다.

조금 아쉬운 점은 'Spring Legacy Project'로 생성되는 프로젝트의 경우 Servlet 2.5를 기준으로 생성되기 때문에 3.0 이후에 지원되는 설정을 사용하기 어렵다는 점입니다. 3.0 이상의 파일 업로드 방식은 후반부에 별도 파트에서 다루도록 하고 예제는 일반적으로 많이 사용하는 commons-fileupload를 이용하도록 하겠습니다.

**pom.xml에 추가되는 commons-fileupload 라이브러리**

```
<dependency>
    <groupId>commons-fileupload</groupId>
    <artifactId>commons-fileupload</artifactId>
    <version>1.3.3</version>
</dependency>
```

라이브러리를 추가한 후 파일이 임시로 업로드될 폴더를 C 드라이브 아래 upload/tmp 로 작성합니다.

Part 01

Part 02

Part 03

Part 04

Part 05

Part 06

Part 07

servlet-context.xml 설정

servlet-context.xml은 스프링 MVC의 특정한 객체(빈)를 설정해서 파일을 처리합니다. 다른 객체(Bean)를 설정하는 것과 달리 파일 업로드의 경우에는 반드시 id 속성의 값을 'multipartResolver'로 정확하게 지정해야 하므로 주의가 필요합니다.

**servlet-context.xml의 일부**

```xml
<beans:bean id="multipartResolver" class="org.springframework.web.
multipart.commons.CommonsMultipartResolver">
    <beans:property name="defaultEncoding" value="utf-8"></
beans:property>
    <!-- 1024 * 1024 * 10 bytes  10MB -->
    <beans:property name="maxUploadSize" value="104857560"></
beans:property>
    <!-- 1024 * 1024 * 2 bytes  2MB -->
    <beans:property name="maxUploadSizePerFile" value="2097152"></
beans:property>
    <beans:property name="uploadTempDir" value ="file:/C:/upload/tmp"></
beans:property>
    <beans:property name="maxInMemorySize" value="10485756"></
beans:property>
  </beans:bean>
```

maxUploadSize는 한 번의 Request로 전달될 수 있는 최대의 크기를 의미하고, maxUploadSizePerFile은 하나의 파일 최대 크기, maxInMemorySize는 메모리상에서 유지하는 최대의 크기를 의미합니다. 만일 이 크기 이상의 데이터는 uploadTempDir에 임시 파일의 형태로 보관됩니다. uploadTempDir에서 절대 경로를 이용하려면 URI 형태로 제공해야 하기 때문에 'file:/'로 시작하도록 합니다. defaultEncoding은 업로드하는 파일의 이름이 한글일 경우 깨지는 문제를 처리합니다.

SampleController에서는 다음과 같이 get 방식으로 파일을 업로드할 화면을 처리합니다.

**SampleController의 일부**

```java
@GetMapping("/exUpload")
  public void exUpload() {
    log.info("/exUpload..........");
  }
```

파일 업로드를 해 볼 /WEB-INF/views/sample/exUpload.jsp 파일을 작성합니다.

**exUpload.jsp**

```jsp
<%@ page language="java" contentType="text/html; charset=UTF-8"
    pageEncoding="UTF-8"%>
<!DOCTYPE html PUBLIC "-//W3C//DTD HTML 4.01 Transitional//EN" "http://
www.w3.org/TR/html4/loose.dtd">
<html>
<head>
<meta http-equiv="Content-Type" content="text/html; charset=UTF-8">
<title>Insert title here</title>
</head>
<body>

<form action="/sample/exUploadPost"  method="post"
            enctype="multipart/form-data">

<div>
  <input type='file' name='files'>
</div>
<div>
  <input type='file' name='files'>
</div>
<div>
  <input type='file' name='files'>
</div>
<div>
  <input type='file' name='files'>
</div>
<div>
  <input type='file' name='files'>
</div>
<div>
  <input type='submit'>
</div>
```

Part 01

Part 02

Part 03

Part 04

Part 05

Part 06

Part 07

```
    </form>
  </body>
</html>
```

exUpload.jsp는 여러 개의 파일을 한꺼번에 업로드하는 예제로 작성해 봅니다. 〈form〉
태그의 action 속성, method 속성, enctype 속성에 주의해서 작성해야 합니다. 브라우
저는 아래와 같은 모습으로 보입니다.

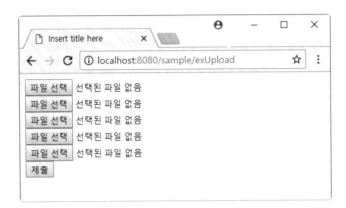

exUpload.jsp의 action 속성값은 '/sample/exUploadPost'로 작성되었으므로, 이에
맞는 메서드를 SampleController에 추가합니다.

**SampleController의 일부**

```
    @PostMapping("/exUploadPost")
  public void exUploadPost(ArrayList<MultipartFile> files) {

    files.forEach(file -> {
      log.info("--------------------------------");
      log.info("name:" + file.getOriginalFilename());
      log.info("size:" + file.getSize());

    });
  }
```

스프링 MVC는 전달되는 파라미터가 동일한 이름으로 여러 개 존재하면 배열로 처리가
가능하므로 파라미터를 MultipartFile의 배열 타입으로 작성합니다. 실제로 파일을 업

스프링 MVC 설정

로드해 보면 아래와 같은 결과를 볼 수 있습니다. 현재 설정은 한 파일의 최대 크기가 2MB이므로 그보다 작은 크기의 파일을 지정해서 업로드를 테스트합니다.

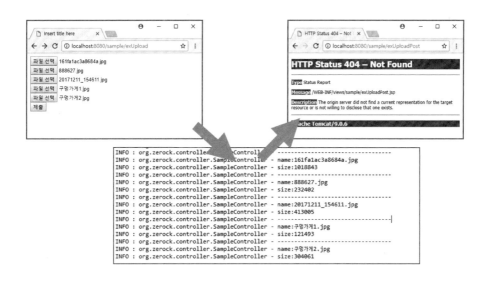

위의 그림에서 중간에 보이는 로그는 SampleController에서 업로드 정보가 올바르게 처리되는 것을 보여주고 있습니다. 최종 업로드를 하려면 byte[ ]를 처리해야 하는데 예제는 아직 처리하지 않은 상태입니다(이에 대한 예제는 책의 뒤쪽에서 예제로 작성될 것입니다.).

### Java 설정을 이용하는 경우

Java 설정을 이용하는 경우에는 @Bean을 이용해서 처리하기는 하지만, id 속성을 같이 부여합니다. servlet-context.xml과 관련된 설정이므로 ServletConfig 클래스를 이용해서 처리합니다.

**ServletConfig 클래스의 일부**

```java
@EnableWebMvc
@ComponentScan(basePackages = { "org.zerock.controller" })
public class ServletConfig implements WebMvcConfigurer {

...생략...
```

Part 01

Part 02

Part 03

Part 04

Part 05

Part 06

Part 07

```
@Bean(name = "multipartResolver")
public CommonsMultipartResolver getResolver() throws IOException {
  CommonsMultipartResolver resolver = new CommonsMultipartResolver();

  // 10MB
  resolver.setMaxUploadSize(1024 * 1024 * 10);

  // 2MB
  resolver.setMaxUploadSizePerFile(1024 * 1024 * 2);

  // 1MB
  resolver.setMaxInMemorySize(1024 * 1024);

  // temp upload
  resolver.setUploadTempDir(new FileSystemResource("C:\\upload\\tmp"));

  resolver.setDefaultEncoding("UTF-8");

  return resolver;
}
```

## 6.6 Controller의 Exception 처리

Controller를 작성할 때 예외 상황을 고려하면 처리해야 하는 작업이 엄청나게 늘어날 수 밖에 없습니다. 스프링 MVC에서는 이러한 작업을 다음과 같은 방식으로 처리할 수 있습니다.

- @ExceptionHandler와 @ControllerAdvice를 이용한 처리
- @ResponseEntity를 이용하는 예외 메시지 구성

### 6.6.1 @ControllerAdvice

@ControllerAdvice는 뒤에서 배우게 되는 AOP(Aspect-Oriented-Programming)를 이용하는 방식입니다. AOP에 대해서는 별도의 파트에서 설명하겠지만, 간단히 언급하자면 핵심적인 로직은 아니지만 프로그램에서 필요한 '공통적인 관심사(cross-concern)는 분리'하자는 개념입니다. Controller를 작성할 때는 메서드의 모든 예외사항을 전부 핸들링해야 한다면 중복적이고 많은 양의 코드를 작성해야 하지만, AOP 방식을 이용하면 공

통적인 예외사항에 대해서는 별도로 @ControllerAdvice를 이용해서 분리하는 방식입니다.

예제를 위해 프로젝트에 org.zerock.exception이라는 패키지를 생성하고, Common ExceptionAdvice 클래스를 생성합니다.

CommonExceptionAdvice는 @ControllerAdvice 어노테이션을 적용하지만 예외 처리를 목적으로 생성하는 클래스이므로 별도의 로직을 처리하지는 않습니다.

**CommonExceptionAdvice 클래스**

```
package org.zerock.exception;

import org.springframework.ui.Model;
import org.springframework.web.bind.annotation.ControllerAdvice;
import org.springframework.web.bind.annotation.ExceptionHandler;

import lombok.extern.log4j.Log4j;

@ControllerAdvice
@Log4j
public class CommonExceptionAdvice {

  @ExceptionHandler(Exception.class)
  public String except(Exception ex, Model model) {

    log.error("Exception ......." + ex.getMessage());
    model.addAttribute("exception", ex);
    log.error(model);
    return "error_page";
  }
}
```

CommonExceptionAdvice 클래스에는 @ControllerAdvice라는 어노테이션과 @ExceptionHandler라는 어노테이션을 사용하고 있습니다. @ControllerAdvice는

Part 01

Part 02

Part 03

Part 04

Part 05

Part 06

Part 07

해당 객체가 스프링의 컨트롤러에서 발생하는 예외를 처리하는 존재임을 명시하는 용도로 사용하고, @ExceptionHandler는 해당 메서드가 ( ) 들어가는 예외 타입을 처리한다는 것을 의미합니다. @ExceptionHandler 어노테이션의 속성으로는 Exception 클래스 타입을 지정할 수 있습니다. 위와 같은 경우 Exception.class를 지정하였으므로 모든 예외에 대한 처리가 except( )만을 이용해서 처리할 수 있습니다.

만일 특정한 타입의 예외를 다루고 싶다면 Exception.class 대신에 구체적인 예외의 클래스를 지정해야 합니다. JSP 화면에서도 구체적인 메시지를 보고 싶다면 Model을 이용해서 전달하는 것이 좋습니다. org.zerock.exception 패키지는 servlet-context.xml에서 인식하지 않기 때문에 〈component-scan〉을 이용해서 해당 패키지의 내용을 조사하도록 해야 합니다.

```
✓ 🗁 WEB-INF
     🗁 classes
  ✓ 🗁 spring
     ✓ 🗁 appServlet
          🗋 servlet-context.xml
       🗋 root-context.xml
```

**servlet-context.xml의 일부**

```xml
<beans:bean id="multipartResolver"
   ...생략...
 </beans:bean>


  <context:component-scan
    base-package="org.zerock.controller" />
  <context:component-scan
    base-package="org.zerock.exception" />

</beans:beans>
```

CommonExceptionAdvice의 except( )의 리턴값은 문자열이므로 JSP 파일의 경로가됩니다. JSP는 error_page.jsp이므로 /WEB-INF/views 폴더 내에 작성해야 합니다.

error_page.jsp

```jsp
<%@ page language="java" contentType="text/html; charset=UTF-8"
    pageEncoding="UTF-8"%>
<%@ taglib uri="http://java.sun.com/jsp/jstl/core" prefix="c" %>
<%@ page session="false" import="java.util.*"%>
<!DOCTYPE html PUBLIC "-//W3C//DTD HTML 4.01 Transitional//EN" "http://
www.w3.org/TR/html4/loose.dtd">
<html>
<head>
<meta http-equiv="Content-Type" content="text/html; charset=UTF-8">
<title>Insert title here</title>
</head>
<body>

  <h4><c:out value="${exception.getMessage()}"></c:out></h4>

  <ul>
   <c:forEach items="${exception.getStackTrace() }" var="stack">
     <li><c:out value="${stack}"></c:out></li>
   </c:forEach>
  </ul>

</body>
</html>
```

예외의 메시지가 정상적으로 출력되는지 확인해 보려면 고의로 숫자나 날짜 등의 파라미터 값을 변환에 문제 있게 만들어서 호출해 볼 수 있습니다. 예를 들어, '/sample/ex-04?name=aaa&age=11&page=9'와 호출해야 하는 URL에서 고의로 age 값을 숫자로 변환할 수 없게 다른 값을 전달해 보거나 page와 같은 파라미터를 생략하는 등의 작업을 통해서 확인할 수 있습니다. 아래 화면은 고의로 age 값을 'bbb'와 같은 문자열로 전송하였을 때 보이는 화면입니다.

Part 01

Part 02

Part 03

Part 04

Part 05

Part 06

Part 07

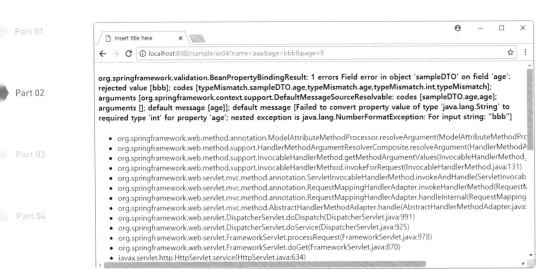

Java 설정을 이용하는 경우

ServletConfig 클래스에 'org.zerock.exception' 패키지를 인식해야 하므로 아래와 같이 'org.zerock.exception' 패키지를 추가해야 합니다.

**ServletConfig 클래스의 일부**

```
@EnableWebMvc
@ComponentScan(basePackages = { "org.zerock.controller", "org.zerock.
exception" })
public class ServletConfig implements WebMvcConfigurer {
...이하 생략...
```

### 6.6.2 404 에러 페이지

WAS의 구동 중 가장 흔한 에러와 관련된 HTTP 상태 코드는 '404'와 '500' 에러 코드입니다. 500 메시지는 'Internal Server Error'이므로 @ExceptionHandler를 이용해서 처리되지만, 잘못된 URL을 호출할 때 보이는 404 에러 메시지의 경우는 조금 다르게 처리하는 것이 좋습니다.

서블릿이나 JSP를 이용했던 개발 시에는 web.xml을 이용해서 별도의 에러 페이지를 지정할 수 있습니다. 에러 발생 시 추가적인 작업을 하기는 어렵기 때문에 스프링을 이용해

스프링 MVC 설정

서 404와 같이 WAS 내부에서 발생하는 에러를 처리하는 방식을 알아두는 것이 좋습니다.

스프링 MVC의 모든 요청은 DispatcherServlet을 이용해서 처리되므로 404 에러도 같이 처리할 수 있도록 web.xml을 수정합니다.

**web.xml의 일부**

```xml
<!-- Processes application requests -->
  <servlet>
    <servlet-name>appServlet</servlet-name>
    <servlet-class>org.springframework.web.servlet.DispatcherServlet</servlet-class>
    <init-param>
      <param-name>contextConfigLocation</param-name>
      <param-value>/WEB-INF/spring/appServlet/servlet-context.xml</param-value>
    </init-param>
    <init-param>
      <param-name>throwExceptionIfNoHandlerFound</param-name>
      <param-value>true</param-value>
    </init-param>
    <load-on-startup>1</load-on-startup>
  </servlet>
```

org.zerock.exception.CommonExceptionAdvice에는 다음과 같이 메서드를 추가합니다.

**CommonExceptionAdvice 클래스의 일부**

```java
    @ExceptionHandler(NoHandlerFoundException.class)
    @ResponseStatus(HttpStatus.NOT_FOUND)
    public String handle404(NoHandlerFoundException ex) {

        return "custom404";
    }
```

에러 메시지는 custom404.jsp를 작성해서 처리합니다.

Part 01

Part 02

Part 03

Part 04

Part 05

Part 06

Part 07

**custom404.jsp**

```jsp
<%@ page language="java" contentType="text/html; charset=UTF-8"
    pageEncoding="UTF-8"%>
<!DOCTYPE html PUBLIC "-//W3C//DTD HTML 4.01 Transitional//EN" "http://
www.w3.org/TR/html4/loose.dtd">
<html>
<head>
<meta http-equiv="Content-Type" content="text/html; charset=UTF-8">
<title>Insert title here</title>
</head>
<body>
  <h1>해당 URL은 존재하지 않습니다.</h1>
</body>
</html>
```

브라우저에서 존재하지 않는 URL을 호출하면 custom404.jsp 페이지가 보이는 것을 확인할 수 있습니다('/sample/..로 시작하는 URL의 경우에는 SampleController가 무조건 동작하므로 이를 제외한 경로로 테스트합니다.).

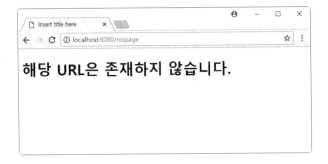

## Java 설정을 사용하는 경우

web.xml에 설정한 throwExceptionIfNoHandlerFound를 설정하기 위해서는 서블릿 3.0 이상을 이용해야만 하고 WebConfig 클래스를 아래와 같이 수정해야만 합니다.

**WebConfig 클래스**

```java
package org.zerock.config;

import javax.servlet.ServletRegistration;

import org.springframework.web.servlet.support.
AbstractAnnotationConfigDispatcherServletInitializer;

public class WebConfig extends
AbstractAnnotationConfigDispatcherServletInitializer {

    @Override
    protected Class<?>[] getRootConfigClasses() {
        return new Class[] { RootConfig.class };
    }

    @Override
    protected Class<?>[] getServletConfigClasses() {

        return new Class[] { ServletConfig.class };
    }

    @Override
    protected String[] getServletMappings() {
        return new String[] { "/" };
    }

    @Override
    protected void customizeRegistration(ServletRegistration.Dynamic
registration) {

        registration.setInitParameter("throwExceptionIfNoHandlerFound",
"true");

    }

}
```

스프링 MVC 설정

# 기본적인 웹 게시물 관리

PART 3에서는 스프링 MVC와 MyBatis를 이용해서 기본적인 CRUD(등록, 수정, 삭제, 조회)와 페이징 처리, 검색 기능의 게시물 관리를 만들어 보려고 합니다. 게시물 관리의 각 기능은 그다지 복잡하지는 않지만 정작 어려운 부분이 있다면 각 작업에 있어서 중요하게 고려해야 하는 점들이 있는 것뿐만 아니라, 작업의 순서를 어떤 식으로 구성하는가에 따라서 소요 시간이나 결과물이 다르게 나온다는 점입니다. 따라서, 단순히 각 기능의 코드가 아닌 작업 순서에 중점을 두고 학습해야 합니다.

PART 3에서 중점을 두는 부분은 다음과 같습니다.

- 스프링 MVC를 이용하는 웹 프로젝트 전체 구조에 대한 이해
- 개발의 각 단계에 필요한 설정 및 테스트 환경
- 기본적인 등록, 수정, 삭제, 조회, 리스트 구현
- 목록(리스트) 화면의 페이징(paging) 처리
- 검색 처리와 페이지 이동

Part 01

Part 02

Part 03

Part 04

Part 05

Part 06

Part 07

Chapter

# 07 | 스프링 MVC 프로젝트의 기본 구성

예제를 작성하기에 앞서서 스프링 MVC를 이용하는 프로젝트의 구성을 이해하는 일은 전체 데이터의 흐름을 보기 위해서입니다. 브라우저에서 전송한 데이터를 스프링 MVC의 어떤 단계를 거쳐서 실행되는지를 이해한다면 문제가 발생했을 때 빠른 대처와 대안을 찾을 수 있기 때문입니다.

일반적으로 웹 프로젝트는 3-tier(티어) 방식으로 구성합니다.

Presentation Tier(화면 계층)는 화면에 보여주는 기술을 사용하는 영역입니다. 책의 예제에서는 Servlet/JSP나 스프링 MVC가 담당하는 영역이 됩니다. Presentation Tier는 프로젝트의 성격에 맞춰 앱으로 제작하거나, CS(Client-Server)로 구성되는 경우도 있습니다. 이전 파트에서 학습한 스프링 MVC와 JSP를 이용한 화면 구성이 이에 속합니다.

Business Tier(비즈니스 계층)는 순수한 비즈니스 로직을 담고 있는 영역입니다. 이 영역이 중요한 이유는 고객이 원하는 요구 사항을 반영하는 계층이기 때문입니다. 이 영역의 설계는 고객의 요구 사항과 정확히 일치해야 합니다. 이 영역은 주로 'xxxService'와 같은 이름으로 구성하고, 메서드의 이름 역시 고객들이 사용하는 용어를 그대로 사용하는 것이 좋습니다.

기본적인 웹 게시물 관리

Persistence Tier(영속 계층 혹은 데이터 계층)는 데이터를 어떤 방식으로 보관하고, 사용하는가에 대한 설계가 들어가는 계층입니다. 일반적인 경우에는 데이터베이스를 많이 이용하지만, 경우에 따라서 네트워크 호출이나 원격 호출 등의 기술이 접목될 수 있습니다. 이 영역은 MyBatis와 mybatis-spring을 이용해서 구성했던 파트 1을 이용합니다.

계층에 대한 설명을 스프링 MVC와 맞춰서 설명해 보면 다음과 같은 구조가 됩니다.

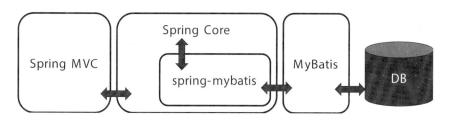

스프링 MVC 영역은 Presentation Tier를 구성하게 되는데, 각 영역은 사실 별도의 설정을 가지는 단위로 볼 수 있습니다. 이전 예제에서는 root-context.xml, servlet-context.xml 등의 설정 파일이 해당 영역의 설정을 담당하였습니다. 스프링 Core 영역은 흔히 POJO(Plain-Old-Java-Object)의 영역입니다. 스프링의 의존성 주입을 이용해서 객체 간의 연관구조를 완성해서 사용합니다. MyBatis 영역은 현실적으로는 mybatis-spring을 이용해서 구성하는 영역입니다. SQL에 대한 처리를 담당하는 구조입니다.

## 7.1 각 영역의 Naming Convention(명명 규칙)

프로젝트를 위와 같이 3-tier로 구성하는 가장 일반적인 설명은 '유지 보수'에 대한 필요성 때문입니다. 각 영역은 독립적으로 설계되어 나중에 특정한 기술이 변하더라도 필요한 부분을 전자제품의 부품처럼 쉽게 교환할 수 있게 하자는 방식입니다. 따라서 각 영역은 설계 당시부터 영역을 구분하고, 해당 연결 부위는 인터페이스를 이용해서 설계하는 것이 일반적인 구성방식입니다.

Part 01

Part 02

Part 03

Part 04

Part 05

Part 06

Part 07

프로젝트를 진행할 때에는 다음과 같은 네이밍 규칙을 가지고 작성합니다.

- xxxController: 스프링 MVC에서 동작하는 Controller 클래스를 설계할 때 사용합니다.
- xxxSerivce, xxxServiceImpl: 비즈니스 영역을 담당하는 인터페이스는 'xxxService'라는 방식을 사용하고, 인터페이스를 구현한 클래스는 'xxxServiceImpl'이라는 이름을 사용합니다.
- xxxDAO, xxxRepository: DAO(Data-Access-Object)나 Repository(저장소)라는 이름으로 영역을 따로 구성하는 것이 보편적입니다. 다만 이 책의 예제는 별도의 DAO를 구성하는 대신에 MyBatis의 Mapper 인터페이스를 활용합니다.
- VO, DTO: VO와 DTO는 일반적으로 유사한 의미로 사용하는 용어로, 데이터를 담고 있는 객체를 의미한다는 공통점이 있습니다. 다만, VO의 경우는 주로 Read Only의 목적이 강하고, 데이터 자체도 Immutable(불변)하게 설계하는 것이 정석입니다. DTO는 주로 데이터 수집의 용도가 좀 더 강합니다. 예를 들어, 웹 화면에서 로그인하는 정보를 DTO로 처리하는 방식을 사용합니다. 이 책에서는 테이블과 관련된 데이터는 VO라는 이름을 사용하겠습니다.

## 7.1.1 패키지의 Naming Convention

패키지의 구성은 프로젝트의 크기나 구성원들의 성향으로 결정합니다. 예를 들어, 규모가 작은 프로젝트는 Controller 영역을 별도의 패키지로 설계하고, Service 영역 등을 하나의 패키지로 설계할 수 있습니다.

반면에, 프로젝트의 규모가 커져서 많은 Service 클래스와 Controller들이 혼재할 수 있다면 비즈니스를 단위별로 구분하고(비즈니스 단위 별로 패키지를 작성하고) 다시 내부에서 Controller 패키지, Serivce 패키지 등으로 다시 나누는 방식을 이용합니다. 이런 방식은 담당자가 명확해지고, 독립적인 설정을 가지는 형태로 개발하기 때문에 큰 규모의 프로젝트에 적합합니다. 다만 패키지가 많아지고, 구성이 복잡하게 느껴지는 단점이 있습니다.

이 책의 예제 구성은 PART 3 이후로는 다음과 같은 패키지를 구성할 것입니다.

| | | |
|---|---|---|
| | org.zerock.config | 프로젝트와 관련된 설정 클래스들의 보관 패키지 |
| | org.zerock.controller | 스프링 MVC의 Controller들의 보관 패키지 |
| | org.zerock.service | 스프링의 Service 인터페이스와 구현 클래스 패키지 |
| | org.zerock.domain | VO, DTO 클래스들의 패키지 |
| org.zerock | org.zerock.persistence | MyBatis Mapper 인터페이스 패키지 |
| | org.zerock.exception | 웹 관련 예외처리 패키지 |
| | org.zerock.aop | 스프링의 AOP 관련 패키지 |
| | org.zerock.security | 스프링 Security 관련 패키지 |
| | org.zerock.util | 각종 유틸리티 클래스 관련 패키지 |

## 7.2 프로젝트를 위한 요구사항

프로젝트를 진행하기 전에 고객의 요구사항을 인식하고, 이를 설계하는 과정이 필요합니다. 이를 흔히 요구사항 분석 설계라고 하는데, 고객이 원하는 내용이 무엇이고, 어느 정도까지 구현할 것인가에 대한 프로젝트의 범위를 정하는 것을 목적으로 합니다.

요구사항은 실제로 상당히 방대해 질 수 있으므로, 프로젝트에서는 단계를 정확히 구분해 주는 것이 좋습니다. 만일 팀원들이 경험이 풍부하다면 초기 버전을 상당히 많은 기능을 포함시켜 개발을 진행할 수 있지만, 그렇지 못하다면 최대한 단순하고 눈에 보이는 결과를 만들어 내는 형태로 진행하는 것이 좋습니다.

요구사항은 온전한 문장으로 정리하는 것이 좋습니다. 주어는 '고객'이고 목적어는 '대상'이 됩니다. 여기서의 '대상'은 결국 데이터의 베이스 설계와 시스템 설계에서 가장 중요한 용어가 됩니다(다른 용어로는 도메인(domain)이라는 단어를 사용하는 경우도 많습니다.). 예를 들어, 게시판의 경우 다음과 같이 요구사항을 정리할 수 있습니다.

Part 01

Part 02

Part 03

Part 04

Part 05

Part 06

Part 07

- 고객은 새로운 게시물을 등록할 수 있어야 한다.

- 고객은 특정한 게시물을 조회할 수 있어야 한다.

- 고객은 작성한 게시물을 삭제할 수 있어야 한다.

- 기타 등등

이 경우 '대상'은 '게시물'이 되므로, 게시물이라는 용어가 필요하게 되고, 게시물의 구조를 판단해서 데이터베이스 테이블을 설계하게 됩니다. 예를 들어, 게시물의 경우 'tbl_board'라는 테이블을 설계하게 되고, 테이블과 관련된 VO 클래스 역시 org.zerock.domain. BoardVO와 같은 이름으로 설계될 수 있습니다. 게시물과 관련된 로직은 org.zerock. service.BoardService가 될 수 있고, org.zerock.controller.BoardController라는 이름의 클래스를 생성하는 연속적인 과정을 거치게 됩니다.

### 7.2.1 요구사항에 따른 화면 설계

요구사항에서 나오는 용어를 기준으로 테이블이나 클래스의 이름들이 정해지듯이, 요구 사항은 화면에도 영향을 미치게 됩니다. '고객이 새로운 게시물을 등록할 수 있어야 한 다'면 당연히 그에 해당하는 화면을 구성하게 됩니다. 이 구성은 '어떤 내용들을 입력하게 될 것인가'에 세부적인 설계가 되고, 이를 기준으로 테이블이나 클래스의 멤버 변수(인스 턴스 변수)들을 설계하게 됩니다. 실제 프로젝트에서는 결과로 아래 그림과 같이 '스토리 보드'를 만들게 됩니다.

기본적인 웹 게시물 관리

이러한 화면을 설계할 때는 주로 Mock-up(목업) 툴을 이용하는 경우가 많습니다. 대표적으로는 PowerPoint나 Balsamiq studio, Pencil Mockup 등의 SW를 이용해서 작성해 보면 좋습니다.

각 화면을 설계하는 단계에서는 사용자가 입력해야 하는 값과 함께 전체 페이지의 흐름이 설계 됩니다. 이 화면의 흐름을 URL로 구성하게 되는데 이 경우 GET/POST 방식에 대해서 같이 언급해두는 것이 좋습니다.

예제로 만들 게시물 관리는 리스트 화면에서 시작해서 아래 그림과 같은 흐름을 가지게 될 것입니다.

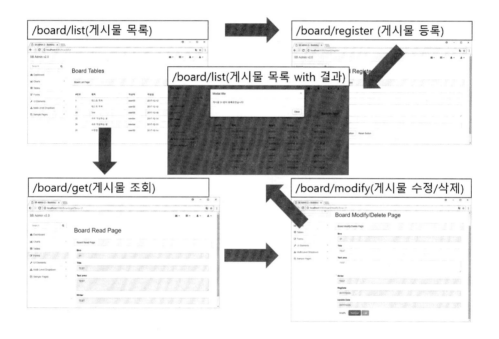

## 7.3 예제 프로젝트 구성

예제를 위한 프로젝트는 'ex02' 이름으로 생성하고, 'Spring Legacy Project'로 생성합니다. 프로젝트를 생성한 후에는 pom.xml의 수정, 데이터베이스 관련 처리, 스프링 MVC 처리와 같은 순서로 진행합니다.

Part 01

Part 02

Part 03

Part 04

Part 05

Part 06

Part 07

## 7.3.1 pom.xml의 수정

프로젝트를 생성한 후 pom.xml에서는 스프링의 버전과 Java 버전 등을 수정합니다.

**스프링의 버전 변경**

```
<java-version>1.8</java-version>
<org.springframework-version>5.0.7.RELEASE</org.springframework-version>
...생략...
```

스프링 관련해서 추가적인 라이브러리로는 spring-tx, spring-jdbc, spring-test가
필요합니다.

**스프링 관련 라이브러리**

```
<dependency>
    <groupId>org.springframework</groupId>
    <artifactId>spring-test</artifactId>
    <version>${org.springframework-version}</version>
</dependency>
<dependency>
    <groupId>org.springframework</groupId>
    <artifactId>spring-jdbc</artifactId>
    <version>${org.springframework-version}</version>
</dependency>
```

```xml
        <dependency>
            <groupId>org.springframework</groupId>
            <artifactId>spring-tx</artifactId>
            <version>${org.springframework-version}</version>
        </dependency>
```

MyBatis를 이용할 것이므로 HikariCP, MyBatis, mybatis-spring, Log4jdbc 라이브러리들도 추가합니다.

```xml
<dependency>
    <groupId>com.zaxxer</groupId>
    <artifactId>HikariCP</artifactId>
    <version>2.7.8</version>
</dependency>


<!-- https://mvnrepository.com/artifact/org.mybatis/mybatis -->
<dependency>
    <groupId>org.mybatis</groupId>
    <artifactId>mybatis</artifactId>
    <version>3.4.6</version>
</dependency>

<!-- https://mvnrepository.com/artifact/org.mybatis/mybatis-spring -->
<dependency>
    <groupId>org.mybatis</groupId>
    <artifactId>mybatis-spring</artifactId>
    <version>1.3.2</version>
</dependency>


<dependency>
    <groupId>org.bgee.log4jdbc-log4j2</groupId>
    <artifactId>log4jdbc-log4j2-jdbc4</artifactId>
    <version>1.16</version>
</dependency>
```

테스트와 Lombok을 위해서 jUnit 버전을 변경하고, Lombok을 추가합니다. jUnit의 경우 4.7로 설정되어 있으므로 반드시 기존 설정을 변경해 주도록 합니다.

Part 01

Part 02

Part 03

Part 04

Part 05

Part 06

Part 07

```
<dependency>
  <groupId>junit</groupId>
  <artifactId>junit</artifactId>
  <version>4.12</version>
  <scope>test</scope>
</dependency>

<dependency>
  <groupId>org.projectlombok</groupId>
  <artifactId>lombok</artifactId>
  <version>1.18.0</version>
  <scope>provided</scope>
</dependency>
```

Servlet 3.1(혹은 3.0)을 제대로 사용하기 위해서는 pom.xml에 있던 서블릿 2.5버전이
아닌 3.0 이상으로 수정합니다.

```
<dependency>
  <groupId>javax.servlet</groupId>
  <artifactId>javax.servlet-api</artifactId>
  <version>3.1.0</version>
  <scope>provided</scope>
</dependency>
```

Servlet 3.1버전을 제대로 활용하고, JDK8의 기능을 활용하기 위해서 Maven 관련
Java 버전을 1.8로 수정합니다.

```
<plugin>
    <groupId>org.apache.maven.plugins</groupId>
    <artifactId>maven-compiler-plugin</artifactId>
    <version>2.5.1</version>
    <configuration>
        <source>1.8</source>
        <target>1.8</target>
        <compilerArgument>-Xlint:all</compilerArgument>
        <showWarnings>true</showWarnings>
        <showDeprecation>true</showDeprecation>
    </configuration>
</plugin>
```

'ex02' 프로젝트를 선택하고 Maven > Update Project를 실행합니다.

마지막으로 Oracle JDBC Driver를 프로젝트의 Build Path에 추가하고, Deployment Assembly에도 추가합니다.

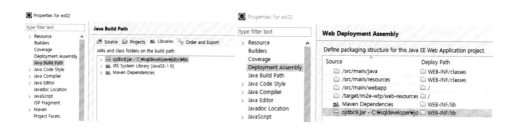

## 7.3.2 테이블 생성과 Dummy(더미) 데이터 생성

SQL Developer를 이용해서 PART 1에서 작성한 book_ex 계정을 통해서 테이블을 생성합니다. 게시물은 각 게시물마다 고유의 번호가 필요합니다. 오라클의 경우 시퀀스 (sequence)를 이용해서 이러한 작업을 처리합니다.

```
create sequence seq_board;

create table tbl_board (
  bno number(10,0),
  title varchar2(200) not null,
  content varchar2(2000) not null,
  writer varchar2(50) not null,
  regdate date default sysdate,
  updatedate date default sysdate
);

alter table tbl_board add constraint pk_board
primary key (bno);
```

Part 01

Part 02

Part 03

Part 04

Part 05

Part 06

Part 07

시퀀스를 생성할 때는 데이터베이스의 다른 오브젝트들과 구분하기 위해서 'seq_'와 같이 시작하는 것이 일반적입니다. 테이블을 생성할 때는 'tbl_'로 시작하거나 't_'와 같이 구분이 가능한 단어를 앞에 붙여주는 것이 좋습니다. tbl_board 테이블은 고유의 번호를 가지기 위해서 bno 칼럼을 지정했고, 제목(title), 내용(content), 작성자(writer)를 칼럼으로 지정합니다. 테이블을 설계할 때는 가능하면 레코드의 생성 시간과 최종 수정 시간을 같이 기록하는 것이 좋기 때문에 생성 시간(regdate)과 레코드의 최종 수정 시간(updatedate) 칼럼을 작성합니다. 이때 기본값으로 sysdate를 지정해서 레코드가 생성된 시간은 자동으로 기록될 수 있게 합니다.

테이블의 생성 이후에는 'alter table..'을 이용해서 테이블에 Primary Key(이하 PK)를 지정해 주었습니다. PK를 지정할 때 'pk_board'라는 이름을 부여하는데, 이 이름은 뒤에서 중요하게 사용되므로 반드시 의미를 구분할 수 있게 생성해 주는 것이 좋습니다.

### 더미 데이터의 추가

테이블을 생성하고 나면 여러 개의 데이터를 추가해 주는데 이런 의미 없는 데이터를 흔히 '토이 데이터(toy data)' 혹은 '더미 데이터(dummy data)'라고 합니다. 게시물이 많을수록 유용할 수 있지만, 간단하게 다음과 같은 방식을 이용해서 더미 데이터를 추가합니다.

```
insert into tbl_board (bno, title, content, writer)
values (seq_board.nextval, '테스트 제목','테스트 내용','user00');
```

tbl_board의 bno 칼럼은 매번 새로운 값이 들어가야 하므로 seq_board.nextval을 이용해서 매번 새로운 번호를 얻습니다. regdate와 updatedate 칼럼은 기본으로 현재 시간이 들어가므로, 별도의 작업이 필요하지 않습니다. 오라클 데이터베이스의 경우 데이터를 insert 한 후 주의해야 하는 점이 commit입니다. MySQL과 달리 오라클의 경우에는 데이터에 대한 가공 작업 후 반드시 commit을 수동으로 처리해야 합니다.

명령어를 이용해서 commit을 해 주거나 화면 위쪽에 있는 버튼을 이용해서 처리할 수 있습니다.

insert를 여러 번 실행한 후에는 'select' 문을 이용해서 데이터가 정상적으로 처리되었는지 확인해 주는 것이 좋습니다.

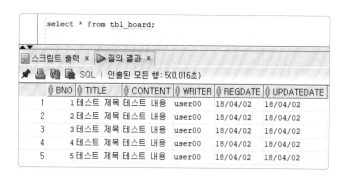

데이터베이스에 insert 작업이 끝난 후에는 반드시 데이터베이스를 commit 해야 합니다. 오라클의 경우 MySQL과 다르기 때문에 수동으로 처리해야 하므로 주의가 필요합니다.

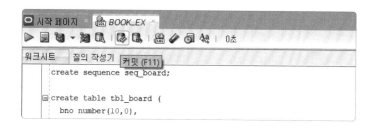

## 7.4 데이터베이스 관련 설정 및 테스트

root-context.xml에는 mybatis-spring 네임스페이스를 추가하고, PART 1에서 작성한 DataSource의 설정과 MyBatis의 설정을 추가합니다.

Part 01

Part 02

Part 03

Part 04

Part 05

Part 06

Part 07

```
☐ Ⓐ aop - http://www.springframework.org/schema/aop
☑ ● beans - http://www.springframework.org/schema/beans
☐ Ⓒ c - http://www.springframework.org/schema/c
☐ 🖺 cache - http://www.springframework.org/schema/cache
☐ 🖺 context - http://www.springframework.org/schema/context
☐ 🖺 jdbc - http://www.springframework.org/schema/jdbc
☐ 🖺 jee - http://www.springframework.org/schema/jee
☐ 🖺 lang - http://www.springframework.org/schema/lang
☐ 🖺 mvc - http://www.springframework.org/schema/mvc
☑ Ⓢ mybatis-spring - http://mybatis.org/schema/mybatis-spring
☐ Ⓟ p - http://www.springframework.org/schema/p
☐ 🖺 task - http://www.springframework.org/schema/task
☐ 🖺 tx - http://www.springframework.org/schema/tx
☐ 🖺 util - http://www.springframework.org/schema/util
```

### root-context.xml의 일부

```xml
<bean id="hikariConfig" class="com.zaxxer.hikari.HikariConfig">

  <property name="driverClassName"
    value="net.sf.log4jdbc.sql.jdbcapi.DriverSpy"></property>
  <property name="jdbcUrl"
    value="jdbc:log4jdbc:oracle:thin:@localhost:1521:XE"></property>
  <property name="username" value="book_ex"></property>
  <property name="password" value="book_ex"></property>

</bean>

<!-- HikariCP configuration -->
<bean id="dataSource" class="com.zaxxer.hikari.HikariDataSource"
  destroy-method="close">
  <constructor-arg ref="hikariConfig" />
</bean>

<bean id="sqlSessionFactory"
  class="org.mybatis.spring.SqlSessionFactoryBean">
  <property name="dataSource" ref="dataSource"></property>
</bean>

<mybatis-spring:scan
  base-package="org.zerock.mapper" />
```

root-context.xml은 내부적으로 Log4jdbc를 이용하는 방식으로 구성되어 있으므로 PART 1에서 작성된 log4jdbc.log4j2.properties 파일을 추가해 줍니다.

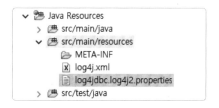

프로젝트가 정상적으로 실행하려면 먼저 DataSource와 MyBatis의 연결이 반드시 필요하므로 PART 1에서 작성했던 DataSourceTests 클래스와 JDBCTests 클래스를 테스트 패키지에 추가합니다.

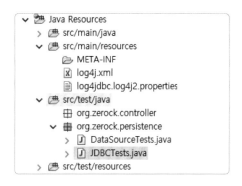

JDBCTests와 DataSourceTests는 웹 개발 이전에 테스트를 통해서 확인해야 합니다.

## 7.5 Java 설정을 이용하는 경우의 프로젝트 구성

Java 설정을 이용한다면 pom.xml의 라이브러리 추가는 동일하지만 XML을 대신하는 클래스 파일이 필요합니다. 'jex02' 프로젝트를 작성했다면 프로젝트 생성 시 만들어진 XML 파일들을 삭제하고 org.zerock.config 패키지를 생성합니다.

Part 01

Part 02

Part 03

Part 04

Part 05

Part 06

Part 07

Java 설정을 이용하는 경우에는 pom.xml에 web.xml을 사용하지 않는 설정이 추가됩니다. pom.xml 내에 〈plugins〉 내에 다음의 내용을 추가합니다.

**pom.xml의 일부**

```
<plugin>
  <groupId>org.apache.maven.plugins</groupId>
  <artifactId>maven-war-plugin</artifactId>
  <version>3.2.0</version>
  <configuration>
    <failOnMissingWebXml>false</failOnMissingWebXml>
  </configuration>
</plugin>
```

org.zerock.config 폴더에는 web.xml을 대신하는 WebConfig 클래스, root-context.xml을 대신하는 RootConfig 클래스, servlet-context.xml을 대신하는 ServletConfig 클래스를 작성합니다.

기본적인 웹 게시물 관리

```
  ✓ 🗁 src/main/java
    ✓ ⊞ org.zerock.config
      > 🗊 RootConfig.java
      > 🗊 ServletConfig.java
    ✓ 🗊 WebConfig.java
      > ⊙ WebConfig
  ✓ ⊞ org.zerock.controller
    ✓ 🗊 HomeController.java
      > ⊙ HomeController
```

## RootConfig 클래스

```java
package org.zerock.config;

import javax.sql.DataSource;

import org.apache.ibatis.session.SqlSessionFactory;
import org.mybatis.spring.SqlSessionFactoryBean;
import org.mybatis.spring.annotation.MapperScan;
import org.springframework.context.annotation.Bean;
import org.springframework.context.annotation.Configuration;

import com.zaxxer.hikari.HikariConfig;
import com.zaxxer.hikari.HikariDataSource;

@Configuration
@MapperScan(basePackages= {"org.zerock.mapper"})
public class RootConfig {

  @Bean
  public DataSource dataSource() {
    HikariConfig hikariConfig = new HikariConfig();
    hikariConfig.setDriverClassName("net.sf.log4jdbc.sql.jdbcapi.DriverSpy");
    hikariConfig.setJdbcUrl("jdbc:log4jdbc:oracle:thin:@localhost:1521:XE");

    hikariConfig.setUsername("book_ex");
    hikariConfig.setPassword("book_ex");

    HikariDataSource dataSource = new HikariDataSource(hikariConfig);

    return dataSource;
  }

  @Bean
  public SqlSessionFactory sqlSessionFactory() throws Exception {
    SqlSessionFactoryBean sqlSessionFactory = new
SqlSessionFactoryBean();
    sqlSessionFactory.setDataSource(dataSource());
    return (SqlSessionFactory) sqlSessionFactory.getObject();
```

Part 01

Part 02

Part 03

Part 04

Part 05

Part 06

Part 07

```
  }

}
```

ServletConfig 클래스는 아래와 같이 작성됩니다.

**ServletConfig 클래스**

```
package org.zerock.config;

import org.springframework.context.annotation.ComponentScan;
import org.springframework.web.servlet.config.annotation.EnableWebMvc;
import org.springframework.web.servlet.config.annotation.
ResourceHandlerRegistry;
import org.springframework.web.servlet.config.annotation.
ViewResolverRegistry;
import org.springframework.web.servlet.config.annotation.
WebMvcConfigurer;
import org.springframework.web.servlet.view.InternalResourceViewResolver;
import org.springframework.web.servlet.view.JstlView;

@EnableWebMvc
@ComponentScan(basePackages = { "org.zerock.controller" })
public class ServletConfig implements WebMvcConfigurer {

  @Override
  public void configureViewResolvers(ViewResolverRegistry registry) {

    InternalResourceViewResolver bean = new
InternalResourceViewResolver();
    bean.setViewClass(JstlView.class);
    bean.setPrefix("/WEB-INF/views/");
    bean.setSuffix(".jsp");
    registry.viewResolver(bean);
  }

  @Override
  public void addResourceHandlers(ResourceHandlerRegistry registry) {

    registry.addResourceHandler("/resources/**").addResourceLocations("/
resources/");
  }

}
```

web.xml을 대신하는 WebConfig 클래스의 내용은 PART 2에서 사용하는 것을 그대로 사용합니다.

---

**WebConfig 클래스**

```java
package org.zerock.config;

import javax.servlet.ServletRegistration;

import org.springframework.web.servlet.support.
AbstractAnnotationConfigDispatcherServletInitializer;

public class WebConfig extends
AbstractAnnotationConfigDispatcherServletInitializer {

  @Override
  protected Class<?>[] getRootConfigClasses() {
    return new Class[] { RootConfig.class };
  }

  @Override
  protected Class<?>[] getServletConfigClasses() {
    return new Class[] { ServletConfig.class };
  }

  @Override
  protected String[] getServletMappings() {
    return new String[] { "/" };
  }

  @Override
  protected void customizeRegistration(
    ServletRegistration.Dynamic registration) {

    registration.setInitParameter("throwExceptionIfNoHandlerFound",
"true");

  }
}
```

---

위의 작업 후에는 Oracle JDBC Driver의 설정과, log4jdbc.log4j2.properties 등을 추가합니다. 프로젝트의 구성 후에는 테스트 코드를 통해서 정상적인지 확인하고, Tomcat을 통해서 실행 가능한지 확인해야 합니다.

Part 01

Part 02

Part 03

Part 04

Part 05

Part 06

Part 07

Chapter

# 08 | 영속/비즈니스 계층의 CRUD 구현

PART 3의 예제는 단순한 하나의 테이블만을 이용하기 때문에 데이터베이스에 테이블, 시퀀스, 약간의 데이터들이 생성되었다면 이제는 코드를 이용해서 데이터에 대한 CRUD (Create, Read, Update, Delete) 작업을 진행합니다.

영속 계층의 작업은 항상 다음과 같은 순서로 진행합니다.

- 테이블의 칼럼 구조를 반영하는 VO(Value Object) 클래스의 생성
- MyBatis의 Mapper 인터페이스의 작성/XML 처리
- 작성한 Mapper 인터페이스의 테스트

위의 과정 전에 먼저 JDBC 연결을 테스트하는 과정을 거치는 것이 좋지만, SQL Developer의 연결 자체가 이미 JDBC 연결을 이용하기 때문에 예제에서는 별도의 과정을 생략하고 진행하겠습니다.

## 8.1  영속 계층의 구현 준비

거의 모든 웹 애플리케이션의 최종 목적은 데이터베이스에 데이터를 기록하거나, 원하는 데이터를 가져오는 것이 목적이기 때문에 개발할 때 어느 정도의 설계가 진행되면 데이터 베이스 관련 작업을 하게 됩니다.

## 8.1.1 VO 클래스의 작성

VO 클래스를 생성하는 작업은 테이블 설계를 기준으로 작성하면 됩니다. 현재 tbl_board 테이블의 구성은 아래와 같습니다.

| | COLUMN_NAME | DATA_TYPE | NULLABLE | DATA_DEFAULT | COLUMN_ID |
|---|---|---|---|---|---|
| 1 | BNO | NUMBER(10,0) | No | (null) | 1 |
| 2 | TITLE | VARCHAR2(200 BYTE) | No | (null) | 2 |
| 3 | CONTENT | VARCHAR2(2000 BYTE) | No | (null) | 3 |
| 4 | WRITER | VARCHAR2(50 BYTE) | No | (null) | 4 |
| 5 | REGDATE | DATE | Yes | sysdate | 5 |
| 6 | UPDATEDATE | DATE | Yes | sysdate | 6 |

프로젝트에 org.zerock.domain 패키지를 생성하고, BoardVO 클래스를 정의합니다.

**BoardVO 클래스**

```java
package org.zerock.domain;

import java.util.Date;

import lombok.Data;

@Data
public class BoardVO {

  private Long bno;
  private String title;
  private String content;
```

```
    private String writer;
    private Date regdate;
    private Date updateDate;
}
```

BoardVO 클래스는 Lombok을 이용해서 생성자와 getter/setter, toString( ) 등을 만

들어 내는 방식을 사용합니다. 이를 위해서 @Data 어노테이션을 적용합니다.

### 8.1.2 Mapper 인터페이스와 Mapper XML

PART 1에서 봤지만 MyBatis는 SQL을 처리하는데 어노테이션이나 XML을 이용할 수
있습니다. 간단한 SQL이라면 어노테이션을 이용해서 처리하는 것이 무난하지만, SQL이
점점 복잡해지고 검색과 같이 상황에 따라 다른 SQL문이 처리되는 경우에는 어노테이션

은 그다지 유용하지 못하다는 단점이 있습니다. XML의 경우 단순 텍스트를 수정하는 과
정만으로 처리가 끝나지만, 어노테이션의 경우 코드를 수정하고 다시 빌드 하는 등의 유

지 보수성이 떨어지는 이유로 기피하는 경우도 종종 있습니다.

Mapper 인터페이스

root-context.xml은 PART 1에서 'org.zerock.mapper' 패키지를 스캔(조사)하도록
이미 설정해 본 적이 있으므로 이를 활용해서 프로젝트를 제작합니다.

**root-context.xml의 일부**

```
<mybatis-spring:scan base-package="org.zerock.mapper"/>
```

Mapper 인터페이스를 작성할 때는 리스트(select)와 등록(insert) 작업을 우선해서 작
성합니다. org.zerock.mapper 패키지를 작성하고, BoardMapper 인터페이스를 추가
합니다.

**org.zerock.mapper.BoardMapper 인터페이스**

```java
package org.zerock.mapper;

import java.util.List;

import org.apache.ibatis.annotations.Select;
import org.zerock.domain.BoardVO;

public interface BoardMapper {

  @Select("select * from tbl_board where bno > 0")
  public List<BoardVO> getList();

}
```

BoardMapper 인터페이스를 작성할 때는 이미 작성된 BoardVO 클래스를 적극적으로 활용해서 필요한 SQL을 어노테이션의 속성값으로 처리할 수 있습니다(SQL을 작성할 때는 반드시 ';'이 없도록 작성해야 합니다.). SQL 뒤에 'where bno > 0' 과 같은 조건은 테이블을 검색하는데 bno라는 칼럼 조건을 주어서 Primary key(이하 PK)를 이용하도록 유도하는 조건입니다(이에 대한 자세한 설명은 페이징 처리에서 하겠습니다.). SQL Developer에서 먼저 실행해서 결과를 확인합니다.

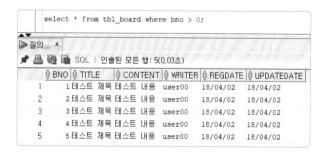

SQL Developer에서 먼저 확인하는 이유는 1) SQL이 문제가 없이 실행 가능한지를 확인하기 위한 용도와, 2) 데이터베이스의 commit을 하지 않았다면 나중에 테스트 결과가 달라지기 때문에 이를 먼저 비교할 수 있도록 하기 위함입니다.

작성된 BoardMapper 인터페이스를 테스트 할 수 있게 테스트 환경인 'src/test/java'에 'org.zerock.mapper' 패키지를 작성하고 BoardMapperTests 클래스를 추가합니다.

```
∨ 🗁 src/test/java
    ⊞ org.zerock.controller
  ∨ ⊞ org.zerock.mapper
    > 🗾 BoardMapperTests.java
  ∨ ⊞ org.zerock.persistence
    > 🗾 DataSourceTests.java
    > 🗾 JDBCTests.java
  > 🗁 src/test/resources
  > 📚 Libraries
```

**org.zerock.mapper.BoardMapperTests 클래스**

```java
package org.zerock.mapper;


import org.junit.Test;
import org.junit.runner.RunWith;
import org.springframework.beans.factory.annotation.Autowired;
import org.springframework.test.context.ContextConfiguration;
import org.springframework.test.context.junit4.SpringJUnit4ClassRunner;

import lombok.Setter;
import lombok.extern.log4j.Log4j;

@RunWith(SpringJUnit4ClassRunner.class)
@ContextConfiguration("file:src/main/webapp/WEB-INF/spring/root-context.xml")
//Java Config
//@ContextConfiguration(classes = {org.zerock.config.RootConfig.class} )
@Log4j
public class BoardMapperTests {

  @Setter(onMethod_ = @Autowired)
  private BoardMapper mapper;

  @Test
  public void testGetList() {
```

```
      mapper.getList().forEach(board -> log.info(board));

    }
  }
```

BoardMapperTests 클래스는 스프링을 이용해서 BoardMapper 인터페이스의 구현체를 주입받아서 동작하게 합니다. Java 설정 시에는 RootConfig 클래스를 이용해서 스프링의 설정을 이용하고 있음을 명시합니다. testGetList( )의 결과는 SQL Developer에서 실행된 것과 동일해야만 정상적으로 동작한 것입니다. 실행결과는 아래와 같이 보입니다.

```
INFO : jdbc.resultset - 1. ResultSet.wasNull() returned false
INFO : jdbc.resultsettable -
|----|-------|--------|-------|---------------------|---------------------|
|bno |title  |content |writer |regdate              |updatedate           |
|----|-------|--------|-------|---------------------|---------------------|
|1   |테스트 제목|테스트 내용|user00 |2018-06-22 11:30:51.0 |2018-06-22 11:30:51.0 |
|2   |테스트 제목|테스트 내용|user00 |2018-06-22 11:31:21.0 |2018-06-22 11:31:21.0 |
|3   |테스트 제목|테스트 내용|user00 |2018-06-22 11:31:21.0 |2018-06-22 11:31:21.0 |
|4   |테스트 제목|테스트 내용|user00 |2018-06-22 11:31:21.0 |2018-06-22 11:31:21.0 |
|5   |테스트 제목|테스트 내용|user00 |2018-06-22 11:31:21.0 |2018-06-22 11:31:21.0 |
|----|-------|--------|-------|---------------------|---------------------|

INFO : jdbc.resultset - 1. ResultSet.next() returned false
INFO : jdbc.resultset - 1. ResultSet.close() returned void
INFO : jdbc.audit - 1. Connection.getMetaData() returned oracle.jdbc.driver.OracleDatabaseMetaData@4044fb95
INFO : jdbc.audit - 1. PreparedStatement.isClosed() returned false
INFO : jdbc.audit - 1. PreparedStatement.close() returned
```

Mapper XML 파일

BoardMapperTests를 이용해서 테스트가 완료되었다면 src/main/resources 내에 패키지와 동일한 org/zerock/mapper 단계의 폴더를 생성하고 XML 파일을 작성합니다 (폴더를 한 번에 생성하지 말고 하나씩 생성해야 하는 점을 주의해야 합니다.).

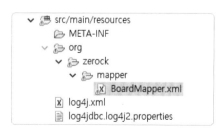

Part 01

Part 02

Part 03

Part 04

Part 05

Part 06

Part 07

파일의 폴더 구조나 이름은 무방하지만 패키지와 클래스 이름과 동일하게 해주면 나중에 혼란스러운 상황을 피할 수 있습니다.

BoardMapper.xml 파일은 다음과 같이 작성합니다.

```xml
BoardMapper.xml

<?xml version="1.0" encoding="UTF-8" ?>
<!DOCTYPE mapper
  PUBLIC "-//mybatis.org//DTD Mapper 3.0//EN"
  "http://mybatis.org/dtd/mybatis-3-mapper.dtd">
<mapper namespace="org.zerock.mapper.BoardMapper">

<select id="getList" resultType="org.zerock.domain.BoardVO">
<![CDATA[
select * from tbl_board where bno > 0
]]>
</select>

</mapper>
```

XML을 작성할 때는 반드시 〈mapper〉의 namespace 속성값을 Mapper 인터페이스와 동일한 이름을 주는 것에 주의하고, 〈select〉 태그의 id 속성값은 메서드의 이름과 일치하게 작성합니다. resultType 속성의 값은 select 쿼리의 결과를 특정 클래스의 객체로 만들기 위해서 설정합니다. XML에 사용한 CDATA 부분은 XML에서 부등호를 사용하기 위해서 사용합니다.

XML에 SQL문이 처리되었으니 BoardMapper 인터페이스에 SQL은 제거합니다.

```java
org.zerock.mapper.BoardMapper 인터페이스

public interface BoardMapper {

  //@Select("select * from tbl_board where bno > 0")
  public List<BoardVO> getList();

}
```

인터페이스 수정 후에는 반드시 기존의 테스트 코드를 통해서 기존과 동일하게 동작하는지 확인해야 합니다.

```
INFO : jdbc.resultsettable -
|----|-------|--------|-------|------------------------|------------------------|
|bno |title  |content |writer |regdate                 |updatedate              |
|----|-------|--------|-------|------------------------|------------------------|
|1   |테스트 제목|테스트 내용|user00 |2018-06-22 11:30:51.0   |2018-06-22 11:30:51.0   |
|2   |테스트 제목|테스트 내용|user00 |2018-06-22 11:31:21.0   |2018-06-22 11:31:21.0   |
|3   |테스트 제목|테스트 내용|user00 |2018-06-22 11:31:21.0   |2018-06-22 11:31:21.0   |
|4   |테스트 제목|테스트 내용|user00 |2018-06-22 11:31:21.0   |2018-06-22 11:31:21.0   |
|5   |테스트 제목|테스트 내용|user00 |2018-06-22 11:31:21.0   |2018-06-22 11:31:21.0   |
|----|-------|--------|-------|------------------------|------------------------|

INFO : jdbc.resultset - 1. ResultSet.next() returned false
INFO : jdbc.resultset - 1. ResultSet.close() returned void
```

## 8.2 영속 영역의 CRUD 구현

웹 프로젝트 구조에서 마지막 영역이 영속 영역이지만, 실제로 구현을 가장 먼저 할 수 있는 영역도 영속 영역입니다. 영속 영역은 기본적으로 CRUD 작업을 하기 때문에 테이블과 VO(DTO) 등 약간의 준비만으로도 비즈니스 로직과 무관하게 CRUD 작업을 작성할 수 있습니다. MyBatis는 내부적으로 JDBC의 PreparedStatement를 활용하고 필요한 파라미터를 처리하는 '?'에 대한 치환은 '#{속성}'을 이용해서 처리합니다.

### 8.2.1 create(insert) 처리

tbl_board 테이블은 PK 칼럼으로 bno를 이용하고, 시퀀스를 이용해서 자동으로 데이터가 추가될 때 번호가 만들어지는 방식을 사용합니다. 이처럼 자동으로 PK 값이 정해지는 경우에는 다음과 같은 2가지 방식으로 처리할 수 있습니다.

- insert만 처리되고 생성된 PK 값을 알 필요가 없는 경우
- insert문이 실행되고 생성된 PK 값을 알아야 하는 경우

BoardMapper 인터페이스에는 위의 상황들을 고려해서 다음과 같이 메서드를 추가 선언합니다.

**org.zerock.mapper.BoardMapper 인터페이스 일부**

```
package org.zerock.mapper;

import java.util.List;
```

Part 01

Part 02

Part 03

Part 04

Part 05

Part 06

Part 07

```java
import org.apache.ibatis.annotations.Select;
import org.zerock.domain.BoardVO;

public interface BoardMapper {

  // @Select("select * from tbl_board where bno > 0")
  public List<BoardVO> getList();

  public void insert(BoardVO board);

  public void insertSelectKey(BoardVO board);

}
```

BoardMapper.xml은 다음과 같이 내용을 추가합니다.

**BoardMapper.xml**

```xml
<?xml version="1.0" encoding="UTF-8" ?>
<!DOCTYPE mapper
  PUBLIC "-//mybatis.org//DTD Mapper 3.0//EN"
  "http://mybatis.org/dtd/mybatis-3-mapper.dtd">
<mapper namespace="org.zerock.mapper.BoardMapper">

  <select id="getList" resultType="org.zerock.domain.BoardVO">
  <![CDATA[
  select * from tbl_board where bno > 0
  ]]>
  </select>

  <insert id="insert">
    insert into tbl_board (bno,title,content,writer)
    values (seq_board.nextval, #{title}, #{content}, #{writer})
  </insert>

  <insert id="insertSelectKey">

    <selectKey keyProperty="bno" order="BEFORE"
      resultType="long">
      select seq_board.nextval from dual
    </selectKey>

    insert into tbl_board (bno,title,content, writer)
    values (#{bno}, #{title}, #{content}, #{writer})
  </insert>

</mapper>
```

기본적인 웹 게시물 관리

BoardMapper의 insert( )는 단순히 시퀀스의 다음 값을 구해서 insert 할 때 사용합니다. insert문은 몇 건의 데이터가 변경되었는지만을 알려주기 때문에 추가된 데이터의 PK 값을 알 수는 없지만, 1번의 SQL 처리만으로 작업이 완료되는 장점이 있습니다.

insertSelectKey( )는 @SelectKey라는 MyBatis의 어노테이션을 이용합니다. @SelectKey는 주로 PK 값을 미리(before) SQL을 통해서 처리해 두고 특정한 이름으로 결과를 보관하는 방식입니다. @Insert 할 때 SQL문을 보면 #{bno}와 같이 이미 처리된 결과를 이용하는 것을 볼 수 있습니다.

우선 insert( )에 대한 테스트 코드를 src/test/java 내에 BoardMapperTests 클래스에 새로운 메서드로 작성해보면 다음과 같이 작성할 수 있습니다.

**BoardMapperTests 클래스 일부**

```java
@Test
  public void testInsert() {

    BoardVO board = new BoardVO();
    board.setTitle("새로 작성하는 글");
    board.setContent("새로 작성하는 내용");
    board.setWriter("newbie");

    mapper.insert(board);

    log.info(board);
  }
```

테스트 코드의 마지막에 log.info(board)를 작성한 이유는 Lombok이 만들어주는 toString( )을 이용해서 bno 멤버 변수(인스턴스 변수)의 값을 알아보기 위함입니다. testInsert( )의 실행결과 일부는 다음과 같습니다.

```
INFO : jdbc.audit - 1. PreparedStatement.close() returned
INFO : jdbc.audit - 1. Connection.clearWarnings() returned
INFO : org.zerock.mapper.BoardMapperTests - BoardVO(bno=null, title=새로
작성하는 글, content=새로 작성하는 내용, writer=newbie, regdate=null,
updateDate=null)
```

Part 01

Part 02

Part 03

Part 04

Part 05

Part 06

Part 07

테스트 결과의 마지막을 살펴보면 BoardVO 클래스의 toString( )의 결과가 출력되는 것을 볼 수 있는데, bno의 값이 null로 비어 있는 것을 확인할 수 있습니다.

@SelectKey를 이용하는 경우 테스트 코드는 다음과 같습니다.

**BoardMapperTests 클래스 일부**

```java
@Test
public void testInsertSelectKey() {

  BoardVO board = new BoardVO();
  board.setTitle("새로 작성하는 글 select key");
  board.setContent("새로 작성하는 내용 select key");
  board.setWriter("newbie");

  mapper.insertSelectKey(board);

  log.info(board);
}
```

testInsertSelectKey( )의 테스트 결과의 일부는 다음과 같습니다.

```
INFO : jdbc.sqlonly - select seq_board.nextval from dual

...생략...
INFO : jdbc.audit - 1. Connection.prepareStatement(insert into tbl_board
(bno,title,content, writer)
    values (?, ?, ?, ?)) returned net.sf.log4jdbc.sql.jdbcapi.
PreparedStatementSpy@41e350f1
...생략...

INFO : jdbc.sqltiming - insert into tbl_board (bno,title,content, writer)
values (23, '새로 작성하는 글 select key', '새로 작성하는
내용 select key', 'newbie')
```

실행되는 결과를 살펴보면 'select seq_board.nextval from dual'과 같은 쿼리가 먼저 실행되고 여기서 생성된 결과를 이용해서 bno 값으로 처리되는 것을 볼 수 있습니다. BoardMapper의 insertSelectKey( )의 @Insert 문의 SQL을 보면 'insert into tbl_board (bno,title,content, writer) values (#{bno}, #{title}, #{content}, #{writer})'와 같이 파라미터로 전달되는 BoardVO의 bno 값을 사용하게 되어 있습니다.

테스트 코드의 마지막 부분을 보면 BoardVO 객체의 bno 값이 이전과 달리 지정된 것을 볼 수 있습니다(시퀀스의 값이므로 현재 테스트하는 환경마다 다른 값이 나옵니다. 시퀀스 값은 중복 없는 값을 위한 것일 뿐 다른 의미가 있지 않습니다.). @SelectKey를 이용하는 방식은 SQL을 한 번 더 실행하는 부담이 있기는 하지만 자동으로 추가되는 PK 값을 확인해야 하는 상황에서는 유용하게 사용될 수 있습니다.

### 8.2.2 read(select) 처리

insert가 된 데이터를 조회하는 작업은 PK를 이용해서 처리하므로 BoardMapper의 파라미터 역시 BoardVO 클래스의 bno 타입 정보를 이용해서 처리합니다.

---

**org.zerock.mapper.BoardMapper 인터페이스 일부**

```java
public interface BoardMapper {

  public List<BoardVO> getList();

  public void insert(BoardVO board);

  public void insertSelectKey(BoardVO board);

  public BoardVO read(Long bno);

}
```

---

**BoardMapper.xml에 추가되는 <select>**

```xml
<select id="read" resultType="org.zerock.domain.BoardVO">
  select * from tbl_board where bno = #{bno}
</select>
```

---

MyBatis는 Mapper 인터페이스의 리턴 타입에 맞게 select의 결과를 처리하기 때문에 tbl_board의 모든 칼럼은 BoardVO의 'bno, title, content, writer, regdate, updateDate' 속성값으로 처리됩니다. 좀 더 엄밀하게 말하면 MyBatis는 bno라는 칼럼이 존재하면 인스턴스의 'setBno( )'를 호출하게 됩니다. MyBatis의 모든 파라미터와 리턴 타입의 처리는 get 파라미터명( ), set 칼럼명( )의 규칙으로 호출됩니다. 다만 위와 같이 #{속성}이 1개만 존재하는 경우에는 별도의 get 파라미터명( )을 사용하지 않고 처리됩니다.

현재 테이블에 존재하는 데이터의 bno 칼럼의 값을 이용해서 테스트 코드를 통해 확인합
니다.

**BoardMapperTests 클래스 일부**

```java
@Test
public void testRead() {

    // 존재하는 게시물 번호로 테스트
    BoardVO board = mapper.read(5L);

    log.info(board);

}
```

mapper.read( )를 호출할 경우에는 현재 테이블에 있는 데이터의 bno 값이 존재하는지
여부를 반드시 확인해야 합니다. 테스트 코드의 결과는 다음과 같습니다.

```
INFO : jdbc.audit - 1. PreparedStatement.close() returned
INFO : jdbc.audit - 1. Connection.clearWarnings() returned
INFO : org.zerock.mapper.BoardMapperTests - BoardVO(bno=5, title=테스트
제목, content=테스트 내용, writer=user00, regdate=Fri Jun 22 11:31:21 KST
2018, updateDate=Fri Jun 22 11:31:21 KST 2018)
INFO...
INFO : com.zaxxer.hikari.HikariDataSource - springHikariCP - Shutdown
initiated...
```

### 8.2.3 delete 처리

특정한 데이터를 삭제하는 작업 역시 PK 값을 이용해서 처리하므로 조회하는 작업과 유
사하게 처리합니다. 등록, 삭제, 수정과 같은 DML 작업은 '몇 건의 데이터가 삭제(혹은
수정)되었는지'를 반환할 수 있습니다.

**BoardMapper 인터페이스 일부**

```java
package org.zerock.mapper;

import java.util.List;

import org.apache.ibatis.annotations.Select;
import org.zerock.domain.BoardVO;
```

```
public interface BoardMapper {

  public List<BoardVO> getList();

  public void insert(BoardVO board);

  public void insertSelectKey(BoardVO board);

  public BoardVO read(Long bno);

  public int delete(Long bno);

}
```

**BoardMapper.xml의 일부**

```
<delete id="delete" >
    delete from tbl_board where bno = #{bno}
</delete>
```

delete( )의 메서드 리턴 타입은 int로 지정해서 만일 정상적으로 데이터가 삭제되면 1 이상의 값을 가지도록 작성합니다. 테스트 코드는 현재 테이블에 존재하는 번호의 데이터를 삭제해 보고 '1'이라는 값이 출력되는지 확인합니다. 만일 해당 번호의 게시물이 없다면 '0'이 출력됩니다.

**BoardMapperTests 클래스 일부**

```
  @Test
  public void testDelete() {

    log.info("DELETE COUNT: " + mapper.delete(3L));
  }
```

testDelete( )의 경우 3번 데이터가 존재했다면 다음과 같은 로그가 기록됩니다.

```
...
INFO : jdbc.sqltiming - delete tbl_board where bno = 3
 {executed in 6 msec}
INFO : jdbc.audit - 1. PreparedStatement.execute() returned false
INFO : jdbc.audit - 1. PreparedStatement.getUpdateCount() returned 1
INFO : jdbc.audit - 1. PreparedStatement.close() returned
```

```
INFO : jdbc.audit - 1. Connection.clearWarnings() returned
INFO : org.zerock.persistence.BoardMapperTests - DELETE COUNT: 1
...
```

### 8.2.4 update 처리

마지막으로 update를 처리합니다. 게시물의 업데이트는 제목, 내용, 작성자를 수정한다

고 가정합니다. 업데이트할 때는 최종 수정시간을 데이터베이스 내 현재 시간으로 수정합

니다. Update는 delete와 마찬가지로 '몇 개의 데이터가 수정되었는가'를 처리할 수 있게

int 타입으로 메서드를 설계할 수 있습니다.

**BoardMapper 인터페이스 일부**

```java
package org.zerock.mapper;

...

public interface BoardMapper {
```

```java
  // @Select("select * from tbl_board where bno > 0")
  public List<BoardVO> getList();

  public void insert(BoardVO board);
```

```java
  public void insertSelectKey(BoardVO board);

  public BoardVO read(Long bno);

  public int delete(Long bno);

  public int update(BoardVO board);

}
```

**BoardMapper.xml의 일부**

```xml
<update id="update">
    update tbl_board
    set title= #{title},
    content=#{content},
    writer = #{writer},
    updateDate = sysdate
    where bno = #{bno}
  </update>
```

SQL에서 주의 깊게 봐야 하는 부분은 update 칼럼이 최종 수정시간을 의미하는 칼럼이기 때문에 현재 시간으로 변경해 주고 있다는 점과, regdate 칼럼은 최초 생성 시간이므로 건드리지 않는다는 점입니다. #{title}과 같은 부분은 파라미터로 전달된 BoardVO 객체의 getTitle( )과 같은 메서드들을 호출해서 파라미터들이 처리됩니다.

테스트 코드는 read( )를 이용해서 가져온 BoardVO 객체의 일부를 수정하는 방식이나 직접 BoardVO 객체를 생성해서 처리할 수 있습니다. 예제는 객체를 생성해서 테스트를 진행합니다.

**BoardMapperTests 클래스 일부**

```
@Test
public void testUpdate() {

  BoardVO board = new BoardVO();
  // 실행전 존재하는 번호인지 확인할 것
  board.setBno(5L);
  board.setTitle("수정된 제목");
  board.setContent("수정된 내용");
  board.setWriter("user00");

  int count = mapper.update(board);
  log.info("UPDATE COUNT: " + count);

}
```

만일 데이터베이스에 5번 글이 존재했다면 다음과 같은 로그들이 출력될 것입니다.

```
...
INFO : jdbc.sqlonly - update tbl_board set title= '수정된 제목',
content='수정된 내용', writer = 'user00', updateDate = sysdate
where bno = 5

INFO : jdbc.sqltiming - update tbl_board set title= '수정된 제목',
content='수정된 내용', writer = 'user00', updateDate = sysdate
where bno = 5
 {executed in 16 msec}
INFO : jdbc.audit - 1. PreparedStatement.execute() returned false
INFO : jdbc.audit - 1. PreparedStatement.getUpdateCount() returned 1
INFO : jdbc.audit - 1. PreparedStatement.isClosed() returned false
INFO : jdbc.audit - 1. PreparedStatement.close() returned...
```

Part 01

Part 02

Part 03

Part 04

Part 05

Part 06

Part 07

Chapter

# 09 | 비즈니스 계층

비즈니스 계층은 고객의 요구사항을 반영하는 계층으로 프레젠테이션 계층과 영속 계층의 중간 다리 역할을 하게 됩니다. 영속 계층은 데이터베이스를 기준으로 해서 설계를 나눠 구현하지만, 비즈니스 계층은 로직을 기준으로 해서 처리하게 됩니다.

예컨대, '쇼핑몰에서 상품을 구매한다'고 가정해 봅니다. 해당 쇼핑몰의 로직이 '물건을 구매한 회원에게는 포인트를 올려준다'고 하면 영속 계층의 설계는 '상품'과 '회원'으로 나누어서 설계하게 됩니다. 반면에 비즈니스 계층은 상품 영역과 회원 영역을 동시에 사용해서 하나의 로직을 처리하게 되므로 다음과 같은 구조를 만들게 됩니다.

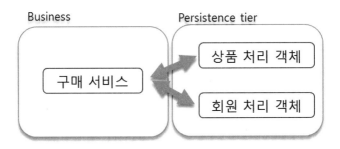

현재 예제는 단일한 테이블을 이용하고 있기 때문에 위와 같은 구조는 아니지만, 설계를 할 때는 원칙적으로 영역을 구분해서 작성해야 합니다. 일반적으로 비즈니스 영역에 있는 객체들은 '서비스(Service)'라는 용어를 많이 사용합니다.

## 9.1 비지니스 계층의 설정

비즈니스 계층을 위해서 프로젝트 내 org.zerock.service라는 패키지를 작성합니다.

설계를 할 때 각 계층 간의 연결은 인터페이스를 이용해서 느슨한(loose) 연결(결합)을 합니다. 게시물은 BoardService 인터페이스와 인터페이스를 구현한 BoardServiceImpl 클래스를 선언합니다.

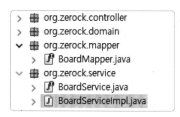

---

**BoardService 인터페이스**

```java
package org.zerock.service;

import java.util.List;

import org.zerock.domain.BoardVO;

public interface BoardService {

  public void register(BoardVO board);

  public BoardVO get(Long bno);
```

Part 01

Part 02

Part 03

Part 04

Part 05

Part 06

Part 07

```
    public boolean modify(BoardVO board);

    public boolean remove(Long bno);

    public List<BoardVO> getList();

}
```

BoardService 메서드를 설계할 때 메서드 이름은 현실적인 로직의 이름을 붙이는 것이 관례입니다. 명백하게 반환해야 할 데이터가 있는 'select'를 해야 하는 메서드는 리턴 타입을 지정할 수 있습니다. 게시물은 특정한 게시물을 가져오는 get( ) 메서드와 전체 리스트를 구하는 getList( )의 경우 처음부터 메서드의 리턴 타입을 결정해서 진행할 수 있습니다.

BoardService 인터페이스를 구현하는 구현체는 BoardServiceImpl이라는 클래스로 작성합니다. 클래스의 상세 내용은 조금 미루도록 하고, 약간의 로그를 기록할 수 있는 정도의 코드를 작성합니다.

**BoardServiceImpl 클래스의 일부**

```
package org.zerock.service;

import java.util.List;

import org.springframework.stereotype.Service;
import org.zerock.domain.BoardVO;
import org.zerock.mapper.BoardMapper;

import lombok.AllArgsConstructor;
import lombok.extern.log4j.Log4j;

@Log4j
@Service
@AllArgsConstructor
public class BoardServiceImpl implements BoardService {

    //spring 4.3 이상에서 자동 처리
    private BoardMapper mapper;
```

기본적인 웹 게시물 관리

```
    @Override
    public void register(BoardVO board) { }
      ...

}
```

BoardServiceImpl 클래스에 가장 중요한 부분은 @Service라는 어노테이션입니다. @Service는 계층 구조상 주로 비즈니스 영역을 담당하는 객체임을 표시하기 위해 사용합니다. 작성된 어노테이션은 패키지를 읽어 들이는 동안 처리됩니다. BoardServiceImpl 가 정상적으로 동작하기 위해서는 BoardMapper 객체가 필요합니다.

이는 @Autowired와 같이 직접 설정해 줄 수 있고, Setter를 이용해서 처리할 수도 있습니다. Lombok을 이용한다면 아래와 같은 방식으로 만들수도 있습니다.

```
@Log4j
@Service
public class BoardServiceImpl implements BoardService {

    @Setter(onMethod_ = @Autowired)
    private BoardMapper mapper;
...
```

스프링 4.3부터는 단일 파라미터를 받는 생성자의 경우에는 필요한 파라미터를 자동으로 주입할 수 있습니다. @AllArgsContstructor는 모든 파라미터를 이용하는 생성자를 만들기 때문에 실제 코드는 아래와 같이 BoardMapper를 주입받는 생성자가 만들어지게 됩니다.

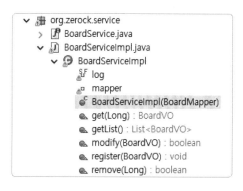

프로젝트 구조에서 클래스를 조사해 보면 스프링 4.3의 자동주입 기능으로 인해 앞의 그림과 같은 형태가 됩니다.

### 9.1.1 스프링의 서비스 객체 설정(root-context.xml)

비즈니스 계층의 인터페이스와 구현 클래스가 작성되었다면, 이를 스프링의 빈으로 인식

하기 위해서 root-context.xml에 @Service 어노테이션이 있는 org.zerock.service 패키지를 스캔(조사)하도록 추가해야 합니다.

프로젝트 생성 시 만들어진 root-context.xml의 네임스페이스 탭에서 context 항목을

추가합니다.

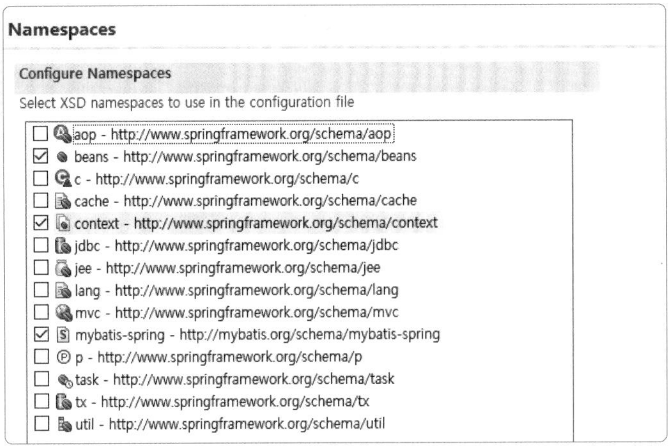

**Namespaces**

**Configure Namespaces**
Select XSD namespaces to use in the configuration file

☐ aop - http://www.springframework.org/schema/aop
☑ beans - http://www.springframework.org/schema/beans
☐ c - http://www.springframework.org/schema/c
☐ cache - http://www.springframework.org/schema/cache
☑ context - http://www.springframework.org/schema/context
☐ jdbc - http://www.springframework.org/schema/jdbc
☐ jee - http://www.springframework.org/schema/jee
☐ lang - http://www.springframework.org/schema/lang
☐ mvc - http://www.springframework.org/schema/mvc
☑ mybatis-spring - http://mybatis/schema/mybatis-spring
☐ p - http://www.springframework.org/schema/p
☐ task - http://www.springframework.org/schema/task
☐ tx - http://www.springframework.org/schema/tx
☐ util - http://www.springframework.org/schema/util

네임스페이스를 추가하면 해당 이름으로 시작하는 태그들을 활용할 수 있습니다. root-context.xml의 내부에 아래 내용을 추가합니다.

**root-context.xml의 일부**

```
<context:component-scan base-package="org.zerock.service">
</context:component-scan>
```

Java 설정의 경우

root-context.xml을 대신하는 RootConfig 클래스를 이용해서 @ComponentScan
을 추가합니다.

```
@Configuration
@ComponentScan(basePackages="org.zerock.service")
@MapperScan(basePackages= {"org.zerock.mapper"})
public class RootConfig {
...생략...
```

## 9.2 비즈니스 계층의 구현과 테스트

BoardMapper와 BoardServcie, BoardServiceImpl에 대한 구조 설정이 완료되었으
므로 'src/test/java' 밑에 org.zerock.service.BoardServiceTests 클래스를 작성해
테스트 작업을 진행합니다.

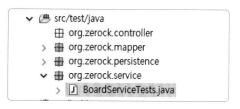

**테스트 환경의 BoardServiceTests 클래스**

```
package org.zerock.service;

import static org.junit.Assert.assertNotNull;

import org.junit.Test;
import org.junit.runner.RunWith;
import org.springframework.beans.factory.annotation.Autowired;
import org.springframework.test.context.ContextConfiguration;
import org.springframework.test.context.junit4.SpringJUnit4ClassRunner;

import lombok.Setter;
import lombok.extern.log4j.Log4j;
```

Part 01

Part 02

Part 03

Part 04

Part 05

Part 06

Part 07

```
@RunWith(SpringJUnit4ClassRunner.class)
@ContextConfiguration("file:src/main/webapp/WEB-INF/spring/root-context.
xml")
// Java Config
// @ContextConfiguration(classes = {org.zerock.config.RootConfig.class}
)
@Log4j
public class BoardServiceTests {

  @Setter(onMethod_ = {@Autowired })
  private BoardService service;

  @Test
  public void testExist() {

    log.info(service);
    assertNotNull(service);
  }

}
```

BoardServiceTests의 첫 테스트는 BoardService 객체가 제대로 주입이 가능한지 확인하는 작업으로 시작합니다. 정상적으로 BoardService 객체가 생성되고 BoardMapper가 주입되었다면 아래와 같이 BoardService 객체와 데이터베이스 관련 로그가 같이 출력됩니다.

```
INFO : org.zerock.service.BoardServiceTests - org.zerock.service.
BoardServiceImpl@16fdec90
...
INFO : com.zaxxer.hikari.HikariDataSource - HikariPool-1 - Shutdown
initiated...
```

### 9.2.1 등록 작업의 구현과 테스트

등록 작업은 BoardServiceImpl에서 파라미터로 전달되는 BoardVO 타입의 객체를 BoardMapper를 통해서 처리합니다. 구현되는 코드는 아래와 같습니다.

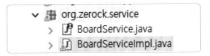

**BoardServiceImpl 클래스의 일부**

```
@Override
public void register(BoardVO board) {

  log.info("register......" + board);

  mapper.insertSelectKey(board);
}
```

BoardService는 void 타입으로 설계되었으므로 mapper.insertSelectKey( )의 반환 값인 int를 사용하지 않고 있지만, 필요하다면 예외 처리나 void 대신에 int 타입을 이용 해서 사용할 수도 있습니다.

mapper의 insertSelectKey( )를 이용해서 나중에 생성된 게시물의 번호를 확인할 수 있게 작성했습니다. 이에 대한 테스트 코드는 아래와 같이 작성합니다.

**BoardServiceTests 클래스의 일부**

```
@Test
public void testRegister() {

  BoardVO board = new BoardVO();
  board.setTitle("새로 작성하는 글");
  board.setContent("새로 작성하는 내용");
  board.setWriter("newbie");

  service.register(board);

  log.info("생성된 게시물의 번호: " + board.getBno());
}
```

testRegister( )의 테스트 결과는 다음과 같이 생성된 게시물의 번호를 확인할 수 있습 니다.

```
INFO : jdbc.sqltiming - insert into tbl_board (bno,title,content, writer)
values (24, '새로 작성하는 글', '새로 작성하는 내용', 'newbie')
 {executed in 2 msec}
INFO : jdbc.audit - 1. PreparedStatement.execute() returned false
INFO : jdbc.audit - 1. PreparedStatement.getUpdateCount() returned 1
INFO : jdbc.audit - 1. PreparedStatement.isClosed() returned false
```

```
INFO : jdbc.audit - 1. PreparedStatement.close() returned
INFO : jdbc.audit - 1. Connection.clearWarnings() returned
INFO : org.zerock.service.BoardServiceTests - 생성된 게시물의 번호: 24
```

### 9.2.2 목록(리스트) 작업의 구현과 테스트

BoardServiceImpl 클래스에서 현재 테이블에 저장된 모든 데이터를 가져오는 getList( )

는 아래와 같이 구현됩니다.

**BoardServiceImpl 클래스 일부**

```java
@Override
public List<BoardVO> getList() {

    log.info("getList..........");

    return mapper.getList();
}
```

테스트 코드는 아래와 같이 작성할 수 있습니다.

**org.zerock.service.BoardServiceTests 클래스의 일부**

```java
@Test
public void testGetList() {

    service.getList().forEach(board -> log.info(board));
}
```

테스트의 실행 결과로 등록 작업을 테스트할 때 추가된 데이터가 정상적으로 나오는지 확
인합니다.

```
INFO : jdbc.resultsettable -
|----|---------------------|---------------------|-------|---------------------|---------------------|
|bno |title                |content              |writer |regdate              |updatedate           |
|----|---------------------|---------------------|-------|---------------------|---------------------|
|1   |테스트 제목          |테스트 내용          |user00 |2018-06-22 11:30:51.0|2018-06-22 11:30:51.0|
|2   |테스트 제목          |테스트 내용          |user00 |2018-06-22 11:31:21.0|2018-06-22 11:31:21.0|
|3   |테스트 제목          |테스트 내용          |user00 |2018-06-22 11:31:21.0|2018-06-22 11:31:21.0|
|4   |테스트 제목          |테스트 내용          |user00 |2018-06-22 11:31:21.0|2018-06-22 11:31:21.0|
|5   |테스트 제목          |테스트 내용          |user00 |2018-06-22 11:31:21.0|2018-06-22 11:31:21.0|
|21  |새로 작성하는 글            |새로 작성하는 내용            |newbie |2018-06-23 19:16:49.0|2018-06-23 19:16:49.0|
|22  |새로 작성하는 글 select key |새로 작성하는 내용 select key |newbie |2018-06-23 19:18:09.0|2018-06-23 19:18:09.0|
|23  |새로 작성하는 글 select key |새로 작성하는 내용 select key |newbie |2018-06-23 19:18:52.0|2018-06-23 19:18:52.0|
|24  |새로 작성하는 글            |새로 작성하는 내용            |newbie |2018-06-25 11:02:16.0|2018-06-25 11:02:16.0|
|----|---------------------|---------------------|-------|---------------------|---------------------|
```

### 9.2.3 조회 작업의 구현과 테스트

조회는 게시물의 번호가 파라미터이고 BoardVO의 인스턴스가 리턴이 됩니다.

**BoardServiceImpl 클래스 일부**

```java
@Override
public BoardVO get(Long bno) {

  log.info("get......" + bno);

  return mapper.read(bno);

}
```

테스트 코드는 다음과 같이 작성할 수 있습니다.

**org.zerock.service.BoardServiceTests 클래스의 일부**

```java
@Test
public void testGet() {

  log.info(service.get(1L));
}
```

테스트 결과는 다음과 같이 나오게 됩니다.

Part 01

Part 02

Part 03

Part 04

Part 05

Part 06

Part 07

```
INFO : jdbc.resultsettable -
|----|-------|--------|-------|---------------------|---------------------|
|bno |title  |content |writer |regdate              |updatedate           |
|----|-------|--------|-------|---------------------|---------------------|
|1   |테스트 제목 |테스트 내용 |user00 |2018-06-22 11:30:51.0 |2018-06-22 11:30:51.0 |
|----|-------|--------|-------|---------------------|---------------------|
INFO : jdbc.resultset - 1. ResultSet.next() returned falseINFO : jdbc.resultset - 1.
ResultSet.close() returned void...생략...
```

## 9.2.4 삭제/수정 구현과 테스트

삭제/수정은 메서드의 리턴 타입을 void로 설계할 수도 있지만 엄격하게 처리하기 위해서 Boolean 타입으로 처리합니다.

```
∨ ⊞ org.zerock.service
  > J̶ BoardService.java
  > J̶ BoardServiceImpl.java
```

**org.zerock.service.BoardServiceImpl 클래스 일부**

```java
@Override
public boolean modify(BoardVO board) {

  log.info("modify......" + board);

  return mapper.update(board) == 1;
}

@Override
public boolean remove(Long bno) {

  log.info("remove...." + bno);

  return mapper.delete(bno) == 1;
}
```

정상적으로 수정과 삭제가 이루어지면 1이라는 값이 반환되기 때문에 '==' 연산자를 이용해서 true/false를 처리할 수 있습니다.

테스트 코드는 다음과 같이 작성할 수 있습니다.

기본적인 웹 게시물 관리

```java
@Test
public void testDelete() {

  // 게시물 번호의 존재 여부를 확인하고 테스트할 것
  log.info("REMOVE RESULT: " + service.remove(2L));

}

@Test
public void testUpdate() {

  BoardVO board = service.get(1L);

  if (board == null) {
    return;
  }

  board.setTitle("제목 수정합니다.");
  log.info("MODIFY RESULT: " + service.modify(board));
}
```

testDelete( )의 경우에는 해당 게시물이 존재할 때 true를 반환하는 것을 확인할 수 있고, testUpdate( )의 경우에는 특정한 게시물을 먼저 조회하고, title 값을 수정한 후 이를 업데이트합니다.

Part 01

Part 02

Part 03

Part 04

Part 05

Part 06

Part 07

hapter

# 10 | 프레젠테이션(웹) 계층의 CRUD 구현

비즈니스 계층의 구현까지 모든 테스트가 진행되었다면 이제 남은 작업은 프레젠테이션 계층인 웹의 구현입니다. 웹은 이전 PART 2에서 실습한 내용을 기준으로 현재 프로젝트에 반영해야 합니다.

## 10.1 Controller의 작성

스프링 MVC의 Controller는 하나의 클래스 내에서 여러 메서드를 작성하고, @RequestMapping 등을 이용해서 URL을 분기하는 구조로 작성할 수 있기 때문에 하나의 클래스에서 필요한 만큼 메서드의 분기를 이용하는 구조로 작성합니다.

과거에는 이 단계에서 Tomcat(WAS)을 실행하고 웹 화면을 만들어서 결과를 확인하는 방식의 코드를 작성해 왔습니다. 이 방식은 시간도 오래 걸리거니와 테스트를 자동화 하기에 어려움이 많습니다. 따라서 이 단계에서는 WAS를 실행하지 않고 Controller를 테스트할 수 있는 방법을 학습해야 합니다.

### 10.1.1 BoardController의 분석

작성하기 전에는 반드시 현재 원하는 기능을 호출하는 방식에 대해 다음과 같이 테이블로 정리한 후 코드를 작성하는 것이 좋습니다.

기본적인 웹 게시물 관리

| Task | URL | Method | Parameter | From | URL 이동 |
|------|-----|--------|-----------|------|---------|
| 전체 목록 | /board/list | GET | | | |
| 등록 처리 | /board/register | POST | 모든 항목 | 입력화면 필요 | 이동 |
| 조회 | /board/get | GET | bno=123 | | |
| 삭제 처리 | /board/remove | POST | bno | 입력화면 필요 | 이동 |
| 수정 처리 | /board/modify | POST | 모든 항목 | 입력화면 필요 | 이동 |

테이블에서 From 항목은 해당 URL을 호출하기 위해서 별도의 입력화면이 필요하다는 것을 의미합니다. 이에 대한 설계는 화면을 구성하는 단계에서 진행할 수 있습니다.

## 10.2 BoardController의 작성

BoardController는 org.zerock.controller 패키지에 선언하고 URL 분석된 내용들을 반영하는 메서드를 설계합니다.

**org.zerock.controller.BoardController 클래스**

```
package org.zerock.controller;

import org.springframework.stereotype.Controller;
import org.springframework.web.bind.annotation.RequestMapping;

import lombok.extern.log4j.Log4j;

@Controller
@Log4j
@RequestMapping("/board/*")
```

프레젠테이션(웹) 계층의 CRUD 구현

Part 01

Part 02

Part 03

Part 04

Part 05

Part 06

Part 07

```
public class BoardController {

}
```

BoardController는 @Controller 어노테이션을 추가해서 스프링의 빈으로 인식할 수 있게 하고, @RequestMapping을 통해서 '/board'로 시작하는 모든 처리를 BoardController가 하도록 지정합니다. BoardController가 속한 org.zerock.controller 패키지는 servlet-context.xml에 기본으로 설정되어 있으므로 별도의 설정이 필요하지 않습니다 (Java 설정을 이용하는 경우에는 @ComponentScan을 이용).

### 10.2.1 목록에 대한 처리와 테스트

BoardController에서 전체 목록을 가져오는 처리를 먼저 작성합니다. BoardController는 BoardService 타입의 객체와 같이 연동해야 하므로 의존성에 대한 처리도 같이 진행합니다.

**org.zerock.controller.BoardController 클래스**

```
package org.zerock.controller;

import org.springframework.stereotype.Controller;
import org.springframework.ui.Model;
import org.springframework.web.bind.annotation.GetMapping;
import org.springframework.web.bind.annotation.RequestMapping;
import org.zerock.service.BoardService;

import lombok.AllArgsConstructor;
import lombok.extern.log4j.Log4j;

@Controller
@Log4j
@RequestMapping("/board/*")
@AllArgsConstructor
public class BoardController {

  private BoardService service;

  @GetMapping("/list")
  public void list(Model model) {

    log.info("list");
```

```
    model.addAttribute("list", service.getList());

  }

}
```

BoardController는 BoardService에 대해서 의존적이므로 @AllArgsConstructor를 이용해서 생성자를 만들고 자동으로 주입하도록 합니다(만일 생성자를 만들지 않을 경우에는 @Setter(onMethod_ = { @Autowired })를 이용해서 처리합니다.).

list( )는 나중에 게시물의 목록을 전달해야 하므로 Model을 파라미터로 지정하고, 이를 통해서 BoardServiceImpl 객체의 getList( ) 결과를 담아 전달합니다(addAttribute). BoardController 테스트는 스프링의 테스트 기능을 통해서 확인해 볼 수 있습니다.

src/test/java에 org.zerock.controller 패키지에 BoardControllerTests 클래스를 선언합니다.

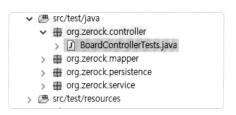

테스트 코드는 기존과 좀 다르게 진행되는데 그 이유는 웹을 개발할 때 매번 URL을 테스트하기 위해서 Tomcat과 같은 WAS를 실행하는 불편한 단계를 생략하기 위해서입니다. 스프링의 테스트 기능을 활용하면 개발 당시에 Tomcat(WAS)을 실행하지 않고도 스프링과 웹 URL을 테스트할 수 있습니다.

WAS를 실행하지 않기 위해서는 약간의 추가적인 코드가 필요하지만 반복적으로 서버를 실행하고 화면에 입력하고, 오류를 수정하는 단계를 줄여줄 수 있기 때문에 Controller를 테스트할 때는 한 번쯤 고려해 볼 만한 방식입니다.

Part 01

Part 02

Part 03

Part 04

Part 05

Part 06

Part 07

**src/test/java 밑의 org.zerock.controller.BoardControllerTests 클래스**

```java
package org.zerock.controller;

...생략...

@RunWith(SpringJUnit4ClassRunner.class)

//Test for Controller
@WebAppConfiguration

@ContextConfiguration({
  "file:src/main/webapp/WEB-INF/spring/root-context.xml",
  "file:src/main/webapp/WEB-INF/spring/appServlet/servlet-context.xml"})
// Java Config
// @ContextConfiguration(classes = {
//            org.zerock.config.RootConfig.class,
//          org.zerock.config.ServletConfig.class} )
@Log4j
public class BoardControllerTests {

    @Setter(onMethod_ = {@Autowired} )
    private WebApplicationContext ctx;

    private MockMvc mockMvc;


    @Before
    public void setup() {
      this.mockMvc = MockMvcBuilders.webAppContextSetup(ctx).build();
    }

    @Test
    public void testList() throws Exception {

      log.info(
          mockMvc.perform(MockMvcRequestBuilders.get("/board/list"))
          .andReturn()
          .getModelAndView()
          .getModelMap());
    }

}
```

테스트 클래스의 선언부에는 @WebAppConfiguration 어노테이션을 적용합니다.
@WebAppConfiguration은 Servlet의 ServletContext를 이용하기 위해서인데, 스

프링에서는 WebApplicationContext라는 존재를 이용하기 위해서입니다. @Before 어노테이션이 적용된 setUp( )에서는 import 할 때 JUnit을 이용해야 합니다. @Before가 적용된 메서드는 모든 테스트 전에 매번 실행되는 메서드가 됩니다.

MockMvc는 말 그대로 '가짜 mvc'라고 생각하면 됩니다. 가짜로 URL과 파라미터 등을 브라우저에서 사용하는 것처럼 만들어서 Controller를 실행해 볼 수 있습니다. testList( ) 는 MockMvcRequestBuilders라는 존재를 이용해서 GET 방식의 호출을 합니다. 이후에는 BoardController의 getList( )에서 반환된 결과를 이용해서 Model에 어떤 데이터들이 담겨 있는지 확인합니다. Tomcat을 통해서 실행되는 방식이 아니므로 기존의 테스트 코드를 실행하는 것과 동일하게 실행합니다.

testList( )를 실행한 결과는 데이터베이스에 저장된 게시물들을 볼 수 있습니다.

```
...
INFO : org.zerock.controller.BoardControllerTests - {list=[BoardVO(bno=1,
title=테스트 제목, content=테스트 내용, writer=user00, regdate=Fri Jun
22 11:30:51 KST 2018, updateDate=Fri Jun 22 ... 작성하는 글 select
key, content=새로 작성하는 내용 select key, writer=newbie, regdate=Sat
Jun 23 19:18:52 KST 2018, updateDate=Sat Jun 23 19:18:52 KST 2018),
BoardVO(bno=24, title=새로 작성하는 글, content=새로 작성하는 내용,
writer=newbie, regdate=Mon Jun 25 11:02:16 KST 2018, updateDate=Mon Jun
25 11:02:16 KST 2018)]}
INFO : org.springframework.web.context.support.
GenericWebApplicationContext - Closing org.springframework.web.context.
support.GenericWebApplicationContext@6ebc05a6: startup date [Mon Jun 25
11:38:38 KST 2018]; root of context hierarchy
INFO : com.zaxxer.hikari.HikariDataSource - HikariPool-1 - Shutdown
initiated...
```

### 10.2.2 등록 처리와 테스트

BoardController에 POST 방식으로 처리되는 register( )를 작성하면 아래와 같습니다.

Part 01

Part 02

Part 03

Part 04

Part 05

Part 06

Part 07

**BoardController 클래스의 일부**

```java
@PostMapping("/register")
public String register(BoardVO board, RedirectAttributes rttr) {

    log.info("register: " + board);

    service.register(board);

    rttr.addFlashAttribute("result", board.getBno());

    return "redirect:/board/list";
}
```

register( ) 메서드는 조금 다르게 String을 리턴 타입으로 지정하고, Redirect Attributes 를 파라미터로 지정합니다. 이는 등록 작업이 끝난 후 다시 목록 화면으로 이동하기 위함인데, 추가적으로 새롭게 등록된 게시물의 번호를 같이 전달하기 위해서 RedirectAttributes를 이용합니다. 리턴 시에는 'redirect:' 접두어를 사용하는데 이를 이용하면 스프링 MVC가 내부적으로 response.sendRedirect( )를 처리해 주기 때문에 편리합니다.

테스트 코드는 아래와 같이 작성합니다.

**org.zerock.controller.BoardControllerTests 클래스의 일부**

```java
@Test
public void testRegister()throws Exception{

    String resultPage = mockMvc.perform(MockMvcRequestBuilders.post("/
board/register")
        .param("title", "테스트 새글 제목")
        .param("content", "테스트 새글 내용")
        .param("writer", "user00")
    ).andReturn().getModelAndView().getViewName();

    log.info(resultPage);

}
```

테스트할 때 MockMvcRequestBuilder의 post( )를 이용하면 POST 방식으로 데이터를 전달할 수 있고, param( )을 이용해서 전달해야 하는 파라미터들을 지정할 수 있습니다(〈input〉 태그와 유사한 역할). 이러한 방식으로 코드를 작성하면 최초 작성 시에는 일이 많다고 느껴지지만 매번 입력할 필요가 없기 때문에 오류가 발생하거나 수정하는 경우 반복적인 테스트가 수월해 집니다.

테스트 코드의 실행 로그를 보면 다음과 같이 결과를 확인할 수 있습니다.

```
...생략...
INFO : jdbc.audit - 1. Connection.prepareStatement(insert into tbl_board
(bno,title,content, writer)
    values (?,
    ?, ?, ?)) returned net.sf.log4jdbc.sql.jdbcapi.PreparedStatementSpy@
bf71cec
INFO : jdbc.audit - 1. PreparedStatement.setLong(1, 25) returned
INFO : jdbc.audit - 1. PreparedStatement.setString(2, "테스트 새글 제목")
returned
INFO : jdbc.audit - 1. PreparedStatement.setString(3, "테스트 새글 내용")
returned
INFO : jdbc.audit - 1. PreparedStatement.setString(4, "user00") returned
INFO : jdbc.sqlonly - insert into tbl_board (bno,title,content, writer)
values (25, '테스트 새글 제목', '테스트 새글 내용', 'user00')

INFO : jdbc.sqltiming - insert into tbl_board (bno,title,content, writer)
values (25, '테스트 새글 제목', '테스트 새글 내용', 'user00')...중간 생략...
INFO : jdbc.audit - 1. Connection.clearWarnings() returned
INFO : org.zerock.controller.BoardControllerTests - redirect:/board/list
```

실행되는 로그를 살펴보면 상단에 BoardVO 객체로 올바르게 데이터가 바인딩된 결과를 볼 수 있고, 중간에는 SQL의 실행 결과가 보입니다. 마지막에는 최종 반환 문자열을 확인할 수 있습니다.

### 10.2.3 조회 처리와 테스트

등록 처리와 유사하게 조회 처리도 BoardController를 이용해서 처리할 수 있습니다. 특별한 경우가 아니라면 조회는 GET 방식으로 처리하므로, @GetMapping을 이용합니다.

Part 01

Part 02

Part 03

Part 04

Part 05

Part 06

Part 07

```
✓ 🗁 src/main/java
  ✓ 🌐 org.zerock.controller
    > 🗒 BoardController.java
    > 🗒 HomeController.java
```

**org.zerock.controller.BoardController 클래스의 일부**

```java
@GetMapping("/get")
public void get(@RequestParam("bno") Long bno, Model model) {

  log.info("/get");
  model.addAttribute("board", service.get(bno));
}
```

BoardController의 get( ) 메서드에는 bno 값을 좀 더 명시적으로 처리하는 @RequestParam을 이용해서 지정합니다(파라미터 이름과 변수 이름을 기준으로 동작하기 때문에 생략해도 무방합니다.). 또한 화면 쪽으로 해당 번호의 게시물을 전달해야 하므로 Model을 파라미터로 지정합니다.

조회에 대한 테스트 코드는 아래와 같이 작성할 수 있습니다.

**org.zerock.controller.BoardControllerTests 클래스의 일부**

```java
@Test
public void testGet() throws Exception {

  log.info(mockMvc.perform(MockMvcRequestBuilders
    .get("/board/get")
    .param("bno", "2"))
    .andReturn()
    .getModelAndView().getModelMap());
}
```

특정 게시물을 조회할 때 반드시 'bno'라는 파라미터가 필요하므로 param( )을 통해서 추가하고 실행합니다. 실행되는 로그는 아래와 같이 출력됩니다.

```
..생략..
INFO : jdbc.audit - 1. PreparedStatement.close() returned
INFO : jdbc.audit - 1. Connection.clearWarnings() returned
INFO : org.zerock.controller.BoardControllerTests - {board=BoardVO(bno=2,
```

기본적인 웹 게시물 관리

```
title=테스트 제목, content=테스트 내용, writer=user00, regdate=Fri Jun
22 11:31:21 KST 2018, updateDate=Fri Jun 22 11:31:21 KST 2018), org.
springframework.validation.BindingResult.board=org.springframework.
validation.BeanPropertyBindingResult: 0 errors}
INFO : org.springframework.web.context.support.
GenericWebApplicationContext - Closing org.springframework.web.context.
support.GenericWebApplicationContext@6ebc05a6: startup date [Mon Jun 25
11:54:12 KST 2018]; root of context hierarchy
INFO : com.zaxxer.hikari.HikariDataSource - HikariPool-1 - Shutdown
initiated...
```

파라미터가 제대로 수집되었는지 확인하고 SQL의 처리결과를 확인할 수 있습니다. 마지막에는 Model에 담겨 있는 BoardVO 인스턴스의 내용을 살펴볼 수 있습니다.

### 10.2.4 수정 처리와 테스트

수정 작업은 등록과 유사합니다. 변경된 내용을 수집해서 BoardVO 파라미터로 처리하고, BoardService를 호출합니다. 수정 작업을 시작하는 화면의 경우에는 GET 방식으로 접근하지만 실제 작업은 POST 방식으로 동작하므로 @PostMapping을 이용해서 처리합니다.

**BoardController 클래스 일부**

```java
@PostMapping("/modify")
public String modify(BoardVO board, RedirectAttributes rttr) {
  log.info("modify:" + board);

  if (service.modify(board)) {
    rttr.addFlashAttribute("result", "success");
  }
  return "redirect:/board/list";
}
```

Part 01

Part 02

Part 03

Part 04

Part 05

Part 06

Part 07

service.modify( )는 수정 여부를 boolean으로 처리하므로 이를 이용해서 성공한 경우에만 RedirectAtrributes에 추가합니다.

테스트 코드는 아래와 같이 작성합니다.

---

**org.zerock.controller.BoardControllerTests의 일부**

```
@Test
public void testModify() throws Exception {

    String resultPage = mockMvc
        .perform(MockMvcRequestBuilders.post("/board/modify")
            .param("bno", "1")
            .param("title", "수정된 테스트 새글 제목")
            .param("content", "수정된 테스트 새글 내용")
            .param("writer", "user00"))
        .andReturn().getModelAndView().getViewName();

    log.info(resultPage);

}
```

---

테스트 로그는 기존과 유사합니다.

```
...생략...
INFO : jdbc.sqlonly - update tbl_board set title= '수정된 테스트 새글 제목',
content='수정된 테스트 새글 내용', writer = 'user00', updateDate
= sysdate where bno = 1
..중간생략...
INFO : org.zerock.controller.BoardControllerTests - redirect:/board/list
```

## 10.2.5 삭제 처리와 테스트

삭제 처리도 조회와 유사하게 BoardController와 테스트 코드를 작성합니다. 삭제는 반드시 POST 방식으로만 처리합니다.

---

**org.zerock.controller.BoardController 클래스의 일부**

```
@PostMapping("/remove")
public String remove(@RequestParam("bno") Long bno, RedirectAttributes
rttr) {
```

기본적인 웹 게시물 관리

```
    log.info("remove..." + bno);
    if (service.remove(bno)) {
      rttr.addFlashAttribute("result", "success");
    }
    return "redirect:/board/list";
  }
```

BoardController의 remove( )는 삭제 후 페이지의 이동이 필요하므로 Redirect
Attributes를 파라미터로 사용하고 'redirect'를 이용해서 삭제 처리 후에 다시 목록 페
이지로 이동합니다.

테스트 코드는 기존의 등록 처리와 유사합니다.

**org.zerock.controller.BoardControllerTests 클래스의 일부**

```
  @Test
  public void testRemove()throws Exception{
    //삭제전 데이터베이스에 게시물 번호 확인할 것
    String resultPage = mockMvc.perform(MockMvcRequestBuilders.post("/
board/remove")
        .param("bno", "25")
        ).andReturn().getModelAndView().getViewName();

    log.info(resultPage);
  }
```

MockMvc를 이용해서 파라미터를 전달할 때에는 문자열로만 처리해야 합니다. 테스트
전에 게시물의 번호가 존재하는지 확인하고 테스트를 실행합니다. 로그의 일부는 아래와
같이 SQL이 실행되는 것을 확인할 수 있습니다.

```
INFO : jdbc.sqltiming - delete tbl_board where bno = 25
  {executed in 0 msec}
INFO : jdbc.audit - 1. PreparedStatement.execute() returned false
INFO : jdbc.audit - 1. PreparedStatement.getUpdateCount() returned 1
INFO : jdbc.audit - 1. PreparedStatement.close() returned
INFO : jdbc.audit - 1. Connection.clearWarnings() returned
```

Part 01

Part 02

Part 03

Part 04

Part 05

Part 06

Part 07

경우에 따라서는 Controller에 대한 테스트 코드를 작성하는 것에 대해서 거부감을 가지는 경우도 많습니다. 대부분은 일정에 여유가 없다는 이유로 테스트를 작성하지 않는 경우가 많은데 프로젝트를 진행하는 멤버들의 경험치가 낮을수록 테스트를 먼저 진행하는 습관을 가지는 것이 좋습니다. 반복적으로 입력과 수정, WAS의 재시작 시간을 고려해보면 Controller에 대한 테스트를 진행하는 선택이 더 빠른 개발의 결과를 낳는 경우가 많습니다.

기본적인 웹 게시물 관리

# 11 | 화면 처리

각 영역에 대한 모든 처리와 테스트가 완료되었습니다. 만일 에러가 발생한다면 모든 문제는 화면 쪽에서만 발생한다고 말할 수 있습니다. 화면에는 JSP와 JavaScript (jQuery), CSS, HTML을 이용해서 작성합니다.

화면을 개발하기 전에는 반드시 화면의 전체 레이아웃이나 디자인이 반영된 상태에서 개발하는 것을 추천합니다. 일부 개발자들은 화면을 나중에 처리한다고 생각하고 진행하는 경우가 있는데 결과적으로는 두 배의 시간을 들이는 결과가 될 가능성이 높기 때문에 권장하지 않습니다.

만일 웹 디자이너가 같이 참여하지 못한다면 최근에 유행하는 BootStrap을 이용한 무료 디자인들을 찾아보는 것도 좋습니다(https://startbootstrap.com/template-categories/all/).

예제에서 사용할 디자인은 'SB Admin2'를 이용합니다. 2020년 말에 SB Admin2의 디자인이 변경되었으므로 카페 자료실(http://cafe.naver.com/gugucoding)에서 다운로드 받습니다. 다운로드 후에는 압축을 풀어서 사용하면 됩니다. 단순히 'SB Admin2'를 사용하면 스타일에 문제가 있으므로 주의해야 합니다.(부트스트랩 버전이 변경된 문제)

Part 01

Part 02

Part 03

Part 04

Part 05

Part 06

Part 07

## 11.1 목록 페이지 작업과 includes

스프링 MVC의 JSP를 처리하는 설정은 servlet-context.xml에 아래와 같이 작성되어
있습니다.

**servlet-context.xml의 일부**

```
<resources mapping="/resources/**" location="/resources/" />

<beans:bean class="org.springframework.web.servlet.view.
InternalResourceViewResolver">
    <beans:property name="prefix" value="/WEB-INF/views/" />
    <beans:property name="suffix" value=".jsp" />
  </beans:bean>
```

스프링 MVC의 설정에서 화면 설정은 ViewResolver라는 객체를 통해서 이루어지는데,
위의 설정을 보면 '/WEB-INF/views' 폴더를 이용하는 것을 볼 수 있습니다.

기본적인 웹 게시물 관리

'/WEB-INF' 경로는 브라우저에서 직접 접근할 수 없는 경로이므로 반드시 Controller를 이용하는 모델 2방식에서는 기본적으로 사용하는 방식입니다.

게시물 리스트의 URL은 '/board/list'이므로 최종적인 '/WEB-INF/views/board/list.jsp'가 됩니다. 해당 경로에 list.jsp 파일을 추가합니다.

**views/board/list.jsp**

```jsp
<%@ page language="java" contentType="text/html; charset=UTF-8"
    pageEncoding="UTF-8"%>
<!DOCTYPE html PUBLIC "-//W3C//DTD HTML 4.01 Transitional//EN" "http://
www.w3.org/TR/html4/loose.dtd">
<html>
<head>
<meta http-equiv="Content-Type" content="text/html; charset=UTF-8">
<title>Insert title here</title>
</head>
<body>
  <h1>List Page</h1>
</body>
</html>
```

list.jsp는 우선 정상적으로 URL 처리가 되는지를 확인해야 하므로, Tomcat으로 실행해서 확인합니다. 'ex02' 프로젝트를 선택하고, Run on Server 메뉴를 통해서 실행합니다. Tomcat을 최초로 이용해서 프로젝트를 실행했다면 'http://localhost:8080/controller/board/list'로 접근해서 아래와 같은 화면이 보이는지 확인합니다.

Part 01

Part 02

Part 03

Part 04

Part 05

Part 06

Part 07

PART 2에서 언급한 적이 있지만 Eclipse 상에서 실행될 때는 '/'경로로 설정되지 않고, 위의 화면처럼 '/controller' 경로를 가지게 됩니다. 이는 Tomcat의 설정 혹은 프로젝트의 'Web Settings'를 이용해서 '/'로 조정합니다.

### Web Modules

**Web Modules**
Configure the Web Modules on this server.

| Path | Document Base |
|------|---------------|
| / | ex02 |

위와 같이 절대 경로('/')를 지정한 후에 Tomcat을 재시작해서 'http://localhost:8080/board/list'가 정상적으로 호출되는지 확인합니다.

⚠ **주의하세요!** ⚠

경로에 대한 설정은 css, js, 이미지 파일들의 경로에 치명적인 영향을 주기 때문에 처음부터 절대 경로 혹은 상대 경로에 대해서 명확히 결정한 후에 프로젝트를 진행하세요. 일반적인 경우라면 절대 경로를 이용하는 것이 좋습니다.

## 11.1.1 SB Admin2 페이지 적용하기

정상적으로 '/board/list' 페이지가 동작한다면 SB Admin2의 pages 폴더에 있는
tables.html의 내용을 list.jsp의 내용으로 그대로 복사해서 수정하고 실행합니다.

 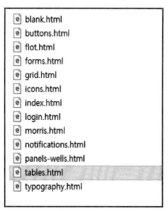

수정할 때는 list.jsp의 상단에 JSP의 Page 지시자는 지우지 않아야 합니다.

```
views/board/list.jsp

<%@ page language="java" contentType="text/html; charset=UTF-8"
    pageEncoding="UTF-8"%>
<!DOCTYPE html>
<html lang="en">

<head>

    <meta charset="utf-8">
    <meta http-equiv="X-UA-Compatible" content="IE=edge">
    <meta name="viewport" content="width=device-width, initial-scale=1">
    <meta name="description" content="">
    <meta name="author" content="">
... 이하 생략...
```

브라우저에서는 CSS 등이 완전히 깨진 상태이므로 텍스트만 출력되는 것을 볼 수 있습
니다.

Part 01

Part 02

Part 03

Part 04

Part 05

Part 06

Part 07

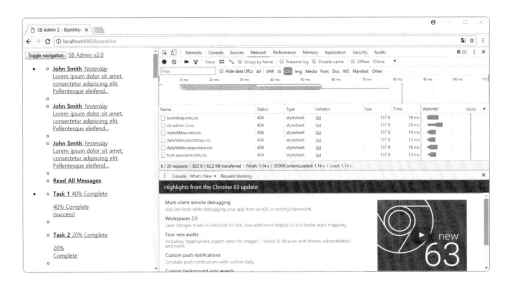

CSS와 JS 파일들의 경로를 수정하는 작업은 브라우저의 개발자 도구를 통해서 확인하며 진행합니다. 개발자 도구를 통해서 현재 브라우저의 Network 부분을 확인하고, 페이지를 '새로고침'하면 잘못된 URL의 정보를 아래와 같이 확인할 수 있습니다.

SB Admin2의 CSS의 경로는 'http://localhost:8080/vendor/bootstrap/css/ bootstrap.min.css' 경로이므로 현재 프로젝트에서는 제대로 서비스될 수 없습니다.

org.zerock.config.WebConfig 클래스에는 CSS나 JS 파일과 같이 정적인(static) 자원들의 경로를 'resources'라는 경로로 지정하고 있습니다.

**servlet-context.xml의 일부**

```
<resources mapping="/resources/**" location="/resources/" />
```

SB Admin2의 압축을 풀어둔 모든 폴더를 프로젝트 내 webapp 밑의 resources 폴더로 복사해 넣습니다(resources라는 폴더가 여러 개 존재하므로 주의합니다. WEB-INF라는 경로를 기준으로 찾는 것이 좋습니다.).

파일들을 resources 경로로 넣어도 아직은 페이지에서 경로를 수정하지 않았기 때문에 문제가 생기는 것은 동일합니다. list.jsp 파일에서 CSS나 JS 파일의 경로를 '/resouces'로 시작하도록 수정합니다(가장 간단한 방법은 아래와 같이 Find/Replace를 이용하는 방법입니다.).

Part 01

Part 02

Part 03

Part 04

Part 05

Part 06

Part 07

```
<!-- Bootstrap Core CSS -->
<link href="../vendor/bootstrap/css/bootstrap.min.css" rel="st

<!-- MetisMenu CSS -->
<link href="../vendor/metis

<!-- DataTables CSS -->
<link href="../vendor/datat

<!-- DataTables Responsive
<link href="../vendor/datat

<!-- Custom CSS -->
<link href="../dist/css/sb-

<!-- Custom Fonts -->
<link href="../vendor/font-
```

Find/Replace                        □    ×

Find:                ../

Replace with:        /resources/

Direction                Scope
◉ Forward               ◉ All
○ Backward              ○ Selected lines

Options
☐ Case sensitive        ☑ Wrap search
☐ Whole word            ☐ Incremental
☐ Regular expressions

Find        Replace/Find
Replace     Replace All

Properties  Servers  Data Source Exp

ver at localhost [Apache Tomcat] C:\Program

g.springframework.web.servle

수정 후 브라우저를 통해서 '/board/list'를 호출하면 다음과 같이 CSS가 정상적으로 적
용된 화면을 볼 수 있습니다.

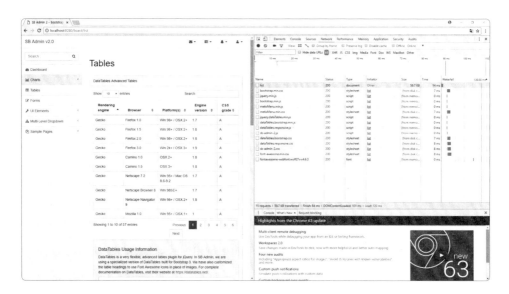

CSS, JS 파일들의 링크는 모든 페이지에서 사용될 것이므로 화면에서 디자인이 깨지지
않는 것을 확인한 후에 다음 내용을 진행하도록 합니다.

## 11.1.2 includes 적용

JSP를 작성할 때마다 많은 양의 HTML 코드를 이용하는 것을 피하기 위해 JSP의 include 지시자를 활용해서 페이지 제작 시에 필요한 내용만을 작성할 수 있게 사전에 작업을 해야 합니다.

현재 프로젝트 views 폴더에 includes 폴더를 작성하고, header.jsp와 footer.jsp를 선언합니다.

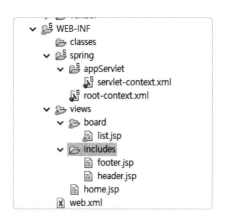

header.jsp 적용

header.jsp는 페이지에서 핵심적인 부분이 아닌 영역 중에서 위쪽의 HTML 내용을 처리하기 위해서 작성합니다. 브라우저에서 '검사' 기능을 활용하면 특정한 〈div〉가 어떤 부분을 의미하는지 확인할 수 있습니다.

SB Admin2는 〈div〉들 중에서 id 속성값이 'page-wrapper'부터가 핵심적인 페이지의 내용이므로 list.jsp 파일의 처음 부분에서 〈div id='page-wrapper'〉 라인까지 잘라서 header.jsp의 내용으로 처리합니다(약 300라인 근처).

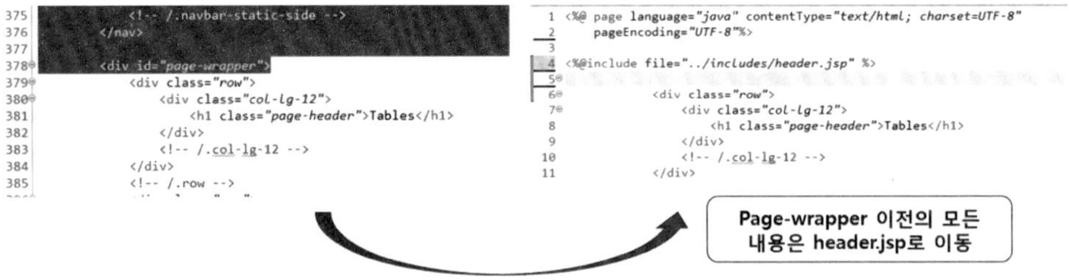

Page-wrapper 이전의 모든 내용은 header.jsp로 이동

**list.jsp의 일부**

```
<%@ page language="java" contentType="text/html; charset=UTF-8"
  pageEncoding="UTF-8"%>

<%@include file="../includes/header.jsp" %>

    <div class="row">
      <div class="col-lg-12">
        <h1 class="page-header">Tables</h1>
...생략...
```

header.jsp를 '〈%@include …'로 처리한 후에는 다시 브라우저에서 화면이 깨지지 않는지 확인해야 합니다.

footer.jsp 적용

〈div id='page-wrapper'〉가 끝나는 태그부터 마지막까지는 footer.jsp의 내용으로 작성합니다. 아래 그림에서는 736라인 이하의 모든 내용을 footer.jsp로 처리합니다.

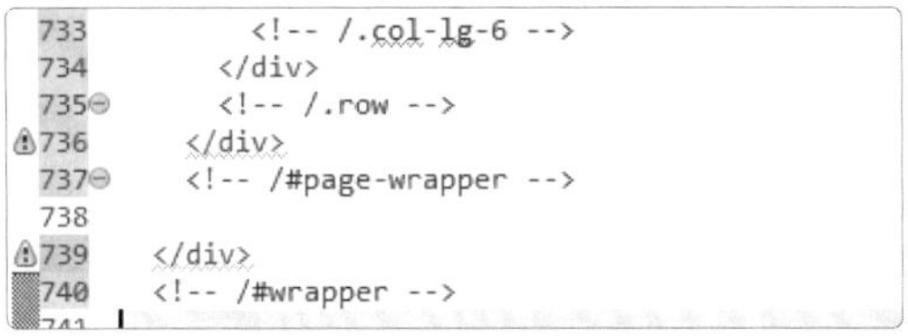

```
739          </div>
740◉        <!-- /#page-wrapper -->
741      </div>
742    </div>
743    <!-- /#wrapper -->
744
745    <!-- jQuery -->
746    <script src="/resources/vendor/jquery/jquery.min.js"></script>
747
748    <!-- Bootstrap Core JavaScript -->
749    <script src="/resources/vendor/bootstrap/js/bootstrap.min.js"></script>
```

```
734              <!-- /.panel -->
735◉          </div>
736          <!-- /.col-lg-6 -->
737      </div>
738◉    <!-- /.row -->
739  <%@include file="../includes/footer.jsp" %>
740
```

> Page-wrapper 이후의 모든
> 내용은 footer.jsp로 이동

```
<!-- /.table-responsive -->
      </div>
      <!-- /.panel-body -->
    </div>
    <!-- /.panel -->
  </div>
  <!-- /.col-lg-6 -->
  </div>
  <!-- /.row -->

<%@include file="../includes/footer.jsp" %>
```

header.jsp와 마찬가지로 수정한 뒤에는 브라우저를 통해서 정상적으로 동작하는지 확인해야 합니다.

### 11.1.3 jQuery 라이브러리 변경

JSP 페이지를 작성하다 보면 JavaScript로 브라우저 내에서의 조작이 필요한 경우가 많습니다. 예제는 jQuery를 이용할 것인데, 문제는 위의 방식대로 처리했을 때 jQuery 라이브러리가 footer.jsp 내에 포함되어 있다는 점입니다. 성능을 조금 손해 보더라도 jQuery를 header.jsp에 선언해 두면 작성하는 JSP에서 자유롭게 사용할 수 있으므로 수정해야 합니다.

footer.jsp의 상단에 있는 jquery.min.js 파일의 〈script〉 태그를 제거합니다.

```
10  <!--     <script src="/resources/vendor/jquery/jquery.min.js"></script> -->
11
12      <!-- Bootstrap Core JavaScript -->
13      <script src="/resources/vendor/bootstrap/js/bootstrap.min.js"></script>
14
15      <!-- Metis Menu Plugin JavaScript -->
16      <script src="/resources/vendor/metisMenu/metisMenu.min.js"></script>
```

jQuery는 인터넷을 통해서 다운로드 받을 수 있게 jQuery의 링크를 검색해서 header. jsp 내에 추가해야 합니다(https://developers.google.com/speed/libraries/와 같은 페이지를 이용합니다.).

Part 02

Part 03

Part 04

Part 05

Part 06

Part 07

```
jQuery

3.x snippet:
        <script src="https://ajax.googleapis.com/ajax/libs/jquery/3.3.1/jquery.min.js"></script>

2.x snippet:
        <script src="https://ajax.googleapis.com/ajax/libs/jquery/2.2.4/jquery.min.js"></script>

1.x snippet:
        <script src="https://ajax.googleapis.com/ajax/libs/jquery/1.12.4/jquery.min.js"></script>

site:
    jquery.com
```

**header.jsp의 마지막 부분**

```
    <div id="page-wrapper">

    <script src="https://ajax.googleapis.com/ajax/libs/jquery/3.3.1/
jquery.min.js"></script>
```

반응형 웹 처리

SB Admin2는 반응형으로 설계되어 있어서 브라우저의 크기에 맞게 모바일 용으로 자동으로 변경되지만 jQuery의 최신 버전을 사용한 상태에서는 모바일 크기에서 '새로고침' 시 메뉴가 펼쳐지는 문제가 발생합니다.

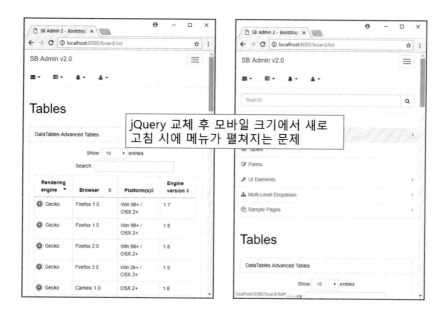

jQuery 교체 후 모바일 크기에서 새로 고침 시에 메뉴가 펼쳐지는 문제

그림을 보면 오른쪽의 경우에는 메뉴가 펼쳐져 있는 것을 볼 수 있습니다.

이 문제를 해결하기 위해서 includes 폴더 내 footer.jsp에 아래와 같은 코드를 기존 코드 대신에 추가합니다.

**footer.jsp의 일부**

```
<script>
  $(document).ready(function() {
    $('#dataTables-example').DataTable({
      responsive: true
    });
    $(".sidebar-nav")
      .attr("class","sidebar-nav navbar-collapse collapse")
      .attr("aria-expanded",'false')
      .attr("style","height:1px");
  });
</script>

</body>
```

Part 01

Part 02

Part 03

Part 04

Part 05

Part 06

Part 07

## 11.2 목록 화면 처리

list.jsp 페이지의 일부를 include 하는 방식으로 처리했음에도 많은 HTML의 내용들이 존재하므로 아래와 같이 최소한의 태그들만 적용시킵니다.

list.jsp에는 JSTL의 출력과 포맷을 적용할 수 있는 태그 라이브러리를 추가합니다.

**views/board/list.jsp**

```
<%@ page language="java" contentType="text/html; charset=UTF-8"
    pageEncoding="UTF-8"%>
<%@ taglib uri="http://java.sun.com/jsp/jstl/core" prefix="c"%>
<%@ taglib uri="http://java.sun.com/jsp/jstl/fmt" prefix="fmt"%>


<%@include file="../includes/header.jsp" %>
<div class="row">
  <div class="col-lg-12">
    <h1 class="page-header">Tables</h1>
  </div>
  <!-- /.col-lg-12 -->
</div>
<!-- /.row -->

<div class="row">
  <div class="col-lg-12">
    <div class="panel panel-default">
      <div class="panel-heading">Board List Page</div>
      <!-- /.panel-heading -->
      <div class="panel-body">
        <table class="table table-striped table-bordered table-hover">
          <thead>
            <tr>
              <th>#번호</th>
              <th>제목</th>
              <th>작성자</th>
              <th>작성일</th>
              <th>수정일</th>
            </tr>
          </thead>

        </table>
      </div>
      <!-- end panel-body -->
    </div>
    <!-- end panel -->
```

기본적인 웹 게시물 관리

```
    </div>
  </div>
  <!-- /.row -->

    <%@include file="../includes/footer.jsp" %>
```

수정된 list.jsp를 저장하고 브라우저를 통해서 원하는 형태로 출력되는지 확인합니다.

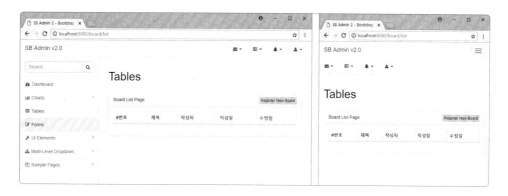

## 11.2.1 Model에 담긴 데이터 출력

'/board/list'를 실행했을 때 이미 BoardController는 Model을 이용해서 게시물의 목록을 'list'라는 이름으로 담아서 전달했으므로 list.jsp에서는 이를 출력합니다. 출력은 JSTL을 이용해서 처리합니다.

list.jsp 내에 〈tbody〉 태그와 각 〈tr〉을 아래와 같이 작성합니다.

**list.jsp의 일부**
```
<table class="table table-striped table-bordered table-hover">
    <thead>
      <tr>
        <th>#번호</th>
        <th>제목</th>
        <th>작성자</th>
        <th>작성일</th>
        <th>수정일</th>
      </tr>
    </thead>

    <c:forEach items="${list}" var="board">
```

Part 01

Part 02

Part 03

Part 04

Part 05

Part 06

Part 07

```
    <tr>
      <td><c:out value="${board.bno}" /></td>
        <td><c:out value="${board.title}" /></td>
        <td><c:out value="${board.writer}" /></td>
        <td><fmt:formatDate pattern="yyyy-MM-dd"
        value="${board.regdate}" /></td>
        <td><fmt:formatDate pattern="yyyy-MM-dd"
            value="${board.updateDate}" /></td>
    </tr>
    </c:forEach>
  </table>
```

브라우저를 통해서 결과를 확인하면 데이터베이스에 있는 전체 목록이 출력됩니다.

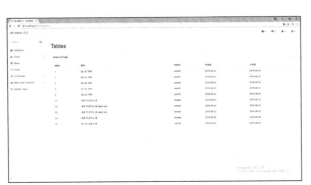

## 11.3 등록 입력 페이지와 등록 처리

게시물의 등록 작업은 POST 방식으로 처리하지만, 화면에서 입력을 받아야 하므로 GET
방식으로 입력 페이지를 볼 수 있도록 BordController에 메서드를 추가합니다.

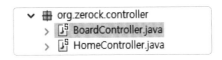

기본적인 웹 게시물 관리

```
@GetMapping("/register")
public void register() {

}
```

register( )는 입력 페이지를 보여주는 역할만을 하기 때문에 별도의 처리가 필요하지 않습니다. views 폴더에는 includes를 적용한 입력 페이지를 작성합니다.

views/board/register.jsp

```
<%@ page language="java" contentType="text/html; charset=UTF-8"
  pageEncoding="UTF-8"%>
<%@ taglib uri="http://java.sun.com/jsp/jstl/core" prefix="c"%>
<%@ taglib uri="http://java.sun.com/jsp/jstl/fmt" prefix="fmt"%>
<%@include file="../includes/header.jsp"%>


<div class="row">
  <div class="col-lg-12">
    <h1 class="page-header">Board Register</h1>
  </div>
  <!-- /.col-lg-12 -->
</div>
<!-- /.row -->

<div class="row">
  <div class="col-lg-12">
    <div class="panel panel-default">

      <div class="panel-heading">Board Register</div>
      <!-- /.panel-heading -->
      <div class="panel-body">

        <form role="form" action="/board/register" method="post">
          <div class="form-group">
            <label>Title</label> <input class="form-control"
```

Part 01

Part 02

Part 03

Part 04

Part 05

Part 06

Part 07

```
        name='title'>
        </div>

        <div class="form-group">
          <label>Text area</label>
          <textarea class="form-control" rows="3" name='content'></
textarea>
        </div>

        <div class="form-group">
          <label>Writer</label> <input class="form-control"
name='writer'>
        </div>
        <button type="submit" class="btn btn-default">Submit
          Button</button>
        <button type="reset" class="btn btn-default">Reset Button</
button>
      </form>

    </div>
    <!--  end panel-body -->

  </div>
  <!--  end panel-body -->
 </div>
 <!-- end panel -->
</div>
<!-- /.row -->
<%@include file="../includes/footer.jsp"%>
```

register.jsp 페이지에서는 〈form〉 태그를 이용해서 필요한 데이터를 전송합니다. 〈input〉이나 〈textarea〉 태그의 name 속성은 BoardVO 클래스의 변수와 일치시켜 줍니다.

브라우저를 통해 '/board/register' 화면이 제대로 출력되는지를 확인합니다.

화면이 정상적으로 보인다면 입력 항목을 넣어서 새로운 게시물이 등록되는지를 확인합니다. BoardController의 POST 방식으로 동작하는 register( )는 redirect 시키는 방식을 이용하므로, 게시물의 등록 후에는 다시 '/board/list'로 이동하게 됩니다.

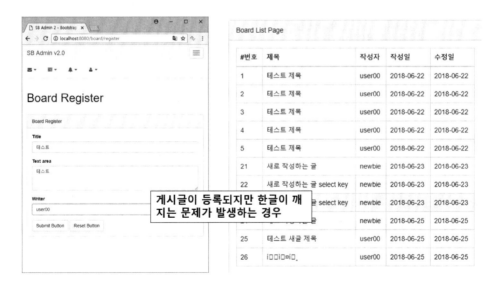

게시물의 등록은 정상적으로 이루어지지만 한글이 깨지는 문제가 발생합니다.

Part 01

Part 02

Part 03

Part 04

Part 05

Part 06

Part 07

### 11.3.1 한글 문제와 UTF-8 필터 처리

새로운 게시물을 등록했을 때 만일 한글 입력에 문제가 있다는 것을 발견했다면 1) 브라우저에서 한글이 깨져서 전송되는지를 확인하고, 2) 문제가 없다면 스프링 MVC 쪽에서 한글을 처리하는 필터를 등록해야 합니다.

브라우저에서 전송되는 데이터는 개발자 도구를 이용해서 확인할 수 있습니다. 개발자 도구에서 'Network' 탭을 열어둔 상태에서 데이터를 보내면 해당 내용을 볼 수 있으므로 이때 POST 방식으로 제대로 전송되었는지, 한글이 깨진 상태로 전송된 것인지를 확인할 수 있습니다.

위의 화면을 보면 브라우저가 한글을 문제없이 보냈음을 알 수 있는데, 문제는 Controller 혹은 데이터베이스 쪽이라는 것을 알 수 있습니다.

BoardController와 BoardServiceImpl을 개발할 때는 이미 Lombok의 로그를 이용해서 필요한 기능들을 기록해 두었으므로, 이를 확인해야 합니다.

```
INFO : jdbc.audit - 1. Connection.prepareStatement(insert into tbl_board
(bno,title,content, writer)
    values (?,
    ?, ?, ?)) returned net.sf.log4jdbc.sql.jdbcapi.
```

기본적인 웹 게시물 관리

```
PreparedStatementSpy@3701fffa
INFO : jdbc.audit - 1. PreparedStatement.setLong(1, 26) returned
INFO : jdbc.audit - 1. PreparedStatement.setString(2, "í…ŒìŠ¤íŠ")
returned
INFO : jdbc.audit - 1. PreparedStatement.setString(3, "í…ŒìŠ¤íŠ")
returned
INFO : jdbc.audit - 1. PreparedStatement.setString(4, "user00") returned
INFO : jdbc.sqlonly - insert into tbl_board (bno,title,content, writer)
values (26, 'í…ŒìŠ¤íŠ', 'í…ŒìŠ¤íŠ', 'user00')

INFO : jdbc.sqltiming - insert into tbl_board (bno,title,content, writer)
values (26, 'í ⊡ìⓋ¤í⊡', 'í ⊡ìⓋ¤í⊡', 'user00')
```

위의 로그를 살펴보면 BoardController에 전달될 때 이미 한글이 깨진 상태로 처리된 것을 볼 수 있습니다.

이 문제를 해결하기 위해서web.xml에 아래와 같이 필터를 추가합니다.

### web.xml을 이용할 때의 UTF-8 필터

```xml
<filter>
  <filter-name>encoding</filter-name>
  <filter-class>org.springframework.web.filter.
    CharacterEncodingFilter</filter-class>
  <init-param>
    <param-name>encoding</param-name>
    <param-value>UTF-8</param-value>
  </init-param>
</filter>

<filter-mapping>
  <filter-name>encoding</filter-name>
  <servlet-name>appServlet</servlet-name>
</filter-mapping>
```

Java 설정의 경우

web.xml을 대신하는 WebConfig 클래스에서는 필터를 getServletFilters( )를 재정의 해서 처리할 수 있습니다.

Part 01

Part 02

Part 03

Part 04

Part 05

Part 06

Part 07

**org.zerock.config 내의 WebConfig 클래스 일부**

```
@Override
protected Filter[] getServletFilters() {
  CharacterEncodingFilter characterEncodingFilter =
    new CharacterEncodingFilter();
  characterEncodingFilter.setEncoding("UTF-8");
  characterEncodingFilter.setForceEncoding(true);

  return new Filter[] { characterEncodingFilter };
}
```

한글에 대한 처리가 끝난 후 다시 게시물을 작성해 보면 한글에 문제가 없이 입력되는 것을 확인할 수 있습니다.

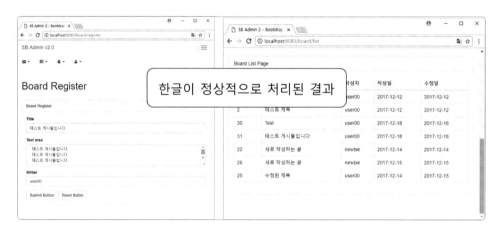

## 11.3.2 재전송(redirect) 처리

등록 과정에서 POST 방식으로 데이터가 처리되는 과정을 그림으로 표현하면 다음과 같습니다.

기본적인 웹 게시물 관리

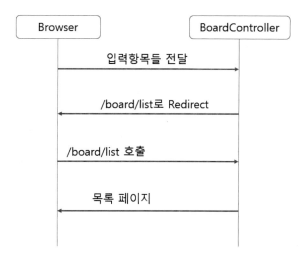

BoardController에서 register( ) 메서드는 'redirect:/board/list'를 전송하는데 브라우저는 이를 통보받은 후 '/board/list'로 이동하게 됩니다. 만일 위와 같이 재전송을 하지 않는다면 사용자는 브라우저의 '새로고침'을 통해서 동일한 내용을 계속 서버에 등록할 수 있기 때문에(흔히 도배라고 표현하는) 문제가 발생하게 됩니다. 브라우저에서는 이런 경우 경고창을 보여주기는 하지만 근본적으로 차단하지는 않습니다.

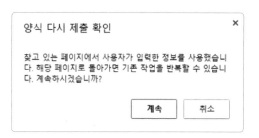

따라서 등록, 수정, 삭제 작업은 처리가 완료된 후 다시 동일한 내용을 전송할 수 없도록 아예 브라우저의 URL을 이동하는 방식을 이용합니다. 이러한 과정에서 하나 더 신경 써야 하는 것은 브라우저에 등록, 수정, 삭제의 결과를 바로 알 수 있게 피드백을 줘야 한다는 점입니다. 경고창이나 〈div〉를 이용하는 모달창을 이용해서 이러한 작업을 처리합니다.

Part 01

Part 02

Part 03

Part 04

Part 05

Part 06

Part 07

BoardController에서 redirect 처리를 할 때 RedirectAttributes라는 특별한 타입의 객체를 이용했습니다. addFlashAttribute( )의 경우 이러한 처리에 적합한데, 그 이유는 일회성으로만 데이터를 전달하기 때문입니다. addFlashAttribute( )로 보관된 데이터는 단 한 번만 사용할 수 있게 보관됩니다(내부적으로는 HttpSession을 이용해서 처리).

list.jsp 페이지의 아래쪽에 〈script〉 태그를 이용해서 상황에 따른 메시지를 확인할 수 있습니다.

**views/board/list.jsp의 일부**

```javascript
<script type="text/javascript">

$(document).ready(function(){

  var result = '<c:out value="${result}"/>';

});
</script>
```

만일 새로운 게시물이 등록된 직후에 위의 코드는 다음과 같이 처리됩니다(아래 그림의 번호는 생성된 게시물의 번호입니다.).

```javascript
<script type="text/javascript">

$(document).ready(function(){

  var result = '15';

});
</script>
```

새로운 게시물의 번호는 addFlashAttribute( )로 저장되었기 때문에 한 번도 사용된 적이 없다면 위와 같이 값을 만들어 내지만 사용자가 '/board/list'를 호출하거나, '새로고침'을 통해서 호출하는 경우는 아래와 같이 아무런 내용이 없게 됩니다.

```
<script type="text/javascript">

$(document).ready(function(){

    var result = '';

});
</script>
```

addFlashAttribute( )를 이용해서 일회성으로만 데이터를 사용할 수 있으므로 이를 이용해서 경고창이나 모달창 등을 보여주는 방식으로 처리할 수 있습니다.

### 11.3.3 모달(Modal)창 보여주기

최근에는 브라우저에서 경고창(alert)을 띄우는 방식보다 모달창(Modal)을 보여주는 방식을 많이 사용합니다. BootStrap은 모달창을 간단하게 사용할 수 있으므로 목록 화면에서 필요한 메시지를 보여주는 방법을 사용해 봅니다. 최종적인 형태는 아래와 같은 모습이 됩니다.

모달창은 기본적으로 〈div〉를 화면에 특정 위치에 보여주고, 배경이 되는 〈div〉에 배경색을 입혀서 처리합니다. 모달창은 활성화된 〈div〉를 선택하지 않고는 다시 원래의 화면을 볼 수 없도록 막기 때문에 메시지를 보여주는데 효과적인 방식입니다. 모달창에 대한 코드는 다운로드한 SBAdmin2의 pages 폴더 내 notifications.html 파일을 참고하면 됩니다.

모달창을 처리하기 위해서는 우선 〈div〉를 이용해서 페이지의 코드에 추가해야 합니다. list.jsp 내에 〈table〉 태그의 아래쪽에 모달창의 〈div〉를 추가합니다.

Part 01

Part 02

Part 03

Part 04

Part 05

Part 06

Part 07

**list.jsp 페이지의 수정**

```
        </table><!-- table태그의 끝-->

<!-- Modal  추가 -->
<div class="modal fade" id="myModal" tabindex="-1" role="dialog"
  aria-labelledby="myModalLabel" aria-hidden="true">
  <div class="modal-dialog">
    <div class="modal-content">
      <div class="modal-header">
        <button type="button" class="close" data-dismiss="modal"
          aria-hidden="true">&times;</button>
        <h4 class="modal-title" id="myModalLabel">Modal title</h4>
      </div>
      <div class="modal-body">처리가 완료되었습니다.</div>
      <div class="modal-footer">
        <button type="button" class="btn btn-default" data-
dismiss="modal">Close</button>
        <button type="button" class="btn btn-primary">Save changes</
button>
      </div>
    </div>
    <!-- /.modal-content -->
  </div>
  <!-- /.modal-dialog -->
</div>
<!-- /.modal -->
```

모달창을 보여주는 작업은 jQuery를 이용해서 처리할 수 있습니다.

**list.jsp 내 jQuery 처리**

```
<script type="text/javascript">
  $(document).ready(function() {

    var result = '<c:out value="${result}"/>';

    checkModal(result);


    function checkModal(result) {

      if (result === '') {
        return;
      }

      if (parseInt(result) > 0) {
```

```
        $(".modal-body").html("게시글 " + parseInt(result) +
" 번이 등록되었습니다.");
      }

      $("#myModal").modal("show");
    }

  });
</script>
```

checkModal( ) 함수는 파라미터에 따라서 모달창을 보여주거나 내용을 수정한 뒤 보이도록 작성합니다. checkModal( )에서는 새로운 게시글이 작성되는 경우 Redirect Attributes로 게시물의 번호가 전송되므로 이를 이용해서 모달창의 내용을 수정합니다. $("#modal").modal('show')를 호출하면 위의 화면처럼 모달창이 보이게 됩니다.

이제 '/board/register'를 이용해서 새로운 게시물을 작성하고 나면 자동으로 '/board/list'로 이동하면서 모달창이 보이게 됩니다.

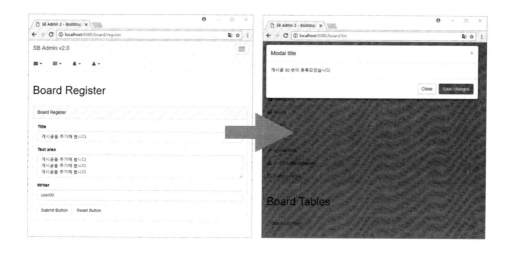

### 11.3.4 목록에서 버튼으로 이동하기

게시물의 작성과 목록 페이지로 이동이 정상적으로 동작했다면, 마지막으로 목록 페이지 상단에 버튼을 추가해서 등록 작업을 시작할 수 있게 처리하는 것 입니다.

Part 01

Part 02

Part 03

Part 04

Part 05

Part 06

Part 07

**Board Tables**

Board List Page | Register New Board

우선은 list.jsp의 HTML구조를 아래와 같이 수정합니다.

```
<div class="panel-heading">Board List Page
<button id='regBtn' type="button" class="btn btn-xs pull-right">Register
New Board</button>
</div>
```

list.jsp 하단의 jQuery를 이용하는 부분에서 해당 버튼을 클릭했을 때의 동작을 정의합
니다.

```
<script type="text/javascript">
$(document).ready(
  function() {

    var result = '<c:out value="${result}"/>';

    checkModal(result);

    function checkModal(result) {

      if (result === '') {
        return;
      }

      if (parseInt(result) > 0) {
        $(".modal-body").html(
            "게시글 " + parseInt(result) + " 번이 등록되었습니다.");
      }

      $("#myModal").modal("show");
    }

    $("#regBtn").on("click", function(){

        self.location ="/board/register";

    });

  });
</script>
```

화면에서 'Register New Board' 버튼을 클릭하면 게시물의 등록 페이지로 이동할 수 있습니다.

## 11.4 조회 페이지와 이동

게시물의 등록과 리스트 처리가 끝났다면 가장 중요한 틀은 완성되었다고 볼 수 있습니다. 다음으로는 목록 페이지에서 링크를 통해서 GET 방식으로 특정한 번호의 게시물을 조회할 수 있는 기능을 작성합니다.

### 11.4.1 조회 페이지 작성

조회 페이지는 입력 페이지와 거의 유사하지만 게시물 번호(bno)가 출력된다는 점과 모든 데이터가 읽기 전용으로 처리된다는 점이 가장 큰 차이입니다.

게시물의 조회는 BoardController에서 get( ) 메서드로 구성되어 있습니다.

**org.zerock.controller.BoardController 클래스의 일부**

```java
@GetMapping("/get")
public void get(@RequestParam("bno") Long bno, Model model) {

  log.info("/get");
  model.addAttribute("board", service.get(bno));
}
```

views/board 폴더 내 get.jsp를 register.jsp를 복사해서 작성합니다.

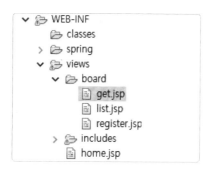

Part 01

Part 02

Part 03

Part 04

Part 05

Part 06

Part 07

get.jsp는 게시물 번호를 보여줄 수 있는 필드를 추가하고, 모든 데이터는 readonly를 지정해서 작성합니다. register.jsp에 있던 〈form〉 태그는 조회 페이지에서는 그다지 필요하지 않으므로 제거하는 대신 마지막에는 수정/삭제 페이지로 이동하거나 원래의 목록 페이지로 이동할 수 있는 버튼을 추가합니다.

**get.jsp의 일부**

```html
<div class="row">
  <div class="col-lg-12">
    <h1 class='page-header'> Board Read </h1>
  </div>
  <!-- /.col-lg-12 -->
</div>
<!-- /.row -->

<div class="row">
  <div class="col-lg-12">
    <div class="panel panel-default">

      <div class="panel-heading">Board Read Page</div>
      <!-- /.panel-heading -->
      <div class="panel-body">

        <div class="form-group">
        <label>Bno</label> <input class="form-control" name='bno'
          value='<c:out value="${board.bno }"/>' readonly="readonly">
      </div>

        <div class="form-group">
          <label>Title</label> <input class="form-control" name='title'
            value='<c:out value="${board.title }"/>' readonly="readonly">
        </div>

        <div class="form-group">
          <label>Text area</label>
          <textarea class="form-control" rows="3" name='content'
            readonly="readonly"><c:out value="${board.content}" /></textarea>
        </div>

        <div class="form-group">
          <label>Writer</label> <input class="form-control" name='writer'
            value='<c:out value="${board.writer }"/>'
readonly="readonly">
        </div>
```

기본적인 웹 게시물 관리

```
        <button data-oper='modify' class="btn btn-default">Modify</
button>
        <button data-oper='list' class="btn btn-info">List</button>


    </div>
    <!--  end panel-body -->

  </div>
  <!--  end panel-body -->
  </div>
  <!-- end panel -->
</div>
<!-- /.row -->
<%@include file="../includes/footer.jsp"%>
```

브라우저에서는 '/board/get?bno=1'과 같이 게시물의 번호를 반드시 파라미터로 전달
해야 합니다. 파라미터로 전달하는 bno 값이 존재한다면 아래와 같은 페이지를 보게 됩
니다.

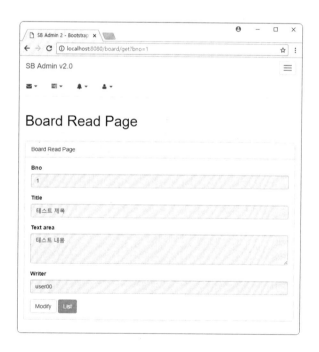

Part 01

Part 02

Part 03

Part 04

Part 05

Part 06

Part 07

화면 하단의 버튼은 '/board/list'와 '/board/modify?bno=xx'와 같이 이동하는 링크를
추가합니다.

```
<button data-oper='modify'
   class="btn btn-default"
   onclick="location.href='/board/modify?bno=<c:out value="${board.bno }"/>'">
                        Modify
</button>
<button data-oper='list'
    class="btn btn-info"
    onclick="location.href='/board/list'">
                        List
   </button>
```

### 11.4.2 목록 페이지와 뒤로 가기 문제

목록 페이지에서 각 게시물 제목에 ⟨a⟩ 태그를 적용해서 조회 페이지로 이동하게 처리합
니다. 최근에 웹페이지들은 사용자들의 트래픽을 고려해 목록 페이지에서 새창을 띄워서
조회 페이지로 이동하는 방식을 선호하지만 전통적인 방식에서는 현재창 내에서 이동하
는 방식을 사용합니다.

조금 관심을 가지고 웹페이지들을 이용하다 보면 의외로 이러한 처리가 제대로 되지 않는
경우를 많이 보게 됩니다. 예를 들어, '뒤로 가기'를 하면 다시 다운로드를 시도하거나 경
고창이 뜨는 경험들을 할 수 있습니다. '뒤로 가기'의 해결은 조금 어려운 내용들이 나올
수 있으므로 학습에 어려움이 있다면 건너뛰는 선택도 나쁘지 않습니다.

목록에서 조회 페이지로의 이동

list.jsp 페이지는 아래와 같이 조금 수정합니다.

**list.jsp의 일부**

```
<tr>
  <td><c:out value="${board.bno}"/></td>
  <td><a href='/board/get?bno=<c:out value="${board.bno}"/>'>
  <c:out value="${board.title}"/></a></td>
  <td><c:out value="${board.writer}"/></td>
  <td><fmt:formatDate pattern = "yyyy-MM-dd" value = "${board.regdate}"/>
  </td>
```

```
    <td><fmt:formatDate pattern = "yyyy-MM-dd" value = "${board.updateDate}"/>
    </td>
  </tr>
```

브라우저를 통해서 화면을 확인해 보면 각 게시물의 제목에 링크가 걸리는 것을 확인할 수 있고, 제목을 클릭하면 정상적으로 조회 페이지로 이동하는 것을 볼 수 있습니다. 조회 페이지로의 이동은 JavaScript를 이용해서 처리할 수도 있고, 위와 같이 직접 〈a〉 태그를 이용해서도 처리가 가능합니다. 만일 조회 페이지를 이동하는 방식이 아니라 '새창'을 통해서 보고 싶다면, 〈a〉 태그의 속성으로 target='_blank'를 지정하면 됩니다. 〈a〉 태그와 〈form〉 태그에는 target 속성을 지정할 수 있는데 '_blank'는 새로운 창에서 처리됩니다.

아래 그림은 목록에서 target='_blank'를 지정했을 때 새로운 창이 옆에 뜨는 모습입니다. 예제는 target 속성을 지정하지 않고 사용하는 전통적인 방식을 이용하도록 합니다.

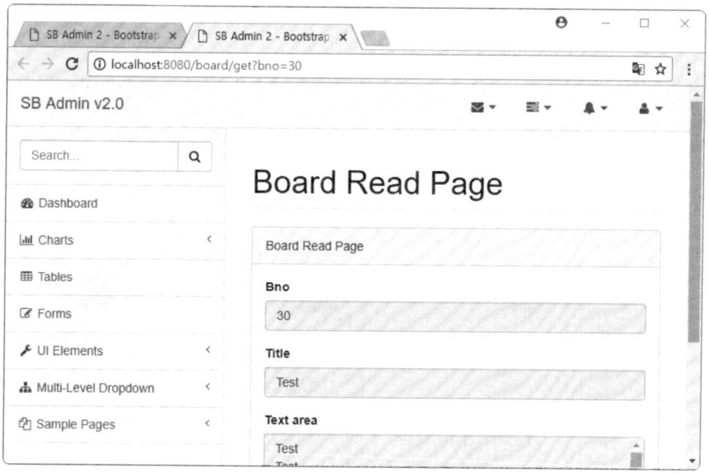

**뒤로 가기의 문제**

동일한 페이지 내에서 목록 페이지와 조회 페이지의 이동은 정상적으로 처리된 것 같아 보이지만 한 가지 문제가 남아 있습니다. '등록 -〉 목록 -〉 조회'까지는 순조롭지만 브라우저의 '뒤로 가기'를 선택하는 순간 다시 게시물의 등록 결과를 확인하는 방식으로 동작한다는 것입니다. 아래는 문제가 생기는 부분을 그림으로 표현한 것입니다.

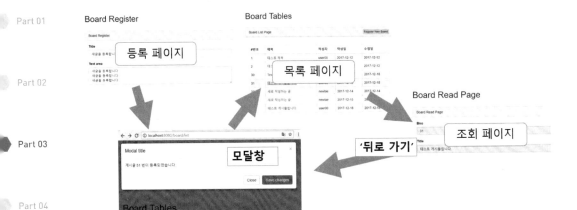

이러한 문제가 생기는 원인은 브라우저에서 '뒤로 가기'나 '앞으로 가기'를 하면 서버를 다시 호출하는 게 아니라 과거에 자신이 가진 모든 데이터를 활용하기 때문입니다. 브라우저에서 조회 페이지와 목록 페이지를 여러 번 앞으로 혹은 뒤로 이동해도 서버에서는 처음에 호출을 제외하고 별다른 변화가 없는 것을 확인할 수 있습니다.

이 문제를 해결하려면 window의 history 객체를 이용해서 현재 페이지는 모달창을 띄울 필요가 없다고 표시를 해 두는 방식을 이용해야 합니다. window의 history 객체는 스택 구조로 동작하기 때문에 아래 그림으로 원리를 살펴보겠습니다.

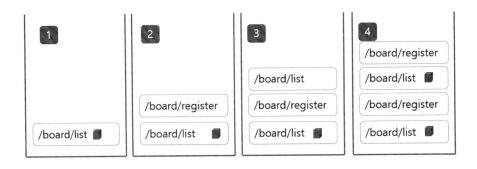

그림 1은 사용자가 브라우저를 열고 '/board/list'를 최초로 호출한 것입니다. history에 쌓으면서 현재 페이지는 모달창을 보여줄 필요가 없다는 표시(그림에서 작은 상자)를 해 둡니다.

기본적인 웹 게시물 관리

그림 2는 사용자가 '/board/register'를 호출한 경우입니다. 스택의 상단에 '/board/register'가 쌓이게 됩니다. 만일 이 상태에서 '뒤로 가기'를 실행하면 아래쪽의 '/board/list'가 보여지는데 이때 심어둔 표시를 이용해서 모달창을 띄울 필요가 없다는 것을 확인할 수 있습니다.

그림 3은 사용자가 등록을 완료하고 '/board/list'가 호출되는 상황입니다. 브라우저에서 '앞으로 가기'나 '뒤로 가기'로 이동한 것이 아니므로 스택의 상단에 추가됩니다. 등록 직후에 '/board/list'로 이동한 경우에는 모달창이 동작합니다.

그림 3에서 모달창을 보여준 후에는 스택의 상단에 모달창이 필요하지 않다는 표시를 해주어야 합니다. 이후에 '/board/register'를 호출하면 그림 4와 같이 됩니다.

window.history 객체를 조작하는 것은 이론으로는 복잡해 보이지만, 사실 코드는 아래와 같이 약간의 변화만 있을 뿐입니다.

**list.jsp에서 JavaScript 부분**

```javascript
<script type="text/javascript">
  $(document).ready(function() {

    var result = '<c:out value="${result}"/>';

    checkModal(result);

    history.replaceState({},null,null);

    function checkModal(result) {

      if (result === '' || history.state ) {
        return;
      }

      if (parseInt(result) > 0) {
        $(".modal-body").html(
            "게시글 " + parseInt(result) + " 번이 등록되었습니다.");
      }

      $("#myModal").modal("show");
    }

    $("#regBtn").on("click", function(){
```

Part 01

Part 02

Part 03

Part 04

Part 05

Part 06

Part 07

```
        self.location ="/board/register";

    });
  });
</script>
```

기존과 달라진 점은 맨 마지막에 추가된 history.replaceState( ) 부분과 checkModal( )
에서 history.state를 체크하는 부분입니다. JavaScript의 처리는 우선 checkModal( )
을 실행하는데, 만일 등록된 후에 이동한 것이라면 위의 그림 3처럼 되기 때문에 모달창
이 보이게 됩니다.

모달창이 보이는 여부와 관계없이 JavaScript의 모든 처리가 끝나게 되면 history에 쌓
이는 상태는 모달창을 보여줄 필요가 없는 상태가 됩니다. 최종적인 결과는 아래와 같이
처리됩니다.

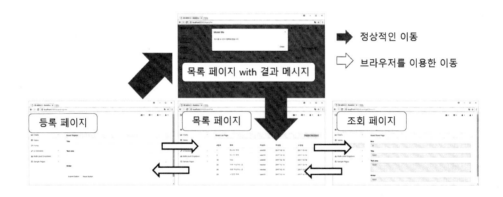

## 11.5 게시물의 수정/삭제 처리

게시물의 수정 작업은 일반적으로 1) 조회 페이지에서 직접 처리하는 방식이나 2)별도의
수정/삭제 페이지를 만들어서 해당 페이지에서 수정과 삭제를 처리하는 방식을 많이 사
용합니다. 최근에는 게시물의 조회 페이지에서 댓글 등에 대한 처리가 많아지면서 수정과
삭제는 별개의 페이지에서 하는 것이 일반적입니다.

조회 페이지에서는 GET 방식으로 처리되는 URL을 통해서 수정/삭제 버튼이 존재하는 화면을 볼 수 있게 제작해야 합니다. 수정 혹은 삭제 작업은 POST 방식으로 처리되고, 결과는 다시 목록 화면에서 확인할 수 있는 형태로 제작합니다.

### 11.5.1 수정/삭제 페이지로 이동

BoardController에서 수정/삭제가 가능한 화면으로 이동하는 것은 조회 페이지와 같습니다. 따라서 기존의 get( ) 메서드를 조금 수정해서 화면을 구성합니다.

**BoardController 일부**

```java
@GetMapping({"/get","/modify"})
public void get(@RequestParam("bno") Long bno, Model model) {

  log.info("/get or modify");
  model.addAttribute("board", service.get(bno));
}
```

@GetMapping이나 @PostMapping 등에는 URL을 배열로 처리할 수 있으므로, 위와 같이 하나의 메서드로 여러 URL을 처리할 수 있습니다.

브라우저에서는 '/board/modify?bno=30'과 같은 방식으로 처리하므로, views 폴더 내 modify.jsp를 작성합니다.

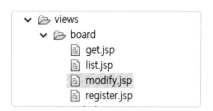

modify.jsp는 get.jsp와 같지만 수정이 가능한 '제목'이나 '내용' 등이 readonly 속성이 없도록 작성합니다. POST 방식으로 처리하는 부분을 위해서는 〈form〉 태그로 내용들을 감싸게 합니다.

Part 01

Part 02

Part 03

Part 04

Part 05

Part 06

Part 07

**views/board/modify.jsp의 일부**

```html
<form role="form" action="/board/modify" method="post">

<div class="form-group">
  <label>Bno</label>
  <input class="form-control" name='bno'
    value='<c:out value="${board.bno }"/>' readonly="readonly">
</div>

<div class="form-group">
  <label>Title</label>
  <input class="form-control" name='title'
    value='<c:out value="${board.title }"/>' >
</div>

<div class="form-group">
  <label>Text area</label>
  <textarea class="form-control" rows="3" name='content' ><c:out
value="${board.content}"/></textarea>
</div>

<div class="form-group">
  <label>Writer</label>
  <input class="form-control" name='writer'
    value='<c:out value="${board.writer}"/>' readonly="readonly">
</div>

<div class="form-group">
  <label>RegDate</label>
  <input class="form-control" name='regDate'
    value='<fmt:formatDate pattern = "yyyy/MM/dd" value = "${board.
regdate}" />'  readonly="readonly">
</div>

<div class="form-group">
  <label>Update Date</label>
  <input class="form-control" name='updateDate'
    value='<fmt:formatDate pattern = "yyyy/MM/dd" value = "${board.
updateDate}" />'  readonly="readonly">
</div>

  <button type="submit" data-oper='modify' class="btn btn-
default">Modify</button>
  <button type="submit" data-oper='remove' class="btn btn-
danger">Remove</button>
  <button type="submit" data-oper='list' class="btn btn-info">List</
button>
</form>
```

기본적인 웹 게시물 관리

⟨form⟩ 태그는 action 속성을 '/board/modify'로 지정했지만, 삭제를 하면 '/board/remove'와 같이 action 속성의 내용을 수정해서 사용하게 됩니다. 게시물의 '제목', '내용'은 수정이 가능한 형태로 사용해서 사용자가 편집할 수 있게 합니다. 등록일과 수정일은 나중에 BoardVO로 수집되어야 하므로 날짜 포맷을 'yyyy/mm/dd'의 포맷으로 해야 합니다(만일 포맷이 맞지 않으면 파라미터 수집 부분에 문제가 생기므로 주의가 필요합니다.). 마지막에는 '수정/삭제/목록' 등의 버튼을 추가합니다.

브라우저에서는 'http://localhost:8080/board/modify?bno=19(존재하는 게시물 번호)'와 같이 게시물 번호를 이용해서 수정 페이지가 정상적으로 출력되는지 확인합니다. (아래 그림에서 regdate와 updateDate 항목은 hidden 처리된 상황입니다.)

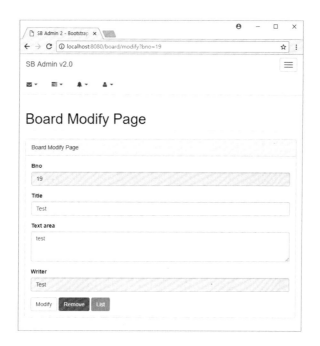

Part 01

Part 02

Part 03

Part 04

Part 05

Part 06

Part 07

JavaScript에서는 위의 버튼에 따라서 다른 동작을 할 수 있도록 수정해야 합니다.

**modify.jsp 일부**

```javascript
<script type="text/javascript">
$(document).ready(function() {

  var formObj = $("form");

  $('button').on("click", function(e){

    e.preventDefault();

    var operation = $(this).data("oper");

    console.log(operation);

    if(operation === 'remove'){
      formObj.attr("action", "/board/remove");
    }else if(operation === 'list'){
      //move to list
      self.location= "/board/list";
      return;
    }
    formObj.submit();

  });
});
</script>
```

JavaScript에서는 〈button〉 태그의 'data-oper' 속성을 이용해서 원하는 기능을 동작하도록 처리합니다. 〈form〉 태그의 모든 버튼은 기본적으로 submit으로 처리하기 때문에 e.preventDefault( )로 기본 동작을 막고 마지막에 직접 submit( )을 수행합니다.

### 11.5.2 게시물 수정/삭제 확인

화면에서 게시물을 수정한 후에 'modify' 버튼을 통해서 BoardController에 수정을 요청합니다.

Modify 버튼을 클릭하면 BoardController에서는 주어진 파라미터들을 BoardVO로
처리하게 되고, 다음과 같이 수정된 값이 제대로 수집된 것을 확인할 수 있습니다.

```
INFO : org.zerock.controller.BoardController - modify:BoardVO(bno=19,
title=수정테스트, content=test
수정테스트
수정테스트, writer=Test, regdate=null, updateDate=null)
INFO : org.zerock.service.BoardServiceImpl - modify......BoardVO(bno=19,
title=수정테스트, content=test
수정테스트
수정테스트, writer=Test, regdate=null, updateDate=null)
INFO : jdbc.audit - 1. Statement.new Statement returned... 이하 생략
```

게시물이 수정된 후에는 다시 '/board/list' 화면으로 이동하게 됩니다. 이 경우에 대한
처리는 이미 완료되었으므로 모달창을 통해서 메시지를 확인할 수 있습니다.

Part 01

Part 02

Part 03

Part 04

Part 05

Part 06

Part 07

화면에서 'Remove' 버튼을 클릭하게 되면 〈form〉 태그의 action 값이 '/board/remove'가 되고 데이터들이 전송됩니다. 물론 BoardController에서는 bno 값 하나만 필요하지만 처리에는 문제가 없습니다. 삭제 시 BoardController에는 아래와 같은 로그가 기록되게 됩니다.

```
INFO : org.zerock.controller.BoardController - remove...32
INFO : org.zerock.controller.BoardController - list
```

삭제할 때 목록 페이지로의 이동은 위의 그림과 동일하게 이동합니다.

### 11.5.3 조회 페이지에서 〈form〉 처리

게시물의 조회 페이지에서는 수정과 삭제가 필요한 페이지로 링크를 처리해야 합니다. 직접 버튼에 링크를 처리하는 방식을 사용하여 처리하였지만, 나중에 다양한 상황을 처리하기 위해서 〈form〉 태그를 이용해서 수정해 봅니다.

**views/board/get.jsp의 일부**

```
<button data-oper='modify' class="btn btn-default">Modify</button>
<button data-oper='list' class="btn btn-info">List</button>

<form id='operForm' action="/board/modify" method="get">
  <input type='hidden' id='bno' name='bno' value='<c:out value="${board.
bno}"/>'>
</form>
```

기본적인 웹 게시물 관리

브라우저에서는 〈form〉 태그의 내용은 보이지 않고 버튼만이 보이게 됩니다.

사용자가 버튼을 클릭하면 operForm이라는 id를 가진 〈form〉 태그를 전송해야 하므로
추가적인 JavaScript 처리가 필요합니다.

**get.jsp의 일부**

```javascript
<script type="text/javascript">
$(document).ready(function() {

  var operForm = $("#operForm");

  $("button[data-oper='modify']").on("click", function(e){

    operForm.attr("action","/board/modify").submit();

  });


  $("button[data-oper='list']").on("click", function(e){

    operForm.find("#bno").remove();
    operForm.attr("action","/board/list")
    operForm.submit();

  });
});
</script>
```

사용자가 수정 버튼을 누르는 경우에는 bno 값을 같이 전달하고 〈form〉 태그를 submit
시켜서 처리합니다. 만일 사용자가 list로 이동하는 경우에는 아직 아무런 데이터도 필요
하지 않으므로 〈form〉 태그 내의 bno 태그를 지우고 submit을 통해서 리스트 페이지로
이동합니다.

Part 01

Part 02

Part 03

Part 04

Part 05

Part 06

Part 07

## 11.5.4 수정 페이지에서 링크 처리

수정 페이지에서는 사용자가 다시 목록 페이지로 이동할 수 있도록 하기 위해서 JavaScript의 내용을 조금 수정합니다.

**views/board/modify.jsp의 일부**

```javascript
<script type="text/javascript">
$(document).ready(function() {

  var formObj = $("form");

  $('button').on("click", function(e){

    e.preventDefault();

    var operation = $(this).data("oper");

    console.log(operation);

    if(operation === 'remove'){
      formObj.attr("action", "/board/remove");
    }else if(operation === 'list'){
      //move to list
        formObj.attr("action", "/board/list").attr("method","get");
        formObj.empty();
    }

    formObj.submit();

  });
});
</script>
```

수정된 내용은 클릭한 버튼이 List인 경우 action 속성과 method 속성을 변경합니다.

'/board/list'로의 이동은 아무런 파라미터가 없기 때문에 〈form〉 태그의 모든 내용은 삭제한 상태에서 submit( )을 진행합니다. 이후에 코드는 실행되지 않도록 return을 통해서 제어합니다.

이 장에서 진행된 모든 내용을 도식화 시키면 아래와 같은 구조가 됩니다.

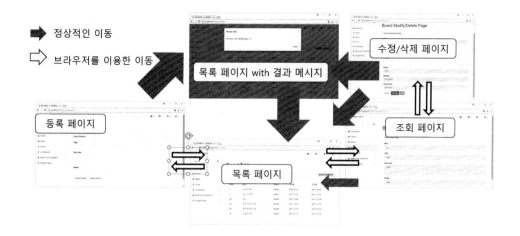

정상적인 이동

브라우저를 이용한 이동

등록 페이지

목록 페이지 with 결과 메시지

수정/삭제 페이지

조회 페이지

목록 페이지

Part 01

Part 02

Part 03

Part 04

Part 05

Part 06

Part 07

# 12 | 오라클 데이터베이스 페이징 처리

구현된 기능들 중 가장 미숙한 부분은 목록 페이지입니다. 목록 페이지는 기본적으로 페이징(pagination) 처리가 필요한데 상식적으로 생각해 봐도 수많은 데이터를 한 페이지에서 보여주면, 처리 성능에 영향을 미칩니다. 또한, 브라우저에서도 역시 데이터의 양이나 처리 속도에 문제를 일으키게 됩니다.

일반적으로 페이징 처리는 크게 번호를 이용하거나 '계속 보기'의 형태로 구현됩니다. 번호를 이용한 페이징 처리는 과거 웹 초기부터 이어오던 방식이고, '계속 보기'는 Ajax와 앱이 등장한 이후에 '무한 스크롤'이나 '더 보기'와 같은 형태로 구현됩니다. 예제에서 목록 페이지는 전통적인 번호를 이용하는 방식으로 처리하게 됩니다. 오라클에서 페이징 처리하는 것은 MySQL에 비해서 추가적인 지식이 필요하므로 이에 대한 학습을 선행해야 합니다.

## 12.1 order by의 문제

프로그램을 이용해서 정렬을 해 본 적이 있다면 데이터의 양이 많을수록 정렬이라는 작업이 얼마나 많은 리소스를 소모하는지 알 수 있습니다. 데이터베이스는 경우에 따라서 수백만 혹은 천 만개 이상의 데이터를 처리하기 때문에 이 경우 정렬을 하게 되면 엄청나게 많은 시간과 리소스를 소모하게 됩니다.

데이터베이스를 이용할 때 웹이나 애플리케이션에 가장 신경 쓰는 부분은 1) 빠르게 처리되는 것, 2) 필요한 양만큼만 데이터를 가져오는 것입니다. 예를 들어, 거의 모든 웹페이지에서 페이징을 하는 이유는 최소한의 필요한 데이터만을 가져와서 빠르게 화면에 보여주기 위함입니다.

만일 수백 만개의 데이터를 매번 정렬을 해야 하는 상황이라면 사용자는 정렬된 결과를 볼 때까지 오랜 시간을 기다려야만 하고, 특히 웹에서 동시에 여러 명의 사용자가 정렬이 필요한 데이터를 요청하게 된다면 시스템에는 많은 부하가 걸리게 되고 연결 가능한 커넥션의 개수가 점점 줄어서 서비스가 멈추는 상황을 초래하게 됩니다.

빠르게 동작하는 SQL을 위해서는 먼저 order by를 이용하는 작업을 가능하면 하지 말아야 합니다. order by는 데이터가 많은 경우에 엄청난 성능의 저하를 가져오기 때문에 1) 데이터가 적은 경우와 2) 정렬을 빠르게 할 수 있는 방법이 있는 경우가 아니라면 order by는 주의해야만 합니다.

### 12.1.1 실행 계획과 order by

오라클의 페이징 처리를 제대로 이해하기 위해서 반드시 알아두어야 하는 것이 실행 계획(execution plan)입니다. 실행 계획은 말 그대로 'SQL을 데이터베이스에서 어떻게 처리할 것인가?'에 대한 것입니다. SQL이 데이터베이스에 전달되면 데이터베이스는 여러 단계를 거쳐서 해당 SQL을 어떤 순서와 방식으로 처리할 것인지 계획을 세우게 됩니다.

데이터베이스에 전달된 SQL문은 아래와 같은 과정을 거쳐서 처리됩니다.

SQL 파싱 단계에서는 SQL 구문에 오류가 있는지 SQL을 실행해야 하는 대상 객체(테이블, 제약 조건, 권한 등)가 존재하는지를 검사합니다. SQL 최적화 단계에서는 SQL이 실행되는데 필요한 비용(cost)을 계산하게 됩니다. 이 계산된 값을 기초로 해서 어떤 방식으로 실행하는 것이 가장 좋다는 것을 판단하는 '실행 계획(execuion plan)'을 세우게 됩니다.

SQL 실행 단계에서는 세워진 실행 계획을 통해서 메모리상에서 데이터를 읽거나 물리적인 공간에서 데이터를 로딩하는 등의 작업을 하게 됩니다. 개발자들은 도구를 이용하거나

Part 01

Part 02

Part 03

Part 04

Part 05

Part 06

Part 07

SQL Plus 등을 이용해서 특정한 SQL에 대한 실행 계획을 알아볼 수 있습니다. SQL Developer에서는 간단히 버튼을 클릭해서 실행 계획을 확인할 수 있습니다.

예를 들어, '게시물 번호의 역순으로 출력하라'는 처리를 한다면 SQL Developer에서 다음과 같이 처리할 수 있습니다.

상단의 버튼 중에는 SQL에 대해서 '실행 계획'을 쉽게 볼 수 있도록 버튼이 제공됩니다.

실행 계획을 보면 트리 구조로 방금 전 실행한 SQL이 어떻게 처리된 것인지를 알려줍니다. 흔히 SQL 튜닝이라고 하는 작업은 이를 보고 어떤 방식이 더 효과적인지를 판단해서 수정하게 됩니다.

| OPERATION | OBJECT_NAME | OPTIONS | CARDINALITY | COST |
|---|---|---|---|---|
| SELECT STATEMENT | | | 7 | 4 |
| SORT | | ORDER BY | 7 | 4 |
| TABLE ACCESS | TBL_BOARD | FULL | 7 | 3 |
| Other XML | | | | |
| {info} | | | | |
| info type="db_version" | | | | |

이 책에서는 실행 계획에 대해서 많은 내용을 설명할 수는 없지만, 가장 간단하게 실행 계획을 보는 방법은 '안쪽에서 바깥쪽으로, 위에서 아래로' 봐주면 됩니다. 위 그림의 내용을 해석하자면 'TBL_BOARD' 테이블을 'FULL'로 접근하고 정렬했다는 것을 의미합니다. 'FULL'이라는 의미는 테이블 내의 모든 데이터를 스캔(scan)했다는 의미입니다. 실행 계획을 세우는 것은 데이터베이스에서 하는 역할이기 때문에 데이터의 양이나 제약 조건 등의 여러 상황에 따라서 데이터베이스는 실행 계획을 다르게 작성합니다.

테스트를 위해서 데이터가 좀 많아지도록 아래의 SQL을 여러 번 실행해서 데이터를 수백 만개로 만든 후에 커밋을 합니다.

```
--재귀 복사를 통해서 데이터의 개수를 늘린다. 반복해서 여러 번 실행
insert into tbl_board (bno, title, content, writer)
(select seq_board.nextval, title, content, writer from tbl_board);
```

위의 insert문을 여러 번 실행하게 되면 현재 tbl_board 테이블의 데이터 수만큼 다시 insert가 진행됩니다. 결과를 보면 insert문을 실행할 때마다 2배씩 데이터가 늘어나게 됩니다. 아래 그림은 여러 번 실행해서 한 번에 22만 개의 데이터를 복사해서 넣는 것을 보여줍니다(원래의 데이터 22만건 + 22만건 = 44만건).

```
57,344개 행 이(가) 삽입되었습니다.

114,688개 행 이(가) 삽입되었습니다.

229,376개 행 이(가) 삽입되었습니다.
```

commit 후에 'select count(*) from tbl_board'를 실행해 보면 데이터의 수가 엄청나게 늘어난 것을 확인할 수 있습니다(아래 화면에서는 45만 건 정도지만 추가적인 실행을 통해서 약 2~300만 건의 데이터를 넣어주었습니다.).

Part 01

Part 02

Part 03

Part 04

Part 05

Part 06

Part 07

데이터가 많아지면 정렬에 그만큼의 시간을 소모하게 됩니다. 고의적으로 bno라는 칼럼의 값에다 1을 추가한 값을 역순으로 정렬하는 SQL을 만든다면 다음과 같습니다.

```
select * from tbl_board order by bno + 1 desc;
```

연산 작업이 추가되기는 했지만 SQL문의 결과가 나오는데는 8.27초가 나왔습니다(실행 시간은 현재 시스템의 상황이나 데이터베이스의 상황에 따라 차이가 납니다. 반복적으로 몇 번 실행하면 데이터베이스가 메모리상에 보관하는 데이터를 가져오는 상황이 되고 대략 1초대에 결과가 나올 수도 있습니다.).

위의 SQL을 실행한 결과는 테이블 전체를 스캔(조사)하는 것을 볼 수 있습니다.

실행 계획을 잠깐 살펴보면 TBL_BOARD를 'FULL'로 조사(스캔)했고, 바깥쪽으로 가면서 'SORT'가 일어난 것을 볼 수 있습니다. 이때 가장 많은 시간을 소모하는 작업은 정렬하는 작업입니다.

기본적인 웹 게시물 관리

위의 SQL에서 'order by bno + 1 desc'라는 조건에서 '+1'을 하는 것은 정렬에 아무런 도움을 주지 않으므로 아래와 같이 SQL을 수정해서 실행합니다.

```
select * from tbl_board order by bno desc;
```

연산이라는 차이가 있기는 하지만 실행에 걸리는 시간은 차이가 많이 나게 됩니다.

| | BNO | TITLE | CONTENT |
|---|---|---|---|
| 1 | 2359299 | 테스트 게시물입니다. | 테스트 게시물입니다. 테스트 게시물입니다. |
| 2 | 2359298 | 테스트 게시물입니다. | 테스트 게시물입니다. 테스트 게시물입니다. |
| 3 | 2359297 | 테스트 게시물입니다. | 테스트 게시물입니다. 테스트 게시물입니다. |
| 4 | 2359296 | 테스트 게시물입니다. | 테스트 게시물입니다. 테스트 게시물입니다. |
| 5 | 2359295 | 테스트 게시물입니다. | 테스트 게시물입니다. 테스트 게시물입니다. |
| 6 | 2359294 | 테스트 게시물입니다. | 테스트 게시물입니다. 테스트 게시물입니다. |
| 7 | 2359293 | 테스트 게시물입니다. | 테스트 게시물입니다. 테스트 게시물입니다. |

이전에 8초 이상이 걸리던 작업이 거의 0초만에 실행되는 차이가 나게 됩니다. 이 결과의 차이에는 실행 계획도 기존과 다르게 동작합니다.

| OPERATION | OBJECT_NAME | OPTIONS |
|---|---|---|
| SELECT STATEMENT | | |
| TABLE ACCESS | TBL_BOARD | BY INDEX ROWID |
| INDEX | PK_BOARD | FULL SCAN DESCENDING |
| Other XML | | |

기존의 SQL이 TBL_BOARD 테이블 전체를 스캔했지만, 이번에는 PK_BOARD라는 것을 이용해서 접근하고 기존과 달리 맨 위의 SORT 과정이 없는 것을 볼 수 있습니다.

이것을 이해하려면 데이터베이스의 인덱스(index)에 대해서 조금은 알아둘 필요가 있습니다.

Part 01

Part 02

Part 03

Part 04

Part 05

Part 06

Part 07

## 12.2 order by 보다는 인덱스

데이터가 많은 상태에서 정렬 작업이 문제가 된다는 사실을 알았다면, 이 문제를 어떻게 해결해야 하는지를 살펴보겠습니다. 가장 일반적인 해결책은 '인덱스(index)를 이용해서 정렬을 생략하는 방법'입니다. 결론부터 말하자면 '인덱스'라는 존재가 이미 정렬된 구조이므로 이를 이용해서 별도의 정렬을 하지 않는 방법입니다. 인덱스가 무엇인지에 대해서는 조금 더 뒤에 살펴볼 예정이고, 우선 위와 같은 상황에서 다음과 같은 SQL을 실행해 보겠습니다.

```
select
  /*+ INDEX_DESC(tbl_board pk_board) */
  *
from
  tbl_board
where bno > 0;
```

위의 SQL을 실행한 결과는 테이블 전체를 조사하고 정렬한 것과 결과는 동일하지만 실행 시간은 엄청나게 차이가 나게 됩니다.

가장 중요한 점은 SQL의 실행 시간이 거의 0초(혹은 0.1 이하)로 나온다는 점입니다. SQL문의 실행 계획은 아래와 같은 모습을 가지게 됩니다.

```
SELECT STATEMENT
  TABLE ACCESS          TBL_BOARD    BY INDEX ROWID
    INDEX              PK_BOARD      RANGE SCAN DESCENDING
      Access Predicates
        BNO>0
      Filter Predicates
        BNO>0
```

기본적인 웹 게시물 관리

SQL의 실행 계획에서 주의해서 봐야 하는 부분은 1) SORT를 하지 않았다는 점, 2) TBL_BOARD를 바로 접근하는 것이 아니라 PK_BOARD를 이용해서 접근한 점, 3) RANGE SCAN DESCENDING, BY INDEX ROWID로 접근했다는 점입니다.

### 12.2.1 PK_BOARD라는 인덱스

tbl_board 테이블을 생성했을 때의 SQL을 다시 한 번 살펴보겠습니다.

```
create table tbl_board (
  bno number(10,0),
  title varchar2(200) not null,
  content varchar2(2000) not null,
  writer varchar2(50) not null,
  regdate date default sysdate,
  updatedate date default sysdate
);

alter table tbl_board add constraint pk_board
primary key (bno);
```

테이블을 생성할 때 제약 조건으로 PK를 지정하고 PK의 이름이 'pk_board'라고 지정하였습니다. 데이터베이스에서 PK는 상당히 중요한 의미를 가지는데, 흔히 말하는 '식별자'의 의미와 '인덱스'의 의미를 가집니다.

'인덱스'는 말 그대로 '색인'입니다. 우리가 가장 흔히 접하는 인덱스는 도서 뒤쪽에 정리되어 있는 색인입니다. 색인을 이용하면 사용자들은 책 전체를 살펴볼 필요 없이 색인을 통해서 자신이 원하는 내용이 책의 어디에 있는지 알 수 있습니다. 데이터베이스에서 인덱스를 이해하는 가장 쉬운 방법은 데이터베이스의 테이블을 하나의 책이라고 생각하고 어떻게 데이터를 찾거나 정렬하는지를 생각하는 것입니다. 색인은 사람들이 쉽게 찾아볼 수 있게 알파벳 순서나 한글 순서로 정렬합니다. 이를 통해서 원하는 내용을 위에서부터 혹은 반대로 찾아나가는데 이를 '스캔(scan)'한다고 표현합니다.

데이터베이스에 테이블을 만들 때 PK를 부여하면 지금까지 얘기한 '인덱스'라는 것이 만들어집니다. 데이터베이스를 만들 때 PK를 지정하는 이유는 '식별'이라는 의미가 있지만, 구조상으로는 '인덱스'라는 존재(객체)가 만들어지는 것을 의미합니다. tbl_board 테이블

Part 01

Part 02

Part 03

Part 04

Part 05

Part 06

Part 07

은 bno라는 칼럼을 기준으로 인덱스를 생성하게 됩니다. 인덱스에는 순서가 있기 때문에 그림으로 표현하자면 다음과 같이 만들어 집니다.

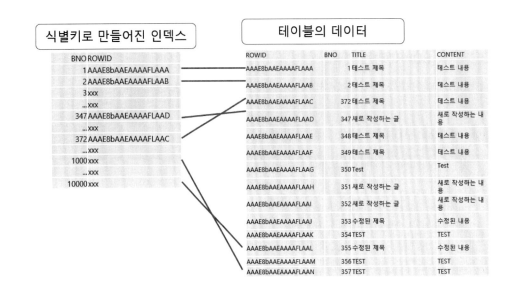

그림의 왼쪽은 인덱스이고 오른쪽은 실제 테이블입니다. 왼쪽 그림을 보면 bno 값이 순서대로 정렬된 것을 볼 수 있습니다. 오른쪽은 테이블 모습입니다. 테이블은 마치 책장에 책을 막 넣은 것처럼 중간에 순서가 섞여 있는 경우가 대부분입니다. 인덱스와 실제 테이블을 연결하는 고리는 ROWID라는 존재입니다. ROWID는 데이터베이스 내의 주소에 해당하는데 모든 데이터는 자신만의 주소를 가지고 있습니다.

SQL을 통해서 bno 값이 100번인 데이터를 찾고자 할 때에는 SQL은 'where bno = 100'과 같은 조건을 주게 됩니다. 이를 처리하는 데이터베이스 입장에서는 tbl_board라는 책에서 bno 값이 100인 데이터를 찾아야만 합니다. 만일 책이 얇아서 내용이 많지 않다면 속히 전체를 살펴보는 것이 더 빠를 것입니다(이를 데이터베이스 쪽에서는 'FULL SCAN'이라고 표현합니다.). 하지만 내용이 많고, 색인이 존재한다면 당연히 색인을 찾고 색인에서 주소를 찾아서 접근하는 방식을 이용할 것입니다.

기본적인 웹 게시물 관리

```
select * from tbl_board where bno = 100;
```

질의 결과 x  행계획 설명 x

SQL | 0초

| ERATION | OBJECT_NAME | OPTIONS |
|---|---|---|
| ● SELECT STATEMENT | | |
| ⊟ ▦ TABLE ACCESS | TBL_BOARD | BY INDEX ROWID |
| ⊟ ◧ INDEX | PK_BOARD | UNIQUE SCAN |
| ⊟ ◔▨ Access Predicates | | |
| ⋮ BNO=100 | | |

실행 계획을 보면 이러한 생각이 데이터베이스 내에서 진행되는 것을 확인할 수 있습니다. 안쪽을 먼저 보면 PK_BOARD는 인덱스이므로 먼저 인덱스를 이용해서 100번 데이터가 어디에 있는지 ROWID를 찾아내고, 바깥쪽을 보면 'BY INDEX ROWID'라고 되어 있는 말 그대로 ROWID를 통해서 테이블에 접근하게 됩니다.

## 12.3 인덱스를 이용하는 정렬

인덱스에서 가장 중요한 개념 중 하나는 '정렬이 되어 있다는 점'입니다. 정렬이 이미 되어 있는 상태이므로 데이터를 찾아내서 이들을 SORT 하는 과정을 생략할 수 있습니다.

'bno의 역순으로 정렬한 결과'를 원한다면 이미 정렬된 인덱스를 이용해서 뒤에서부터 찾아 올라가는 방식을 이용할 수 있습니다. 이때 '뒤에서부터 찾아 올라간다'는 개념이 'DESCENDING'입니다. 이전에 실행한 bno의 역순으로 데이터를 가져올 때의 실행 계획을 다시 한 번 살펴보겠습니다.

| ● SELECT STATEMENT | | |
|---|---|---|
| ⊟ ▦ TABLE ACCESS | TBL_BOARD | BY INDEX ROWID |
| ⊟ ◧ INDEX | PK_BOARD | RANGE SCAN DESCENDING |
| ⊟ ◔▨ Access Predicates | | |
| ⋮ BNO>0 | | |
| ⊟ ◔▨ Filter Predicates | | |
| ⋮ BNO>0 | | |

실행 계획을 살펴보면 PK_BOARD라는 인덱스를 이용하는데 DESCENDING을 하고 있는 것을 볼 수 있습니다. 이를 그림으로 표현하면 아래와 같이 표현할 수 있습니다.

Part 01

Part 02

Part 03

Part 04

Part 05

Part 06

Part 07

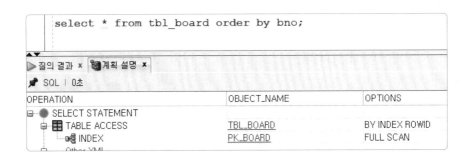

## PK_BOARD

```
BNO ROWID
    1 AAAE8bAAEAAAAFLAAA
    2 AAAE8bAAEAAAAFLAAB
    3 xxx
  ... xxx
  347 AAAE8bAAEAAAAFLAAD
  ... xxx
  372 AAAE8bAAEAAAAFLAAC
  ... xxx
 1000 xxx
  ... xxx
10000 xxx
```

가장 먼저 찾은 데이터는 bno 값이 가장 큰 데이터

인덱스를 역순으로 찾기 때문에 가장 먼저 찾은 bno 값은 가장 큰 값을 가진 데이터가 됩니다. 이후에는 테이블에 접근해서 데이터를 가져오게 되는데, 이런 과정이 반복되면 정렬을 하지 않아도 동일하게 정렬된 결과를 볼 수 있게 됩니다.

하나의 예를 더 생각해 보면, 만일 사용자가 'bno의 순서로 정렬해 달라'고 요구하는 상황이라면 PK_BOARD 인덱스가 앞에서부터 찾아서 내려가는 구조를 이용하는 것이 효율적입니다. SQL Developer를 이용해서 실행해 보면 아래와 같은 실행 계획이 수립되는 것을 볼 수 있습니다.

```
select * from tbl_board order by bno;
```

▶ 질의 결과 ×   📋 계획 설명 ×

🔧 SQL | 0초

| OPERATION | OBJECT_NAME | OPTIONS |
|---|---|---|
| ⊟ ● SELECT STATEMENT | | |
| ⊟ ▦ TABLE ACCESS | TBL_BOARD | BY INDEX ROWID |
| ◤ INDEX | PK_BOARD | FULL SCAN |
| Other XML | | |

실행 계획상으로 PK_BOARD 인덱스를 먼저 접근하고, TBL_BOARD를 이용하는 것을 볼 수 있습니다. SORT가 없기 때문에 0초에 가까운 성능을 보여줍니다. 실무에서도 데이터의 양이 많고 정렬이 필요한 상황이라면 우선적으로 생각하는 것이 '인덱스'를 작성하

기본적인 웹 게시물 관리

는 것입니다. 데이터의 양이 수천, 수만개 정도의 정렬은 그다지 부하가 걸리지 않지만 그 이상의 데이터를 처리해야 하는 상황이라면 정렬을 안할 수 있는 방법에 대해서 고민해야만 합니다.

### 12.3.1 인덱스와 오라클 힌트(hint)

웹페이지의 목록은 주로 시간의 역순으로 정렬된 결과를 보여줍니다. 최신 데이터가 가장 중요하기 때문에 시간의 역순으로 정렬해서 최신 게시물들을 보여주게 됩니다. 이 경우 개발자의 입장에서는 정렬을 안 하는 방식으로 select문을 실행하고 싶어 합니다.

오라클은 select문을 전달할 때 '힌트(hint)'라는 것을 사용할 수 있습니다. 힌트는 말 그 대로 데이터베이스에 '지금 내가 전달한 select문을 이렇게 실행해 주면 좋겠습니다'라는 힌트입니다. 힌트는 특이하게도 select문을 어떻게 처리하는지에 대한 얘기일 뿐이므로 힌트 구문에서 에러가 나도 전혀 SQL 실행에 지장을 주지 않습니다. 따라서 힌트를 이용한 select문을 작성한 후에는 실행 계획을 통해서 개발자가 원하는 대로 SQL이 실행되는 지를 확인하는 습관을 가져야 합니다.

게시물 목록은 반드시 시간의 역순으로 나와야만 하기 때문에 SQL에서는 'order by bno desc'와 같은 구문을 추가할 수 있습니다. 문제는 'order by bno desc'와 같은 조건은 데이터베이스 상황에 따라서 테이블의 모든 데이터를 정렬하는 방식으로도 동작할 수 있다는 점입니다.

반면에 힌트는 개발자가 데이터베이스에 어떤 방식으로 실행해 줘야 하는지를 명시하기 때문에 조금 강제성이 부여되는 방식입니다.

```
select * from tbl_board order by bno desc;

select /*+INDEX_DESC (tbl_board pk_board) */*
from tbl_board;
```

위의 두 SQL은 동일한 결과를 생성하는 SQL입니다.

| BNO | TITLE | CONTENT | WRITER | REGDATE | UPDAT |
|---|---|---|---|---|---|
| 1 3670041 Test | TestTestTest | user00 | 17/12/22 | 17/12/ | |
| 2 3670040 테스트 제목 | 테스트 내용 | user00 | 17/12/22 | 17/12/ | |
| 3 3670039 테스트 제목 | 테스트 내용 | 테스트 제목 | 17/12/22 | 17/12/ | |
| 4 3670038 TEST | TEST | TEST | 17/12/22 | 17/12/ | |
| 5 3670037 수정된 제목 | 수정된 내용 | user00 | 17/12/22 | 17/12/ | |
| 6 3670036 TEST | TEST | TEST | 17/12/22 | 17/12/ | |
| 7 3670035 수정된 제목 | 수정된 내용 | user00 | 17/12/22 | 17/12/ | |
| 8 3670034 새로 작성하는 글 | 새로 작성하는 내용 | newbie | 17/12/22 | 17/12/ | |
| 9 3670033 새로 작성하는 글 | 새로 작성하는 내용 | newbie | 17/12/22 | 17/12/ | |
| 10 3670032 Test | TestTestTest | user00 | 17/12/22 | 17/12/ | |

두 번째 select문은 order by 조건이 없어도 동일한 결과가 나온 것에 주목해야 합니다. select문에서 힌트를 부여했는데 힌트의 내용이 'tbl_board 테이블에 pk_board 인덱스를 역순으로 이용해 줄 것'이므로 실행 계획에서 이를 활용하고 있는 것을 확인할 수 있습니다.

| OPERATION | OBJECT_NAME | OPTIONS |
|---|---|---|
| SELECT STATEMENT | | |
| TABLE ACCESS | TBL_BOARD | BY INDEX ROWID |
| INDEX | PK_BOARD | FULL SCAN DESCENDING |
| Other XML | | |

오라클 데이터베이스에서 사용할 수 있는 힌트는 여러 종류가 있습니다. 이에 대한 모든 내용을 설명하는 것은 이 책의 범위를 넘어서는 것이므로 자주 사용하는 몇 가지만 언급하겠습니다.

### 12.3.2 힌트 사용 문법

select문을 작성할 때 힌트는 잘못 작성되어도 실행할 때는 무시되기만 하고 별도의 에러는 발생하지 않습니다. 우선 힌트를 사용할 때에는 다음과 같은 문법을 사용합니다.

```
SELECT
 /*+ Hint name ( param...) */ column name, ....
FROM
 table name
....
```

기본적인 웹 게시물 관리

힌트 구문은 '/\*+'로 시작하고 '\*/'로 마무리됩니다. 힌트 자체는 SQL로 처리되지 않기 때문에 위의 그림처럼 뒤에 칼럼명이 나오더라도 별도의 ','로 처리되지 않습니다.

### 12.3.3 FULL 힌트

힌트 중에는 해당 select문을 실행할 때 테이블 전체를 스캔할 것으로 명시하는 FULL 힌트가 있습니다. FULL 힌트는 테이블의 모든 데이터를 스캔하기 때문에 데이터가 많을 때는 상당히 느리게 실행됩니다. 예를 들어, tbl_board 테이블을 FULL 스캔하도록 하고, 이 상태에서 정렬을 하려면 다음과 같이 작성할 수 있습니다.

```
select /*+ FULL(tbl_board) */ * from tbl_board order by bno desc;
```

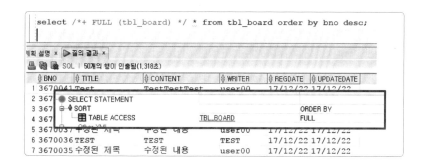

실행 계획을 보면 TBL_BOARD를 FULL로 접근하고, 다시 SORT가 적용된 것을 볼 수 있습니다. 실행 시간 역시 1.3초 이상으로 오래 걸리는 것을 볼 수 있습니다(시간은 현재 데이터베이스의 상황에 따라 다르게 나오지만, 인덱스를 사용했을 때에 비해서 느리다는 점을 확인할 수 있습니다.).

### 12.3.4 INDEX_ASC, INDEX_DESC 힌트

흔히 목록 페이지에서 가장 많이 사용하는 힌트는 인덱스와 관련된 'INDEX_ASC, INDEX_DESC'힌트입니다. ASC/DESC에서 알 수 있듯이 인덱스를 순서대로 이용할 것인지 역순으로 이용할 것인지를 지정하는 것입니다. INDEX_ASC/DESC 힌트는 주로

Part 01

Part 02

Part 03

Part 04

Part 05

Part 06

Part 07

'order by'를 위해서 사용한다고 생각하면 됩니다. 인덱스 자체가 정렬을 해 둔 상태이므로 이를 통해서 SORT 과정을 생략하기 위한 용도입니다.

INDEX_ASC/DESC 힌트는 테이블 이름과 인덱스 이름을 같이 파라미터로 사용합니다.

```
select /*+ INDEX_ASC(tbl_board pk_board) */ * from tbl_board
where bno > 0;
```

INDEX_ASC/DESC를 이용하는 경우에는 동일한 조건의 order by 구문을 작성하지 않아도 됩니다. 예를 들어, 위의 SQL에서 아무런 order by 조건이 없어도 bno의 순번을 통해서 접근하기 때문에 'order by bno asc' 구문은 필요로 하지 않습니다.

## 12.4 ROWNUM과 인라인뷰

페이징 처리를 위해서 역순으로 게시물의 목록을 조회하는 작업이 성공했다면, 이제는 전체가 아닌 필요한 만큼의 데이터를 가져오는 방식에 대해서 학습하겠습니다. 오라클 데이터베이스는 페이지 처리를 위해서 ROWNUM이라는 특별한 키워드를 사용해서 데이터에 순번을 붙여 사용합니다.

ROWNUM은 쉽게 생각해서 SQL이 실행된 결과에 넘버링을 해준다고 생각하면 됩니다. 모든 SELECT문에는 ROWNUM이라는 변수를 이용해서 해당 데이터가 몇 번째로 나오는지 알아낼 수 있습니다. ROWNUM은 실제 데이터가 아니라 테이블에서 데이터를 추출한 후에 처리되는 변수이므로 상황에 따라서 그 값이 매번 달라질 수 있습니다.

우선 아무 조건을 적용하지 않고 tbl_board 테이블에 접근하고 각 데이터에 ROWNUM 을 적용하면 다음과 같이 작성할 수 있습니다. SQL에 아무런 조건이 없기 때문에 데이터 는 테이블에 섞여 있는 상태 그대로 나오게 됩니다(테이블을 FULL 스캔한 것과 동일합 니다. 각자 사용하는 데이터베이스에 저장된 구조가 다르므로 아래 화면과 동일하지 않을 수 있으나 섞여 있다는 점은 동일합니다.).

| RN | BNO | TITLE |
| --- | --- | --- |
| 1 | 216 | 수정테스트 |
| 2 | 217 | 새로 작성하는 글 |
| 3 | 218 | 새로 작성하는 글 |
| 4 | 219 | 테스트 제목 |
| 5 | 220 | 테스트 제목 |
| 6 | 221 | 테스트 제목 |

```
select rownum rn, bno, title from tbl_board;
```

| RN | BNO | TITLE |
| --- | --- | --- |
| 8 | 223 | 수정된 제목 |
| 9 | 224 | 새로 작성하는 글 select key |
| 10 | 225 | 새로 작성하는 글 |
| 11 | 226 | 테스트 새글 제목 |
| 12 | 227 | Test |
| 13 | 228 | ㅁㄴㅇㄻㄴㅇㄹ |
| 14 | 229 | 수정된 테스트 게시물입니다. |
| 15 | 230 | 테스트 게시물입니다. |
| 16 | 231 | 테스트 게시물입니다. |

ROWNUM은 테이블에는 존재하지 않고, 테이블에서 가져온 데이터를 이용해서 번호를 매기는 방식으로 위의 결과는 테이블에서 가장 먼저 가져올 수 있는 데이터들을 꺼내서 번호를 붙여주고 있습니다. 이때 번호는 현재 데이터베이스의 상황에 따라서 저장된 데이 터를 로딩하는 것이므로 실습 환경에 따라 다른 값이 나오게 됩니다.

위의 결과에서 218번 데이터는 3번째로 꺼내진 데이터라고 해석할 수 있습니다. 만일 테 이블에서 데이터를 가져온 후에 정렬을 하게 된다면 218번의 ROWNUNM 값은 동일하 게 3이 됩니다.

Part 01

Part 02

Part 03

Part 04

Part 05

Part 06

Part 07

```
select /*+ FULL(tbl_board) */
  rownum rn, bno, title
from tbl_board where bno > 0
order by bno;
```

위의 SQL은 FULL 힌트를 이용해서 전체 데이터를 조회하고 다시 정렬한 방식입니다. 결과를 보면 218번 데이터는 3번째로 접근되었지만 정렬 과정에서 뒤쪽으로 밀리는 것을 볼 수 있습니다.

이를 통해서 알 수 있는 사실은 ROWNUM이라는 것은 데이터를 가져올 때 적용되는 것이고, 이 후에 정렬되는 과정에서는 ROWNUM이 변경되지 않는다는 것입니다. 다른 말로는 정렬은 나중에 처리된다는 의미이기도 합니다.

### 12.4.1 인덱스를 이용한 접근 시 ROWNUM

ROWNUM의 의미가 테이블에서 데이터를 가져오면서 붙는 번호라는 사실을 기억해 보면 결국 문제는 테이블에 어떤 순서로 접근하는가에 따라서 ROWNUM 값은 바뀔 수 있다는 뜻이 됩니다. 다시 말해, 위의 경우는 우선 FULL로 접근해서 218번 데이터를 찾았고 이후에 정렬을 하는데 이미 데이터는 다 가져온 상태이므로 ROWNUM에는 아무런 영향을 주지 않습니다.

만일 PK_BOARD 인덱스를 통해서 접근한다면 다음과 같은 과정으로 접근합니다.

1) PK_BOARD 인덱스를 통해서 테이블에 접근

2) 접근한 데이터에 ROWNUM 부여

기본적인 웹 게시물 관리

1)의 과정에서 이미 정렬이 되어있기 때문에 218번의 접근 순서는 3번째가 아니라 한참 뒤일 것입니다. 이 경우 ROWNUM은 전혀 다른 값을 가지게 됩니다.

```
select /*+ INDEX_ASC(tbl_board pk_board) */
  rownum rn, bno, title, content
from tbl_board;
```

위의 SQL은 인덱스를 찾는 순서가 다르므로 아래와 같은 방식으로 실행되게 됩니다.

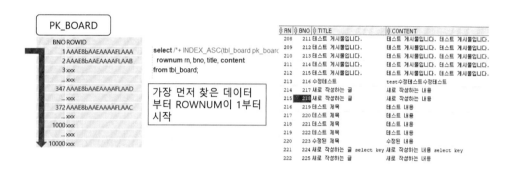

힌트를 이용해서 tbl_board 테이블을 pk_board의 순번으로 접근하게 되면 ROWNUM의 값이 215번으로 달라진 것이 보입니다. 이때의 실행 계획은 다음과 같습니다.

만일 게시물의 역순으로 테이블을 접근하게 된다면 218번의 ROWNUM 값은 접근하는 순서가 뒤쪽이기 때문에 엄청나게 큰 값이 나오게 됩니다. ROWNUM은 데이터에 접근하는 순서이기 때문에 가장 먼저 접근하는 데이터가 1번이 되는데, 이를 이용하면 테이블을 bno의 역순으로 접근해서 bno 값이 가장 큰 데이터가 ROWNUM 값이 1이 되도록 작성할 수 있습니다.

Part 01

Part 02

Part 03

Part 04

Part 05

Part 06

Part 07

```
select
/*+ INDEX_DESC(tbl_board pk_board) */
rownum rn, bno, title, content
from tbl_board
where bno > 0;
```

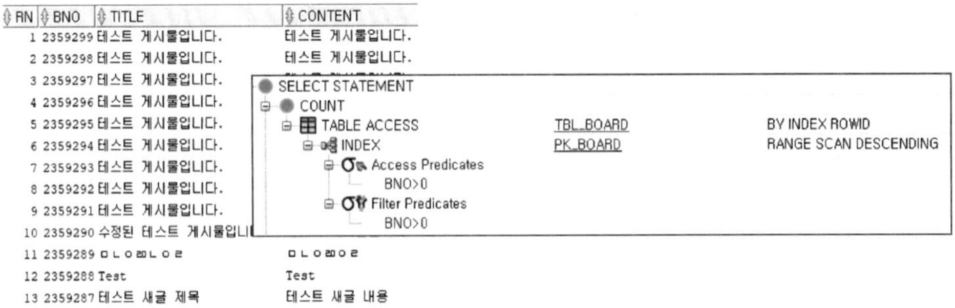

위의 SQL은 PK_BOARD 인덱스 역으로 타면서 테이블에 접근했기 때문에 bno 값이 가장 높은 데이터를 가장 먼저 가져오게 됩니다. 이 방식을 이용하면 각 게시물을 정렬하면서 순번을 매겨줄 수 있는데, 1페이지의 경우는 위의 그림에서 RN이라는 칼럼의 값이 1부터 10에 해당한다고 볼 수 있습니다(10개씩 페이징을 한다는 전제).

### 12.4.2 페이지 번호 1, 2의 데이터

한 페이지당 10개의 데이터를 출력한다고 가정하면 ROWNUM 조건을 WHERE 구문에 추가해서 다음과 같이 작성할 수 있습니다.

```
select /*+INDEX_DESC(tbl_board pk_board) */
  rownum rn, bno, title, content
from
  tbl_board
where rownum <= 10;
```

WHERE 구문에는 ROWNUM 관련 조건을 줄 수 있는데, 위의 SQL 처리 결과는 다음과 같습니다.

| ⬦ RN | ⬦ BNO | ⬦ TITLE | ⬦ CONTENT |
|---|---|---|---|
| 1 | 2359299 | 테스트 게시물입니다. | 테스트 게시물입니다. |
| 2 | 2359298 | 테스트 게시물입니다. | 테스트 게시물입니다. |
| 3 | 2359297 | 테스트 게시물 |  |
| 4 | 2359296 | 테스트 게시물 |  |
| 5 | 2359295 | 테스트 게시물 |  |
| 6 | 2359294 | 테스트 게시물 |  |
| 7 | 2359293 | 테스트 게시물 |  |
| 8 | 2359292 | 테스트 게시물 |  |
| 9 | 2359291 | 테스트 게시물입니다. | 테스트 게시물입니다. |
| 10 | 2359290 | 수정된 테스트 게시물입니다. | 테스트 게시물입니다. |

```
SELECT STATEMENT
● COUNT                                                    STOPKEY
  ⊟ σ Filter Predicates
        ROWNUM <=10
  ⊟ ⊞ TABLE ACCESS        TBL_BOARD        BY INDEX ROWID
      ⊞ INDEX             PK_BOARD         FULL SCAN DESCENDING
```

SQL의 실행 결과를 보면 가장 높은 번호의 게시물 10개만이 출력되는 것을 볼 수 있는데, 이때 실행 계획을 통해서 PK_BOARD 인덱스를 역순으로 접근하는 것을 확인할 수 있습니다. WHERE 조건에서 특이하게 ROWNUM 조건은 테이블을 접근할 때 필터링 조건으로 적용된 것을 볼 수 있습니다.

1페이지 데이터를 구했다면 흔히 동일한 방식으로 2페이지 데이터를 구할 수 있을 것이라고 생각합니다. 하지만 절대로 원하는 결과를 구할 수 없는데 그 원인을 알아야만 합니다.

```
--아무 결과가 나오지 않는다.
select /*+INDEX_DESC(tbl_board pk_board) */
  rownum rn, bno, title, content
from
  tbl_board
where rownum > 10 and rownum <= 20;
```

위의 SQL을 보면 rownum이 10보다 크고 20보다 작거나 같은 데이터들을 가져올 것이라고 기대하지만 실제로는 아무 결과가 나오지 않습니다. 이렇게 되는 이유를 알아내려면 실행 계획을 유심히 살펴봐야만 합니다.

Part 01

Part 02

Part 03

Part 04

Part 05

Part 06

Part 07

실행 계획은 안쪽에서부터 바깥쪽으로, 위에서부터 아래로 보게 되므로 위의 실행 계획은 우선 ROWNUM 〉 10, 데이터들을 찾게 됩니다. 문제는 TBL_BOARD에 처음으로 나오는 ROWNUM의 값이 1이라는 것입니다. TBL_BOARD에서 데이터를 찾고 ROWNUM 값이 1이 된 데이터는 where 조건에 의해서 무효화됩니다. 이후에 다시 다른 데이터를 가져오면 새로운 데이터가 첫 번째 데이터가 되므로 다시 ROWNUM은 1이 됩니다. 이 과정이 반복되면 ROWNUM 값은 항상 1로 만들어지고 없어지는 과정이 반복되므로 테이블의 모든 데이터를 찾아내지만 결과는 아무것도 나오지 않게 됩니다. 이러한 이유로 SQL을 작성할 때 ROWNUM 조건은 반드시 1이 포함되어야 합니다.

SQL에 ROWNUM 조건이 1이 포함되도록 다음과 같이 수정해보면 결과가 나오는 것을 볼 수 있습니다.

```
--ROWNUM은 반드시 1이 포함되도록 해야 한다.
select /*+INDEX_DESC(tbl_board pk_board) */
  rownum rn, bno, title, content
from
  tbl_board
where rownum <= 20;
```

달라진 점은 rownum 조건이 1을 포함하도록 변경한 것뿐입니다. 위의 SQL 결과는 아래와 같이 역순으로 데이터를 20개 가져오게 됩니다.

| RN | BNO | TITLE | CONTENT |
|----|-----|-------|---------|
| 1 | 2359299 | 테스트 게시물입니다. | 테스트 게시물입니다. 테스트 게시물입니다. |
| 2 | 2359298 | 테스트 게시물입니다. | 테스트 게시물입니다. 테스트 게시물입니다. |
| 3 | 2359297 | 테스트 게시물입니다. | 테스트 게시물입니다. 테스트 게시물입니다. |
| 4 | 2359296 | 테스트 게시물입니다. | 테스트 게시물입니다. 테스트 게시물입니다. |
| 5 | 2359295 | 테스트 게시물입니다. | 테스트 게시물입니다. 테스트 게시물입니다. |
| 6 | 2359294 | 테스트 게시물입니다. | 테스트 게시물입니다. 테스트 게시물입니다. |
| 7 | 2359293 | 테스트 게시물입니다. | 테스트 게시물입니다. 테스트 게시물입니다. |
| 8 | 2359292 | 테스트 게시물입니다. | 테스트 게시물입니다. 테스트 게시물입니다. |
| 9 | 2359291 | 테스트 게시물입니다. | 테스트 게시물입니다. 테스트 게시물입니다. |
| 10 | 2359290 | 수정된 테스트 게시물입니다. | 테스트 게시물입니다. 테스트 게시물입니다. |
| 11 | 2359289 | ㅁㄴㅇㄹㅇㄹ | ㅁㄴㅇㄹㅇㄹ |
| 12 | 2359288 | Test | Test |
| 13 | 2359287 | 테스트 새글 제목 | 테스트 새글 내용 |
| 14 | 2359286 | 새로 작성하는 글 | 새로 작성하는 내용 |
| 15 | 2359285 | 새로 작성하는 글 select key | 새로 작성하는 내용 select key |
| 16 | 2359284 | 수정된 제목 | 수정된 내용 |
| 17 | 2359283 | 테스트 제목 | 테스트 내용 |
| 18 | 2359282 | 테스트 제목 | 테스트 내용 |
| 19 | 2359281 | 테스트 제목 | 테스트 내용 |
| 20 | 2359280 | 테스트 제목 | 테스트 내용 |

### 12.4.3 인라인뷰(In-line View) 처리

10개씩 목록을 출력하는 경우 2페이지의 데이터 20개를 가져오는 데는 성공했지만, 1페이지의 내용이 같이 출력되는 문제가 있으므로 마지막으로 이 문제를 수정해야 합니다. 이 문제를 해결하기 위해서는 인라인뷰라는 것을 이용하는데 인라인뷰를 쉽게 설명하자면, 'SELECT문 안쪽 FROM에 다시 SELECT문'으로 이해할 수 있습니다. 인라인뷰는 논리적으로는 어떤 결과를 구하는 SELECT문이 있고, 그 결과를 다시 대상으로 삼아서 SELECT를 하는 것입니다.

데이터베이스에서는 테이블이나 인덱스와 같이 뷰(View)라는 개념이 존재합니다. '뷰(View)'는 일종의 '창문'같은 개념으로 복잡한 SELECT 처리를 하나의 뷰로 생성하고, 사용자들은 뷰를 통해서 복잡하게 만들어진 결과를 마치 하나의 테이블처럼 쉽게 조회한다는 개념입니다.

인라인뷰는 이러한 뷰의 작성을 별도로 작성하지 않고 말 그대로 FROM 구문 안에 바로 작성하는 형태입니다.

Part 01

Part 02

Part 03

Part 04

Part 05

Part 06

Part 07

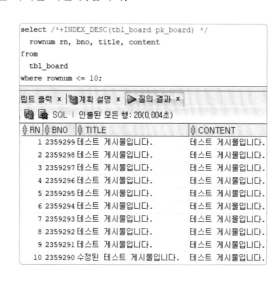

```
SELECT ....
FROM (
        SELECT ....
                        인라인뷰
        FROM....
   )
```

외부에서 SELECT문은 인라인뷰로 작성된 결과를 마치 하나의 테이블처럼 사용합니다. 예를 들어, 위의 경우 20개의 데이터를 가져오는 SQL을 하나의 테이블처럼 간주하고 바깥쪽에서 추가적인 처리를 하는 것입니다.

```
select /*+INDEX_DESC(tbl_board pk_board) */
  rownum rn, bno, title, content
from
  tbl_board
where rownum <= 10;
```

립트 출력 x │계획 설명 x │▶질의 결과 x

SQL │ 인출된 모든 행: 20(0,004초)

| RN | BNO | TITLE | CONTENT |
|---|---|---|---|
| 1 | 2359299 | 테스트 게시물입니다. | 테스트 게시물입니다. |
| 2 | 2359298 | 테스트 게시물입니다. | 테스트 게시물입니다. |
| 3 | 2359297 | 테스트 게시물입니다. | 테스트 게시물입니다. |
| 4 | 2359296 | 테스트 게시물입니다. | 테스트 게시물입니다. |
| 5 | 2359295 | 테스트 게시물입니다. | 테스트 게시물입니다. |
| 6 | 2359294 | 테스트 게시물입니다. | 테스트 게시물입니다. |
| 7 | 2359293 | 테스트 게시물입니다. | 테스트 게시물입니다. |
| 8 | 2359292 | 테스트 게시물입니다. | 테스트 게시물입니다. |
| 9 | 2359291 | 테스트 게시물입니다. | 테스트 게시물입니다. |
| 10 | 2359290 | 수정된 테스트 게시물입니다. | 테스트 게시물입니다. |

만일 위의 결과를 하나의 테이블로 보면 해당 테이블은 RN, BNO, TITLE, CONTENT 라는 칼럼을 가지는 테이블이 됩니다. 이 경우 이 테이블에서 원하는 것은 RN 칼럼 값이 10보다 큰 데이터만 가져오면 됩니다.

인라인뷰를 적용한 2페이지 데이터의 처리는 아래와 같이 작성될 수 있습니다.

```
select
  bno, title, content
from
    (
```

```
    select /*+INDEX_DESC(tbl_board pk_board) */
      rownum rn, bno, title, content
    from
      tbl_board
    where rownum <= 20
    )
  where rn > 10;
```

기존의 SQL과 비교해 보면 20개의 데이터를 가져온 후 2페이지에 해당하는 10개만을 추출하는 방식으로 구현됩니다.

이 과정을 정리하면 다음과 같은 순서입니다.

- 필요한 순서로 정렬된 데이터에 ROWNUM을 붙인다.
- 처음부터 해당 페이지의 데이터를 'ROWNUM <= 30'과 같은 조건을 이용해서 구한다.
- 구해놓은 데이터를 하나의 테이블처럼 간주하고 인라인뷰로 처리한다.
- 인라인뷰에서 필요한 데이터만을 남긴다.

Part 01

Part 02

Part 03

Part 04

Part 05

Part 06

Part 07

# 13 | MyBatis와 스프링에서 페이징 처리

MyBatis는 SQL을 그대로 사용할 수 있기 때문에 인라인뷰를 이용하는 SQL을 작성하고, 필요한 파라미터를 지정하는 방식으로 페이징 처리를 하게 됩니다. 여기서 신경 써야 하는 점은 페이징 처리를 위해서는 SQL을 실행할 때 몇 가지 파라미터가 필요하다는 점입니다. 페이징 처리를 위해서 필요한 파라미터는 1) 페이지 번호(pageNum), 2) 한 페이지당 몇 개의 데이터(amount)를 보여줄 것인지가 결정되어야만 합니다.

페이지 번호와 몇 개의 데이터가 필요한지를 별도의 파라미터로 전달하는 방식도 나쁘지는 않지만, 아예 이 데이터들을 하나의 객체로 묶어서 전달하는 방식이 나중을 생각하면 좀 더 확장성이 좋습니다.

org.zerock.domain 패키지에 Criteria 이름의 클래스를 작성합니다. Criteria는 '검색의 기준'을 의미합니다.

기본적인 웹 게시물 관리

```
package org.zerock.domain;

import lombok.Getter;
import lombok.Setter;
import lombok.ToString;

@Getter
@Setter
@ToString
public class Criteria {

    private int pageNum;
    private int amount;

    public Criteria() {
        this(1,10);
    }

    public Criteria(int pageNum, int amount) {
        this.pageNum = pageNum;
        this.amount = amount;
    }

}
```

Criteria 클래스의 용도는 pageNum과 amount 값을 같이 전달하는 용도지만 생성자를 통해서 기본값을 1페이지, 10개로 지정해서 처리합니다. Lombok을 이용해서 getter/setter을 생성해 줍니다.

## 13.1 MyBatis 처리와 테스트

BoardMapper는 인터페이스와 어노테이션을 이용하기 때문에 페이징 처리와 같이 경우에 따라 SQL 구문 처리가 필요한 상황에서는 복잡하게 작성됩니다(SQL문이 길어지고 복잡해지면 개인적으로는 XML로 처리하는 것이 더 알아보기 쉽고 관리하기도 쉽다고 생각합니다.).

org.zerock.mapper 패키지의 BoardMapper에는 위에서 작성한 Criteria 타입을 파라미터로 사용하는 getListWithPaging( ) 메서드를 작성합니다.

Part 01

Part 02

Part 03

Part 04

Part 05

Part 06

Part 07

```
▼ 📇 org.zerock.mapper
  › 📄 BoardMapper.java
```

**BoardMapper 인터페이스**

```java
package org.zerock.mapper;

import java.util.List;

import org.zerock.domain.BoardVO;
import org.zerock.domain.Criteria;

public interface BoardMapper {

  public List<BoardVO> getList();

  public List<BoardVO> getListWithPaging(Criteria cri);

  public void insert(BoardVO board);

  public Integer insertSelectKey(BoardVO board);

  public BoardVO read(Long bno);

  public int delete(Long bno);

  public int update(BoardVO board);

}
```

기존에 만들어둔 src/main/resources의 BoardMapper.xml에 getListWithPaging
에 해당하는 태그를 추가합니다.

**BoardMapper.xml의 일부**

```xml
<select id="getListWithPaging" resultType="org.zerock.domain.BoardVO">
  <![CDATA[
  select
    bno, title, content, writer, regdate, updatedate
  from
      (
      select /*+INDEX_DESC(tbl_board pk_board) */
        rownum rn, bno, title, content, writer, regdate, updatedate
      from
        tbl_board
      where rownum <= 20
      )
```

기본적인 웹 게시물 관리

```
    where rn > 10
]]>
</select>
```

작성된 BoardMapper.xml에서는 XML의 CDATA 처리가 들어갑니다. CDATA 섹션은 XML에서 사용할 수 없는 부등호를 사용하기 위함인데, XML을 사용할 경우에는 '〈, 〉'는 태그로 인식하는데, 이로 인해 생기는 문제를 막기 위함입니다(&lt; 나 &gt;와 같은 특수 문자를 사용할 수도 있긴 합니다.).

인라인뷰에서는 BoardVO를 구성하는데 필요한 모든 칼럼과 ROWNUM을 RN이라는 가명을 이용해서 만들어 주고 바깥쪽 SQL에서는 RN 칼럼을 조건으로 처리합니다.

### 13.1 1 페이징 테스트와 수정

MyBatis의 '#{ }'를 적용하기 전에 XML 설정이 제대로 동작하는지 테스트를 먼저 진행하는 것이 좋습니다. 테스트 환경은 이미 준비되어 있으므로 간단히 테스트 코드만을 추가할 수 있습니다. src/test/java 내에 있는 BoardMapperTests 클래스에 메서드를 추가합니다.

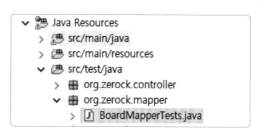

**BoardMapperTets 메서드 추가**

```
@Test
public void testPaging() {

    Criteria cri = new Criteria();

    List<BoardVO> list = mapper.getListWithPaging(cri);

    list.forEach(board -> log.info(board));

}
```

Part 01

Part 02

Part 03

Part 04

Part 05

Part 06

Part 07

Criteria 클래스에서 생성된 객체는 pageNum은 1, amount는 10이라는 기본값을 가지므로 별도의 파라미터 없이 생성합니다. 현재는 파라미터의 값이 반영되지 않았으므로 2페이지의 내용이 정상적으로 나오는지 확인합니다.

```
:NFO : org.zerock.mapper.BoardMapperTests - BoardVO(bno=2359289,
:NFO : org.zerock.mapper.BoardMapperTests - BoardVO(bno=2359288,
:NFO : org.zerock.mapper.BoardMapperTests - BoardVO(bno=2359287,
:NFO : org.zerock.mapper.BoardMapperTests - BoardVO(bno=2359286,
:NFO : org.zerock.mapper.BoardMapperTests - BoardVO(bno=2359285,
:NFO : org.zerock.mapper.BoardMapperTests - BoardVO(bno=2359284,
:NFO : org.zerock.mapper.BoardMapperTests - BoardVO(bno=2359283,
:NFO : org.zerock.mapper.BoardMapperTests - BoardVO(bno=2359282,
:NFO : org.zerock.mapper.BoardMapperTests - BoardVO(bno=2359281,
:NFO : org.zerock.mapper.BoardMapperTests - BoardVO(bno=2359280,
```

```
11 2359289 ㅁㄴㅇㅁㄴㅇ
12 2359288 Test
13 2359287 테스트 새글 제목
14 2359286 새로 작성하는 글
15 2359285 새로 작성하는 글 select key
16 2359284 수정된 제목
17 2359283 테스트 제목
18 2359282 테스트 제목
19 2359281 테스트 제목
20 2359280 테스트 제목
```

SQL에 문제가 없다는 것을 확인했다면 이제 Criteria 객체 내부의 값을 이용해서 SQL이 동작하도록 수정합니다. 20과 10이라는 값은 결국 pageNum과 amount를 이용해서 조절되는 값입니다.

```
select
  bno, title, content
from
  (
  select /*+INDEX_DESC(tbl_board pk_board) */
    rownum rn, bno, title, content
  from
    tbl_board
  where rownum <= 20
  )
where rn > 10
```

pageNum * amount

(pageNum - 1) * amount

BoardMapper.xml을 수정해서 페이지 번호(pageNum)와 데이터 수(amount)를 변경할 수 있게 수정합니다.

```
<select id="getListWithPaging"
    resultType="org.zerock.domain.BoardVO">
 <![CDATA[
  select
    bno, title, content, writer, regdate, updatedate
  from
    (
    select /*+INDEX_DESC(tbl_board pk_board) */
      rownum rn, bno, title, content, writer, regdate, updatedate
    from
      tbl_board
    where rownum <= #{pageNum} * #{amount}
    )
  where rn > (#{pageNum} -1) * #{amount}

 ]]>
</select>
```

SQL의 동작에 문제가 없는지 확인해야 합니다. 이전의 testPaging( )을 조금 수정해서 확인하도록 합니다.

**BoardMapperTests의 testPaging( ) 수정**

```
@Test
public void testPaging() {

  Criteria cri = new Criteria();
  //10개씩 3페이지
  cri.setPageNum(3);
  cri.setAmount(10);

  List<BoardVO> list = mapper.getListWithPaging(cri);

  list.forEach(board -> log.info(board.getBno()));
}
```

확인을 위해서 Criteria 객체를 생성할 때 파라미터를 추가해보거나, setter를 이용해서 내용을 수정합니다. 위의 경우는 한 페이지당 10개씩 출력하는 3페이지에 해당하는 데이터를 구한 것입니다. 테스트 코드가 동작한 후에는 SQL Developer에서 실행된 결과와 동일한지 체크하고 페이지 번호를 변경해서 정상적으로 번호가 처리되는지 확인합니다.

Part 01

Part 02

Part 03

Part 04

Part 05

Part 06

Part 07

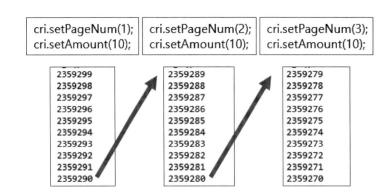

## 13.2 BoardController와 BoardService 수정

페이징 처리는 브라우저에서 들어오는 정보들을 기준으로 동작하기 때문에 Board Controller
와 BoardService역시 전달되는 파라미터들을 받는 형태로 수정해야 합니다.

### 13.2.1 BoardService 수정

BoardService는 Criteria를 파라미터로 처리하도록 BoardService 인터페이스와
BoardServiceImpl 클래스를 수정합니다.

**BoardService 인터페이스 수정**

```java
package org.zerock.service;

import java.util.List;

import org.zerock.domain.BoardVO;
import org.zerock.domain.Criteria;

public interface BoardService {

  public void register(BoardVO board);
```

기본적인 웹 게시물 관리

```
    public BoardVO get(Long bno);

    public boolean modify(BoardVO board);

    public boolean remove(Long bno);

    // public List<BoardVO> getList();

    public List<BoardVO> getList(Criteria cri);

}
```

동일 패키지 내의 BoardServiceImpl 클래스 역시 수정합니다.

**BoardServiceImpl 클래스 수정**

```
// @Override
// public List<BoardVO> getList() {
//
// log.info("getList..........");
//
// return mapper.getList();
// }

@Override
public List<BoardVO> getList(Criteria cri) {

  log.info("get List with criteria: " + cri);

  return mapper.getListWithPaging(cri);
}
```

원칙적으로는 BoardService 쪽에 대한 수정이 이루어 졌으니 이에 대한 테스트를 진행합니다. 메서드를 수정하면 이미 테스트 코드 역시 에러가 발생하므로 다음과 같이 수정해서 테스트를 진행합니다.

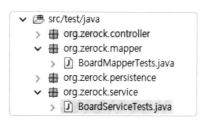

Part 01

Part 02

Part 03

Part 04

Part 05

Part 06

Part 07

**src/test/java 밑의 BoardServiceTests 클래스의 일부**

```
@Test
public void testGetList() {

  // service.getList().forEach(board -> log.info(board));
  service.getList(new Criteria(2, 10)).forEach(board -> log.
info(board));
}
```

## 13.2.2 BoardController 수정

기존 BoardController의 list( )는 아무런 파라미터가 없이 처리되었기 때문에
pageNum과 amount를 처리하기 위해서 아래와 같이 수정합니다.

```
✓ 🗁 src/main/java
  ✓ 🏭 org.zerock.controller
    > 🗟 BoardController.java
    > 🗟 HomeController.java
```

**BoardController 클래스의 일부**

```
// @GetMapping("/list")
// public void list(Model model) {
//
// log.info("list");
// model.addAttribute("list", service.getList());
//
// }

@GetMapping("/list")
public void list(Criteria cri, Model model) {

  log.info("list: " + cri);
  model.addAttribute("list", service.getList(cri));

}
```

Criteria 클래스를 하나 만들어 두면 위와 같이 편하게 하나의 타입만으로 파라미터나 리
턴 타입을 사용할 수 있기 때문에 여러모로 편리합니다.

BoardController 역시 이전에 테스트를 진행했으므로, pageNum과 amount를 파라
미터로 테스트합니다.

**src/test/java 밑의 BoardControllerTests 클래스 일부**

```java
@Test
public void testListPaging() throws Exception {

  log.info(mockMvc.perform(
      MockMvcRequestBuilders.get("/board/list")
      .param("pageNum", "2")
      .param("amount", "50"))
      .andReturn().getModelAndView().getModelMap());
}
```

Part 01

Part 02

Part 03

Part 04

Part 05

Part 06

Part 07

Chapter

# 14 | 페이징 화면 처리

URL의 파라미터를 이용해서 정상적으로 원하는 페이지로 이동하는 것을 확인했다면, 화면 밑에 페이지 번호를 표시하고 사용자가 페이지 번호를 클릭할 수 있게 처리합니다. 페이지를 보여주는 작업은 다음과 같은 과정을 통해서 진행합니다.

- 브라우저 주소창에서 페이지 번호를 전달해서 결과를 확인하는 단계
- JSP에서 페이지 번호를 출력하는 단계
- 각 페이지 번호에 클릭 이벤트 처리
- 전체 데이터 개수를 반영해서 페이지 번호 조절

페이지 처리는 단순히 링크의 연결이기 때문에 어렵지는 않지만, 다음 그림과 같이 목록 페이지에서 조회 페이지, 수정 삭제 페이지까지 페이지 번호가 계속해서 유지되어야만 하기 때문에 끝까지 신경 써야 하는 부분들이 많은 편입니다. 다음 그림은 페이지 번호가 어떤 작업을 하던 유지되면서 링크가 연결되는 모습입니다.

## 14.1 페이징 처리할 때 필요한 정보들

화면에 페이징 처리를 하기 위해서는 우선적으로 여러 가지 필요한 정보들이 존재합니다.
화면에 페이지는 크게 다음과 같은 정보들이 필요합니다.

- 현재 페이지 번호(page)
- 이전과 다음으로 이동 가능한 링크의 표시 여부(prev, next)
- 화면에서 보여지는 페이지의 시작 번호와 끝 번호(startPage, endPage)

Part 01

Part 02

Part 03

Part 04

Part 05

Part 06

Part 07

### 14.1.1 끝 페이지 번호와 시작 페이지 번호

페이징 처리를 하기 위해서 우선적으로 필요한 정보는 현재 사용자가 보고 있는 페이지(page)의 정보입니다. 예를 들어, 사용자가 5페이지를 본다면 화면의 페이지 번호는 1부터 시작하지만, 사용자가 19페이지를 본다면 11부터 시작해야 하기 때문입니다(화면에 10개씩 페이지 번호를 출력한다고 가정한 상태).

흔히들 페이지를 계산할 때 시작 번호를 먼저 하려고 하지만, 오히려 끝 번호를 먼저 계산해 두는 것이 수월합니다. 끝 번호는 다음과 같은 공식으로 구할 수 있습니다(페이지 번호가 10개씩 보인다고 가정합니다.).

**페이징의 끝 번호(endPage) 계산**

```
this.endPage = (int)(Math.ceil(페이지번호 / 10.0)) * 10;
```

Math.ceil( )은 소수점을 올림으로 처리하기 때문에 다음과 같은 상황이 가능합니다.

- 1페이지의 경우: Math.ceil(0.1) * 10 = 10
- 10페이지의 경우: Math.ceil(1) * 10 = 10
- 11페이지의 경우: Math.ceil(1.1) * 10 = 20

끝 번호(endPage)는 아직 개선의 여지가 있습니다. 만일 전체 데이터 수가 적다면 10페이지로 끝나면 안되는 상황이 생길 수도 있기 때문입니다. 그럼에도 끝 번호(endPage)를 먼저 계산하는 이유는 시작 번호(startPae)를 계산하기 수월하기 때문입니다.

만일 화면에 10개씩 보여준다면 시작 번호(startPage)는 무조건 끝 번호(endPage)에서 9라는 값을 뺀 값이 됩니다.

**페이징의 시작 번호(startPage) 계산**

```
this.startPage = this.endPage - 9;
```

끝 번호(endPage)는 전체 데이터 수(total)에 의해서 영향을 받습니다. 예를 들어, 10개씩 보여주는 경우 전체 데이터 수(total)가 80개라고 가정하면 끝 번호(endPage)는 10이 아닌 8이 되어야만 합니다.

만일 끝 번호(endPage)와 한 페이지당 출력되는 데이터 수(amount)의 곱이 전체 데이터 수(total)보다 크다면 끝 번호(endPage)는 다시 total을 이용해서 다시 계산되어야 합니다.

**total을 통한 endPage의 재계산**

```
realEnd = (int) (Math.ceil((total * 1.0) / amount) );

if(realEnd < this.endPage) {
  this.endPage = realEnd;
}
```

먼저 전체 데이터 수(total)를 이용해서 진짜 끝 페이지(realEnd)가 몇 번까지 되는지를 계산합니다. 만일 진짜 끝 페이지(realEnd)가 구해둔 끝 번호(endPage)보다 작다면 끝 번호는 작은 값이 되어야만 합니다.

이전(prev)과 다음(next)

이전(prev)과 다음은 아주 간단히 구할 수 있습니다. 이전(perv)의 경우는 시작 번호(startPage)가 1보다 큰 경우라면 존재하게 됩니다.

**이전(prev) 계산**

```
this.prev = this.startPage > 1;
```

다음(next)으로 가는 링크의 경우 위의 realEnd가 끝 번호(endPage)보다 큰 경우에만 존재하게 됩니다.

**다음(next) 계산**

```
this.next = this.endPage < realEnd;
```

Part 01

Part 02

Part 03

Part 04

Part 05

Part 06

Part 07

## 14.2 페이징 처리를 위한 클래스 설계

화면에 페이징 처리를 위해서 위와 같이 여러 정보가 필요하다면 클래스를 구성해서 처리하는 방식도 꽤 편한 방식이 될 수 있습니다. 클래스를 구성하면 Controller 계층에서 JSP 화면에 전달할 때에도 객체를 생성해서 Model에 담아 보내는 과정이 단순해지는 장점도 있습니다.

org.zerock.domain 패키지에 PageDTO 클래스를 설계합니다.

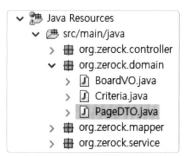

### PageDTO 클래스

```java
package org.zerock.domain;

import lombok.Getter;
import lombok.ToString;

@Getter
@ToString
public class PageDTO {

  private int startPage;
  private int endPage;
  private boolean prev, next;

  private int total;
  private Criteria cri;

  public PageDTO(Criteria cri, int total) {

    this.cri = cri;
    this.total = total;

    this.endPage = (int) (Math.ceil(cri.getPageNum() / 10.0)) * 10;
```

```
    this.startPage = this.endPage - 9;

    int realEnd = (int) (Math.ceil((total * 1.0) / cri.getAmount()));

    if (realEnd < this.endPage) {
      this.endPage = realEnd;
    }

    this.prev = this.startPage > 1;

    this.next = this.endPage < realEnd;
  }

}
```

PageDTO는 생성자를 정의하고 Criteria와 전체 데이터 수(total)를 파라미터로 지정합니다. Criteria 안에는 페이지에서 보여주는 데이터 수(amount)와 현재 페이지 번호(pageNum)를 가지고 있기 때문에 이를 이용해서 필요한 모든 내용을 계산할 수 있습니다.

BoardController에서는 PageDTO를 사용할 수 있도록 Model에 담아서 화면에 전달해 줄 필요가 있습니다. 메서드를 다음과 같이 수정합니다.

**BoardController클래스의 list( )**

```java
@GetMapping("/list")
public void list(Criteria cri, Model model) {

  log.info("list: " + cri);
  model.addAttribute("list", service.getList(cri));
  model.addAttribute("pageMaker", new PageDTO(cri, 123));

}
```

Part 01

Part 02

Part 03

Part 04

Part 05

Part 06

Part 07

list( )는 'pageMaker'라는 이름으로 PageDTO 클래스에서 객체를 만들어서 Model에 담아줍니다. PageDTO를 구성하기 위해서는 전체 데이터 수가 필요한데, 아직 그 처리가 이루어지지 않았으므로 임의의 값으로 123을 지정했습니다.

## 14.3 JSP에서 페이지 번호 출력

JSP에서 페이지 번호를 출력하는 부분은 JSTL을 이용해서 처리할 수 있습니다. SB Admin2는 부트 스트랩 기반으로 구성되어 있기 때문에 https://v4-alpha.getbootstrap.com/components/pagination/와 같이 부트 스트랩 관련 링크들에 필요한 예제들이 존재합니다.

예제는 SB Admin2의 pages 폴더에 있는 tables.html 페이지의 페이지 처리를 이용해서 구성합니다. 기존의 〈table〉 태그가 끝나는 직후에 페이지 처리를 추가합니다.

views/board/list.jsp의 일부

```
</c:forEach>
      </table>

      <div class='pull-right'>
        <ul class="pagination">

          <c:if test="${pageMaker.prev}">
            <li class="paginate_button previous"><a href="#">Previous</a>
            </li>
          </c:if>

          <c:forEach var="num" begin="${pageMaker.startPage}"
            end="${pageMaker.endPage}">
            <li class="paginate_button"><a href="#">${num}</a></li>
          </c:forEach>

          <c:if test="${pageMaker.next}">
            <li class="paginate_button next"><a href="#">Next</a></li>
          </c:if>
        </ul>
      </div>
      <!-- end Pagination -->
    </div>
```

기본적인 웹 게시물 관리

Modal 창의 아래쪽에 별도의 〈div class='row'〉를 구성하고 페이지 번호들을 출력합니다. pageMaker라는 이름으로 전달된 PageDTO를 이용해서 화면에 페이지 번호들을 출력합니다.

예를 들어, 현재 total은 123이라는 숫자로 지정되어 있으므로 5페이지를 조회하면 next 값은 true가 되어야 합니다. 반면에 amount 값이 20인 경우에는 7페이지까지만 출력되어야 합니다.

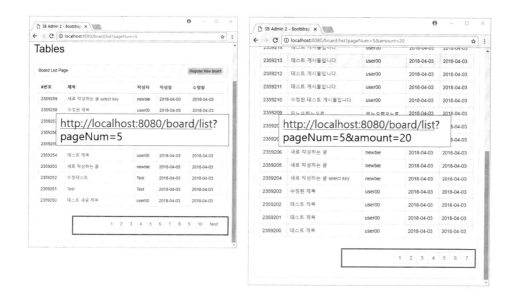

## 14.3.1 페이지 번호 이벤트 처리

화면에서 페이지 번호가 보이기는 하지만 아직 페이지 번호를 클릭했을 때 이벤트 처리가 남아있습니다. 일반적으로 〈a〉 태그의 href 속성을 이용하는 방법을 사용할 수도 있지만, 직접 링크를 처리하는 방식의 경우 검색 조건이 붙고 난 후에 처리가 복잡하게 되므로 JavaScript를 통해서 처리하는 방식을 이용합니다.

우선 페이지와 관련된 〈a〉 태그의 href 속성값으로 페이지 번호를 가지도록 수정합니다 (번호의 출력 부분은 〈c:out〉을 이용해서 출력하는 것이 좋지만 예제에서는 가독성의 문제로 일반 EL을 이용했습니다.).

Part 01

Part 02

Part 03

Part 04

Part 05

Part 06

Part 07

**list.jsp의 일부**

```
<c:if test="${pageMaker.prev}">
<li class="paginate_button previous">
  <a href="${pageMaker.startPage -1}">Previous</a>
</li>
</c:if>

<c:forEach var="num" begin="${pageMaker.startPage}" end="${pageMaker.
endPage}" >
<li class="paginate_button  ${pageMaker.cri.pageNum == num ? "active":""} ">
  <a href="${num}">${num}</a>
</li>
</c:forEach>

<c:if test="${pageMaker.next}">
<li class="paginate_button next">
  <a href="${pageMaker.endPage +1 }">Next</a>
</li>
</c:if>
```

이제 화면에서는 〈a〉 태그는 href 속성값으로 단순히 번호만을 가지게 변경됩니다. 브라우저에서 만들어진 결과를 보면 아래와 같은 형태가 됩니다.

이 상태에서 페이지 번호를 클릭하게 되면 해당하는 URL이 존재하지 않기 때문에 문제가 생기게 됩니다.

⟨a⟩ 태그가 원래의 동작을 못하도록 JavaScript 처리를 합니다. 실제 페이지를 클릭하면 동작을 하는 부분은 별도의 ⟨form⟩ 태그를 이용해서 처리하도록 합니다(⟨c:out⟩을 사용하는 것이 더 좋은 방법이지만 간단히 사용하기 위해서 EL로 처리하였습니다.).

**list.jsp의 일부**

```html
<form id='actionForm' action="/board/list" method='get'>
  <input type='hidden' name='pageNum' value = '${pageMaker.cri.pageNum}'>
  <input type='hidden' name='amount' value = '${pageMaker.cri.amount}'>
</form>
```

기존에 동작하던 JavaScript 부분은 아래와 같이 기존의 코드에 페이지 번호를 클릭하면 처리하는 부분이 추가됩니다.

**list.jsp의 일부**

```html
<script type="text/javascript">
  $(document).ready(function() {

    var result = '<c:out value="${result}"/>';

    checkModal(result);

    history.replaceState({}, null, null);

    function checkModal(result) {

      if (result === '' || history.state) {
        return;
      }

      if (parseInt(result) > 0) {
        $(".modal-body").html(
            "게시글 " + parseInt(result) + " 번이 등록되었습니다.");
      }

      $("#myModal").modal("show");
    }

    $("#regBtn").on("click", function() {

      self.location = "/board/register";

    });
```

Part 01

Part 02

Part 03

Part 04

Part 05

Part 06

Part 07

```
    var actionForm = $("#actionForm");

    $(".paginate_button a").on("click", function(e) {

      e.preventDefault();

      console.log('click');

      actionForm.find("input[name='pageNum']").val($(this).attr("href"));
    });

  });
</script>
```

list.jsp에서는 〈form〉 태그를 추가해서 URL의 이동을 처리하도록 변경했습니다. JavaScript에서는 〈a〉 태그를 클릭해도 페이지 이동이 없도록 preventDefault( ) 처리를 하고, 〈form〉 태그 내 pageNum 값은 href 속성값으로 변경합니다. 이 처리를 하고 나면 화면에서 페이지 번호를 클릭했을 때 〈form〉 태그 내의 페이지 번호가 바뀌는 것을 브라우저에서 개발자 도구를 통해 확인할 수 있습니다.

```
▼<form id="actionForm" action="/board/list" method="get">
    <input type="hidden" name="pageNum" value="5"> == $0
    <input type="hidden" name="amount" value="10">
  </form>
▶<script type="text/javascript">…</script>
```

마지막 처리는 actionForm 자체를 submit( ) 시켜야 합니다.

```
    $(".paginate_button a").on("click", function(e) {

      e.preventDefault();

      console.log('click');

      actionForm.find("input[name='pageNum']").val($(this).attr("href"));
      actionForm.submit();
    });
```

브라우저에서 페이지 번호를 클릭하면 화면에서 제대로 이동이 되는지를 확인합니다.

기본적인 웹 게시물 관리

## 14.4 조회 페이지로 이동

목록 화면에서 페이지 번호를 클릭하면 정상적으로 원하는 페이지로 이동하는 것을 볼 수 있지만, 몇 가지 문제가 있습니다. 우선 사용자가 3페이지에 있는 게시글을 클릭한 후 다시 목록으로 이동해 보면 다음과 같이 무조건 1페이지 목록 페이지로 이동하는 증상이 일어납니다.

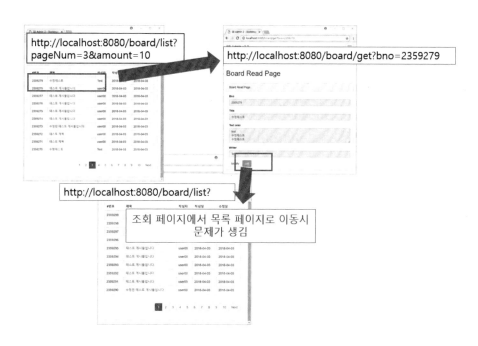

페이징 처리를 하고 나면 특정 게시물의 조회 페이지로 이동한 후 다시 목록으로 돌아가는데 문제가 생깁니다. 조회 페이지에서 'List'를 선택하면 다시 1페이지의 상태로 돌아가는 문제가 발생하는 것을 볼 수 있습니다. 이를 해결하기 위해서는 조회 페이지로 갈 때 현재 목록 페이지의 pageNum과 amount를 같이 전달해야 합니다. 이런 경우 페이지 이동에 사용했던 〈form〉 태그에 추가로 게시물의 번호를 같이 전송하고, action 값을 조정해서 처리할 수 있습니다.

원래 게시물의 제목에는 '/board/get?bno=xxx'로 이동할 수 있는 링크가 직접 처리되어 있었습니다.

**list.jsp의 일부**

```
<a href='/board/get?bno=<c:out value="${board.bno}"/>'>
<c:out value="${board.title}" /></a>
```

페이지 번호는 조회 페이지에 전달되지 않기 때문에 조회 페이지에서 목록 페이지로 이동할 때는 아무런 정보가 없이 다시 '/board/list'를 호출하게 됩니다. 간단하게는 각 게시물의 링크에 추가로 '&pageNum=xx'와 같이 처리할 수도 있지만 나중에 여러 조건들이 추가되는 상황에서는 복잡한 링크를 생성해야만 합니다.

〈a〉 태그로 복잡한 링크를 생성하는 방식이 나쁘다고는 말할 수 없습니다. 가장 대표적인 예가 검색엔진입니다. 검색엔진에서는 출력된 정보와 링크를 저장해서 사용하기 때문에 〈a〉 태그 내의 링크가 완전한 URL인 경우가 노출에 유리합니다. 만일 웹페이지가 검색엔진에 의해서 노출이 필요한 경우라면 직접 모든 문자열을 구성해 주는 방식이 더 좋습니다.

직접 링크로 연결된 경로를 페이지 이동과 마찬가지로 〈form〉 태그를 이용해서 처리할 것이므로 〈a〉 태그에는 이동하려는 게시물의 번호만을 가지게 수정합니다(이벤트 처리를 수월하게 하기 위해서 〈a〉 태그에 class 속성을 하나 부여했습니다.).

```
<td>
  <a class='move' href='<c:out value="${board.bno}"/>'>
   <c:out value="${board.title}" /></a>
</td>
```

화면에서는 조회 페이지로 가는 링크 대신에 단순히 번호만이 출력됩니다(마우스를 올려보면 아래쪽에서 확인이 가능합니다.).

실제 클릭은 JavaScript를 통해서 게시물의 제목을 클릭했을 때 이동하도록 이벤트 처리를 새로 작성합니다.

**list.jsp 게시물 조회를 위한 이벤트 처리 추가**

```
$(".move").on("click", function(e){

    e.preventDefault();
    actionForm.append("<input type='hidden' name='bno' value='"+
$(this).attr("href")+"'>");
    actionForm.attr("action","/board/get");
    actionForm.submit();

});
```

게시물의 제목을 클릭하면 〈form〉 태그에 추가로 bno 값을 전송하기 위해서 〈input〉 태그를 만들어 추가하고, 〈form〉 태그의 action은 '/board/get'으로 변경합니다. 위의 처리가 정상적으로 되었다면 게시물의 제목을 클릭했을 때 pageNum과 amount 파라미터가 추가로 전달되는 것을 볼 수 있습니다.

Part 01

Part 02

Part 03

Part 04

Part 05

Part 06

Part 07

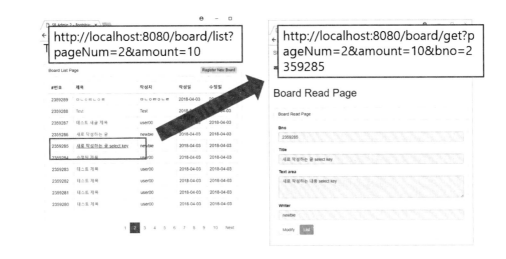

### 14.4.1 조회 페이지에서 다시 목록 페이지로 이동 – 페이지 번호 유지

조회 페이지에 다시 목록 페이지로 이동하기 위한 파라미터들이 같이 전송되었다면 조회
페이지에서 목록으로 이동하기 위한 이벤트를 처리해야 합니다. BoardController의
get( ) 메서드는 원래는 게시물의 번호만 받도록 처리되어 있었지만, 추가적인 파라미터
가 붙으면서 Criteria를 파라미터로 추가해서 받고 전달합니다.

**BoardController 클래스의 일부**

```java
@GetMapping({ "/get", "/modify" })
public void get(@RequestParam("bno") Long bno, @ModelAttribute("cri")
Criteria cri, Model model) {

    log.info("/get or modify");
    model.addAttribute("board", service.get(bno));
}
```

기본적인 웹 게시물 관리

@ModelAttribute는 자동으로 Model에 데이터를 지정한 이름으로 담아줍니다. @ModelAttribute를 사용하지 않아도 Controller에서 화면으로 파라미터가 된 객체는 전달이 되지만, 좀 더 명시적으로 이름을 지정하기 위해서 사용합니다.

기존 get.jsp에서는 버튼을 클릭하면 〈form〉 태그를 이용하는 방식이었으므로 필요한 데이터를 추가해서 이동하도록 수정합니다.

**views/board/get.jsp의 일부**

```
<form id='operForm' action="/board/modify" method="get">
  <input type='hidden' id='bno' name='bno' value='<c:out value="${board.
bno}"/>'>
  <input type='hidden' name='pageNum' value='<c:out value="${cri.
pageNum}"/>'>
  <input type='hidden' name='amount' value='<c:out value="${cri.
amount}"/>'>
</form>
```

get.jsp는 operForm이라는 id를 가진 〈form〉 태그를 이미 이용했기 때문에 cri라는 이름으로 전달된 Criteria 객체를 이용해서 pageNum과 amount 값을 태그로 구성하고, 버튼을 클릭했을 때 정상적으로 목록 페이지로 이동하게 처리합니다.

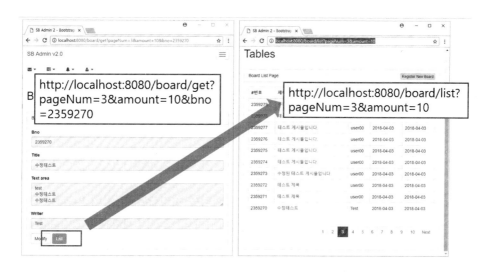

실제 동작은 아래 그림과 같이 pageNum과 amount 값이 정상적으로 이동되어야 합니다.

Part 01

Part 02

Part 03

Part 04

Part 05

Part 06

Part 07

### 14.4.2 조회 페이지에서 수정/삭제 페이지로 이동

조회 페이지에서는 'Modify' 버튼을 통해서 수정/삭제 페이지로 이동하게 됩니다. 수정/삭제 페이지에서는 다시 목록으로 가는 버튼이 존재하므로 동일하게 목록 페이지에 필요한 파라미터들을 처리해야 합니다. BoardController에서는 get( ) 메서드에서 '/get'과 '/modify'를 같이 처리하므로 별도의 추가적인 처리 없이도 Criteria를 Model에 cri라는 이름으로 담아서 전달합니다.

조회 페이지에서 ⟨form⟩ 태그는 목록 페이지로의 이동뿐 아니라 수정/삭제 페이지 이동에도 사용되기 때문에 파라미터들은 자동으로 같이 전송됩니다.

## 14.5 수정과 삭제 처리

modify.jsp에서는 ⟨form⟩ 태그를 이용해서 데이터를 처리합니다. 거의 입력과 비슷한 방식으로 구현되는데, 이제 pageNum과 amount라는 값이 존재하므로 ⟨form⟩ 태그 내에서 같이 전송할 수 있게 수정해야 합니다.

```
    <div class="panel-heading">Board Modify Page</div>
    <!-- /.panel-heading -->
    <div class="panel-body">
      <form role="form" action="/board/modify" method="post">

      <!--추가 -->
      <input type='hidden' name='pageNum' value='<c:out value="${cri.
pageNum }"/>'>
      <input type='hidden' name='amount' value='<c:out value="${cri.
amount }"/>'>
```

modify.jsp 역시 Criteria를 Model에서 사용하기 때문에 위와 같이 태그를 만들어서
〈form〉 태그 전송에 포함합니다.

## 14.5.1 수정/삭제 처리 후 이동

POST 방식으로 진행하는 수정과 삭제 처리는 BoardController에서 각각의 메서드 형
태로 구현되어 있으므로 페이지 관련 파라미터들을 처리하기 위해서는 변경해 줄 필요가
있습니다.

```
  @PostMapping("/modify")
  public String modify(BoardVO board, @ModelAttribute("cri") Criteria
cri, RedirectAttributes rttr) {
    log.info("modify:" + board);

    if (service.modify(board)) {
      rttr.addFlashAttribute("result", "success");
    }

    rttr.addAttribute("pageNum", cri.getPageNum());
    rttr.addAttribute("amount", cri.getAmount());

    return "redirect:/board/list";
  }
```

Part 01

Part 02

Part 03

Part 04

Part 05

Part 06

Part 07

메서드의 파라미터에는 Criteria가 추가된 형태로 변경되고, RedirectAttributes 역시 URL 뒤에 원래의 페이지로 이동하기 위해서 pageNum과 amount 값을 가지고 이동하게 수정합니다.

삭제 처리 역시 동일하게 Criteria를 받아들이는 방식으로 수정합니다.

**org.zerock.controller.BoardController의 remove()**

```
@PostMapping("/remove")
public String remove(@RequestParam("bno") Long bno, @
ModelAttribute("cri") Criteria cri, RedirectAttributes rttr) {

    log.info("remove..." + bno);
    if (service.remove(bno)) {
      rttr.addFlashAttribute("result", "success");
    }
    rttr.addAttribute("pageNum", cri.getPageNum());
    rttr.addAttribute("amount", cri.getAmount());

    return "redirect:/board/list";
}
```

위와 같은 방식을 이용하면 수정/삭제 후 기존 사용자가 보던 페이지로 이동하는 것을 볼 수 있습니다.

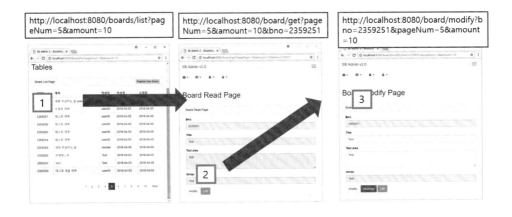

수정과 달리 삭제는 처리 후 1페이지로 이동해도 무방하지만, 이왕이면 사용자들에게 자신이 보던 정보를 이어서 볼 수 있게 조치해 주는 방식 역시 어렵지 않습니다.

## 14.5.2 수정/삭제 페이지에서 목록 페이지로 이동

페이지 이동의 마지막은 수정/삭제를 취소하고 다시 목록 페이지로 이동하는 것입니다. 목록 페이지는 오직 pageNum과 amount만을 사용하므로 〈form〉 태그의 다른 내용들은 삭제하고 필요한 내용만을 다시 추가하는 형태가 편리합니다.

**modify.jsp의 JavaScript 부분**

```javascript
<script type="text/javascript">
$(document).ready(function() {

  var formObj = $("form");

  $('button').on("click", function(e){

    e.preventDefault();

    var operation = $(this).data("oper");

    console.log(operation);

    if(operation === 'remove'){
      formObj.attr("action", "/board/remove");
    }else if(operation === 'list'){
      //move to list
      formObj.attr("action", "/board/list").attr("method","get");
      var pageNumTag = $("input[name='pageNum']").clone();
      var amountTag = $("input[name='amount']").clone();

      formObj.empty();
      formObj.append(pageNumTag);
      formObj.append(amountTag);
    }
    formObj.submit();
  });
});
</script>
```

만일 사용자가 'List' 버튼을 클릭한다면 〈form〉 태그에서 필요한 부분만 잠시 복사 (clone)해서 보관해 두고, 〈form〉 태그 내의 모든 내용은 지워버립니다(empty). 이후에 다시 필요한 태그들만 추가해서 '/board/list'를 호출하는 형태를 이용합니다.

Part 01

Part 02

Part 03

Part 04

Part 05

Part 06

Part 07

## 14.6 MyBatis에서 전체 데이터의 개수 처리

페이지의 이동이 모든 작업에서 정상적으로 이루어지는 것을 확인했다면 최종적으로는 데이터베이스에 있는 실제 모든 게시물의 수(total)를 구해서 PageDTO를 구성할 때 전달해 주어야 합니다. 전체의 개수를 구하는 SQL은 어렵거나 복잡하지 않기 때문에 어노테이션으로 처리해도 무방하지만 BoardMapper 인터페이스에 getTotalCount( ) 메서드를 정의하고 XML을 이용해서 SQL을 처리합니다.

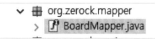

**BoardMapper 인터페이스**

```java
package org.zerock.mapper;

import java.util.List;

import org.zerock.domain.BoardVO;
import org.zerock.domain.Criteria;

public interface BoardMapper {

    ...생략...

    public int getTotalCount(Criteria cri);
}
```

getTotalCount( )는 Criteria를 파라미터를 전달받도록 설계하지 않아도 문제가 생기지는 않지만, 게시물의 목록과 전체 데이터 수를 구하는 작업은 일관성 있게 Criteria를 받는 것이 좋습니다(잠시 후 검색에서 필요합니다.).

기본적인 웹 게시물 관리

```xml
<select id="getTotalCount" resultType="int">
  select count(*) from tbl_board where bno > 0
</select>
```

BoardService와 BoardServiceImpl에서는 별도의 메서드를 작성해서 BoardMapper
의 getTotalCount( )를 호출합니다.

```java
package org.zerock.service;

import java.util.List;

import org.zerock.domain.BoardVO;
import org.zerock.domain.Criteria;

public interface BoardService {

...생략..

  //추가
  public int getTotal(Criteria cri);

}
```

BoardService의 getTotal( )에 굳이 Criteria는 파라미터로 전달될 필요가 없기는 하
지만, 목록과 전체 데이터 개수는 항상 같이 동작하는 경우가 많기 때문에 파라미터로 지
정합니다. BoardServiceImpl 클래스는 getTotal( ) 메서드를 구현합니다.

```java
  @Override
  public int getTotal(Criteria cri) {

    log.info("get total count");
    return mapper.getTotalCount(cri);
  }
```

Part 01

Part 02

Part 03

Part 04

Part 05

Part 06

Part 07

BoardController에서는 BoardService 인터페이스를 통해서 getTotal( )을 호출하도록 변경합니다.

**BoardController 클래스의 일부**

```
@GetMapping("/list")
  public void list(Criteria cri, Model model) {

    log.info("list: " + cri);
    model.addAttribute("list", service.getList(cri));
    //model.addAttribute("pageMaker", new PageDTO(cri, 123));

    int total  = service.getTotal(cri);

    log.info("total: "+ total);

    model.addAttribute("pageMaker", new PageDTO(cri, total));

  }
```

이상으로 게시물의 등록, 수정, 삭제, 조회, 페이징 처리가 완료되었습니다. 남은 작업은 검색 조건을 이용하는 처리입니다. 다음 장을 학습하기 전에 지금까지 학습한 내용에 어려움이 있었다면 리뷰를 해서 내용을 이해한 후 다음 학습 내용을 보는 것이 좋습니다.

기본적인 웹 게시물 관리

게시물 관리에서 마지막은 다양한 검색 처리입니다. 검색 기능은 다시 검색 조건과 키워드로 나누어 생각해 볼 수 있습니다. 검색 조건은 일반적으로 〈select〉 태그를 이용해서 작성하거나 〈checkbox〉를 이용하는 경우가 많습니다. 과거에는 〈checkbox〉를 이용하는 경우가 더 많았지만, 최근에는 일반 웹사이트에서 일반 사용자들의 경우에는 〈select〉를 관리자용이나 검색 기능이 강한 경우 〈checkbox〉를 이용하는 형태가 대부분입니다.

예제는 가장 흔한 〈select〉 태그를 이용해서 검색 기능과 화면을 처리하겠습니다.

## 15.1 검색 기능과 SQL

게시물의 검색 기능은 다음과 같이 분류가 가능합니다.

- 제목/내용/작성자와 같이 단일 항목 검색
- 제목 or 내용, 제목 or 작성자, 내용 or 작성자, 제목 or 내용 or 작성자와 같은 다중 항목 검색

검색 항목은 제목/내용/작성자와 같은 단일 항목 검색과 제목 or 내용과 같이 복합적인 항목으로 검색하는 방식이 존재합니다. 게시물의 검색이 붙으면 가장 신경 쓰이는 부분은 역시 SQL 쪽입니다. 오라클은 페이징 처리에 인라인뷰를 이용하기 때문에 실제로 검색 조건에 대한 처리는 인라인뷰의 내부에서 이루어져야 합니다. 단일 항목의 검색은 검색 조건에 따라서 칼럼이 달라지고, LIKE 처리를 통해서 키워드를 사용하게 됩니다. 만일 2페이지에 해당하는 데이터를 '제목'으로 검색하고, 키워드는 'Test'라고 한다면 다음과 같이 작성될 수 있습니다.

Part 01

Part 02

Part 03

Part 04

Part 05

Part 06

Part 07

| 검색 조건 | SQL |
|---|---|
| 제목(title)<br>내용(content)<br>작성자(writer) | ```sql<br>select<br>*<br>from<br>  (<br>    select /*+INDEX_DESC(tbl_board pk_board) */<br>      rownum rn, bno, title, content, writer, regdate,<br>updatedate<br>    from<br>      tbl_board<br>    where<br>    --변경 부분<br>    title like '%Test%'<br><br>    and rownum <= 20<br>  )<br>where rn  > 10;<br>``` |

단일 항목은 인라인뷰 안쪽에서 필요한 데이터를 가져올 때 검색 조건이 적용되어야 하기 때문에 WHERE문 뒤에 검색 조건이 추가되고, ROWNUM 조건이 뒤따르게 하면 문제가 없습니다.

## 15.1.1 다중 항목 검색

문제는 2개 이상의 조건이 붙는 다중 항목의 검색입니다. 예를 들어, 제목(title)이나 내용(content) 중에 'TEST'라는 문자열이 있는 게시물들을 검색하고 싶다면 다음과 같이 작성될 것이라고 예상합니다.

```sql
--예상과 다르게 동작하는 SQL
select
*
from
  (
    select /*+INDEX_DESC(tbl_board pk_board) */
      rownum rn, bno, title, content, writer, regdate, updatedate
    from
      tbl_board
    where
     title like '%Test%' or content like '%Test%'
```

기본적인 웹 게시물 관리

```
    and rownum <= 20
    )
 where rn  > 10;
```

'title like '%Test%' or content like '%Test%' 구문 자체는 이상이 없지만, 실제로 동작 시켜 보면 10개의 데이터가 아니라 많은 양의 데이터가 나오는 것을 볼 수 있습니다.

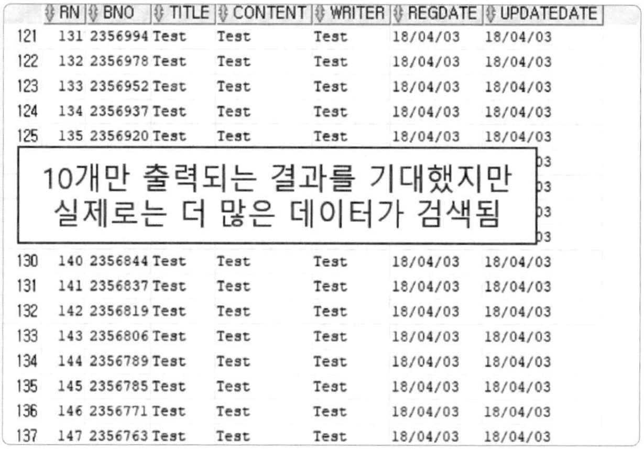

| | RN | BNO | TITLE | CONTENT | WRITER | REGDATE | UPDATEDATE |
|---|---|---|---|---|---|---|---|
| 121 | 131 | 2356994 | Test | Test | Test | 18/04/03 | 18/04/03 |
| 122 | 132 | 2356978 | Test | Test | Test | 18/04/03 | 18/04/03 |
| 123 | 133 | 2356952 | Test | Test | Test | 18/04/03 | 18/04/03 |
| 124 | 134 | 2356937 | Test | Test | Test | 18/04/03 | 18/04/03 |
| 125 | 135 | 2356920 | Test | Test | Test | 18/04/03 | 18/04/03 |

10개만 출력되는 결과를 기대했지만
실제로는 더 많은 데이터가 검색됨

| 130 | 140 | 2356844 | Test | Test | Test | 18/04/03 | 18/04/03 |
| 131 | 141 | 2356837 | Test | Test | Test | 18/04/03 | 18/04/03 |
| 132 | 142 | 2356819 | Test | Test | Test | 18/04/03 | 18/04/03 |
| 133 | 143 | 2356806 | Test | Test | Test | 18/04/03 | 18/04/03 |
| 134 | 144 | 2356789 | Test | Test | Test | 18/04/03 | 18/04/03 |
| 135 | 145 | 2356785 | Test | Test | Test | 18/04/03 | 18/04/03 |
| 136 | 146 | 2356771 | Test | Test | Test | 18/04/03 | 18/04/03 |
| 137 | 147 | 2356763 | Test | Test | Test | 18/04/03 | 18/04/03 |

이렇게 많은 양의 데이터가 나온 이유는 위 SQL문에서 AND 연산자가 OR 연산자 보다 우선 순위가 높기 때문에 'ROWNUM이 20보다 작거나 같으면서(AND) 내용에 'Test'라는 문자열이 있거나(OR) 제목에 'Test'라는 문자열이 있는' 게시물들을 검색하게 됩니다. 제목에 'TEST'라는 문자열이 있는 경우는 많기 때문에 위의 그림과 같이 많은 양의 데이터를 가져오게 됩니다.

AND와 OR가 섞여있는 SQL을 작성할 때에는 우선 순위 연산자인 '( )'를 이용해서 OR 조건들을 처리해야 합니다.

Part 02
Part 03
Part 04
Part 05
Part 06
Part 07

| 검색 조건 | SQL |
|---|---|
| 제목(title) 혹은<br>내용(content)<br>제목(title) 혹은<br>작성자(writer)<br>제목(title) 혹은<br>내용(content) 작성자(writer) | `--정상적으로 처리하기 위해서는 ( )를 이용해서 OR`<br>`조건을 처리해야만 한다.`<br>`select`<br>`*`<br>`from`<br>`  (`<br>`    select /*+INDEX_DESC(tbl_board pk_board)`<br>`*/`<br>`      rownum rn, bno, title, content, writer,`<br>`regdate, updatedate`<br>`    from`<br>`      tbl_board`<br>`    where`<br>`      (title like '%Test%' or content like`<br>`'%Test%')`<br>`      and rownum <= 20`<br>`    )`<br>`where rn  > 10;` |

결과를 보면 원하는 10개의 데이터만 출력되는 것을 볼 수 있습니다.

| RN | BNO | TITLE | CONTENT | WRITER | REGDATE | UPDATEDATE |
|---|---|---|---|---|---|---|
| 11 | 2359102 | Test | Test | Test | 18/04/03 | 18/04/03 |
| 12 | 2359078 | Test | Test | Test | 18/04/03 | 18/04/03 |
| 13 | 2359060 | Test | Test | Test | 18/04/03 | 18/04/03 |
| 14 | 2359043 | Test | Test | Test | 18/04/03 | 18/04/03 |
| 15 | 2359039 | Test | Test | Test | 18/04/03 | 18/04/03 |
| 16 | 2359031 | Test | Test | Test | 18/04/03 | 18/04/03 |
| 17 | 2359014 | Test | Test | Test | 18/04/03 | 18/04/03 |
| 18 | 2359005 | Test | Test | Test | 18/04/03 | 18/04/03 |
| 19 | 2358986 | Test | Test | Test | 18/04/03 | 18/04/03 |
| 20 | 2358965 | Test | Test | Test | 18/04/03 | 18/04/03 |

## 15.2 MyBatis의 동적 SQL

SQL문에서 느끼는 점은 검색 조건이 변하면 SQL의 내용 역시 변하기 때문에 XML이나
어노테이션과 같이 고정된 문자열을 작성하는 방식으로는 제대로 처리할 수 없다는 사실
입니다. 다행히 MyBatis는 동적(Dynamic) 태그 기능을 통해서 SQL을 파라미터들의
조건에 맞게 조정할 수 있는 기능을 제공합니다. MyBatis의 동적 태그는 약간의 구문을

기본적인 웹 게시물 관리

이용해서 전달되는 파라미터를 가공해서 경우에 따라 다른 SQL을 만들어서 실행할 수 있습니다.

## 15.2.1 MyBatis의 동적 태그들

MyBatis는 기존의 iBatis에서 발전하면서 복잡했던 동적 SQL을 작성하는 태그들이 많이 정리되어서 다음과 같이 몇 가지의 태그들만을 이용합니다.

- if
- choose (when, otherwise)
- trim (where, set)
- foreach

MyBatis의 동적 태그와 관련된 실습은 조금 뒤에 예제에서 처리하도록 하고, 아래의 내용은 이해를 위한 것이므로 실습할 필요는 없습니다.

⟨if⟩

if 는 test라는 속성과 함께 특정한 조건이 true가 되었을 때 포함된 SQL을 사용하고자할 때 작성합니다. 예를 들어, 단일 항목으로 제목(title), 내용(content), 작성자(writer)에 대해서 검색해야 하는 상황이라고 가정합니다.

- 검색 조건이 'T'면 제목(titel)이 키워드(keyword)인 항목을 검색
- 검색 조건이 'C'면 내용(content)이 키워드(keyword)인 항목을 검색
- 검색 조건이 'W'면 작성자(writer)가 키워드(keyword)인 항목을 검색

위와 같은 경우 MyBatis에서는 XML에서 다음과 같이 작성할 수 있습니다.

```
<if test="type == 'T'.toString()">
    (title like '%'||#{keyword}||'%')
</if>
<if test="type == 'C'.toString()">
    (content like '%'||#{keyword}||'%')
</if>
```

```
<if test="type == 'W'.toString()">
    (writer like '%'||#{keyword}||'%')
</if>
```

If 안에 들어가는 표현식(expression)은 OGNL 표현식이라는 것을 이용합니다. 좀 더 자세한 내용은 https://commons.apache.org/proper/commons-ognl/language-guide. html을 참고하기 바랍니다.

### ⟨choose⟩

if와 달리 choose는 여러 상황들 중 하나의 상황에서만 동작합니다. Java 언어의 'if ~ else'나 JSTL의 ⟨choose⟩와 유사합니다.

```
<choose>
<when test="type == 'T'.toString()">
    (title like '%'||#{keyword}||'%')
</when>
<when test="type == 'C'.toString()">
    (content like '%'||#{keyword}||'%')
</when>
<when test="type == 'W'.toString()">
    (writer like '%'||#{keyword}||'%')
</when>
<otherwise>
    (title like '%'||#{keyword}||'%' OR content like '%'||#{keyword}||'%')
</otherwise>
</choose>
```

⟨otherwise⟩는 모든 위의 모든 조건이 충족되지 않을 경우에 사용합니다.

### ⟨trim⟩, ⟨where⟩, ⟨set⟩

trim, where, set은 단독으로 사용되지 않고 ⟨if⟩, ⟨choose⟩와 같은 태그들을 내포하여 SQL들을 연결해 주고, 앞 뒤에 필요한 구문들(AND, OR, WHERE 등)을 추가하거나 생략하는 역할을 합니다. SQL을 작성하다 보면 상황에 따라서 WHERE나 AND, OR 등이 문제가 되는 상황이 발생할 수도 있습니다. 예를 들어, 'WHERE ROWNUM ⟨= 20'은 문제가 없지만 검색 조건이 들어가면 문제가 될 수 있습니다.

Part 01

Part 02

Part 03

Part 04

Part 05

Part 06

Part 07

기본적인 웹 게시물 관리

위의 그림과 같이 만일 검색 조건이 없다면 AND라는 키워드는 들어갈 필요가 없지만, 검색 조건이 추가되면 AND가 필요한 상황이 됩니다. where, trim, set은 이러한 상황에서 필요한 키워드를 붙이거나 빼는 상황에서 사용합니다.

〈where〉의 경우 태그 안쪽에서 SQL이 생성될 때는 WHERE 구문이 붙고, 그렇지 않는 경우에는 생성되지 않습니다.

```
select * from tbl_board
  <where>
    <if test="bno != null">
      bno = #{bno}
    </if>
  </where>
```

위와 같은 경우는 bno 값이 null인 경우에는 WHERE 구문이 없어지고, bno 값이 존재하는 경우에만 'WHERE bno = xx'와 같이 생성됩니다.

| bno 값이 존재하는 경우 | select * from tbl_board WHERE bno = 33 |
|---|---|
| bno가 null인 경우 | select * from tbl_board |

〈trim〉은 하위에서 만들어지는 SQL문을 조사하여 앞 쪽에 추가적인 SQL을 넣을 수 있습니다.

```
select * from tbl_board
  <where>
    <if test="bno != null">
      bno = #{bno}
    </if>
    <trim prifix ="and" >
    rownum = 1
    </trim>
  </where>
```

Part 01

Part 02

Part 03

Part 04

Part 05

Part 06

Part 07

trim은 prefix, suffix, prefixOverrides, suffixOverrides 속성을 지정할 수 있습니다.

| bno 값이 존재하는 경우 | select * from tbl_board WHERE bno = 33 and rownum = 1 |
|---|---|
| bno가 null인 경우 | select * from tbl_board WHERE rownum = 1 |

〈foreach〉

foreach는 List, 배열, 맵 등을 이용해서 루프를 처리할 수 있습니다. 주로 IN 조건에서 많이 사용하지만, 경우에 따라서는 복잡한 WHERE 조건을 만들때에도 사용할 수 있습니다.

예를 들어, 제목('T')은 'TTTT'로 내용('C')은 'CCCC'라는 값을 이용한다면 Map의 형태로 작성이 가능합니다.

```
Map<String, String> map = new HashMap<>();
map.put("T", "TTTT");
map.put("C", "CCCC");
```

작성된 Map을 파라미터로 전달하고, foreach를 이용하면 다음과 같은 형식이 가능합니다.

```
select * from tbl_board

 <trim prefix="where (" suffix=")" prefixOverrides="OR" >
   <foreach item="val" index="key"  collection="map">

    <trim  prefix ="OR" >
      <if test="key == 'C'.toString()">
        content = #{val}
      </if>
      <if test="key == 'T'.toString()">
        title = #{val}
      </if>
      <if test="key == 'W'.toString()">
        writer = #{val}
```

기본적인 웹 게시물 관리

```
       </if>
     </trim>
   </foreach>
 </trim>
```

foreach를 배열이나 List를 이용하는 경우에는 item 속성만을 이용하면 되고, Map의 형태로 key와 value를 이용해야 할 때는 index와 item 속성을 둘 다 이용합니다. 전달된 값에 따라서 다음과 같이 처리됩니다.

```
select * from tbl_board

  where (  content = ?

    OR title = ? )

 INFO : jdbc.sqlonly - select * from tbl_board where ( content = 'CCCC'
OR title = 'TTTT' )
```

## 15.3 검색 조건 처리를 위한 Criteria의 변화

페이징 처리에 사용했던 Criteria의 의도는 단순히 'pageNum'과 'amount'라는 파라미터를 수집하기 위해서입니다. 페이징 처리에 검색 조건 처리가 들어가면 Criteria 역시 변화가 필요합니다.

검색 조건을 처리하기 위해서는 검색 조건(type)과 검색에 사용하는 키워드가 필요하므로, 기존의 Criteria를 확장할 필요가 있습니다. 확장 방법으로는 상속 방법을 이용하거나 직접 Criteria 클래스를 수정하는 방식을 생각해 볼 수 있는데, 예제에서는 직접 Criteria 클래스를 수정하겠습니다.

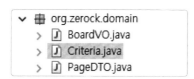

Part 01

Part 02

Part 03

Part 04

Part 05

Part 06

Part 07

**Criteria 클래스 수정**

```java
package org.zerock.domain;

import lombok.Getter;
import lombok.Setter;
import lombok.ToString;

@ToString
@Setter
@Getter
public class Criteria {

  private int pageNum;
  private int amount;

  private String type;
  private String keyword;

  public Criteria() {
    this(1, 10);
  }

  public Criteria(int pageNum, int amount) {
    this.pageNum = pageNum;
    this.amount = amount;
  }

  public String[] getTypeArr() {

    return type == null? new String[] {}: type.split("");
  }
}
```

Criteria 클래스는 type과 keyword라는 변수를 추가합니다. getter/setter는 Lombok을 통해서 생성하고, getTypeArr은 검색 조건이 각 글자(T, W, C)로 구성되어 있으므로 검색 조건을 배열로 만들어서 한 번에 처리하기 위함입니다. getTypeArr( )을 이용해서 MyBatis의 동적 태그를 활용할 수 있습니다.

### 15.3.1 BoardMapper.xml에서 Criteria 처리

BoardMapper.xml은 기존의 getListWithPaging( )을 수정해서 동적 SQL을 처리합니다.

```xml
<select id="getListWithPaging" resultType="org.zerock.domain.BoardVO">
  <![CDATA[
  select
    bno, title, content, writer, regdate, updatedate
  from
    (
    select /*+INDEX_DESC(tbl_board pk_board) */
      rownum rn, bno, title, content, writer, regdate, updatedate
    from
      tbl_board
    where
  ]]>
    <trim prefix="(" suffix=") AND " prefixOverrides="OR">
      <foreach item='type' collection="typeArr">
        <trim prefix="OR">
          <choose>
            <when test="type == 'T'.toString()">
              title like '%'||#{keyword}||'%'
            </when>
            <when test="type == 'C'.toString()">
              content like '%'||#{keyword}||'%'
            </when>
            <when test="type == 'W'.toString()">
              writer like '%'||#{keyword}||'%'
            </when>
          </choose>
        </trim>
      </foreach>
    </trim>

  <![CDATA[
    rownum <= #{pageNum} * #{amount}
    )
where rn > (#{pageNum} -1) * #{amount}
  ]]>
</select>
```

검색 조건이 3가지이므로 총 6가지의 조합이 가능하지만, 각 문자열을 이용해서 검색 조건을 결합하는 형태로 하면 3개의 동적 SQL 구문만으로도 처리를 할 수 있습니다. 〈foreach〉를 이용해서 검색 조건들을 처리하는데 typeArr이라는 속성을 이용합니다. MyBatis는 원하는 속성을 찾을 때 getTypeArr( )과 같이 이름에 기반을 두어서 검색하기 때문에 Criteria에서 만들어둔 getTypeArr( ) 결과인 문자열의 배열이 〈foreach〉의

Part 01

Part 02

Part 03

Part 04

Part 05

Part 06

Part 07

대상이 됩니다(MyBatis는 엄격하게 Java Beans의 규칙을 따르지 않고, get/set 메서드만을 활용하는 방식입니다.).

〈choose〉 안쪽의 동적 SQL은 'OR title .... OR content ... OR writer ...'와 같은 구문을 만들어내게 됩니다. 따라서 바깥쪽에서는 〈trim〉을 이용해서 맨 앞에서 생성되는 'OR'를 없애줍니다.

위의 동적 SQL은 상황에 따라서 다음과 같은 SQL을 생성합니다.

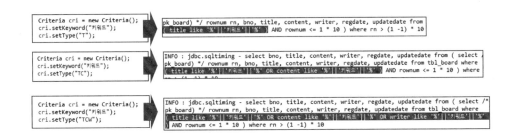

동적 SQL은 경우에 따라서 여러 종류의 SQL이 생성될 수 있으므로 제대로 동작하는지 반드시 여러 번의 확인을 거쳐야만 합니다. 기존에 BoardMapperTests를 만들어 두었으니 이를 이용해서 테스트 코드를 작성합니다.

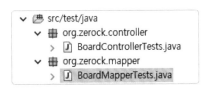

---

**src/test/java 밑의 BoardMapperTests 클래스의 일부**

```java
@Test
public void testSearch() {

  Criteria cri = new Criteria();
  cri.setKeyword("새로");
  cri.setType("TC");

  List<BoardVO> list = mapper.getListWithPaging(cri);

  list.forEach(board -> log.info(board));
}
```

기본적인 웹 게시물 관리

testSearch( )는 Criteria 객체의 type과 keyword를 넣어서 원하는 SQL이 생성되는지 확인하기 위함입니다. 중요한 것은 실행 결과가 아니라 실행할 때 만들어지는 SQL입니다. 아래와 같이 각 상황에 맞게 SQL이 올바르게 만들어지는지 반드시 확인해야 합니다.

| 조건 | SQL 관련 로그 |
|---|---|
| 검색 조건이 없는 경우 | INFO : jdbc.audit - 1. Connection.prepareStatement(select<br>  bno, title, content, writer, regdate, updatedate<br>from<br>  (<br>  select /*+INDEX_DESC(tbl_board pk_board) */<br>    rownum rn, bno, title, content, writer, regdate, updatedate<br>  from<br>    tbl_board<br>  where<br><br>    rownum <= ? * ?<br>  )<br>  where rn > (? -1) * ?) returned net.sf.log4jdbc.sql.jdbcapi.PreparedStatementSpy@25b2cfcb |
| 단일 검색(제목) | INFO : jdbc.audit - 1. Connection.prepareStatement(select<br>  bno, title, content, writer, regdate, updatedate<br>from<br>  (<br>  select /*+INDEX_DESC(tbl_board pk_board) */<br>    rownum rn, bno, title, content, writer, regdate, updatedate<br>  from<br>    tbl_board<br>  where<br><br>  (  title like '%'||?||'%' ) AND<br><br>    rownum <= ? * ?<br>  )<br>  where rn > (? -1) * ?) returned net.sf.log4jdbc.sql.jdbcapi.PreparedStatementSpy@2313052e |

Part 01

Part 02

Part 03

Part 04

Part 05

Part 06

Part 07

| 조건 | SQL 관련 로그 |
|---|---|
| 다중 검색 (제목 OR 내용) | INFO : jdbc.audit - 1. Connection.prepareStatement(select bno, title, content, writer, regdate, updatedate from ( select /*+INDEX_DESC(tbl_board pk_board) */ rownum rn, bno, title, content, writer, regdate, updatedate from tbl_board where ( title like '%'\|\|?\|\|'%' OR content like '%'\|\|?\|\|'%' ) AND rownum <= ? * ? ) where rn > (? -1) * ?) returned net.sf.log4jdbc.sql. jdbcapi.PreparedStatementSpy@2313052e |

〈sql〉 〈include〉와 검색 데이터의 개수 처리

동적 SQL을 이용해서 검색 조건을 처리하는 부분은 해당 데이터의 개수를 처리하는 부분에서도 동일하게 적용되어야만 합니다. 이 경우 가장 간단한 방법은 동적 SQL을 처리하는 부분을 그대로 복사해서 넣어줄 수 있지만, 만일 동적 SQL을 수정하는 경우에는 매번 목록을 가져오는 SQL과 데이터 개수를 처리하는 SQL 쪽을 같이 수정해야 합니다.

MyBatis는 〈sql〉이라는 태그를 이용해서 SQL의 일부를 별도로 보관하고, 필요한 경우에 include시키는 형태로 사용할 수 있습니다.

**BoardMapper.xml의 목록과 데이터 개수 처리**

```xml
<sql id="criteria">
  <trim prefix="(" suffix=") AND " prefixOverrides="OR">
    <foreach item='type' collection="typeArr">
      <trim prefix="OR">
        <choose>
          <when test="type == 'T'.toString()">
            title like '%'||#{keyword}||'%'
```

기본적인 웹 게시물 관리

```
        </when>
        <when test="type == 'C'.toString()">
          content like '%'||#{keyword}||'%'
        </when>
        <when test="type == 'W'.toString()">
          writer like '%'||#{keyword}||'%'
        </when>
      </choose>
    </trim>
  </foreach>
</trim>
</sql>

<select id="getListWithPaging" resultType="org.zerock.domain.BoardVO">
<![CDATA[
select
  bno, title, content, writer, regdate, updatedate
from
    (
    select /*+INDEX_DESC(tbl_board pk_board) */
      rownum rn, bno, title, content, writer, regdate, updatedate
    from
      tbl_board
    where
]]>

<include refid="criteria"></include>

<![CDATA[
    rownum <= #{pageNum} * #{amount}
    )
where rn > (#{pageNum} -1) * #{amount}
]]>
</select>

<select id="getTotalCount" resultType="int">
select count(*) from tbl_board
where

<include refid="criteria"></include>

bno > 0
</select>
```

⟨sql⟩ 태그는 id라는 속성을 이용해서 필요한 경우에 동일한 SQL의 일부를 재사용할 수
있게 합니다.

Part 01

Part 02

Part 03

Part 04

Part 05

Part 06

Part 07

## 15.4 화면에서 검색 조건 처리

화면에서 검색은 다음과 같은 사항들을 주의해서 개발해야 합니다.

- 페이지 번호가 파라미터로 유지되었던 것처럼 검색 조건과 키워드 역시 항상 화면 이동 시 같이 전송되어야 합니다.
- 화면에서 검색 버튼을 클릭하면 새로 검색을 한다는 의미이므로 1페이지로 이동합니다.
- 한글의 경우 GET 방식으로 이동하는 경우 문제가 생길 수 있으므로 주의해야 합니다.

### 15.4.1 목록 화면에서의 검색 처리

목록 화면인 list.jsp에서는 검색 조건과 키워드가 들어 갈 수 있게 HTML을 수정해야 합니다. views 폴더 내의 list.jsp를 수정해서 페이지 처리 바로 위쪽에 아래의 내용들을 추가합니다.

**list.jsp에 검색 조건 처리**

```
    </c:forEach>
          </table>

  <div class='row'>
    <div class="col-lg-12">

    <form id='searchForm' action="/board/list" method='get'>
      <select name='type'>
        <option value="">--</option>
          <option value="T">제목</option>
          <option value="C">내용</option>
          <option value="W">작성자</option>
          <option value="TC">제목 or 내용</option>
          <option value="TW">제목 or 작성자</option>
          <option value="TWC">제목 or 내용 or 작성자</option>
        </select>
        <input type='text' name='keyword' />
        <input type='hidden' name='pageNum' value='${pageMaker.cri.pageNum}'>
        <input type='hidden' name='amount' value='${pageMaker.cri.amount}'>
        <button class='btn btn-default'>Search</button>
        </form>
    </div>
  </div>
```

기본적인 웹 게시물 관리

화면에서는 다음과 같은 모습으로 보여지게 됩니다.

수정된 HTML을 보면 페이징 처리를 위해서 만들어둔 〈form〉 태그에 〈select〉와 〈input〉 태그가 추가된 것을 볼 수 있습니다.

〈form〉 내 〈button〉의 기본 동작은 submit이므로 별도의 처리 없이 검색이 되는지 확인합니다. 항상 테스트는 영문과 한글을 모두 테스트해야 합니다.

Part 01

Part 02

Part 03

Part 04

Part 05

Part 06

Part 07

Chrome 브라우저는 한글로 검색하는 경우에 주소창에는 한글이 깨지지 않고 나오지만 실제로는 그림에 있는 박스의 내용물처럼 전송됩니다. IE에서는 박스의 내용과 동일하게 출력되는 것을 볼 수 있습니다. 검색이 처리된 후에는 몇 가지 문제가 있다는 사실을 알게 되는데 1) 예를 들어, 3페이지를 보다가 검색을 하면 3페이지로 이동하는 문제, 2) 검색 후 페이지를 이동하면 검색 조건이 사라지는 문제, 3) 검색 후 화면에서는 어떤 검색 조건과 키워드를 이용했는지 알 수 없는 문제들이 남아있는 것을 볼 수 있습니다.

### 검색 버튼의 이벤트 처리

여러 문제들 중에서 검색 버튼을 클릭하면 검색은 1페이지를 하도록 수정하고, 화면에 검색 조건과 키워드가 보이게 처리하는 작업을 우선으로 진행합니다.

**list.jsp의 검색 버튼의 이벤트 처리**

```
var searchForm = $("#searchForm");

$("#searchForm button").on("click", function(e){

  if(!searchForm.find("option:selected").val()){
    alert("검색종류를 선택하세요");
    return false;
  }

  if(!searchForm.find("input[name='keyword']").val()){
    alert("키워드를 입력하세요");
    return false;
  }

  searchForm.find("input[name='pageNum']").val("1");
  e.preventDefault();

  searchForm.submit();

});
```

브라우저에서 검색 버튼을 클릭하면 〈form〉 태그의 전송은 막고, 페이지의 번호는 1이 되도록 처리합니다. 화면에서 키워드가 없다면 검색을 하지 않도록 제어합니다.

검색 후에는 주소창에 검색 조건과 키워드가 같이 GET 방식으로 처리되므로 이를 이용해서 〈select〉 태그나 〈input〉 태그의 내용을 수정해야 합니다.

**list.jsp에서 검색 조건과 키워드 보여주는 부분**

```html
<form id='searchForm' action="/board/list" method='get'>
  <select name='type'>
    <option value=""
      <c:out value="${pageMaker.cri.type == null?'selected':''}"/>>--</option>
    <option value="T"
      <c:out value="${pageMaker.cri.type eq 'T'?'selected':''}"/>>제목</option>
    <option value="C"
      <c:out value="${pageMaker.cri.type eq 'C'?'selected':''}"/>>내용</option>
    <option value="W"
      <c:out value="${pageMaker.cri.type eq 'W'?'selected':''}"/>>작성자</option>
    <option value="TC"
      <c:out value="${pageMaker.cri.type eq 'TC'?'selected':''}"/>>제목
      or 내용</option>
    <option value="TW"
      <c:out value="${pageMaker.cri.type eq 'TW'?'selected':''}"/>>제목
      or 작성자</option>
    <option value="TWC"
      <c:out value="${pageMaker.cri.type eq 'TWC'?'selected':''}"/>>제목
      or 내용 or 작성자</option>
  </select> <input type='text' name='keyword'
    value='<c:out value="${pageMaker.cri.keyword}"/>' /> <input
    type='hidden' name='pageNum'
    value='<c:out value="${pageMaker.cri.pageNum}"/>' /> <input
    type='hidden' name='amount'
    value='<c:out value="${pageMaker.cri.amount}"/>' />
  <button class='btn btn-default'>Search</button>
</form>
```

〈select〉 태그의 내부는 삼항 연산자를 이용해서 해당 조건으로 검색되었다면 'selected'라는 문자열을 출력하게 해서 화면에서 선택된 항목으로 보이도록 합니다.

Part 01

Part 02

Part 03

Part 04

Part 05

Part 06

Part 07

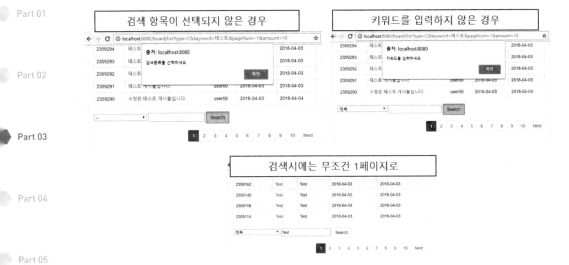

페이지 번호를 클릭해서 이동할 때에도 검색 조건과 키워드는 같이 전달되어야 하므로 페이지 이동에 사용한 〈form〉 태그를 아래와 같이 수정합니다.

**list.jsp의 일부**

```
<form id='actionForm' action="/board/list" method='get'>
  <input type='hidden' name='pageNum' value='${pageMaker.cri.pageNum}'>
  <input type='hidden' name='amount' value='${pageMaker.cri.amount}'>
  <input type='hidden' name='type' value='<c:out value="${ pageMaker.
cri.type }"/>'>
  <input type='hidden' name='keyword' value='<c:out value="${ pageMaker.
cri.keyword }"/>'>
</form>
```

검색 조건과 키워드에 대한 처리가 되면 검색 후 페이지를 이동해서 동일한 검색 사항들이 계속 유지되는 것을 볼 수 있습니다.

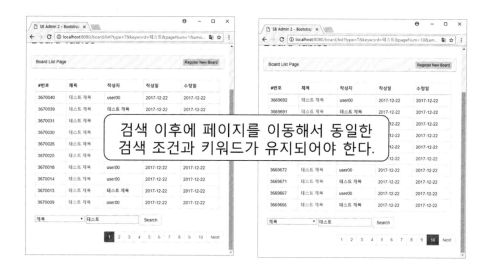

검색 이후에 페이지를 이동해서 동일한
검색 조건과 키워드가 유지되어야 한다.

### 15.4.2 조회 페이지에서 검색 처리

목록 페이지에서 조회 페이지로의 이동은 이미 〈form〉 태그를 이용해서 처리했기 때문에 별도의 처리가 필요하지 않습니다. 다만 조회 페이지는 아직 Criteria의 type과 keyword에 대한 처리가 없기 때문에 이 부분을 수정해 줄 필요가 있습니다.

**views/board/get.jsp의 일부**

```
<form id='operForm' action="/boad/modify" method="get">
  <input type='hidden' id='bno' name='bno' value='<c:out value="${board.
bno}"/>'>
  <input type='hidden' name='pageNum' value='<c:out value="${cri.
pageNum}"/>'>
  <input type='hidden' name='amount' value='<c:out value="${cri.
amount}"/>'>
  <input type='hidden' name='keyword' value='<c:out value="${cri.
keyword}"/>'>
  <input type='hidden' name='type' value='<c:out value="${cri.type}"/>'>
</form>
```

### 15.4.3 수정/삭제 페이지에서 검색 처리

조회 페이지에서 수정/삭제 페이지로의 이동은 GET 방식을 통해서 이동하고, 이동 방식 역시 〈form〉 태그를 이용하는 방식이므로 기존의 〈form〉 태그에 추가적인 type과 keyword 조건만을 추가합니다.

Part 01

Part 02

Part 03

Part 04

Part 05

Part 06

Part 07

**views/board/modify.jsp의 일부**

```
<form role="form" action="/board/modify" method="post">

<input type='hidden' name='pageNum' value='<c:out value="${cri.pageNum
}"/>'>
<input type='hidden' name='amount' value='<c:out value="${cri.amount
}"/>'>
<input type='hidden' name='type' value='<c:out value="${cri.type }"/>'>
<input type='hidden' name='keyword' value='<c:out value="${cri.keyword
}"/>'>
```

수정/삭제 처리는 BoardController에서 redirect 방식으로 동작하므로 type과 keyword 조건을 같이 리다이렉트 시에 포함시켜야만 합니다.

**org.zerock.controller.BoardController의 일부**

```
  @PostMapping("/modify")
  public String modify(BoardVO board, @ModelAttribute("cri") Criteria
cri, RedirectAttributes rttr) {
    log.info("modify:" + board);

    if (service.modify(board)) {
      rttr.addFlashAttribute("result", "success");
    }

    rttr.addAttribute("pageNum", cri.getPageNum());
    rttr.addAttribute("amount", cri.getAmount());
    rttr.addAttribute("type", cri.getType());
    rttr.addAttribute("keyword", cri.getKeyword());

    return "redirect:/board/list";
  }

  @PostMapping("/remove")
  public String remove(@RequestParam("bno") Long bno, Criteria cri,
RedirectAttributes rttr) {

    log.info("remove..." + bno);
    if (service.remove(bno)) {
      rttr.addFlashAttribute("result", "success");
    }
    rttr.addAttribute("pageNum", cri.getPageNum());
    rttr.addAttribute("amount", cri.getAmount());
    rttr.addAttribute("type", cri.getType());
```

```
    rttr.addAttribute("keyword", cri.getKeyword());

    return "redirect:/board/list";
  }
```

리다이렉트는 GET 방식으로 이루어지기 때문에 추가적인 파라미터를 처리해야 합니다.

modify.jsp에서는 다시 목록으로 이동하는 경우에 필요한 파라미터만 전송하기 위해서
〈form〉 태그의 모든 내용을 지우고 다시 추가하는 방식을 이용했으므로 keyword와
type 역시 추가하도록 아래와 같이 관련된 JavaScript 코드를 수정해야 합니다.

**modify.jsp의 일부**

```
<script type="text/javascript">
$(document).ready(function() {

    var formObj = $("form");

    $('button').on("click", function(e){

      e.preventDefault();

      var operation = $(this).data("oper");

      console.log(operation);

      if(operation === 'remove'){
        formObj.attr("action", "/board/remove");

      }else if(operation === 'list'){
        //move to list
        formObj.attr("action", "/board/list").attr("method","get");

        var pageNumTag = $("input[name='pageNum']").clone();
        var amountTag = $("input[name='amount']").clone();
        var keywordTag = $("input[name='keyword']").clone();
        var typeTag = $("input[name='type']").clone();

        formObj.empty();

        formObj.append(pageNumTag);
        formObj.append(amountTag);
        formObj.append(keywordTag);
        formObj.append(typeTag);
```

Part 01

Part 02

Part 03

Part 04

Part 05

Part 06

Part 07

```
      }

    formObj.submit();
  });

});
</script>
```

수정/조회 화면에서 어떤 작업을 하던지 다시 목록 페이지로 검색 조건이 유지되는지 확인해야 합니다.

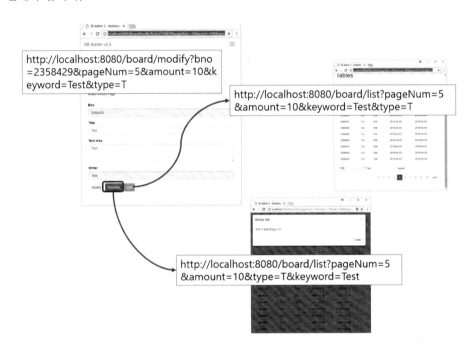

검색한 상태에서 특정 페이지의 게시물을 수정하면 검색 조건은 유지한 채 목록 페이지로 이동하는지를 테스트합니다.

UriComponentsBuilder를 이용하는 링크 생성

웹페이지에서 매번 파라미터를 유지하는 일이 번거롭고 힘들다면 한 번쯤 UriComponentsBuilder라는 클래스를 이용해볼 필요가 있습니다. org.springframework.

web.util.UriComponentsBuilder는 여러 개의 파라미터들을 연결해서 URL의 형태로 만들어주는 기능을 가지고 있습니다.

URL을 만들어주면 리다이렉트를 하거나, 〈form〉 태그를 사용하는 상황을 많이 줄여줄 수 있습니다. 검색 조건을 유지하는 org.zerock.domain.Criteria 클래스에 링크를 생성하는 기능을 추가합니다.

**Criteria 클래스의 일부**

```java
public String getListLink() {

    UriComponentsBuilder builder = UriComponentsBuilder.fromPath("")
        .queryParam("pageNum", this.pageNum)
        .queryParam("amount", this.getAmount())
        .queryParam("type",this.getType())
        .queryParam("keyword", this.getKeyword());

    return builder.toUriString();

}
```

UriComponentsBuilder는 queryParam( )이라는 메서드를 이용해서 필요한 파라미터들을 손쉽게 추가할 수 있습니다. 예를 들어, 아래와 같은 조건들로 Criteria가 생성된다고 가정해 보겠습니다.

```java
Criteria cri = new Criteria();
    cri.setPageNum(3);
    cri.setAmount(20);
    cri.setKeyword("새로");
    cri.setType("TC");
```

위와 같은 데이터를 가진 Criteria의 getListLink( )의 결과는 '?pageNum= 3&amount=20&type=TC&keyword=%EC%83%88%EB%A1%9C' 와 같이 GET 방식에 적합한 URL 인코딩된 결과로 만들어 집니다(가장 편리한 점은 한글 처리에 신경 쓰지 않아도 된다는 점입니다.).

getListLink( )를 이용하면 BoardController의 modify( )와 remove( )를 다음과 같이
간단하게 정리할 수 있습니다.

```java
@PostMapping("/modify")
  public String modify(BoardVO board, Criteria cri, RedirectAttributes
rttr) {
    log.info("modify:" + board);

    if (service.modify(board)) {
      rttr.addFlashAttribute("result", "success");
    }
    return "redirect:/board/list" + cri.getListLink();
  }

  @PostMapping("/remove")
  public String remove(@RequestParam("bno") Long bno, Criteria cri,
 RedirectAttributes rttr) {

    log.info("remove..." + bno);
    if (service.remove(bno)) {
      rttr.addFlashAttribute("result", "success");
    }
    return "redirect:/board/list" + cri.getListLink();
  }
```

UriComponentsBuilder로 생성된 URL은 화면에서도 유용하게 사용될 수 있는데, 주
로 JavaScript를 사용할 수 없는 상황에서 링크를 처리해야 하는 상황에서 사용됩니다.

기본적인 웹 게시물 관리

# REST 방식과 Ajax를 이용하는 댓글 처리

전통적인 웹 애플리케이션은 주로 서버사이드에서 화면에 필요한 모든 데이터를 만들어서 브라우저에 전송해주고, 브라우저는 단순 뷰어(viewer) 역할에 그치는 형태였습니다. 시간이 흘러 모바일 환경이 대두되면서 이러한 서버의 역할은 많이 달라지고 있습니다. 서버는 브라우저나 모바일에서 필요한 순수한 데이터만을 전달하는 API 서버의 형태로 변화하고 있습니다. 예컨대, 검색 API 서버는 검색의 결과를 XML이나 JSON의 형태로 전달하고, 브라우저나 모바일에서는 이를 가공해서 사용자에게 보여주는 방식입니다.

PART 4에서는 이러한 환경에 대비할 수 있도록 REST 방식에 대해서 학습하고, Ajax를 이용해서 완성된 게시물에 댓글 기능을 추가해 봅니다.

Part 01

Part 02

Part 03

Part 04

Part 05

Part 06

Part 07

Chapter

# 16 | REST 방식으로 전환

지난 10년간 일어난 IT 분야의 가장 큰 변화를 생각해 보면 역시 '모바일'이라는 단어를 떠올릴 것입니다. 모바일은 모든 사람들의 생활에 깊숙이 침투해서 생활 방식에 많은 영향을 주고 있습니다. 모든 업무나 일상 생활에 필요한 작업들을 대부분 모바일을 통해서 할 수 있는 지금의 생활에서 WEB이라는 분야 역시 변화를 겪게 됩니다.

모바일 시대가 되면서 WEB 분야의 가장 큰 변화는 서버 역할의 변화라고 할 수 있습니다. 과거에는 서버의 데이터를 소비하는 주체가 '브라우저'라는 특정한 애플리케이션으로 제한적이었다면, 모바일의 시대가 되면서 앱이나 웹은 서버에서 제공하는 데이터를 소비하게 됩니다. 과거의 서버는 브라우저라는 하나의 대상만을 상대로 데이터를 제공했기 때문에 아예 브라우저가 소화 가능한 모든 데이터를 HTML이라는 형태로 전달하고, 브라우저는 이를 화면에 보여주는 역할을 해 왔습니다.

스마트폰에서는 앱(App)이라 불리는 고유한 애플리케이션을 이용해서 데이터를 소비하게 되고, 보이는 화면 역시 자신만의 방식으로 서비스하게 됩니다. 앱에서 서버에 기대하는 것은 완성된 HTML이 아니라 그저 자신에게 필요한 순수한 데이터만을 요구하게 되었습니다. 이처럼 서버의 역할은 점점 더 순수하게 데이터에 대한 처리를 목적으로 하는 형태로 진화하고 있습니다. 또한, 브라우저와 앱은 서버에서 전달하는 데이터를 이용해서 앱 혹은 브라우저 내부에서 별도의 방식을 통해서 이를 소비하는 형태로 전환하고 있습니다.

이러한 변화 속에서 웹의 URI(Uniform Resource Identifier) 의미도 조금 다르게 변화하기 시작했습니다. 예를 들어 과거에 제작된 웹페이지들의 경우 페이지를 이동하더라도 브라우저의 주소는 변화하지 않는 방식을 선호했습니다(가장 대표적인 사이트가 네이버의 카페와 같은 경우입니다.). 반면에 최근의 웹페이지들은 대부분 페이지를 이동하면 브라우저 내의 주소 역시 같이 이동하는 방식을 사용합니다.

흔히 URL(Uniform Resource Locator)과 URI(Uniform Resource Identifier)를 같은 의미로 사용하는 경우가 많습니다. 엄밀하게는 URL은 URI의 하위 개념이기 때문에 혼용해도 무방합니다. URI는 '자원의 식별자'라는 의미로 사용됩니다.

URL은 '이 곳에 가면 당신이 원하는 것을 찾을 수 있습니다.'와 같은 상징적인 의미가 좀 더 강하다면, URI는 '당신이 원하는 곳의 주소는 여기입니다.'와 같이 좀 더 현실적이고 구체적인 의미가 있습니다. URI의 'I'는 마치 데이터베이스의 PK와 같은 의미로 사용된다고 생각할 수 있습니다.

REST는 'Representational State Transfer'의 약어로 하나의 URI는 하나의 고유한 리소스(Resource)를 대표하도록 설계된다는 개념에 전송방식을 결합해서 원하는 작업을 지정합니다. 예를 들어 '/boards/123'은 게시물 중에서 123번이라는 고유한 의미를 가지도록 설계하고, 이에 대한 처리는 GET, POST 방식과 같이 추가적인 정보를 통해서 결정합니다. 따라서 REST 방식은 다음과 같이 구성된다고 생각할 수 있습니다.

스프링은 @RequestMapping이나 @ResponseBody와 같이 REST 방식의 데이터 처리를 위한 여러 종류의 어노테이션과 기능이 있습니다. REST와 관련해서 알아 두어야 하는 어노테이션들은 다음과 같습니다.

Part 01

Part 02

Part 03

Part 04

Part 05

Part 06

Part 07

| 어노테이션 | 기능 |
|---|---|
| @RestController | Controller가 REST 방식을 처리하기 위한 것임을 명시합니다. |
| @ResponseBody | 일반적인 JSP와 같은 뷰로 전달되는 게 아니라 데이터 자체를 전달하기 위한 용도 |
| @PathVariable | URL 경로에 있는 값을 파라미터로 추출하려고 할 때 사용 |
| @CrossOrigin | Ajax의 크로스 도메인 문제를 해결해주는 어노테이션 |
| @RequestBoby | JSON 데이터를 원하는 타입으로 바인딩 처리 |

## 16.1 @RestController

REST 방식에서 가장 먼저 기억해야 하는 점은 서버에서 전송하는 것이 순수한 데이터라는 점입니다. 기존의 Controller에서 Model에 데이터를 담아서 JSP 등과 같은 뷰(View)로 전달하는 방식이 아니므로 기존의 Controller와는 조금 다르게 동작합니다.

스프링 4에서부터는 @Controller 외에 @RestController라는 어노테이션을 추가해서 해당 Controller의 모든 메서드의 리턴 타입을 기존과 다르게 처리한다는 것을 명시합니다. @RestController 이전에는 @Controller와 메서드 선언부에 @ResponseBody를 이용해서 동일한 결과를 만들 수 있습니다. @RestController는 메서드의 리턴 타입으로 사용자가 정의한 클래스 타입을 사용할 수 있고, 이를 JSON이나 XML로 자동으로 처리할 수 있습니다.

### 16.1.1 예제 프로젝트 준비

예제를 위해 'Spring Legacy Project'를 이용해서 'ex03' 프로젝트를 생성합니다(이전 예제를 그대로 사용할 수도 있지만, 책에서는 설명을 위해서 별도의 프로젝트를 생성하였습니다.). 생성하는 프로젝트의 기본 패키지는 'org.zerock.controller'를 지정합니다.

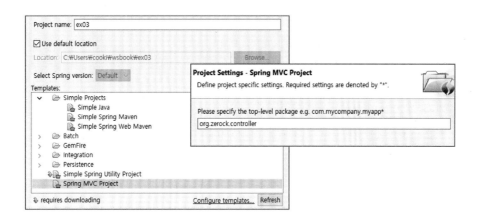

pom.xml의 스프링 버전은 '5.0.7'버전으로 수정합니다. 이전 예제와 같이 Java 버전이나 Maven Compile 버전 등은 1.8버전으로 수정하고 프로젝트를 업데이트합니다 (update project).

```
pom.xml 일부

...
  <properties>
    <java-version>1.8</java-version>
    <org.springframework-version>5.0.7.RELEASE</org.springframework-
version>
...생략...
      <plugin>
        <groupId>org.apache.maven.plugins</groupId>
        <artifactId>maven-compiler-plugin</artifactId>
        <version>2.5.1</version>
        <configuration>
          <source>1.8</source>
          <target>1.8</target>
          <compilerArgument>-Xlint:all</compilerArgument>
          <showWarnings>true</showWarnings>
          <showDeprecation>true</showDeprecation>
        </configuration>
      </plugin>
```

작성된 프로젝트에는 우선적으로 JSON 데이터를 처리하기 위한 jackson-databind라는 라이브러리를 pom.xml에 추가합니다. jackson-databind 라이브러리는 나중에 브라우저에 객체를 JSON이라는 포맷의 문자열로 변환시켜 전송할 때 필요합니다.

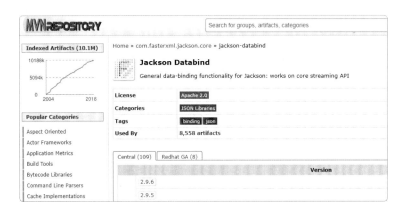

Part 01

Part 02

Part 03

Part 04

Part 05

Part 06

Part 07

> **Note**
>
> JSON은 'JavaScript Object Notation'의 약어로 구조가 있는 데이터를 '{ }'로 묶고 '키'와 '값'으로 구성하는 경량의 데이터 포맷입니다. 프로그래밍 언어에서 말하는 객체(Object)들의 구조는 '{ }'를 이용해서 다음과 같이 표현할 수 있습니다(아래 그림은 https://ko.wikipedia.org/wiki/JSON를 참고하였습니다.).
>
> ```
> {
>   "이름": "홍길동",
>   "나이": 25,
>   "성별": "여",
>   "주소": "서울특별시 양천구 목동",
>   "특기": ["농구", "도술"],
>   "가족관계": {"#": 2, "아버지": "홍판서", "어머니": "춘섬"},
>   "회사": "경기 수원시 팔달구 우만동"
> }
> ```
>
> 구조를 표현한 문자열은 프로그래밍 언어에 관계 없이 사용할 수 있기 때문에 XML과 더불어 가장 많이 사용되는 데이터의 표현 방식입니다.

브라우저를 이용해서 'Maven jackson-databind' 등을 검색하면 메이븐 관련 저장소를 찾을 수 있습니다.

XML의 처리는 jackson-dataformat-xml 라이브러리를 이용합니다.

```xml
<dependency>
    <groupId>com.fasterxml.jackson.core</groupId>
    <artifactId>jackson-databind</artifactId>
    <version>2.9.6</version>
    </dependency>

<dependency>
    <groupId>com.fasterxml.jackson.dataformat</groupId>
    <artifactId>jackson-dataformat-xml</artifactId>
    <version>2.9.6</version>
    </dependency>
```

테스트할 때는 직접 Java 인스턴스를 JSON 타입의 문자열로 변환해야 하는 일들도 있으므로 gson 라이브러리도 추가합니다.

**pom.xml에 추가**

```xml
<dependency>
    <groupId>com.google.code.gson</groupId>
    <artifactId>gson</artifactId>
    <version>2.8.2</version>
    </dependency>
```

작성된 프로젝트의 서블릿 버전을 수정하고, Lombok 관련 설정을 추가합니다.

**pom.xml 서블릿 버전, Lombok 추가**

```xml
<!-- Servlet -->
    <dependency>
      <groupId>javax.servlet</groupId>
      <artifactId>javax.servlet-api</artifactId>
      <version>3.1.0</version>
      <scope>provided</scope>
    </dependency>
...
    <dependency>
      <groupId>org.projectlombok</groupId>
      <artifactId>lombok</artifactId>
      <version>1.18.0</version>
      <scope>provided</scope>
    </dependency>
```

테스트를 위해서 JUnit 버전을 변경하고, spring-test 관련 모듈을 추가해 둡니다.

**pom.xml에 테스트 환경을 위한 수정**

```xml
<!-- Test -->
    <dependency>
      <groupId>junit</groupId>
      <artifactId>junit</artifactId>
      <version>4.12</version>
      <scope>test</scope>
    </dependency>

    <dependency>
      <groupId>org.springframework</groupId>
      <artifactId>spring-test</artifactId>
      <version>${org.springframework-version}</version>
    </dependency>
```

## 16.2 @RestController의 반환 타입

스프링의 @RestController는 특별히 기존의 @Controller와 다른 점은 없습니다. 'org.zerock.controller' 패키지에 SampleController를 생성합니다.

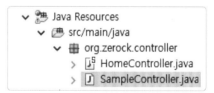

**SampleController 클래스**

```java
package org.zerock.controller;

import org.springframework.web.bind.annotation.RequestMapping;
import org.springframework.web.bind.annotation.RestController;

import lombok.extern.log4j.Log4j;

@RestController
@RequestMapping("/sample")
@Log4j
public class SampleController {

}
```

　　　　　　　　　　　　　　　　　　　REST 방식과 Ajax를 이용하는 댓글 처리

## 16.2.1 단순 문자열 반환

@RestController는 JSP와 달리 순수한 데이터를 반환하는 형태이므로 다양한 포맷의
데이터를 전송할 수 있습니다. 주로 많이 사용하는 형태는 일반 문자열이나 JSON, XML
등을 사용합니다.

SampleController에 문자열을 반환하려면 다음과 같은 형태로 작성합니다.

**SampleController 클래스**

```java
package org.zerock.controller;

import org.springframework.http.MediaType;
import org.springframework.web.bind.annotation.GetMapping;
import org.springframework.web.bind.annotation.RequestMapping;
import org.springframework.web.bind.annotation.RestController;

import lombok.extern.log4j.Log4j;

@RestController
@RequestMapping("/sample")
@Log4j
public class SampleController {

  @GetMapping(value = "/getText", produces = "text/plain; charset=UTF-8")
  public String getText() {

    log.info("MIME TYPE: " + MediaType.TEXT_PLAIN_VALUE);

    return "안녕하세요";

  }

}
```

기존의 @Controller는 문자열을 반환하는 경우에는 JSP 파일의 이름으로 처리하지만,
@RestController의 경우에는 순수한 데이터가 됩니다. @GetMapping에 사용된
produces 속성은 해당 메서드가 생산하는 MIME 타입을 의미합니다. 예제와 같이 문자
열로 직접 지정할 수도 있고, 메서드 내의 MediaType이라는 클래스를 이용할 수도 있습
니다.

Part 01

Part 02

Part 03

Part 04

Part 05

Part 06

Part 07

프로젝트의 실행은 이전 예제들과 같이 '/'경로로 실행되도록 하고 브라우저를 통해서 '/sample/getText'를 호출합니다.

브라우저에 전송된 실제 데이터는 브라우저의 개발자 도구를 이용해서 확인할 수 있습니다.

결과를 보면 produces의 속성값으로 지정된 'text/plain' 결과가 나오는 것을 확인할 수 있습니다.

### 16.2.2 객체의 반환

객체를 반환하는 작업은 JSON이나 XML을 이용합니다. 전달된 객체를 생산하기 위해서 'org.zerock.domain' 패키지를 생성하고, SampleVO 클래스를 작성합니다.

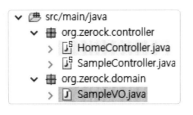

---

**SampleVO 클래스**

```
package org.zerock.domain;

import lombok.AllArgsConstructor;
import lombok.Data;
```

---

REST 방식과 Ajax를 이용하는 댓글 처리

```
import lombok.NoArgsConstructor;

@Data
@AllArgsConstructor
@NoArgsConstructor
public class SampleVO {

  private Integer mno;
  private String firstName;
  private String lastName;

}
```

SampleVO 클래스는 비어 있는 생성자를 만들기 위한 @NoArgsConstructor와 모든
속성을 사용하는 생성자를 위한 @AllArgsConstructor 어노테이션을 이용했습니다. 어
노테이션을 통해서 생성된 결과를 보면 생성자가 여러 개 생성되는 것을 볼 수 있습니다.

SampleController에서는 SampleVO를 리턴하는 메서드를 아래와 같이 설계합니다.

**SampleController 클래스**

```
@GetMapping(value = "/getSample",
     produces = { MediaType.APPLICATION_JSON_UTF8_VALUE,
                  MediaType.APPLICATION_XML_VALUE })
  public SampleVO getSample() {

    return new SampleVO(112, "스타", "로드");

  }
```

getSample( )은 XML과 JSON 방식의 데이터를 생성할 수 있도록 작성되었는데, 브라
우저에서 '/sample/getSample'을 호출하면 다음과 같은 화면을 볼 수 있습니다.
(APPLICATION_JSON_UTF8_VALUE는 스프링 5.2버전부터는 Deprecated되고,
APPLICATION_JSON_VALUE로 사용합니다.)

위의 결과는 브라우저가 받은 데이터가 XML이기 때문에 보이는 화면입니다. 개발자 도구를 통해서 살펴보면 정상적인 XML 데이터라는 것을 확인할 수 있습니다.

동일한 메서드를 '/sample/getSample.json'을 호출하게 되면 기존과 달리 JSON 타입의 데이터가 전달되는 것을 확인할 수 있습니다.

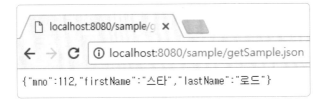

@GetMapping이나 @RequestMapping의 produces 속성은 반드시 지정해야 하는 것은 아니므로 생략하는 것도 가능합니다.

```
@GetMapping(value = "/getSample2")
public SampleVO getSample2() {
    return new SampleVO(113, "로켓", "라쿤");
}
```

### 16.2.3 컬렉션 타입의 객체 반환

경우에 따라서는 여러 데이터를 한 번에 전송하기 위해서 배열이나 리스트, 맵 타입의 객체들을 전송하는 경우도 발생합니다.

**SampleController의 일부**

```
@GetMapping(value = "/getList")
public List<SampleVO> getList() {

    return IntStream.range(1, 10).mapToObj(i -> new SampleVO(i, i +
"First", i + " Last"))
        .collect(Collectors.toList());

}
```

getList( )는 내부적으로 1부터 10미만까지의 루프를 처리하면서 SampleVO 객체를 만들어서 List〈SampleVO〉로 만들어 냅니다.

브라우저를 통해서 '/sample/getList'를 호출하면 기본적으로는 XML 데이터를 전송하는 것을 볼 수 있습니다. 뒤에 확장자를 '.json'으로 처리하면 '[ ]'로 싸여진 JSON 형태의 배열 데이터를 볼 수 있습니다.

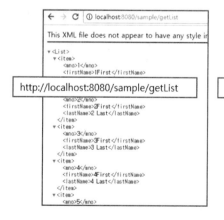

Part 01

Part 02

Part 03

Part 04

Part 05

Part 06

Part 07

맵의 경우에는 '키'와 '값'을 가지는 하나의 객체로 간주됩니다.

**SampleController 클래스의 일부**

```java
@GetMapping(value = "/getMap")
public Map<String, SampleVO> getMap() {

  Map<String, SampleVO> map = new HashMap<>();
  map.put("First", new SampleVO(111, "그루트", "주니어"));

  return map;

}
```

브라우저에서 '/sample/getMap'을 호출하면 아래와 같은 결과를 확인할 수 있습니다.

Map을 이용하는 경우에는 '키(key)'에 속하는 데이터는 XML로 변환되는 경우에 태그의 이름이 되기 때문에 문자열을 지정합니다.

### 16.2.4 ResponseEntity 타입

REST 방식으로 호출하는 경우는 화면 자체가 아니라 데이터 자체를 전송하는 방식으로 처리되기 때문에 데이터를 요청한 쪽에서는 정상적인 데이터인지 비정상적인 데이터인지를 구분할 수 있는 확실한 방법을 제공해야만 합니다.

ResponseEntity는 데이터와 함께 HTTP 헤더의 상태 메시지 등을 같이 전달하는 용도로 사용합니다. HTTP의 상태 코드와 에러 메시지 등을 함께 데이터를 전달할 수 있기 때문에 받는 입장에서는 확실하게 결과를 알 수 있습니다.

**SampleController의 일부**

```java
@GetMapping(value = "/check", params = { "height", "weight" })
public ResponseEntity<SampleVO> check(Double height, Double weight) {

    SampleVO vo = new SampleVO(0, "" + height, "" + weight);

    ResponseEntity<SampleVO> result = null;

    if (height < 150) {
      result = ResponseEntity.status(HttpStatus.BAD_GATEWAY).body(vo);
    } else {
      result = ResponseEntity.status(HttpStatus.OK).body(vo);
    }

    return result;
}
```

check( )는 반드시 'height'와 'weight'를 파라미터로 전달받습니다. 이때 만일 'height' 값이 150보다 작다면 502(bad gateway) 상태 코드와 데이터를 전송하고, 그렇지 않다면 200(ok) 코드와 데이터를 전송합니다.

'/sample/check.json?height=140&weight=60'과 같이 JSON 타입의 데이터를 요구하고, height 값을 150보다 작게 하는 경우에는 502메시지와 데이터가 전달됩니다.

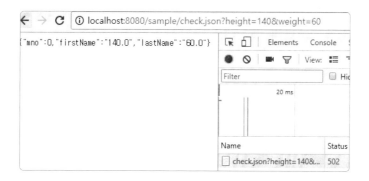

Part 01

Part 02

Part 03

Part 04

Part 05

Part 06

Part 07

## 16.3 @RestController에서 파라미터

@RestController는 기존의 @Controller에서 사용하던 일반적인 타입이나 사용자가 정의한 타입(클래스)을 사용합니다. 여기에 추가로 몇 가지 어노테이션을 이용하는 경우가 있습니다.

- @PathVariable: 일반 컨트롤러에서도 사용이 가능하지만 REST 방식에서 자주 사용됩니다. URL 경로의 일부를 파라미터로 사용할 때 이용
- @RequestBody: JSON 데이터를 원하는 타입의 객체로 변환해야 하는 경우에 주로 사용

### 16.3.1 @PathVariable

REST 방식에서는 URL 내에 최대한 많은 정보를 담으려고 노력합니다. 예전에는 '?' 뒤에 추가되는 쿼리 스트링(query string)이라는 형태로 파라미터를 이용해서 전달되던 데이터들이 REST 방식에서는 경로의 일부로 차용되는 경우가 많습니다.

스프링 MVC에서는 @PathVariable 어노테이션을 이용해서 URL 상에 경로의 일부를 파라미터로 사용할 수 있습니다.

```
http://localhost:8080/sample/{sno}
```

```
http://localhost:8080/sample/{sno}/page/{pno}
```

위의 URL에서 '{ }'로 처리된 부분은 컨트롤러의 메서드에서 변수로 처리가 가능합니다. @PathVariable은 '{ }'의 이름을 처리할 때 사용합니다.

REST 방식에서는 URL 자체에 데이터를 식별할 수 있는 정보들을 표현하는 경우가 많으므로 다양한 방식으로 @PathVariable이 사용됩니다.

**SampleController의 일부**

```
@GetMapping("/product/{cat}/{pid}")
public String[] getPath(
    @PathVariable("cat") String cat,
    @PathVariable("pid") Integer pid) {
```

```
    return new String[] { "category: " + cat, "productid: " + pid };
  }
```

@PathVariable을 적용하고 싶은 경우에는 '{ }'를 이용해서 변수명을 지정하고, @PathVariable을 이용해서 지정된 이름의 변숫값을 얻을 수 있습니다. 값을 얻을 때에는 int, double과 같은 기본 자료형은 사용할 수 없습니다.

브라우저에서 '/sample/product/bags/1234'로 호출하면 cat과 pid 변수의 값으로 처리되는 것을 확인할 수 있습니다.

### 16.3.2 @RequestBody

@RequestBody는 전달된 요청(request)의 내용(body)을 이용해서 해당 파라미터의 타입으로 변환을 요구합니다. 내부적으로 HttpMessageConverter 타입의 객체들을 이용해서 다양한 포맷의 입력 데이터를 변환할 수 있습니다. 대부분의 경우에는 JSON 데이터를 서버에 보내서 원하는 타입의 객체로 변환하는 용도로 사용되지만, 경우에 따라서는 원하는 포맷의 데이터를 보내고, 이를 해석해서 원하는 타입으로 사용하기도 합니다.

변환을 위한 예제를 위해서 'org.zerock.domain' 패키지에 Ticket 클래스를 정의합니다.

Part 01

Part 02

Part 03

Part 04

Part 05

Part 06

Part 07

**Ticket 클래스**

```
package org.zerock.domain;

import lombok.Data;

@Data
public class Ticket {

  private int tno;
  private String owner;
  private String grade;
}
```

Ticket 클래스는 번호(tno)와 소유주(owner), 등급(grade)을 지정합니다.

Ticket을 사용하는 예제는 SampleController에 추가합니다.

**SampleController의 일부**

```
@PostMapping("/ticket")
public Ticket convert(@RequestBody Ticket ticket) {

  log.info("convert.......ticket" + ticket);

  return ticket;

}
```

SampleController의 다른 메서드와 달리 @PostMapping이 적용된 것을 볼 수 있는데, 이것은 @RequestBody가 말 그대로 요청(request)한 내용(body)을 처리하기 때문에 일반적인 파라미터 전달방식을 사용할 수 없기 때문입니다.

작성한 convert( )에 대한 테스트는 테스트 방식을 학습한 후 진행합니다.

## 16.4 REST 방식의 테스트

위와 같이 GET 방식이 아니고, POST 등의 방식으로 지정되어 있으면서 JSON 형태의 데이터를 처리하는 것을 브라우저에서 개발하려면 많은 시간과 노력이 들어갑니다.

@RestController를 쉽게 테스트할 수 있는 방법은 주로 REST 방식의 데이터를 전송하는 툴을 이용하거나, JUnit과 spring-test를 이용해서 테스트하는 방식을 고려할 수 있습니다.

### 16.4.1 JUnit 기반의 테스트

JUnit을 이용하는 방식은 PART 3에서 진행했던 방식을 그대로 이용합니다. 다만 REST 방식을 이용하다 보면 JSON 데이터를 테스트해야 하므로 차이점 위주로 알아 두면 좋습니다.

'src/test/java' 폴더 아래 SampleControllerTests 클래스를 작성합니다.

**SampleControllerTests 클래스**

```
package org.zerock.controller;

import static org.springframework.test.web.servlet.request.
MockMvcRequestBuilders.post;
import static org.springframework.test.web.servlet.result.
MockMvcResultMatchers.status;

...생략...

import com.google.gson.Gson;

import lombok.Setter;
import lombok.extern.log4j.Log4j;

@RunWith(SpringJUnit4ClassRunner.class)
```

Part 01

Part 02

Part 03

Part 04

Part 05

Part 06

Part 07

```java
// Test for Controller
@WebAppConfiguration

@ContextConfiguration({ "file:src/main/webapp/WEB-INF/spring/root-
context.xml",
    "file:src/main/webapp/WEB-INF/spring/appServlet/servlet-context.xml"
})
// Java Config
// @ContextConfiguration(classes = {
// org.zerock.config.RootConfig.class,
// org.zerock.config.ServletConfig.class} )
@Log4j
public class SampleControllerTests {

  @Setter(onMethod_ = { @Autowired })
  private WebApplicationContext ctx;

  private MockMvc mockMvc;

  @Before
  public void setup() {
    this.mockMvc = MockMvcBuilders.webAppContextSetup(ctx).build();
  }

  @Test
  public void testConvert() throws Exception {

    Ticket ticket = new Ticket();
    ticket.setTno(123);
    ticket.setOwner("Admin");
    ticket.setGrade("AAA");

    String jsonStr = new Gson().toJson(ticket);

    log.info(jsonStr);

    mockMvc.perform(post("/sample/ticket")
        .contentType(MediaType.APPLICATION_JSON)
        .content(jsonStr))
        .andExpect(status().is(200));
  }

}
```

testConvert( )는 SampleController에 작성해 둔 convert( ) 메서드를 테스트하기 위해서 작성하였습니다. SampleController의 convert( )는 JSON으로 전달되는 데이터

를 받아서 Ticket 타입으로 변환합니다. 이를 위해서는 해당 데이터가 JSON이라는 것을 명시해 줄 필요가 있습니다. MockMvc는 contentType( )을 이용해서 전달하는 데이터가 무엇인지를 알려줄 수 있습니다. 코드 내의 Gson 라이브러리는 Java의 객체를 JSON 문자열로 변환하기 위해서 사용합니다.

위의 코드를 실행하면 다음과 같이 전달되는 JSON 문자열이 Ticket 타입의 객체로 변환된 것을 볼 수 있습니다.

```
INFO : org.springframework.test.web.servlet.TestDispatcherServlet -
FrameworkServlet '': initialization completed in 11 ms
INFO : org.zerock.controller.SampleControllerTests -
{"tno":123,"owner":"Admin","grade":"AAA"}
INFO : org.zerock.controller.SampleController -
convert.......ticketTicket(tno=123, owner=Admin, grade=AAA)
```

JUnit을 이용하는 방식의 테스트 장점은 역시 Tomcat을 구동하지 않고도 컨트롤러를 구동해 볼 수 있다는 점입니다.

### 16.4.2 기타 도구

JUnit을 이용하는 방식 외에도 Tomcat을 구동한다면 REST 방식을 테스트할 수 있는 여러 가지 도구들이 존재합니다. 만일 Mac이나 리눅스 등을 이용한다면 간단히 curl(https://curl.haxx.se/) 같은 도구를 이용할 수도 있고, Java나 각종 언어로 개발된 라이브러리들을 이용할 수 있습니다.

최근에는 브라우저에서 직접 REST 방식을 테스트할 수 있는 도구들이 꽤 많이 있습니다. Chrome 브라우저 앱스토어(chrome://apps/)로 이동해서 'REST client'로 검색하면 꽤 많은 크롬 확장 프로그램을 볼 수 있습니다.

Part 01

Part 02

Part 03

Part 04

Part 05

Part 06

Part 07

여러 확장 프로그램 중에서 'Yet Another REST Client' 등을 이용해서 테스트를 진행합니다. 아래 화면은 이전에 존재했던 'Restlet Client'를 이용한 것이지만, 다른 REST 방식의 테스트 프로그램을 이용해도 무방합니다.

```
{"tno":123, "owner":"user00", "grade":"AAA"}
```

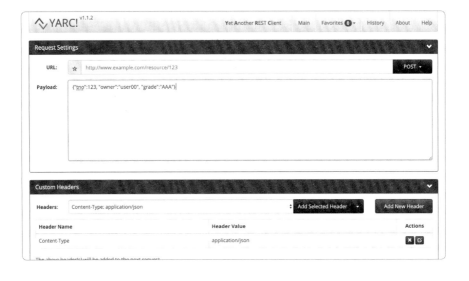

Tomcat을 실행하였다면 'Restlet Client'에서는 'GET/POST/⋯' 등의 방식으로 접근이 가능합니다. 요청의 내용(body) 역시 오른쪽의 화면처럼 원하는 내용을 전달할 수 있습니다.

## 16.5 다양한 전송방식

REST 방식의 데이터 교환에서 가장 특이한 점은 기존의 GET/POST 외에 다양한 방식으로 데이터를 전달한다는 점입니다. HTTP의 전송방식은 아래와 같은 형태로 사용됩니다.

| 작업 | 전송방식 |
|---|---|
| Create | POST |
| Read | GET |
| Update | PUT |
| Delete | DELETE |

REST 방식은 URI와 같이 결합하므로 회원(member)이라는 자원을 대상으로 전송방식을 결합하면 다음과 같은 형태가 됩니다.

| 작업 | 전송방식 | URI |
|---|---|---|
| 등록 | POST | /members/new |
| 조회 | GET | /members/{id} |
| 수정 | PUT | /members/{id} + body (json 데이터 등) |
| 삭제 | DELETE | /member/{id} |

Part 01

Part 02

Part 03

Part 04

Part 05

Part 06

Part 07

POST 방식도 그렇지만 PUT, DELETE 방식은 브라우저에서 테스트하기가 쉽지 않기 때문에 개발 시 JUnit이나 'Restlet Client' 등과 같은 도구를 이용해서 테스트하고 개발해야만 합니다.

REST 방식과 Ajax를 이용하는 댓글 처리

REST 방식을 가장 많이 사용하는 형태는 역시 브라우저나 모바일 App 등에서 Ajax를 이용해서 호출하는 것입니다. 예제에서는 Ajax의 호출을 가정하고 웹페이지에서 사용하는 댓글 기능을 작성해 보도록 합니다. 데이터베이스 상에서 댓글은 전형적인 1:N의 관계로 구성합니다. 하나의 게시물에 여러 개의 댓글을 추가하는 형태로 구성하고, 화면은 조회 화면상에서 별도의 화면 이동 없이 처리하기 때문에 Ajax를 이용해서 호출합니다.

이번 예제는 이전 PART 3의 예제에 추가하는 형태로 작성합니다. 프로젝트의 설정은 이전 장의 내용을 참고해서 구성해야만 합니다.

## 17.1 프로젝트의 구성

REST 처리를 위해서는 pom.xml에서 수정된 내용이 대부분이므로, PART 3에서 사용된 'src/main/java' 폴더 아래 모든 Java 코드를 그대로 복사해서 사용하도록 합니다.

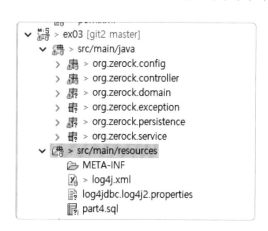

Part 01

Part 02

Part 03

Part 04

Part 05

Part 06

Part 07

'src/main/resources'에서는 log4jdbc−log4j2를 이용하기 위해서 log4jdbc.log4j2. properties 파일을 반드시 추가해야 합니다. 또한 MyBatis에서 이용할 XML 파일들 역시 추가합니다.

프로젝트는 오라클을 이용하므로 프로젝트의 설정을 통해서 JDBC 드라이버가 프로젝트 경로에 포함되도록 설정해 줍니다.

WEB과 관련된 파일들 역시 PART 3 예제의 모든 내용을 그대로 복사해서 사용합니다. Resources 폴더와 views 폴더 아래 모든 내용을 복사해서 프로젝트에 추가합니다.

Tomcat의 실행은 '/'경로를 이용해서 프로젝트가 정상적으로 동작하는지 확인해야 합니다.

## 17.2 댓글 처리를 위한 영속 영역

댓글을 추가하기 위해서 댓글 구조에 맞는 테이블을 설계합니다. 댓글 테이블은 tbl_reply라는 이름의 테이블로 지정해서 생성합니다.

**댓글 처리를 위한 테이블 생성과 처리**

```sql
create table tbl_reply (
  rno number(10,0),
  bno number(10,0) not null,
  reply varchar2(1000) not null,
  replyer varchar2(50) not null,
  replyDate date default sysdate,
  updateDate date default sysdate
);

create sequence seq_reply;

alter table tbl_reply add constraint pk_reply primary key (rno);

alter table tbl_reply  add constraint fk_reply_board
foreign key (bno)  references  tbl_board (bno);
```

tbl_reply 테이블은 bno라는 칼럼을 이용해서 해당 댓글이 어떤 게시물의 댓글인지를 명시하도록 합니다. 댓글 자체는 단독으로 CRUD가 가능하므로, 별도의 PK를 부여하도록 하고 외래키(FK) 설정을 통해서 tbl_board 테이블을 참조하도록 설정합니다.

### 17.2.1 ReplyVO 클래스의 추가

tbl_reply 테이블을 참고해서 org.zerock.domain 패키지 아래 ReplyVO 클래스를 추가합니다.

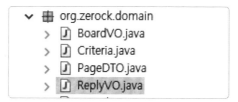

Part 01

Part 02

Part 03

Part 04

Part 05

Part 06

Part 07

**ReplyVO 클래스**

```java
package org.zerock.domain;
import java.util.Date;
import lombok.Data;
@Data
public class ReplyVO {

  private Long rno;
  private Long bno;

  private String reply;
  private String replyer;
  private Date replyDate;
  private Date updateDate;
}
```

## 17.2.2 ReplyMapper 클래스와 XML 처리

org.zerock.mapper 패키지에는 ReplyMapper 인터페이스를 처리하고, XML 파일 역시 생성해 줍니다.

```
> 📦 org.zerock.controller
> 📦 > org.zerock.domain
∨ 📦 > org.zerock.mapper
  > 📄 BoardMapper.java
  > 📄 ReplyMapper.java
```

**ReplyMapper 인터페이스**

```java
package org.zerock.mapper;

public interface ReplyMapper {

}
```

댓글에 대한 처리 역시 화면상에서 페이지 처리가 필요할 수 있으므로 Criteria를 이용해서 처리하도록 합니다. 실제 SQL은 'src/main/resources' 폴더 아래 ReplyMapper. xml 파일을 작성해서 처리합니다.

REST 방식과 Ajax를 이용하는 댓글 처리

XML에서는 tbl_reply 테이블에 필요한 SQL을 작성합니다. 페이징 처리에서는 조금 더 신경 써야 하는 내용이 있으므로 우선은 특정 게시물 번호(bno)에 해당하는 모든 댓글을 가져오는 형태로 작성합니다.

XML을 작성할 때에는 항상 namespace에 주의해서 작성합니다.

**ReplyMapper.xml**

```xml
<?xml version="1.0" encoding="UTF-8" ?>
<!DOCTYPE mapper
  PUBLIC "-//mybatis.org//DTD Mapper 3.0//EN"
  "http://mybatis.org/dtd/mybatis-3-mapper.dtd">
<mapper namespace="org.zerock.mapper.ReplyMapper">

</mapper>
```

CRUD 작업을 테스트하기 전에 tbl_reply 테이블이 tbl_board 테이블과 FK(외래키)의 관계로 처리되어 있다는 점을 기억해야만 합니다.

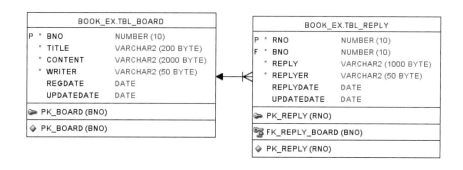

tbl_reply가 tbl_board 테이블의 bno 값과 정확히 일치해야 하므로 테스트를 진행하기 전에 최신 bno 번호 몇 개를 예제로 확인해 두도록 합니다.

Part 01

Part 02

Part 03

Part 04

Part 05

Part 06

Part 07

```
select * from tbl_board where rownum < 10 order by bno desc
```

| | BNO | TITLE | CONTENT | WRITER |
|---|---|---|---|---|
| 1 | 3145745 | 새로 작성하는 글 | 새로 작성하는 내용 | newbie |
| 2 | 3145744 | test | test | tset |
| 3 | 3145743 | 테스트 제목 | 테스트 내용 | user00 |
| 4 | 3145742 | 테스트 제목 | 테스트 내용 | user00 |
| 5 | 3145741 | TTTTTT | test | tester |
| 6 | 3145740 | test | test | tset |
| 7 | 3145739 | 새로 작성하는 글 select key | 새로 작성하는 내용 select key | newbie |
| 8 | 3145738 | 새로 작성하는 글 select key | 새로 작성하는 내용 select key | newbie |
| 9 | 3145737 | 새로 작성하는 글 | 새로 작성하는 내용 | newbie |

ReplyMapper 테스트

개발 초기에는 테스트 코드를 작성하는 것이 번거롭게 느껴지지만 가능하면 팀 전체가 테스트 코드를 습관적으로 작성하는 노력을 해야 합니다. 우선 ReplyMapper를 사용 가능한지에 대한 테스트 작업을 진행합니다. 테스트를 위해서는 ReplyMapperTests 클래스를 작성해 두도록 합니다.

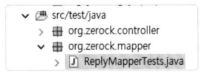

**src/test/java 밑의 ReplyMapperTests 클래스**

```java
package org.zerock.mapper;

import org.junit.Test;
import org.junit.runner.RunWith;
import org.springframework.beans.factory.annotation.Autowired;
import org.springframework.test.context.ContextConfiguration;
import org.springframework.test.context.junit4.SpringRunner;

import lombok.Setter;
import lombok.extern.log4j.Log4j;
```

REST 방식과 Ajax를 이용하는 댓글 처리

```
@RunWith(SpringRunner.class)
@ContextConfiguration("file:src/main/webapp/WEB-INF/spring/root-context.
xml")
// Java Config
// @ContextConfiguration(classes = { org.zerock.config.RootConfig.class
// })
@Log4j
public class ReplyMapperTests {

  @Setter(onMethod_ = @Autowired)
  private ReplyMapper mapper;

  @Test
  public void testMapper() {

    log.info(mapper);
  }

}
```

testMapper( )를 통해서 ReplyMapper 타입의 객체가 정상적으로 사용이 가능한지 확인합니다.

```
INFO : org.zerock.mapper.ReplyMapperTests - org.apache.ibatis.binding.
MapperProxy@72ea6193
INFO : org.springframework.context.support.GenericApplicationContext
- Closing org.springframework.context.support.
GenericApplicationContext@5c5a1b69: startup date [Sat Apr 07 14:35:21
KST 2018]; root of context hierarchy
INFO : com.zaxxer.hikari.HikariDataSource - springHikariCP - Shutdown
initiated...
```

## 17.2.3 CRUD 작업

ReplyMapper를 이용한 CRUD 작업은 단일 테이블에 대한 작업과 유사하므로 등록, 수정, 삭제, 조회 작업을 처리합니다.

등록(create)

우선은 외래키를 사용하는 등록 작업을 먼저 진행해 봅니다.

### ReplyMapper 인터페이스

```
package org.zerock.mapper;

import org.zerock.domain.ReplyVO;

public interface ReplyMapper {

    public int insert(ReplyVO vo);
}
```

ReplyMapper의 SQL을 처리하는 XML의 내용은 다음과 같습니다.

### ReplyMapper.xml의 일부

```
<?xml version="1.0" encoding="UTF-8" ?>
<!DOCTYPE mapper
  PUBLIC "-//mybatis.org//DTD Mapper 3.0//EN"
  "http://mybatis.org/dtd/mybatis-3-mapper.dtd">
<mapper namespace="org.zerock.mapper.ReplyMapper">

  <insert id="insert">

    insert into tbl_reply (rno, bno, reply, replyer)
    values (seq_reply.nextval, #{bno}, #{reply}, #{replyer})

  </insert>

</mapper>
```

테스트 코드는 기존에 존재하는 게시물 일부의 bno(게시물 번호)를 사용해서 ReplyVO
를 작성합니다.

### ReplyMapperTests 클래스의 일부

```
package org.zerock.mapper;

import ...생략..

@RunWith(SpringRunner.class)
```

```java
@ContextConfiguration("file:src/main/webapp/WEB-INF/spring/root-context.
xml")
// Java Config
// @ContextConfiguration(classes = { org.zerock.config.RootConfig.class
// })
@Log4j
public class ReplyMapperTests {

  //테스트 전에 해당 번호의 게시물이 존재하는지 반드시 확인할 것
  private Long[] bnoArr = { 3145745L, 3145744L, 3145743L, 3145742L,
3145741L };

  @Setter(onMethod_ = @Autowired)
  private ReplyMapper mapper;

  @Test
  public void testCreate() {

    IntStream.rangeClosed(1, 10).forEach(i -> {

      ReplyVO vo = new ReplyVO();

      // 게시물의 번호
      vo.setBno(bnoArr[i % 5]);
      vo.setReply("댓글 테스트 " + i);
      vo.setReplyer("replyer" + i);

      mapper.insert(vo);
    });

  }

  @Test
  public void testMapper() {

    log.info(mapper);
  }
}
```

ReplyMapperTests 내부의 bnoArr은 게시물 번호의 일부로 실제 데이터베이스에 있는 번호여야만 합니다(PK와 FK의 관계로 묶여 있기 때문에).

테스트가 정상적으로 실행되는지 최종적으로 데이터베이스의 tbl_reply의 상태를 확인합니다.

Part 01

Part 02

Part 03

Part 04

Part 05

Part 06

Part 07

```
select * from tbl_reply order by rno desc;
```

| | RNO | BNO | REPLY | REPLYER | REPLYDATE | UPDATEDATE |
|---|---|---|---|---|---|---|
| 1 | 10 | 3145745 | 댓글 테스트 10 | replyer10 | 18/07/01 | 18/07/01 |
| 2 | 9 | 3145741 | 댓글 테스트 9 | replyer9 | 18/07/01 | 18/07/01 |
| 3 | 8 | 3145742 | 댓글 테스트 8 | replyer8 | 18/07/01 | 18/07/01 |
| 4 | 7 | 3145743 | 댓글 테스트 7 | replyer7 | 18/07/01 | 18/07/01 |
| 5 | 6 | 3145744 | 댓글 테스트 6 | replyer6 | 18/07/01 | 18/07/01 |
| 6 | 5 | 3145745 | 댓글 테스트 5 | replyer5 | 18/07/01 | 18/07/01 |
| 7 | 4 | 3145741 | 댓글 테스트 4 | replyer4 | 18/07/01 | 18/07/01 |
| 8 | 3 | 3145742 | 댓글 테스트 3 | replyer3 | 18/07/01 | 18/07/01 |
| 9 | 2 | 3145743 | 댓글 테스트 2 | replyer2 | 18/07/01 | 18/07/01 |
| 10 | 1 | 3145744 | 댓글 테스트 1 | replyer1 | 18/07/01 | 18/07/01 |

등록 작업이 온전히 처리되는 것을 확인한 후에 조회 작업을 처리합니다.

조회(read)

ReplyMapper 인터페이스와 ReplyMapper.xml에 조회 처리를 추가합니다.

**ReplyMapper 인터페이스의 일부**

```java
public interface ReplyMapper {

  public int insert(ReplyVO vo);

  public ReplyVO read(Long rno); //특정 댓글 읽기
}
```

**ReplyMapper.xml의 일부**

```xml
<select id="read" resultType="org.zerock.domain.ReplyVO">

  select * from tbl_reply where rno = #{rno}

</select>
```

테스트 코드는 tbl_reply에 있는 번호 중에서 하나를 이용해서 확인합니다.

```
@Test
public void testRead() {

  Long targetRno = 5L;

  ReplyVO vo = mapper.read(targetRno);

  log.info(vo);

}
```

테스트 결과로 5번 댓글이 정상적으로 조회되는지 확인합니다.

```
INFO : org.zerock.mapper.ReplyMapperTests - ReplyVO(rno=5, bno=3145745,
reply=댓글 테스트 5, replyer=replyer5, replyDate=Sun Jul 01 14:32:44 KST
2018, updateDate=Sun Jul 01 14:32:44 KST 2018)
```

삭제(delete)

특정 댓글의 삭제는 댓글의 번호(rno)만으로 처리가 가능합니다.

```
public interface ReplyMapper {

  public int insert(ReplyVO vo);

  public ReplyVO read(Long rno);

  public int delete (int rno);
}
```

Part 01

Part 02

Part 03

Part 04

Part 05

Part 06

Part 07

### ReplyMapper.xml의 일부

```xml
<delete id="delete">

  delete from tbl_reply where rno = #{rno}

</delete>
```

### ReplyMapperTests 클래스의 일부

```java
@Test
public void testDelete() {

  Long targetRno = 1L;

  mapper.delete(targetRno);
}
```

수정(update)

댓글의 수정은 현재의 tbl_reply 테이블의 구조에서는 댓글의 내용(reply)과 최종 수정 시간(updatedate)을 수정합니다.

### ReplyMapper 인터페이스의 일부

```java
public interface ReplyMapper {

  public int insert(ReplyVO vo);

  public ReplyVO read(Long rno);

  public int delete(Long rno);

  public int update(ReplyVO reply);
}
```

### ReplyMapper.xml의 일부

```xml
<update id="update">

  update tbl_reply set reply = #{reply}, updatedate = sysdate where
rno = #{rno}

</update>
```

REST 방식과 Ajax를 이용하는 댓글 처리

```java
  @Test
  public void testUpdate() {

    Long targetRno = 10L;

    ReplyVO vo = mapper.read(targetRno);

    vo.setReply("Update Reply ");

    int count = mapper.update(vo);

    log.info("UPDATE COUNT: " + count);
  }
```

## 17.2.4 @Param어노테이션과 댓글 목록

댓글의 목록과 페이징 처리는 기존의 게시물 페이징 처리와 유사하지만, 추가적으로 특정한 게시물의 댓글들만을 대상으로 하기 때문에 추가로 게시물의 번호가 필요하게 됩니다.

MyBatis는 두 개 이상이 데이터를 파라미터로 전달하기 위해서는 1) 별도의 객체로 구성하거나, 2) Map을 이용하는 방식, 3) @Param을 이용해서 이름을 사용하는 방식입니다. 여러 방식 중에 가장 간단하게 사용할 수 있는 방식이 @Param을 이용하는 방식입니다. @Param의 속성값은 MyBatis에서 SQL을 이용할 때 '#{ }'의 이름으로 사용이 가능합니다.

페이징 처리는 기존과 동일하게 Criteria를 이용합니다. 여기에 추가적으로 해당 게시물의 번호는 파라미터를 전달하도록 ReplyMapper를 구성합니다.

ReplyMapper 인터페이스

```java
package org.zerock.mapper;

import java.util.List;

import org.apache.ibatis.annotations.Param;
import org.zerock.domain.Criteria;
import org.zerock.domain.ReplyVO;

public interface ReplyMapper {
```

Part 01

Part 02

Part 03

Part 04

Part 05

Part 06

Part 07

```
    public int insert(ReplyVO vo);

    public ReplyVO read(Long bno);

    public int delete(Long bno);

    public int update(ReplyVO reply);

    public List<ReplyVO> getListWithPaging(
            @Param("cri") Criteria cri,
            @Param("bno") Long bno);

}
```

XML로 처리할 때에는 지정된 'cri'와 'bno'를 모두 사용할 수 있습니다.

댓글도 페이징 처리를 해 줄 수 있는데, 조금 뒤쪽에서 이것을 처리하고 지금은 특정 게시물의 댓글을 가져오는 것을 작성합니다.

**ReplyMapper.xml의 일부**

```
<select id="getListWithPaging"
  resultType="org.zerock.domain.ReplyVO">

  select rno, bno, reply, replyer, replyDate, updatedate
  from tbl_reply
  where bno = #{bno}
  order by rno asc

</select>
```

XML에서 '#{bno}'가 @Param("bno")와 매칭되어서 사용되는 점에 주목해야 합니다.

테스트 코드에서는 현재 데이터베이스에 추가되어 있는 댓글들의 게시물 번호로 확인합니다.

**ReplyMapperTests의 일부**

```
  @Test
  public void testList() {

    Criteria cri = new Criteria();
```

```
    // 3145745L
    List<ReplyVO> replies = mapper.getListWithPaging(cri, bnoArr[0]);

    replies.forEach(reply -> log.info(reply));

}
```

## 17.3 서비스 영역과 Controller 처리

서비스 영역과 Controller의 처리는 기존의 BoardService와 동일하게 ReplyService
인터페이스와 ReplyServiceImpl 클래스를 작성합니다.

```
> 🔳 org.zerock.controller
> 🔳 org.zerock.domain
> 🔳 > org.zerock.mapper
∨ 🔳 > org.zerock.service
    > 📄 BoardService.java
    > 📄 BoardServiceImpl.java
    > 📄 ReplyService.java
    > 📄 ReplyServiceImpl.java
```

**ReplyService 인터페이스**

```java
package org.zerock.service;

import java.util.List;

import org.zerock.domain.Criteria;
import org.zerock.domain.ReplyVO;

public interface ReplyService {

  public int register(ReplyVO vo);

  public ReplyVO get(Long rno);

  public int modify(ReplyVO vo);

  public int remove(Long rno);

  public List<ReplyVO> getList(Criteria cri, Long bno);

}
```

Part 01

Part 02

Part 03

Part 04

Part 05

Part 06

Part 07

ReplyService를 구현하는 ReplyServiceImpl 클래스에는 @Service 어노테이션과 @Log4j를 적용합니다.

**org.zerock.service.ReplyServiceImpl 클래스**

```java
package org.zerock.service;

import java.util.List;

import org.springframework.beans.factory.annotation.Autowired;
import org.springframework.stereotype.Service;
import org.zerock.domain.Criteria;
import org.zerock.domain.ReplyVO;
import org.zerock.mapper.ReplyMapper;

import lombok.Setter;
import lombok.extern.log4j.Log4j;

@Service
@Log4j
public class ReplyServiceImpl implements ReplyService {

  @Setter(onMethod_ = @Autowired)
  private ReplyMapper mapper;

  @Override
  public int register(ReplyVO vo) {

    log.info("register......" + vo);

    return mapper.insert(vo);

  }

  @Override
  public ReplyVO get(Long rno) {

    log.info("get......" + rno);

    return mapper.read(rno);

  }

  @Override
  public int modify(ReplyVO vo) {

    log.info("modify......" + vo);
```

```
    return mapper.update(vo);

  }

  @Override
  public int remove(Long rno) {

    log.info("remove...." + rno);

    return mapper.delete(rno);

  }

  @Override
  public List<ReplyVO> getList(Criteria cri, Long bno) {

    log.info("get Reply List of a Board " + bno);

    return mapper.getListWithPaging(cri, bno);

  }

}
```

ReplyServiceImpl은 ReplyMapper에 의존적인 관계이기 때문에 위의 코드와 같이 @Setter를 이용해서 처리하거나 스프링 4.3의 생성자와 자동주입을 이용해서 아래와 같이 처리할 수 있습니다.

**스프링 4.3을 이용하는 경우 ReplyServiceImpl의 일부**

```
@Service
@Log4j
@AllArgsConstructor
public class ReplyServiceImpl implements ReplyService {


  private ReplyMapper mapper;

...생략...
```

Part 01

Part 02

Part 03

Part 04

Part 05

Part 06

Part 07

## 17.3.1 ReplyController의 설계

ReplyController는 앞의 예제에서 SampleController와 유사하게 @RestController 어노테이션을 이용해서 설계하며 다음과 같은 URL을 기준으로 동작할 수 있게 작성합니다.

| 작업 | URL | HTTP 전송방식 |
|------|-----|---------------|
| 등록 | /replies/new | POST |
| 조회 | /replies/:rno | GET |
| 삭제 | /replies/:rno | DELETE |
| 수정 | /replies/:rno | PUT or PATCH |
| 페이지 | /replies/pages/:bno/:page | GET |

REST 방식으로 동작하는 URL을 설계할 때는 PK를 기준으로 작성하는 것이 좋습니다. PK만으로 조회, 수정, 삭제가 가능하기 때문입니다. 다만 댓글의 목록은 PK를 사용할 수 없기 때문에 파라미터로 필요한 게시물의 번호(bno)와 페이지 번호(page) 정보들을 URL에서 표현하는 방식을 사용합니다.

ReplyController는 ReplyService 타입의 객체인 ReplyServiceImpl 객체를 주입받도록 설계합니다.

**ReplyController의 일부**

```
package org.zerock.controller;

import java.util.List;

...생략..
```

REST 방식과 Ajax를 이용하는 댓글 처리

```
@RequestMapping("/replies/")
@RestController
@Log4j
@AllArgsConstructor
public class ReplyController {

private ReplyService service;

}
```

@Setter주입을 이용하거나 위의 코드와 같이 @AllArgsConstructor를 이용해서
ReplyService 타입의 객체를 필요로 하는 생성자를 만들어서 사용합니다(스프링 4.3
이상).

## 17.3.2 등록 작업과 테스트

REST 방식으로 처리할 때 주의해야 하는 점은 브라우저나 외부에서 서버를 호출할 때
데이터의 포맷과 서버에서 보내주는 데이터의 타입을 명확히 설계해야 하는 것입니다. 예
를 들어 댓글 등록의 경우 브라우저에서는 JSON 타입으로 된 댓글 데이터를 전송하고,
서버에서는 댓글의 처리 결과가 정상적으로 되었는지 문자열로 결과를 알려 주도록 합
니다.

**ReplyController 클래스의 일부**

```
@PostMapping(value = "/new",
    consumes = "application/json",
    produces = { MediaType.TEXT_PLAIN_VALUE })
public ResponseEntity<String> create(@RequestBody ReplyVO vo) {

  log.info("ReplyVO: " + vo);

  int insertCount = service.register(vo);

  log.info("Reply INSERT COUNT: " + insertCount);

  return insertCount == 1
  ? new ResponseEntity<>("success", HttpStatus.OK)
  : new ResponseEntity<>(HttpStatus.INTERNAL_SERVER_ERROR);
  //삼항 연산자 처리
}
```

Part 01

Part 02

Part 03

Part 04

Part 05

Part 06

Part 07

create( )는 @PostMapping으로 POST 방식으로만 동작하도록 설계하고, consumes 와 produces를 이용해서 JSON 방식의 데이터만 처리하도록 하고, 문자열을 반환하도록 설계합니다. create( )의 파라미터는 @RequestBody를 적용해서 JSON 데이터를 ReplyVO 타입으로 변환하도록 지정합니다.

create( )는 내부적으로 ReplyServiceImpl을 호출해서 register( )를 호출하고, 댓글이 추가된 숫자를 확인해서 브라우저에서 '200 OK' 혹은 '500 Internal Server Error'를 반환하도록 합니다. 테스트를 위해서 프로젝트를 '/'경로로 실행하고, 크롬 확장 프로그램 등을 이용해서 테스트를 진행할 수 있습니다.

테스트 시에는 POST 방식으로 전송하고, 'Content-Type'은 'application/json'으로 지정해야 합니다. 실제 전송되는 데이터는 존재하는 게시물 번호(bno)와 댓글 내용 (reply), 댓글 작성자(replyer)를 JSON 문법에 맞게 작성하도록 주의합니다. 게시물의 번호는 기존에 존재하는 번호이어야 하므로 주의가 필요합니다.

```
{"bno":3145745,"reply":"Hello Reply","replyer":"user00"}
```

REST 방식과 Ajax를 이용하는 댓글 처리

작성된 댓글은 데이터베이스에 정상적으로 추가되었는지 확인합니다. 아래 화면은 여러 차례 댓글을 추가한 후의 화면입니다.

| | RNO | BNO | REPLY | REPLYER | REPLYDATE | UPDATEDATE |
|---|---|---|---|---|---|---|
| 1 | 15 | 3145745 | Hello Reply | user00 | 18/07/01 | 18/07/01 |
| 2 | 14 | 3145745 | Hello Reply | user00 | 18/07/01 | 18/07/01 |
| 3 | 13 | 3145745 | Hello Reply | user00 | 18/07/01 | 18/07/01 |
| 4 | 12 | 3145745 | Hello Reply | user00 | 18/07/01 | 18/07/01 |
| 5 | 11 | 3145745 | Hello Reply | user00 | 18/07/01 | 18/07/01 |

### 17.3.3 특정 게시물의 댓글 목록 확인

특정 게시물의 댓글 목록을 확인하는 작업은 아래와 같이 작성합니다.

**ReplyController 클래스의 일부**

```
@GetMapping(value = "/pages/{bno}/{page}",
    produces = {
        MediaType.APPLICATION_XML_VALUE,
        MediaType.APPLICATION_JSON_UTF8_VALUE })
public ResponseEntity<List<ReplyVO>> getList(
    @PathVariable("page") int page,
    @PathVariable("bno") Long bno) {

    log.info("getList.................");
    Criteria cri = new Criteria(page,10);
```

```
        log.info(cri);

    return new ResponseEntity<>(service.getList(cri, bno), HttpStatus.OK);
    }
```

ReplyController의 getList( )는 Criteria를 이용해서 파라미터를 수집하는데, '/{bno}/
{page}'의 'page' 값은 Criteria를 생성해서 직접 처리해야 합니다. 게시물의 번호는
@PathVariable을 이용해서 파라미터로 처리하고 브라우저에서 아래와 같이 테스트 해
봅니다.

```
    http://localhost:8080/replies/pages/3145745/1
```

테스트 결과는 XML 타입으로 댓글 데이터들이 나오는 것을 확인할 수 있습니다. 만일
JSON 타입을 원한다면 마지막에 '.json'을 추가하면 됩니다.

REST 방식과 Ajax를 이용하는 댓글 처리

## 17.3.4 댓글 삭제/조회

RestController의 댓글의 수정/삭제/조회는 위와 유사한 방식으로 JSON이나 문자열을 반환하도록 설계합니다.

**ReplyController 클래스의 일부**

```java
@GetMapping(value = "/{rno}",
    produces = { MediaType.APPLICATION_XML_VALUE,
                 MediaType.APPLICATION_JSON_UTF8_VALUE })
public ResponseEntity<ReplyVO> get(@PathVariable("rno") Long rno) {

  log.info("get: " + rno);

  return new ResponseEntity<>(service.get(rno), HttpStatus.OK);
}

@DeleteMapping(value= "/{rno}" ,produces = { MediaType.TEXT_PLAIN_VALUE })
public ResponseEntity<String> remove(@PathVariable("rno") Long rno) {

  log.info("remove: " + rno);

  return service.remove(rno) == 1
    ? new ResponseEntity<>("success", HttpStatus.OK)
    : new ResponseEntity<>(HttpStatus.INTERNAL_SERVER_ERROR);

}
```

## 17.3.5 댓글 수정

댓글 수정은 JSON 형태로 전달되는 데이터와 파라미터로 전달되는 댓글 번호(rno)를 처리하기 때문에 아래와 같이 처리합니다.

**ReplyController의 일부**

```java
@RequestMapping(method = { RequestMethod.PUT, RequestMethod.PATCH },
    value = "/{rno}",
    consumes = "application/json",
    produces = { MediaType.TEXT_PLAIN_VALUE })
public ResponseEntity<String> modify(
                @RequestBody ReplyVO vo,
                @PathVariable("rno") Long rno) {

  vo.setRno(rno);

  log.info("rno: " + rno);
```

Part 01

Part 02

Part 03

Part 04

Part 05

Part 06

Part 07

```
    log.info("modify: " + vo);

    return service.modify(vo) == 1
            ? new ResponseEntity<>("success", HttpStatus.OK)
            : new ResponseEntity<>(HttpStatus.INTERNAL_SERVER_ERROR);
}
```

댓글 수정은 'PUT' 방식이나 'PATCH' 방식을 이용하도록 처리하고, 실제 수정되는 데이 터는 JSON 포맷이므로 @RequestBody를 이용해서 처리합니다. @RequestBody로 처리되는 데이터는 일반 파라미터나 @PathVariable 파라미터를 처리할 수 없기 때문에 직접 처리해 주는 부분을 주의해야 합니다.

## 17.4 JavaScript 준비

JSP 내에서 댓글에 대한 처리는 하나의 페이지 내에서 모든 작업이 이루어지기 때문에 조금 복잡하게 느껴지는 것이 사실입니다. 또한 기존과 달리 JavaScript와 동적으로 만 들어지는 HTML로 처리하기 때문에 각 단계를 주의해서 작성해야 합니다.

### 17.4.1 JavaScript의 모듈화

화면에서 사용되는 jQuery는 막강한 기능과 다양한 플러그인을 통해서 많은 프로젝트에 서 기본으로 사용됩니다. 특히 Ajax를 이용하는 경우에는 jQuery의 함수를 이용해서 너 무나 쉽게 처리할 수 있기 때문에 많이 사용합니다. 화면 내에서 JavaScript 처리를 하 다 보면 어느 순간 이벤트 처리와 DOM 처리, Ajax 처리 등이 마구 섞여서 유지보수 하 기 힘든 코드를 만드는 경우가 많습니다. 이런 경우를 대비해서 좀 더 JavaScript를 하 나의 모듈처럼 구성하는 방식을 이용하는 것이 좋습니다.

JavaScript에서 가장 많이 사용하는 패턴 중 하나는 모듈 패턴입니다. 모듈 패턴은 쉽게 말해서 관련 있는 함수들을 하나의 모듈처럼 묶음으로 구성하는 것을 의미합니다. JavaScript의 클로저를 이용하는 가장 대표적인 방법입니다.

예제 프로젝트의 webapp 내 resources 폴더에 js 폴더 내 reply.js 파일을 작성합니다 (resources라는 이름의 폴더가 여러 개 있으므로 주의).

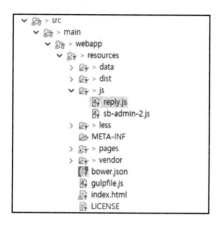
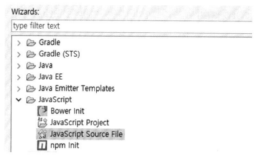

작성하는 reply.js는 아무 기능 없이 간단히 동작하는 코드만을 넣어서 확인하는 용도로 사용합니다.

```
reply.js

  console.log("Reply Module........");

  var replyService = {};
```

reply.js 파일은 게시물의 조회 페이지에서 사용하기 위해서 작성된 것이므로, views/board/get.jsp 파일에 추가하도록 합니다.

Part 01

Part 02

Part 03

Part 04

Part 05

Part 06

Part 07

```
✓ 📁 > WEB-INF
     📁 classes
   > 📁 spring
   ✓ 📁 > views
       ✓ 📁 > board
             📄 get.jsp
             📄 list.jsp
             📄 modify.jsp
             📄 register.jsp
```

reply.js 파일은 이전에 만든 이벤트 처리 바로 위쪽으로 추가해 둡니다.

**board/get.jsp의 일부**

```javascript
<script type="text/javascript"  src="/resources/js/reply.js"></script>

<script type="text/javascript">
$(document).ready(function() {

  var operForm = $("#operForm");

  $("button[data-oper='modify']").on("click", function(e){

    operForm.attr("action","/board/modify").submit();

  });
...생략...
```

reply.js가 정상적으로 동작하는지를 확인하기 위해서 브라우저에서 '/board/
get?bno=xxx' 번호를 호출하면 reply.js가 실행되는지를 확인합니다.

REST 방식과 Ajax를 이용하는 댓글 처리

브라우저에서는 개발자 도구를 이용해서 reply.js가 아무 문제 없이 로딩되고 있는지 확인해야 하고, Console 메뉴에서는 console.log( )의 내용이 실행되는지를 확인해야 합니다.

```
Name                            ×  Headers  Preview  Response  Timing
☐ get?pageNum=1&amount=10...       ▼ General
☐ metisMenu.min.css                  Request URL: http://localhost:8080/resources/js/reply.js
☐ dataTables.responsive.css          Request Method: GET
☐ bootstrap.min.css                  Status Code: ● 200  (from memory cache)
☐ font-aw                            Remote Address: [::1]:8080
☐ jquery.m┌───────────────────────────────────────────────────┐rade
  reply.js │ http://localhost:8080/resources/vendor/bootstrap/css/bootstrap.min.css │
☐ bootstra└───────────────────────────────────────────────────┘
                                     ▼ Response Headers
                                       Accept-Ranges: bytes
                                       Content-Length: 85
```

### 모듈 구성하기

모듈 패턴은 쉽게 말해서 Java의 클래스처럼 JavaScript를 이용해서 메서드를 가지는 객체를 구성합니다. 모듈 패턴은 JavaScript의 즉시 실행함수와 '{ }'를 이용해서 객체를 구성합니다. reply.js를 아래와 같이 수정하고 저장합니다.

```
reply.js
console.log("Reply Module........");


var replyService = (function(){


  return {name:"AAAA"};
})();
```

JavaScript의 즉시 실행함수는 ( ) 안에 함수를 선언하고 바깥쪽에서 실행해 버립니다. 즉시 실행함수는 함수의 실행 결과가 바깥쪽에 선언된 변수에 할당됩니다. 위의 코드에서는 replyService라는 변수에 name이라는 속성에 'AAAA'라는 속성값을 가진 객체가 할당됩니다.

replyService의 확인은 reply.js를 사용하는 get.jsp를 이용해서 확인합니다.

Part 01

Part 02

Part 03

Part 04

Part 05

Part 06

Part 07

```
get.jsp의 일부
```

```
<script type="text/javascript"  src="/resources/js/reply.js"></script>

<script type="text/javascript">
$(document).ready(function() {

  console.log(replyService);

});
</script>
```

jQuery의 $(document).ready(..)는 한 페이지 내에서 여러 번 나와도 상관없기 때문에 기존의 JavaScript 코드를 수정하지 않으려면 위와 같이 별도의 〈script〉 태그로 분리해도 무방합니다. 개발자 도구에서는 replyService 객체가 정상적으로 표시되어야 합니다.

```
Developer Tools - http://localhost:8080/board/get?type=&keyword=&pageNum=1&amount=10&bno=3670052

   Elements   Console   Sources   Network   Performance   Memory   Application   Security   Auc

   top            ▼   Filter                      Default levels ▼

   Reply Module........
   ▶ {name: "AAAA"}
 > |
```

## 17.4.2 reply.js 등록 처리

모듈 패턴은 즉시 실행하는 함수 내부에서 필요한 메서드를 구성해서 객체를 구성하는 방식입니다. 직접 코드로 보면 다음과 같습니다.

```
reply.js
```

```
console.log("Reply Module........");

var replyService = (function(){

  function add(reply, callback){
    console.log("reply...............");
  }

  return {add:add};
})();
```

REST 방식과 Ajax를 이용하는 댓글 처리

개발자 도구에서는 replyService 객체의 내부에는 add라는 메서드가 존재하는 형태로
보이게 됩니다.

외부에서는 replyService.add(객체, 콜백)를 전달하는 형태로 호출할 수 있는데, Ajax
호출은 감춰져 있기 때문에 코드를 좀 더 깔끔하게 작성할 수 있습니다.

reply.js 내에 add 함수는 Ajax를 이용해서 POST 방식으로 호출하는 코드를 작성합
니다.

```js
console.log("Reply Module........");

var replyService = (function() {

  function add(reply, callback, error) {
    console.log("add reply..............");

    $.ajax({
      type : 'post',
      url : '/replies/new',
      data : JSON.stringify(reply),
      contentType : "application/json; charset=utf-8",
      success : function(result, status, xhr) {
        if (callback) {
          callback(result);
        }
      },
      error : function(xhr, status, er) {
        if (error) {
          error(er);
        }
      }
    })
  }
```

reply.js

Part 01

Part 02

Part 03

Part 04

Part 05

Part 06

Part 07

```
    return {
      add : add
    };
  })();
```

add( )에서 주의 깊게 봐야 하는 부분은 데이터 전송 타입이 'application/json; charset=utf-8' 방식으로 전송한다는 점과 파라미터로 callback과 error를 함수로 받을 것이라는 점입니다. 만일 Ajax 호출이 성공하고, callback 값으로 적절한 함수가 존재한다면 해당 함수를 호출해서 결과를 반영하는 방식입니다.

JavaScript는 특이하게도 함수의 파라미터 개수를 일치시킬 필요가 없기 때문에 callback이나 error와 같은 파라미터는 필요에 따라서 작성할 수 있습니다. reply.js를 이용하는 get.jsp에서는 테스트를 위해 replyService.add( )를 호출해 봅니다.

**board/get.jsp의 일부**

```html
<script type="text/javascript"  src="/resources/js/reply.js"></script>

<script>

console.log("===============");
console.log("JS TEST");

var bnoValue = '<c:out value="${board.bno}"/>';

//for replyService add test
replyService.add(
    {reply:"JS Test", replyer:"tester", bno:bnoValue}
    ,
    function(result){
      alert("RESULT: " + result);
    }
);

</script>
```

get.jsp 내부에서는 Ajax 호출은 replyService라는 이름의 객체에 감춰져 있으므로 필요한 파라미터들만 전달하는 형태로 간결해 집니다. replyService의 add( )에 던져야 하는 파라미터는 JavaScript의 객체 타입으로 만들어서 전송해 주고, Ajax 전송 결과를

REST 방식과 Ajax를 이용하는 댓글 처리

처리하는 함수를 파라미터로 같이 전달합니다.

프로젝트를 Tomcat에서 실행하고 결과를 확인해 보면 데이터베이스에는 정상적으로 댓글이 추가되어야 하고, 브라우저에서는 경고창이 보여야만 합니다.

브라우저에서는 JSON 형태로 데이터가 전송되고 있는 것을 확인할 수 있어야 하고, 전송되는 데이터 역시 JSON 형태로 전송되는지 확인해야 합니다.

서버에서는 JSON 데이터가 ReplyVO 타입으로 제대로 변환되는 것을 볼 수 있습니다.

```
INFO : org.zerock.controller.ReplyController - ReplyVO: ReplyVO(rno=null,
bno=2359299, reply=JS Test, replyer=tester, replyDate=null,
updateDate=null)
```

Part 01

Part 02

Part 03

Part 04

Part 05

Part 06

Part 07

### 17.4.3 댓글의 목록 처리

댓글 등록이 정상적으로 처리되었다면 다음 단계에서는 해당 게시물에 있는 댓글의 전체 목록을 가져옵니다. 댓글 목록은 최종적으로는 페이징 처리가 되어야 하지만, 우선적으로 는 전체 댓글을 가져오는 형태로 구현해 봅니다.

프로젝트가 Tomcat 상에서 실행되고 있다면 '/replies/pages/게시물번호/페이지번 호.xml' 혹은 '/replies/pages/게시물번호/페이지번호.json' 형태로 데이터를 먼저 확인 할 수 있습니다.

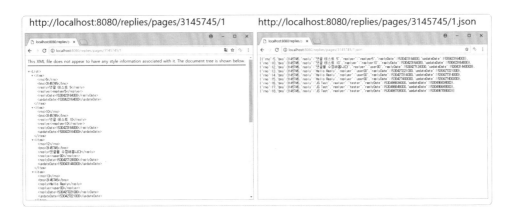

getJSON( ) 사용

reply.js에서는 Ajax 호출을 담당하므로, jQuery의 getJSON( )을 이용해서 처리할 수 있습니다.

**reply.js의 일부**

```
console.log("Reply Module........");

var replyService = (function() {

  function add(reply, callback, error) {
    console.log("add reply..............");
    ...생략...
  }

  function getList(param, callback, error) {

    var bno = param.bno;
```

REST 방식과 Ajax를 이용하는 댓글 처리

```
        var page = param.page || 1;

        $.getJSON("/replies/pages/" + bno + "/" + page + ".json",
            function(data) {
              if (callback) {
                callback(data);
              }
            }).fail(function(xhr, status, err) {
          if (error) {
            error();
          }
        });
      }

    return {
      add : add,
      getList : getList
    };
  })();
```

getList( )는 param이라는 객체를 통해서 필요한 파라미터를 전달받아 JSON 목록을
호출합니다. JSON 형태가 필요하므로 URL 호출 시 확장자를 '.json'으로 요구합니다.

댓글 등록과 마찬가지로 get.jsp에서는 해당 게시물의 모든 댓글을 가져오는지 확인하는
코드를 작성해 봅니다.

**get.jsp의 일부**

```
<script type="text/javascript"  src="/resources/js/reply.js"></script>

<script>

console.log("===============");
console.log("JS TEST");

var bnoValue = '<c:out value="${board.bno}"/>';

replyService.getList({bno:bnoValue, page:1}, function(list){

    for(var i = 0,  len = list.length||0; i < len; i++ ){
      console.log(list[i]);
    }
});

</script>
```

Part 01

Part 02

Part 03

Part 04

Part 05

Part 06

Part 07

get.jsp에서는 최소한의 코드로 정상적으로 동작하는지 확인이 가능합니다.

```
                                                                                          get?page
▶ {rno: 5, bno: 2359299, reply: "댓글 테스트 5", replyer: "replyer5", replyDate: 1523635917000, …}
                                                                                          get?page
▶ {rno: 10, bno: 2359299, reply: "Update Reply ", replyer: "replyer10", replyDate: 1523635917000, …}
▶ {rno: 21, bno: 2359299, reply: "JS Test", replyer: "tester", replyDate: 1523715248000, …} get?page
▶ {rno: 22, bno: 2359299, reply: "JS Test", replyer: "tester", replyDate: 1523717132000, …} get?page
▶ {rno: 23, bno: 2359299, reply: "JS Test", replyer: "tester", replyDate: 1523717136000, …} get?page
```

## 17.4.4 댓글 삭제와 갱신

댓글 삭제는 DELETE 방식을 통해서 해당 URL을 호출하는 것뿐이므로 그다지 어려운
점은 없습니다. reply.js에서 remove( )라는 함수를 아래와 같이 추가합니다.

**reply.js의 일부**

```
console.log("Reply Module........");

var replyService = (function() {

  function add(reply, callback, error) {
    console.log("add reply...............");

    ...생략...
  }

  function getList(param, callback, error) {

    ...생략...
  }

  function remove(rno, callback, error) {
    $.ajax({
      type : 'delete',
      url : '/replies/' + rno,
      success : function(deleteResult, status, xhr) {
        if (callback) {
          callback(deleteResult);
        }
      },
      error : function(xhr, status, er) {
        if (error) {
          error(er);
        }
      }
    }
```

```
    });
  }

  return {
    add : add,
    getList : getList,
    remove : remove
  };
})();
```

remove( )는 DELETE 방식으로 데이터를 전달하므로, $.ajax( )를 이용해서 구체적으
로 type 속성으로 'delete'를 지정합니다. board/get.jsp에서는 반드시 실제 데이터베이
스에 있는 댓글 번호를 이용해서 정상적으로 댓글이 삭제되는지를 확인합니다.

**get.jsp의 일부**

```
<script type="text/javascript"  src="/resources/js/reply.js"></script>

<script>

console.log("===============");
console.log("JS TEST");

var bnoValue = '<c:out value="${board.bno}"/>';

//for replyService add test
...생략...


//reply List Test
...생략..


 //23번 댓글 삭제 테스트
 replyService.remove(23, function(count) {

    console.log(count);

    if (count === "success") {
      alert("REMOVED");
    }
 }, function(err) {
    alert('ERROR...');
 });

</script>
```

위의 코드에서는 23번 댓글이 존재한다면 이를 삭제하도록 합니다. 삭제 전의 데이터베이스와 삭제 후의 데이터베이스를 비교해서 확인합니다.

**삭제전**

| RN | RNO | REPLY | REPLYER | REPLYDATE | UPDATEDATE |
|----|-----|-------|---------|-----------|------------|
| 1 | 5 | 댓글 테스트 5 | replyer5 | 18/04/14 | 18/04/14 |
| 2 | 10 | Update Reply | replyer10 | 18/04/14 | 18/04/14 |
| 3 | 21 | JS Test | tester | 18/04/14 | 18/04/14 |
| 4 | 22 | JS Test | tester | 18/04/14 | 18/04/14 |
| 5 | 23 | JS Test | tester | 18/04/14 | 18/04/14 |

**삭제후**

| RN | RNO | REPLY | REPLYER | REPLYDATE | UPDATEDATE |
|----|-----|-------|---------|-----------|------------|
| 1 | 5 | 댓글 테스트 5 | replyer5 | 18/04/14 | 18/04/14 |
| 2 | 10 | Update Reply | replyer10 | 18/04/14 | 18/04/14 |
| 3 | 21 | JS Test | tester | 18/04/14 | 18/04/14 |
| 4 | 22 | JS Test | tester | 18/04/14 | 18/04/14 |

## 17.4.5 댓글 수정

댓글 수정은 수정하는 내용과 함께 댓글의 번호를 전송합니다. 댓글의 내용은 JSON 형태로 전송하기 때문에 댓글 등록과 유사한 부분이 많습니다.

**reply.js의 일부**

```javascript
console.log("Reply Module........");

var replyService = (function() {

  function add(reply, callback, error) {
    console.log("add reply..............");

    ...생략...
  }

  function getList(param, callback, error) {

    ...생략...
  }

  function remove(rno, callback, error) {
    ...생략...
  }

  function update(reply, callback, error) {

    console.log("RNO: " + reply.rno);

    $.ajax({
      type : 'put',
      url : '/replies/' + reply.rno,
      data : JSON.stringify(reply),
```

```
      contentType : "application/json; charset=utf-8",
      success : function(result, status, xhr) {
        if (callback) {
          callback(result);
        }
      },
      error : function(xhr, status, er) {
        if (error) {
          error(er);
        }
      }
    });
  }

  return {
    add : add,
    getList : getList,
    remove : remove,
    update : update
  };
})();
```

replyService를 이용하는 get.jsp에서는 다음과 같은 방식으로 사용하게 됩니다(댓글 번호는 데이터베이스에 존재하는 댓글의 번호를 이용해야 합니다.). 댓글은 수정하는 내용이 댓글의 내용 밖에 없지만 JavaScript 객체로 처리하는 방식을 이용합니다.

**get.jsp의 일부**

```
<script type="text/javascript"  src="/resources/js/reply.js"></script>

<script>

console.log("===============");
console.log("JS TEST");

var bnoValue = '<c:out value="${board.bno}"/>';

...생략..

//22번 댓글 수정
replyService.update({
  rno : 22,
  bno : bnoValue,
  reply : "Modified Reply...."
}, function(result) {
```

```
    alert("수정 완료...");

  });


  </script>
```

### 17.4.6 댓글 조회 처리

특정 번호의 댓글 조회는 GET 방식으로 동작하므로 다음과 같이 reply.js를 처리합니다.

**reply.js의 일부**

```
console.log("Reply Module........");

var replyService = (function() {

  function add(reply, callback, error) {
    console.log("add reply...............");

    ...생략...
  }

  function getList(param, callback, error) {

    ...생략...
  }

  function remove(rno, callback, error) {
    ...생략...
  }

  function update(reply, callback, error) {

    ...생략...
  }

  function get(rno, callback, error) {

    $.get("/replies/" + rno + ".json", function(result) {

      if (callback) {
        callback(result);
      }

    }).fail(function(xhr, status, err) {
      if (error) {
        error();
```

　　　　　　　　　　　　　REST 방식과 Ajax를 이용하는 댓글 처리

```
      }
    });
  }

  return {
    add : add,
    getList : getList,
    remove : remove,
    update : update,
    get : get
  };
})();
```

get.jsp에서는 단순히 댓글의 번호만을 전달합니다.

**get.jsp의 일부**

```
replyService.get(10, function(data){
  console.log(data);
});
```

## 17.5 이벤트 처리와 HTML 처리

앞의 과정을 그대로 진행했다면 이미 Ajax의 처리까지는 완료되는 것을 확인했다는 의미가 됩니다. 남은 작업은 화면에서 버튼 등에서 발생하는 이벤트를 감지하고, Ajax 호출의 결과를 화면에 반영하는 것입니다.

Part 01

Part 02

Part 03

Part 04

Part 05

Part 06

Part 07

## 17.5.1 댓글 목록 처리

댓글의 목록을 위해서는 별도의 〈div〉를 생성해서 처리해야 합니다. 게시글과 관련된 화면 아래쪽에 〈div〉를 추가합니다. 추가하는 〈div〉에는 나중에 화면의 모습을 파악할 수 있도록 간단한 텍스트 등을 구성해 둡니다.

**board/get.jsp의 일부**

```
<div class='row'>

  <div class="col-lg-12">

    <!-- /.panel -->
    <div class="panel panel-default">
      <div class="panel-heading">
        <i class="fa fa-comments fa-fw"></i> Reply
      </div>

      <!-- /.panel-heading -->
      <div class="panel-body">

        <ul class="chat">
          <!--  start reply -->
          <li class="left clearfix" data-rno='12'>
            <div>
              <div class="header">
                <strong class="primary-font">user00</strong>
                <small class="pull-right text-muted">2018-01-01 13:13 </small>
              </div>
              <p>Good job!</p>
            </div>
          </li>
          <!-- end reply -->
        </ul>
        <!-- ./ end ul -->
      </div>
      <!-- /.panel .chat-panel -->
    </div>
  </div>
  <!-- ./ end row -->
</div>
```

댓글의 목록은 〈ul〉 태그 내에 〈li〉 태그를 이용해서 처리합니다. 각 〈li〉 태그는 하나의 댓글을 의미하므로 수정이나 삭제 시 이를 클릭하게 됩니다. 수정이나 삭제 시에는 반드시 댓글 번호(rno)가 필요하므로 'data-rno' 속성을 이용해서 이를 처리합니다.

위의 코드를 추가한 후 브라우저에서는 아래쪽에 댓글의 목록이 보이게 됩니다.

이벤트 처리

게시글의 조회 페이지가 열리면 자동으로 댓글 목록을 가져와서 〈li〉 태그를 구성해야 합니다. 이에 대한 처리는 $(document).ready( ) 내에서 이루어 지도록 합니다.

**get.jsp 내 일부**

```
<script type="text/javascript" src="/resources/js/reply.js"></script>

<script>

$(document).ready(function () {

  var bnoValue = '<c:out value="${board.bno}"/>';
  var replyUL = $(".chat");

    showList(1);

    function showList(page){

      replyService.getList({bno:bnoValue,page: page|| 1 }, function(list) {

        var str="";
        if(list == null || list.length == 0){
```

Part 01

Part 02

Part 03

Part 04

Part 05

Part 06

Part 07

```
        replyUL.html("");

        return;
      }
      for (var i = 0, len = list.length || 0; i < len; i++) {
        str +="<li class='left clearfix' data-rno='"+list[i].rno+"'>";
        str +="  <div><div class='header'><strong class='primary-
font'>"+list[i].replyer+"</strong>";
        str +="    <small class='pull-right text-muted'>"+list[i].
replyDate+"</small></div>";
        str +="    <p>"+list[i].reply+"</p></div></li>";
      }

    replyUL.html(str);

    });//end function

  }//end showList

});

</script>
```

showList( )는 페이지 번호를 파라미터로 받도록 설계하고, 만일 파라미터가 없는 경우에는 자동으로 1페이지가 되도록 설정합니다. 브라우저에서 DOM 처리가 끝나면 자동으로 showList( )가 호출되면서 〈ul〉 태그 내에 내용으로 처리됩니다. 만일 1페이지가 아닌 경우라면 기존 〈ul〉에 〈li〉들이 추가되는 형태입니다.

위의 처리가 끝나고 나면 브라우저에서 조회 페이지는 아래와 같이 해당 게시글의 댓글 순번대로 보입니다.

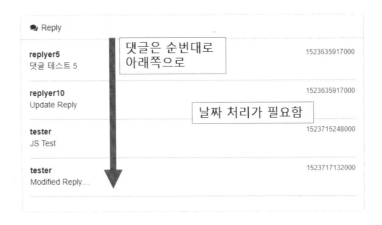

## 시간에 대한 처리

XML이나 JSON 형태로 데이터를 받을 때는 순수하게 숫자로 표현되는 시간 값이 나오게 되어 있으므로, 화면에서는 이를 변환해서 사용하는 것이 좋습니다. 날짜 포맷의 경우 문화권마다 표기 순서 등이 다르기 때문에 화면에서 포맷을 처리하는 방식을 권장합니다.

최근의 웹페이지들을 보면 해당일에 해당하는 데이터는 '시/분/초'를 보여주고, 전날에 등록된 데이터들은 '년/월/일' 등을 보여주는 경우가 많습니다. 현재 시간을 기준으로 해서 화면에 내용이 달라지도록 하는 부분은 아래와 같은 함수를 작성해서 사용할 수 있습니다.

reply.js에 관련 기능을 함수로 추가합니다.

**reply.js의 일부**

```
console.log("Reply Module........");

var replyService = (function() {

  function add(reply, callback, error) {
...생략...
  }

  function getList(param, callback, error) {
...생략...

}

  function remove(rno, callback, error) {
...생략...
  }

  function update(reply, callback, error) {

...생략...
  }

  function get(rno, callback, error) {

...생략...
  }

  function displayTime(timeValue) {
```

Part 01

Part 02

Part 03

Part 04

Part 05

Part 06

Part 07

```
        var today = new Date();

        var gap = today.getTime() - timeValue;

        var dateObj = new Date(timeValue);
        var str = "";

        if (gap < (1000 * 60 * 60 * 24)) {

          var hh = dateObj.getHours();
          var mi = dateObj.getMinutes();
          var ss = dateObj.getSeconds();

          return [ (hh > 9 ? '' : '0') + hh, ':', (mi > 9 ? '' : '0') + mi,
              ':', (ss > 9 ? '' : '0') + ss ].join('');

        } else {
          var yy = dateObj.getFullYear();
          var mm = dateObj.getMonth() + 1; // getMonth() is zero-based
          var dd = dateObj.getDate();

          return [ yy, '/', (mm > 9 ? '' : '0') + mm, '/',
              (dd > 9 ? '' : '0') + dd ].join('');
        }
      }
      ;

      return {
        add : add,
        get : get,
        getList : getList,
        remove : remove,
        update : update,
        displayTime : displayTime
      };

    })();
```

displayTime( )은 Ajax에서 데이터를 가져와서 HTML을 만들어 주는 부분에
'replyService.displayTime(list[i].replyDate)'의 형태로 적용하도록 합니다.

**board/get.jsp의 일부**

```
for (var i = 0, len = list.length || 0; i < len; i++) {
        str +="<li class='left clearfix' data-rno='"+list[i].rno+"'>";
        str +="  <div><div class='header'><strong class='primary-
```

```
font'>"+list[i].replyer+"</strong>";
        str +="     <small class='pull-right text-
muted'>"+replyService.displayTime(list[i].replyDate)+"</small></div>";
        str +="     <p>"+list[i].reply+"</p></div></li>";
}
```

작성된 displayTime( )을 적용하면 24시간이 지난 댓글은 날짜만 표시되고, 24시간 이내의 글은 시간으로 표시됩니다. (아래의 경우 7월 1일 작성된 댓글의 경우와 그 전날의 경우 입니다.)

## 17.5.2 새로운 댓글 처리

댓글 목록 상단에는 버튼을 하나 추가해서 사용자들이 새로운 댓글을 추가할 수 있도록 준비합니다.

**board/get.jsp의 일부**

```
<!-- /.panel -->
    <div class="panel panel-default">
<!--        <div class="panel-heading">
        <i class="fa fa-comments fa-fw"></i> Reply
    </div>
-->

<div class="panel-heading">
<i class="fa fa-comments fa-fw"></i> Reply
  <button id='addReplyBtn' class='btn btn-primary btn-xs pull-right'>New
  Reply</button>
</div>
```

Part 01

Part 02

Part 03

Part 04

Part 05

Part 06

Part 07

브라우저에는 댓글 목록의 오른쪽에 'New Reply' 버튼이 보이게 됩니다.

```
🗨 Reply                                                          New Reply
```

댓글의 추가는 모달창을 이용해서 진행합니다. 모달창은 별도로 화면 중앙에 위치하기 때문에 태그를 추가하는 위치는 그다지 신경 쓰지 않아도 됩니다. 〈script〉 태그의 시작 전에 아래 코드를 추가합니다. (모달창의 코드는 SBAdmin2의 pages 폴더 내 notifications. html 안에 포함되어 있습니다.)

**get.jsp 내의 모달창 코드**

```
<!-- Modal -->
    <div class="modal fade" id="myModal" tabindex="-1" role="dialog"
      aria-labelledby="myModalLabel" aria-hidden="true">
      <div class="modal-dialog">
        <div class="modal-content">
          <div class="modal-header">
            <button type="button" class="close" data-dismiss="modal"
              aria-hidden="true">&times;</button>
            <h4 class="modal-title" id="myModalLabel">REPLY MODAL</h4>
          </div>
          <div class="modal-body">
            <div class="form-group">
              <label>Reply</label>
              <input class="form-control" name='reply' value='New
Reply!!!!'>
            </div>
            <div class="form-group">
              <label>Replyer</label>
              <input class="form-control" name='replyer'
value='replyer'>
            </div>
            <div class="form-group">
              <label>Reply Date</label>
              <input class="form-control" name='replyDate'
value=''>
            </div>

          </div>
<div class="modal-footer">
        <button id='modalModBtn' type="button" class="btn btn-
warning">Modify</button>
```

```
        <button id='modalRemoveBtn' type="button" class="btn btn-
danger">Remove</button>
        <button id='modalCloseBtn' type="button" class="btn btn-default"
data-dismiss="modal">Close</button>
        <button id='modalClassBtn' type='button' class='btn btn-default'
data-dismiss='modal'>Close </button>
    </div>           </div>
        <!-- /.modal-content -->
    </div>
    <!-- /.modal-dialog -->
  </div>
  <!-- /.modal -->

<script type="text/javascript" src="/resources/js/reply.js"></script>
```

모달창은 브라우저에서 댓글에 대한 여러 작업(CRUD)에서 활용할 것이므로 필요한 모든 내용을 담도록 하고 각 작업에 맞게 버튼이나 입력창이 보이거나 감춰지도록 합니다.

### 새로운 댓글의 추가 버튼 이벤트 처리

댓글 목록 상단의 'New Reply'를 클릭하면 화면에서는 모달창을 아래와 같이 보이게 처리합니다. 모달과 관련된 객체들은 여러 함수에서 사용할 것이므로 바깥쪽으로 빼두어 매번 jQuery를 호출하지 않도록 합니다.

**get.jsp 내의 댓글 추가 시작 시 버튼 이벤트 처리**

```
<script type="text/javascript" src="/resources/js/reply.js"></script>

<script>

$(document).ready(function () {

  var bnoValue = '<c:out value="${board.bno}"/>';
  var replyUL = $(".chat");

    showList(1);

    function showList(page){

...생략...

  }//end showList
```

Part 01

Part 02

Part 03

Part 04

Part 05

Part 06

Part 07

```
    var modal = $(".modal");
    var modalInputReply = modal.find("input[name='reply']");
    var modalInputReplyer = modal.find("input[name='replyer']");
    var modalInputReplyDate = modal.find("input[name='replyDate']");

    var modalModBtn = $("#modalModBtn");
    var modalRemoveBtn = $("#modalRemoveBtn");
    var modalRegisterBtn = $("#modalRegisterBtn");

    $("#addReplyBtn").on("click", function(e){

        modal.find("input").val("");
        modalInputReplyDate.closest("div").hide();
        modal.find("button[id !='modalCloseBtn']").hide();

        modalRegisterBtn.show();

        $(".modal").modal("show");

    });

});

</script>
```

사용자가 'New Reply' 버튼을 클릭하면 입력에 필요 없는 항목들은 안 보이게 처리하고, 모달창을 보이게 합니다.

댓글 등록 및 목록 갱신

새로운 댓글의 추가는 필요한 댓글의 내용(Reply)과 댓글의 작성자(Replyer) 항목만으로 추가해서 모달창 아래쪽의 'Register' 버튼을 클릭해서 처리합니다.

```
modalRegisterBtn.on("click",function(e){

    var reply = {
        reply: modalInputReply.val(),
        replyer:modalInputReplyer.val(),
        bno:bnoValue
    };
    replyService.add(reply, function(result){

        alert(result);

        modal.find("input").val("");
        modal.modal("hide");

    });

});
```

댓글이 정상적으로 추가되면 경고창을 이용해서 성공했다는 사실을 알려주고, 등록한 내용으로 다시 등록할 수 없도록 입력항목을 비우고 모달창을 닫아줍니다.

댓글이 정상적으로 처리되었지만 목록 자체는 갱신된 적이 없으므로 화면에서 새로 등록된 댓글이 보이지 않습니다. 이러한 문제 때문에 댓글을 추가한 후에는 다시 댓글의 목록(showList(1))을 갱신할 필요가 있습니다.

```
modalRegisterBtn.on("click",function(e){

    var reply = {
        reply: modalInputReply.val(),
        replyer:modalInputReplyer.val(),
```

Part 01

Part 02

Part 03

Part 04

Part 05

Part 06

Part 07

```
            bno:bnoValue
        };
    replyService.add(reply, function(result){

      alert(result);

      modal.find("input").val("");
      modal.modal("hide");

      showList(1);

    });

  });
```

기존의 코드에 showList(1)을 추가해서 댓글이 추가된 후 그 사이에 추가되었을지 모르는 새로운 댓글도 가져오도록 합니다.

### 17.5.3 특정 댓글의 클릭 이벤트 처리

댓글은 댓글의 목록에서 내용이 모두 출력되기 때문에 별도로 클릭한다는 것은 해당 댓글을 수정하거나 삭제하는 경우에 발생합니다. 댓글의 수정과 삭제는 원칙적으로는 로그인한 사용자가 해당 댓글의 작성자인 경우에만 허락되어야 합니다. 다만 현재까지 로그인에 대해서는 처리된 적이 없으므로 코드에서는 어떠한 댓글도 수정/삭제가 되도록 작성합니다.

DOM에서 이벤트 리스너를 등록하는 것은 반드시 해당 DOM 요소가 존재해야만 가능합니다. 위와 같이 동적으로 Ajax를 통해서 〈li〉 태그들이 만들어지면 이후에 이벤트를 등록해야 하기 때문에 일반적인 방식이 아니라 '이벤트 위임(delegation)'의 형태로 작성해야 합니다.

'이벤트 위임'이 말은 거창하지만 실제로는 이벤트를 동적으로 생성되는 요소가 아닌 이미 존재하는 요소에 이벤트를 걸어주고, 나중에 이벤트의 대상을 변경해 주는 방식입니다. jQuery는 on( )을 이용해서 쉽게 처리할 수 있습니다.

```
$(".chat").on("click", "li", function(e){

    var rno = $(this).data("rno");

    console.log(rno);

});
```

jQuery에서 이벤트를 위임하는 방식은 이미 존재하는 DOM 요소에 이벤트를 처리하고 나중에 동적으로 생기는 요소들에 대해서 파라미터 형식으로 지정합니다. 위의 경우 〈ul〉 태그의 클래스 'chat'을 이용해서 이벤트를 걸고 실제 이벤트의 대상은 〈li〉 태그가 되도록 합니다.

브라우저에서 확인해 보면 이벤트는 〈ul〉에 걸었지만, 각 댓글이 이벤트의 this가 된 것을 확인할 수 있습니다.

위의 코드가 정상적으로 동작한다면 화면에서는 댓글을 볼 수 있는 모달창을 처리해 줍니다. 모달창을 브라우저에서 보여주는 코드는 특정한 댓글을 클릭했을 때 보여주도록 합니다.

**get.jsp 댓글 이벤트 처리**

```
//댓글 조회 클릭 이벤트 처리
    $(".chat").on("click", "li", function(e){

    var rno = $(this).data("rno");

    replyService.get(rno, function(reply){
```

Part 01

Part 02

Part 03

Part 04

Part 05

Part 06

Part 07

```
        modalInputReply.val(reply.reply);
        modalInputReplyer.val(reply.replyer);
        modalInputReplyDate.val(replyService.displayTime( reply.replyDate))
        .attr("readonly","readonly");
        modal.data("rno", reply.rno);

        modal.find("button[id !='modalCloseBtn']").hide();
        modalModBtn.show();
        modalRemoveBtn.show();

        $(".modal").modal("show");

    });
});
```

댓글을 조회하는 행위는 현재의 경우 모든 내용이 화면에 있기 때문에 별도로 조회할 필요는 없지만, 원칙적으로 Ajax로 댓글을 조회한 후 수정/삭제를 하는 것이 정상입니다. 댓글을 가져온 후에는 필요한 항목들을 채우고 수정과 삭제에 필요한 댓글 번호(rno)는 'data-rno' 속성을 만들어서 추가해 둡니다. 브라우저에서 특정 댓글을 클릭하면 아래 모습처럼 필요한 내용들만 보이게 됩니다.

### 17.5.4 댓글의 수정/삭제 이벤트 처리

댓글의 삭제는 가장 간단하게 결과를 보여주는 작업만을 처리하면 되므로 가장 간단하게 처리할 수 있습니다. 삭제/수정 작업 모두 작업이 끝난 후에는 다시 댓글 목록을 갱신해야만 합니다.

REST 방식과 Ajax를 이용하는 댓글 처리

```
modalModBtn.on("click", function(e){

    var reply = {rno:modal.data("rno"), reply: modalInputReply.val()};

    replyService.update(reply, function(result){

        alert(result);
        modal.modal("hide");
        showList(1);

    });

});
```

댓글 삭제 역시 모달창에 있는 'data-rno' 값을 이용해서 처리합니다.

```
modalRemoveBtn.on("click", function (e){

    var rno = modal.data("rno");

    replyService.remove(rno, function(result){

        alert(result);
        modal.modal("hide");
        showList(1);

    });

});
```

## 17.6 댓글의 페이징 처리

현재까지 작성된 예제는 해당 게시물의 전체 댓글을 가져와서 화면에 출력합니다. 문제는 댓글의 숫자가 엄청나게 많을 경우입니다. 댓글의 숫자가 많다면 데이터베이스에서 많은 양의 데이터를 가져와야 하고, 이는 성능상의 문제를 가져올 수 있습니다. 일반적으로는 이런 문제를 페이징 처리를 이용해서 처리합니다.

Part 01

Part 02

Part 03

Part 04

Part 05

Part 06

Part 07

## 17.6.1 데이터베이스의 인덱스 설계

댓글에 대해서 우선적으로 고려해야 하는 일은 tbl_reply 테이블을 접근할 때 댓글의 번호(rno)가 중심이 아니라, 게시물의 번호(bno)가 중심이 된다는 점입니다. 댓글을 조회할 때에는 해당 게시물의 댓글을 가져오기 때문에 'tbl_reply where bno = 200 order by rno asc'와 같은 방식으로 접근하게 됩니다.

tbl_reply 테이블의 PK는 rno이므로 위와 같은 방식으로 쿼리를 실행하면 테이블을 접근하는 방식은 다음과 같이 됩니다.

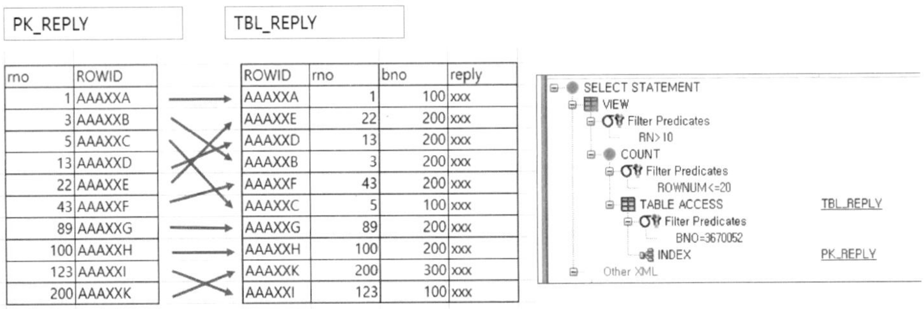

위의 그림에서 만일 bno값이 100번인 게시물의 댓글들을 보면 PK_REPLY를 이용해서 검색을 하다 보니 중간에 있는 다른 게시물의 번호들은 건너뛰어 가면서 특정 게시물의 댓글들을 찾아야만 합니다. 만일 데이터가 많아진다면 성능에 문제가 생길 수 있습니다.

효율을 높이고 싶다면 게시물의 번호에 맞게 댓글들을 모아서 빠르게 찾을 수 있는 구조로 만드는 것이 좋습니다. 아래 그림을 보면 bno 별로 댓글들을 모아두었으므로 특정 게시물의 댓글을 찾을 때 모여 있는 부분만을 찾을 수 있게 되어있는 것을 볼 수 있습니다.

REST 방식과 Ajax를 이용하는 댓글 처리

| IDX_REPLY | | |
|---|---|---|
| bno | rno | ROWID |
| 300 | 200 | AAAXXK |
| 200 | 3 | AAAXXB |
| 200 | 13 | AAAXXD |
| 200 | 22 | AAAXXE |
| 200 | 43 | AAAXXF |
| 200 | 89 | AAAXXG |
| 200 | 100 | AAAXXH |
| 100 | 1 | AAAXXA |
| 100 | 5 | AAAXXC |
| 100 | 123 | AAAXXC |

| TBL_REPLY | | | |
|---|---|---|---|
| ROWID | rno | bno | reply |
| AAAXXA | 1 | 100 | xxx |
| AAAXXE | 22 | 200 | xxx |
| AAAXXD | 13 | 200 | xxx |
| AAAXXB | 3 | 200 | xxx |
| AAAXXF | 43 | 200 | xxx |
| AAAXXC | 5 | 100 | xxx |
| AAAXXG | 89 | 200 | xxx |
| AAAXXH | 100 | 200 | xxx |
| AAAXXK | 200 | 300 | xxx |
| AAAXXI | 123 | 100 | xxx |

위와 같은 구조를 이용하게 되면 'bno=200 order by rno asc'와 같은 쿼리를 실행할 때 왼쪽의 구조에서 200에 해당하는 범위만 찾아서 사용하게 됩니다(range scan). 이러한 구조를 생성하는 것을 '인덱스를 생성한다'고 표현합니다. 위의 구조를 만드는 인덱스를 작성하는 SQL은 다음과 같습니다.

```
create index idx_reply on tbl_reply (bno desc, rno asc);
```

## 17.6.2 인덱스를 이용한 페이징 쿼리

인덱스를 이용하는 이유 중에 하나는 정렬을 피할 수 있기 때문입니다. 특정한 게시물의 rno의 순번대로 데이터를 조회하고 싶다면 다음과 같은 쿼리를 작성하게 됩니다.

```
select /*+INDEX(tbl_reply idx_reply) */
    rownum rn, bno, rno, reply, replyer, replyDate, updatedate
    from tbl_reply
    where bno = 3145745--(게시물 번호)
    and rno > 0
```

위의 SQL의 실행 계획은 다음과 같이 처리됩니다.

| | | |
|---|---|---|
| SELECT STATEMENT | | |
| COUNT | | |
| TABLE ACCESS | TBL_REPLY | BY INDEX ROWID |
| INDEX | IDX_REPLY | RANGE SCAN |
| Access Predicates | | |

실행된 결과를 보면 'IDX_REPLY'를 이용해서 테이블에 접근하는 것을 볼 수 있습니다. 테이블에 접근해서 결과를 만들 때 생성되는 ROWNUM은 가장 낮은 rno 값을 가지는 데이터가 1번이 되게 됩니다.

| | RN | BNO | RNO | REPLY | REPLYER | REPLYDATE | UPDATEDATE |
|---|---|---|---|---|---|---|---|
| 1 | 1 | 3145745 | 5 | 댓글 테스트 5 | replyer5 | 18/06/30 | 18/07/01 |
| 2 | 2 | 3145745 | 10 | 댓글 테스트 10 | replyer10 | 18/06/30 | 18/07/01 |
| 3 | 3 | 3145745 | 12 | Modified Reply.... | user00 | 18/07/01 | 18/07/02 |
| 4 | 4 | 3145745 | 13 | Hello Reply | user00 | 18/07/01 | 18/07/01 |
| 5 | 5 | 3145745 | 14 | Hello Reply | user00 | 18/07/01 | 18/07/01 |
| 6 | 6 | 3145745 | 15 | Hello Reply | user00 | 18/07/01 | 18/07/01 |
| 7 | 7 | 3145745 | 16 | JS Test | tester | 18/07/02 | 18/07/02 |
| 8 | 8 | 3145745 | 18 | JS Test | tester | 18/07/02 | 18/07/02 |
| 9 | 9 | 3145745 | 19 | Test | tester | 18/07/02 | 18/07/02 |
| 10 | 10 | 3145745 | 20 | Tester | Tester | 18/07/02 | 18/07/02 |
| 11 | 11 | 3145745 | 21 | 댓글을 추가해 봅니다. | user00 | 18/07/02 | 18/07/02 |

ROWNUM이 원하는 순서대로 나오기 때문에 페이징 처리는 이전에 게시물 페이징과 동일한 형태로 작성할 수 있습니다. 예를 들어 10개씩 2페이지를 가져온다면 아래와 같은 쿼리를 작성하게 됩니다.

```
select  rno, bno, reply, replyer, replydate, updatedate
from
  (
    select /*+INDEX(tbl_reply idx_reply) */
      rownum rn, bno, rno, reply, replyer, replyDate, updatedate
    from tbl_reply
    where bno =  게시물 번호
          and rno > 0
          and rownum <=20
  ) where rn > 10
;
```

ReplyMapper.xml에 위의 내용을 반영한다면 다음과 같이 정리됩니다.

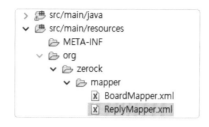

```xml
<select id="getListWithPaging" resultType="org.zerock.domain.ReplyVO">

  <![CDATA[
select  rno, bno, reply, replyer, replydate, updatedate
from
  (
    select /*+INDEX(tbl_reply idx_reply) */
      rownum rn,  rno, bno, reply, replyer, replyDate, updatedate
    from tbl_reply
    where bno =  #{bno}
    and rno > 0
    and rownum <= #{cri.pageNum} * #{cri.amount}
  ) where rn > (#{cri.pageNum} -1) * #{cri.amount}
]]>

</select>
```

ReplyMapper.xml의 페이징 처리는 아래와 같은 테스트 코드를 통해서 최종적인 결과를 확인합니다.

```java
@Test
public void testList2() {

  Criteria cri = new Criteria(2, 10);

  // 3145745L
```

Part 01

Part 02

Part 03

Part 04

Part 05

Part 06

Part 07

```
        List<ReplyVO> replies = mapper.getListWithPaging(cri, 3145745L);

        replies.forEach(reply -> log.info(reply));

    }
```

테스트 결과는 2페이지에 해당하는 게시물인지 확인합니다.

```
INFO : org.zerock.mapper.ReplyMapperTests - ReplyVO(rno=21, bno=3145745, reply=댓글을 추가해 봅니다., replyer=user00, replyDate=M
INFO : org.zerock.mapper.ReplyMapperTests - ReplyVO(rno=41, bno=3145745, reply=Reply, replyer=Reply, replyDate=Mon Jul 02
INFO : org.zerock.mapper.ReplyMapperTests - ReplyVO(rno=42, bno=3145745, reply=Reply, replyer=Reply, replyDate=Mon Jul 02
INFO : org.zerock.mapper.ReplyMapperTests - ReplyVO(rno=43, bno=3145745, reply=Reply, replyer=Reply, replyDate=Mon Jul 02
INFO : org.zerock.mapper.ReplyMapperTests - ReplyVO(rno=44, bno=3145745, reply=Reply, replyer=Reply, replyDate=Mon Jul 02
INFO : org.zerock.mapper.ReplyMapperTests - ReplyVO(rno=45, bno=3145745, reply=Reply, replyer=Reply, replyDate=Mon Jul 02
INFO : org.springframework.context.support.GenericApplicationContext - Closing org.springframework.context.support.Generic
```

### 17.6.3 댓글의 숫자 파악

댓글들을 페이징 처리하기 위해서는 해당 게시물의 전체 댓글의 숫자를 파악해서 화면에
보여줄 필요가 있습니다. ReplyMapper 인터페이스에는 getCountByBno( )를 추가합
니다.

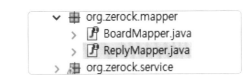

**ReplyMapper 인터페이스의 일부**

```
public interface ReplyMapper {

...생략...

  public List<ReplyVO> getListWithPaging(
        @Param("cri") Criteria cri,
        @Param("bno") Long bno);

  public int getCountByBno(Long bno);

}
```

ReplyMapper.xml에서는 id속성값이 getCountByBno인 〈select〉를 추가합니다.

REST 방식과 Ajax를 이용하는 댓글 처리

```
<select id="getCountByBno" resultType="int">
<![CDATA[
select count(rno) from tbl_reply where bno = #{bno}
]]>
</select>
```

## 17.6.4 ReplyServiceImpl에서 댓글과 댓글 수 처리

단순히 댓글 전체를 보여주는 방식과 달리 댓글의 페이징 처리가 필요한 경우에는 댓글 목록과 함께 전체 댓글의 수를 같이 전달해야만 합니다. ReplyService 인터페이스와 구현 클래스인 ReplyServiceImpl 클래스는 List〈ReplyVO〉와 댓글의 수를 같이 전달할 수 있는 구조로 변경합니다.

우선 org.zerock.domain 패키지에 두 가지 정보를 담을 수 있는 ReplyPageDTO 클래스를 정의합니다.

**ReplyPageDTO 클래스**

```
package org.zerock.domain;

import java.util.List;

import lombok.AllArgsConstructor;
import lombok.Data;
import lombok.Getter;

@Data
@AllArgsConstructor
@Getter
public class ReplyPageDTO {

  private int replyCnt;
  private List<ReplyVO> list;
}
```

Part 01

Part 02

Part 03

Part 04

Part 05

Part 06

Part 07

ReplyPageDTO는 객체 생성 시에 편리하도록 @AllArgsConstructor를 이용해서 replyCnt와 list를 생성자의 파라미터로 처리합니다. ReplyService 인터페이스와 ReplyServiceImpl 클래스에는 ReplyPageDTO를 반환하는 메서드를 추가합니다.

### ReplyService 인터페이스의 일부

```
package org.zerock.service;

import java.util.List;

import org.zerock.domain.Criteria;
import org.zerock.domain.ReplyPageDTO;
import org.zerock.domain.ReplyVO;

public interface ReplyService {

...생략...

    public ReplyPageDTO getListPage(Criteria cri, Long bno);
}
```

### ReplyServiceImpl 클래스의 일부

```
@Service
@Log4j
public class ReplyServiceImpl implements ReplyService {

  @Setter(onMethod_ = @Autowired)
  private ReplyMapper mapper;

  ...생략...

  @Override
  public ReplyPageDTO getListPage(Criteria cri, Long bno) {

    return new ReplyPageDTO(
        mapper.getCountByBno(bno),
        mapper.getListWithPaging(cri, bno));
```

　　　　　　　　　　　　　　　　REST 방식과 Ajax를 이용하는 댓글 처리

```
        }

    }
```

### 17.6.5 ReplyController 수정

ReplyController에서는 ReplyService에 새롭게 추가된 getListPage( )를 호출하고
데이터를 전송하는 형태로 수정합니다.

**ReplyController의 일부**

```java
    @GetMapping(value = "/pages/{bno}/{page}",
        produces = {MediaType.APPLICATION_XML_VALUE,
                    MediaType.APPLICATION_JSON_UTF8_VALUE })
    public ResponseEntity<ReplyPageDTO> getList(@PathVariable("page") int
page, @PathVariable("bno") Long bno) {

        Criteria cri = new Criteria(page, 10);

        log.info("get Reply List bno: " + bno);

        log.info("cri:" + cri);

        return new ResponseEntity<>(service.getListPage(cri, bno),
HttpStatus.OK);
    }
```

기존과 동일하게 JSON 데이터를 전송하지만 ReplyPageDTO 객체를 JSON으로 전송
하게 되므로, 특정 게시물의 댓글 목록을 조회하면 아래와 같이 'replyCnt'와 'list'라는 이
름의 속성을 가지는 JSON 문자열이 전송됩니다.

Part 01

Part 02

Part 03

Part 04

Part 05

Part 06

Part 07

## 17.7 댓글 페이지의 화면 처리

댓글의 화면 처리는 다음과 같은 방식으로 처리합니다.

- 게시물을 조회하는 페이지에 들어오면 기본적으로 가장 오래된 댓글들을 가져와서 1페이지에 보여줍니다.

- 1페이지의 게시물을 가져올 때 해당 게시물의 댓글의 숫자를 파악해서 댓글의 페이지 번호를 출력합니다.

- 댓글이 추가되면 댓글의 숫자만을 가져와서 최종 페이지를 찾아서 이동합니다.

- 댓글의 수정과 삭제 후에는 다시 동일 페이지를 호출합니다.

## 17.7.1 댓글 페이지 계산과 출력

Ajax로 가져오는 데이터가 replyCnt와 list라는 데이터로 구성되므로 이를 처리하는 reply.js의 내용 역시 이를 처리하는 구조로 수정합니다.

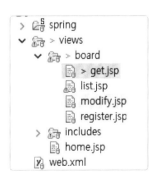

**reply.js의 일부**

```
function getList(param, callback, error) {

    var bno = param.bno;
    var page = param.page || 1;

    $.getJSON("/replies/pages/" + bno + "/" + page + ".json",
        function(data) {
          if (callback) {
            //callback(data); // 댓글 목록만 가져오는 경우
            callback(data.replyCnt, data.list); //댓글 숫자와 목록을 가져오는 경우
          }
        }).fail(function(xhr, status, err) {
      if (error) {
        error();
      }
    });
  }
```

기존에 비해서 변경되는 부분은 callback 함수에 해당 게시물의 댓글 수(replyCnt)와 페이지에 해당하는 댓글 데이터를 전달하도록 하는 부분입니다. 화면에 대한 처리는 get.jsp 내에서 이루어집니다.

Part 01

Part 02

Part 03

Part 04

Part 05

Part 06

Part 07

reply.js를 이용해서 댓글의 페이지를 호출하는 부분은 showList 함수이므로 페이지 번호를 출력하도록 수정합니다.

**get.jsp의 일부**

```
function showList(page){

    console.log("show list " + page);

    replyService.getList({bno:bnoValue,page: page|| 1 },
  function(replyCnt, list) {

    console.log("replyCnt: "+ replyCnt );
    console.log("list: " + list);
    console.log(list);

    if(page == -1){
      pageNum = Math.ceil(replyCnt/10.0);
      showList(pageNum);
      return;
    }

    var str="";

    if(list == null || list.length == 0){
      return;
    }

    for (var i = 0, len = list.length || 0; i < len; i++) {
      str +="<li class='left clearfix' data-rno='"+list[i].rno+"'>";
      str +="  <div><div class='header'><strong class='primary-font'>["
        +list[i].rno+"] "+list[i].replyer+"</strong>";
      str +="    <small class='pull-right text-muted'>"
        +replyService.displayTime(list[i].replyDate)+"</small></div>";
      str +="    <p>"+list[i].reply+"</p></div></li>";
    }

    replyUL.html(str);

  });//end function

}//end showList
```

showList( ) 함수는 파라미터로 전달되는 page 변수를 이용해서 원하는 댓글 페이지를 가져오게 됩니다. 이때 만일 page 번호가 '−1'로 전달되면 마지막 페이지를 찾아서 다시 호출하게 됩니다. 사용자가 새로운 댓글을 추가하면 showList(−1);을 호출하여 우선 전체 댓글의 숫자를 파악하게 합니다. 이 후에 다시 마지막 페이지를 호출해서 이동시키는 방식으로 동작시킵니다. 이러한 방식은 여러 번 서버를 호출해야 하는 단점이 있기는 하지만, 댓글의 등록 행위가 댓글 조회나 페이징에 비해서 적기 때문에 심각한 문제는 아닙니다.

```javascript
modalRegisterBtn.on("click",function(e){

    var reply = {
        reply: modalInputReply.val(),
        replyer:modalInputReplyer.val(),
        bno:bnoValue
    };
    replyService.add(reply, function(result){

      alert(result);

      modal.find("input").val("");
      modal.modal("hide");

      //showList(1);
      showList(-1);

    });

});
```

댓글은 화면상에서 댓글이 출력되는 영역의 아래쪽에 〈div class='panel-footer'〉를 하나 추가하고, 〈div〉의 아래쪽에 추가합니다.

**get.jsp의 일부**

```html
<!-- /.panel-heading   기존에 존재하는 부분 -->
<div class="panel-body">

      <ul class="chat">
      </ul>

</div>
<!-- /.panel .chat-panel 추가-->

<div class="panel-footer">

</div>
```

Part 01

Part 02

Part 03

Part 04

Part 05

Part 06

Part 07

추가된 〈div class='panel-footer'〉에 댓글 페이지 번호를 출력하는 로직은 show
ReplyPage( )는 아래와 같습니다.

**get.jsp의 일부**

```
    var pageNum = 1;
    var replyPageFooter = $(".panel-footer");

    function showReplyPage(replyCnt){

      var endNum = Math.ceil(pageNum / 10.0) * 10;
      var startNum = endNum - 9;

      var prev = startNum != 1;
      var next = false;

      if(endNum * 10 >= replyCnt){
        endNum = Math.ceil(replyCnt/10.0);
      }

      if(endNum * 10 < replyCnt){
        next = true;
      }

      var str = "<ul class='pagination pull-right'>";

      if(prev){
        str+= "<li class='page-item'><a class='page-link'
href='"+(startNum -1)+"'>Previous</a></li>";
      }


      for(var i = startNum ; i <= endNum; i++){

        var active = pageNum == i? "active":"";

        str+= "<li class='page-item "+active+" '><a class='page-link'
href='"+i+"'>"+i+"</a></li>";
      }

      if(next){
        str+= "<li class='page-item'><a class='page-link' href='"+(endNum
+ 1)+"'>Next</a></li>";
      }

      str += "</ul></div>";

      console.log(str);
```

```
    replyPageFooter.html(str);
  }
```

showReplyPage( )는 기존에 Java로 작성되는 PageMaker의 JavaScript 버전에 해당합니다. 댓글 페이지를 문자열로 구성한 후 〈div〉의 innerHTML로 추가합니다. showList( )의 마지막에 페이지를 출력하도록 수정합니다.

```
    for (var i = 0, len = list.length || 0; i < len; i++) {

    }

    replyUL.html(str);

    showReplyPage(replyCnt);
```

실제로 화면상에는 CSS의 구성으로 인해서 아래쪽에 추가됩니다.

마지막 처리는 페이지의 번호를 클릭했을 때 새로운 댓글을 가져오도록 하는 부분입니다.

get.jsp의 일부

```
replyPageFooter.on("click","li a", function(e){
  e.preventDefault();
  console.log("page click");

  var targetPageNum = $(this).attr("href");

  console.log("targetPageNum: " + targetPageNum);

  pageNum = targetPageNum;

  showList(pageNum);
});
```

Part 01

Part 02

Part 03

Part 04

Part 05

Part 06

Part 07

댓글의 페이지 번호는 〈a〉 태그 내에 존재하므로 이벤트 처리에서는 〈a〉 태그의 기본 동작을 제한하고(preventDefault( )) 댓글 페이지 번호를 변경한 후 해당 페이지의 댓글을 가져오도록 합니다.

### 17.7.2 댓글의 수정과 삭제

댓글이 페이지 처리되면 댓글의 수정과 삭제 시에도 현재 댓글이 포함된 페이지로 이동하도록 수정합니다.

get.jsp의 일부

```
modalModBtn.on("click", function(e){

  var reply = {rno:modal.data("rno"), reply: modalInputReply.val()};

  replyService.update(reply, function(result){

    alert(result);
    modal.modal("hide");
    showList(pageNum);

  });

});


modalRemoveBtn.on("click", function (e){

  var rno = modal.data("rno");

  replyService.remove(rno, function(result){

    alert(result);
    modal.modal("hide");
    showList(pageNum);

  });

});
```

기존과 달라진 점은 showList( )를 호출할 때 현재 보고 있는 댓글 페이지의 번호를 호출한다는 점입니다. 브라우저에서 댓글의 등록, 수정, 삭제 작업은 모두 페이지 이동을 하게 됩니다.

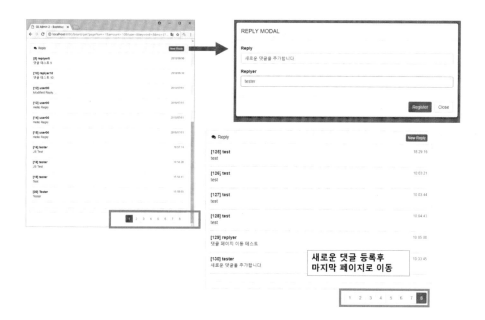

새로운 댓글 등록후
마지막 페이지로 이동

REST 방식과 Ajax를 이용하는 댓글 처리

# AOP와 트랜잭션

AOP(Aspect-Oriented Programming)는 '관점 지향 프로그래밍'이라는 의미로 번역되는데, 객체지향에서 특정 비즈니스 로직에 걸림돌이 되는 공통 로직을 제거할 수 있는 방법을 제공합니다. AOP를 적용하면 기존의 코드에 첨삭 없이, 메서드의 호출 이전 혹은 이후에 필요한 로직을 수행하는 방법을 제공합니다.

트랜잭션 작업은 데이터베이스를 이용할 때 '두 개이상의 작업이 같이 영향을 받는 경우'에 필요합니다. 과거에는 코드 내에 개발자가 직접 이를 지정하고 사용했다면 스프링에서는 XML이나 어노테이션만으로 트랜잭션이 처리된 결과를 만들어 낼 수 있습니다.

Part 01

Part 02

Part 03

Part 04

Part 05

Part 06

Part 07

Chapter

# 18 | AOP라는 패러다임

AOP는 흔히 '관점 지향 프로그래밍'이라는 용어로 번역되는데, 이때 '관점(Aspect)'이라는 용어가 현실적으로 와닿지 않기 때문에 어렵게 느껴질 수 있습니다. '관점'이라는 용어는 개발자들에게는 '관심사(concern)'라는 말로 통용됩니다. '관심사'는 개발 시 필요한 고민이나 염두에 두어야 하는 일이라고 생각할 수 있는데, 코드를 작성하면서 염두에 두는 일들은 주로 다음과 같습니다.

- 파라미터가 올바르게 들어왔을까?
- 이 작업을 하는 사용자가 적절한 권한을 가진 사용자인가?
- 이 작업에서 발생할 수 있는 모든 예외는 어떻게 처리해야 하는가?

위와 같은 고민들은 '핵심 로직'은 아니지만, 코드를 온전하게 만들기 위해서 필요한 고민들인데 전통적인 방식에서는 개발자가 반복적으로 이러한 고민을 코드에 반영하게 됩니다. AOP는 이러한 고민에 대한 문제를 조금 다른 방식으로 접근합니다. AOP가 추구하는 것은 '관심사의 분리(separate concerns)'입니다. AOP는 개발자가 염두에 두어야 하는 일들은 별도의 '관심사'로 분리하고, 핵심 비즈니스 로직만을 작성할 것을 권장합니다.

'관심사'를 쉽게 생각해보면 약간의 '주변 로직'이라고 표현하고 싶습니다. 예를 들어 나눗셈을 구현한다고 치면 '핵심 로직'은 두 개의 숫자를 나누는 것이지만, '주변 로직'은 0을 나누는 것이 아닌지 등을 체크하는 것입니다. '관심사'는 바로 이런 가장 중요한 로직은 아니지만, 사전 조건이나 사후 조건 등이라고 간주할 수 있습니다.

AOP는 과거에 개발자가 작성했던 '관심사 + 비즈니스 로직'을 분리해서 별도의 코드로 작성하도록 하고, 실행할 때 이를 결합하는 방식으로 접근합니다. 과거에 비즈니스 로직을 작성하면서 그 내부에 필요한 '관심사'를 처리하던 방식과 정반대의 접근 방식이라고 볼 수 있는데, 개발자가 작성한 코드와 분리된 관심사를 구현한 코드를 컴파일 혹은 실행 시점에 결합시킵니다. 실제 실행은 결합된 상태의 코드가 실행되기 때문에 개발자들은 핵심 비즈니스 로직에만 근거해서 코드를 작성하고, 나머지는 어떤 관심사들과 결합할 것인지를 설정하는 것 만으로 모든 개발을 마칠 수 있게 됩니다.

예를 들어 AOP를 이용하면 작성된 모든 메서드의 실행 시간이 얼마인지를 기록하는 기능을 기존 코드의 수정 없이도 작성할 수 있고, 잘못된 파라미터가 들어와서 예외가 발생하는 상황을 기존 코드의 수정 없이도 제어할 수 있습니다. 스프링이 AOP를 지원한다는 것이 스프링의 가장 중요한 특징 중에 하나로 말하게 된 이유 역시 별도의 복잡한 설정이나 제약 없이 스프링 내에서 간편하게 AOP의 기능들을 구현할 수 있기 때문입니다.

## 18.1 AOP 용어들

앞서 말했듯이 AOP는 기존의 코드를 수정하지 않고, 원하는 기능들과 결합할 수 있는 패러다임입니다. AOP를 구현하기 위해서는 다음과 같은 핵심적인 그림들을 이해할 필요가 있습니다.

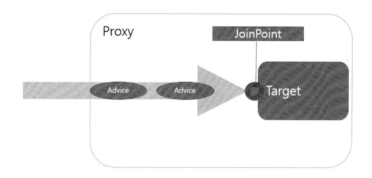

개발자의 입장에서 AOP를 적용한다는 것은 기존의 코드를 수정하지 않고도 원하는 관심사(cross-concern)들을 엮을 수 있다는 점입니다. 위의 그림에서 Target에 해당하는 것이 바로 개발자가 작성한 핵심 비즈니스 로직을 가지는 객체입니다.

Target은 순수한 비즈니스 로직을 의미하고, 어떠한 관심사들과도 관계를 맺지 않습니다. 순수한 코어(core)라고 볼 수 있습니다. Target을 전체적으로 감싸고 있는 존재를

Part 01

Part 02

Part 03

Part 04

Part 05

Part 06

Part 07

Proxy라고 합니다. Proxy는 내부적으로 Target을 호출하지만, 중간에 필요한 관심사들을 거쳐서 Target을 호출하도록 자동 혹은 수동으로 작성됩니다. Proxy의 존재는 직접 코드를 통해서 구현하는 경우도 있지만, 대부분의 경우 스프링 AOP 기능을 이용해서 자동으로 생성되는(auto-proxy) 방식을 이용합니다. JoinPoint는 Target 객체가 가진 메서드입니다. 외부에서의 호출은 Proxy 객체를 통해서 Target 객체의 JoinPoint를 호출하는 방식이라고 이해할 수 있습니다.

그림을 통해서 Advice와 JoinPoint의 관계를 좀 더 상세하게 표현하면 다음과 같습니다.

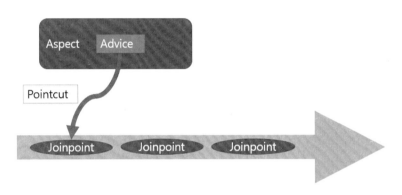

JoinPoint는 Target이 가진 여러 메서드라고 보면 됩니다(엄밀하게 스프링 AOP에서는 메서드만이 JoinPoint가 됩니다.). Target에는 여러 메서드가 존재하기 때문에 어떤 메서드에 관심사를 결합할 것인지를 결정해야 하는데 이 결정을 'Pointcut'이라고 합니다.

Pointcut은 관심사와 비즈니스 로직이 결합되는 지점을 결정하는 것입니다. 앞의 Proxy는 이 결합이 완성된 상태이므로 메서드를 호출하게 되면 자동으로 관심사가 결합된 상태로 동작하게 됩니다. 관심사(concern)는 위의 그림에서 Aspect와 Advice라는 용어로 표현되어 있습니다. Aspect는 조금 추상적인 개념을 의미합니다. Aspect는 관심사 자체를 의미하는 추상명사라고 볼 수 있고, Advice는 Aspect를 구현한 코드입니다.

Advice는 실제 걱정거리를 분리해 놓은 코드를 의미합니다. Advice는 그 동작 위치에 따라 다음과 같이 구분됩니다.

| 구분 | 설명 |
|---|---|
| Before Advice | Target의 JoinPoint를 호출하기 전에 실행되는 코드입니다. 코드의 실행 자체에는 관여할 수 없습니다. |
| After Returning Advice | 모든 실행이 정상적으로 이루어진 후에 동작하는 코드입니다. |
| After Throwing Advice | 예외가 발생한 뒤에 동작하는 코드입니다. |
| After Advice | 정상적으로 실행되거나 예외가 발생했을 때 구분 없이 실행되는 코드입니다. |
| Around Advice | 메서드의 실행 자체를 제어할 수 있는 가장 강력한 코드입니다. 직접 대상 메서드를 호출하고 결과나 예외를 처리할 수 있습니다. |

Advice는 과거의 스프링에서는 별도의 인터페이스로 구현되고, 이를 클래스로 구현하는 방식으로 제작했으나 스프링 3버전 이후에는 어노테이션만으로도 모든 설정이 가능합니다. Target에 어떤 Advice를 적용할 것인지는 XML을 이용한 설정을 이용할 수 있고, 어노테이션을 이용하는 방식을 이용할 수 있습니다. 예제는 어노테이션을 이용해서 상황에 맞는 Advice를 적용합니다.

Pointcut은 Advice를 어떤 JoinPoint에 결합할 것인지를 결정하는 설정입니다. AOP에서 Target은 결과적으로 Pointcut에 의해서 자신에게는 없는 기능들을 가지게 됩니다. Pointcut은 다양한 형태로 선언해서 사용할 수 있는데 주로 사용되는 설정은 다음과 같습니다.

| 구분 | 설명 |
|---|---|
| execution(@execution) | 메서드를 기준으로 Pointcut을 설정합니다. |
| within(@within) | 특정한 타입(클래스)을 기준으로 Pointcut을 설정합니다. |
| this | 주어진 인터페이스를 구현한 객체를 대상으로 Pointcut을 설정합니다. |
| args(@args) | 특정한 파라미터를 가지는 대상들만을 Pointcut으로 설정합니다. |
| @annotation | 특정한 어노테이션이 적용된 대상들만을 Pointcut으로 설정합니다. |

Part 01

Part 02

Part 03

Part 04

Part 05

Part 06

Part 07

## 18.2 AOP 실습

AOP 기능은 주로 일반적인 Java API를 이용하는 클래스(POJO—Plain Old Java Object)들에 적용합니다. Controller에 적용이 불가능한 것은 아니지만, Controller의 경우 뒤에서 학습하게 될 인터셉터나 필터 등을 이용합니다. 예제에서는 서비스 계층에 AOP를 적용합니다. AOP의 예제는 1) 서비스 계층의 메서드 호출 시 모든 파라미터들을 로그로 기록하고, 2) 메서드들의 실행 시간을 기록하도록 합니다.

### 18.2.1 예제 프로젝트 생성

AOP를 실습하기 위해서 예제 프로젝트를 하나 생성합니다. 예제는 'ex04'라는 이름으로 생성하고 기본 패키지는 'org.zerock.controller'를 이용합니다.

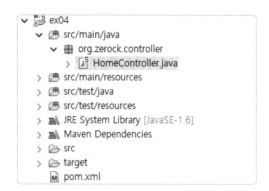

예제 프로젝트는 스프링 5.0.x 버전을 이용할 것이므로, pom.xml에 스프링 버전과 AOP 버전을 수정합니다.

```
pom.xml의 수정

<properties>
    <java-version>1.8</java-version>
    <org.springframework-version>5.0.7.RELEASE</org.springframework-
version>
    <org.aspectj-version>1.9.0</org.aspectj-version>
    <org.slf4j-version>1.7.25</org.slf4j-version>
</properties>
```

스프링의 AOP는 AspectJ라는 라이브러리의 도움을 많이 받기 때문에 스프링 버전을 고려해서 AspectJ의 버전 역시 1.9.0으로 버전을 높여 줍니다. 프로젝트는 최종적으로 테스트 코드를 통해서 동작하게 될 것이므로 spring-test, lombok을 추가하고, Junit의 버전을 변경합니다.

**pom.xml의 라이브러리 추가**

```
<!-- add test lib -->
    <dependency>
      <groupId>org.springframework</groupId>
      <artifactId>spring-test</artifactId>
      <version>${org.springframework-version}</version>
    </dependency>

    <dependency>
      <groupId>org.projectlombok</groupId>
      <artifactId>lombok</artifactId>
      <version>1.18.0</version>
      <scope>provided</scope>
    </dependency>

    <!-- Test -->
    <dependency>
      <groupId>junit</groupId>
      <artifactId>junit</artifactId>
      <version>4.12</version>
      <scope>test</scope>
    </dependency>
```

AOP 설정과 관련해서 가장 중요한 라이브러리는 AspectJ Weaver라는 라이브러리입니다. 스프링은 AOP 처리가 된 객체를 생성할 때 AspectJ Weaver 라이브러리의 도움을 받아서 동작하므로, pom.xml에 추가해야 합니다.

**pom.xml의 추가**

```
<!-- AspectJ -->
    <dependency>
      <groupId>org.aspectj</groupId>
      <artifactId>aspectjrt</artifactId>
      <version>${org.aspectj-version}</version>
    </dependency>

    <!-- https://mvnrepository.com/artifact/org.aspectj/aspectjweaver -->
```

Part 01

Part 02

Part 03

Part 04

Part 05

Part 06

Part 07

```
<dependency>
  <groupId>org.aspectj</groupId>
  <artifactId>aspectjweaver</artifactId>
  <version>${org.aspectj-version}</version>
</dependency>
```

## 18.2.2 서비스 계층 설계

프로젝트에 org.zerock.service 패키지를 생성하고, 간단한 기능을 가진 서비스 인터페이스와 클래스를 구현합니다.

### SampleService 인터페이스

```
package org.zerock.service;

public interface SampleService {

  public Integer doAdd(String str1, String str2)throws Exception;

}
```

예제로 사용할 객체는 SampleService 인터페이스의 doAdd( ) 메서드를 대상으로 진행합니다. 인터페이스를 구현한 SampleServiceImpl 클래스는 단순히 문자열을 변환해서 더하기 연산을 하는 단순 작업으로 작성합니다. SampleServiceImpl을 작성할 때에는 반드시 @Service라는 어노테이션을 추가해서 스프링에서 빈으로 사용될 수 있도록 설정합니다.

```
package org.zerock.service;

import org.springframework.stereotype.Service;

@Service
public class SampleServiceImpl implements SampleService {

  @Override
  public Integer doAdd(String str1, String str2) throws Exception {

    return Integer.parseInt(str1) + Integer.parseInt(str2);

  }

}
```

### 18.2.3 Advice 작성

위의 SampleServiceImpl 코드를 보면 기존에는 코드를 작성할 때 항상 log.info( ) 등을 이용해서 로그를 기록해 오던 부분이 빠진 것을 볼 수 있습니다. 지금까지 해왔던 수많은 로그를 기록하는 일은 '반복적이면서 핵심 로직도 아니고, 필요하기는 한' 기능이기 때문에 '관심사'로 간주할 수 있습니다. AOP의 개념에서 Advice는 '관심사'를 실제로 구현한 코드이므로 지금부터 로그를 기록해주는 LogAdvice를 설계합니다.

AOP 기능의 설정은 XML 방식이 있기는 하지만, 이 책의 예제는 어노테이션만을 이용해서 AOP 관련 설정을 진행합니다. 예제 프로젝트에 org.zeorck.aop 패키지를 생성하고, LogAdvice라는 클래스를 추가합니다.

LogAdvice는 AOP에서 사용되는 약간의 어노테이션들을 이용해서 아래와 같이 구성합니다.

Part 01

Part 02

Part 03

Part 04

Part 05

Part 06

Part 07

## LogAdvice 클래스

```
package org.zerock.aop;

import org.aspectj.lang.annotation.Aspect;
import org.aspectj.lang.annotation.Before;
import org.springframework.stereotype.Component;

import lombok.extern.log4j.Log4j;

@Aspect
@Log4j
@Component
public class LogAdvice {

  @Before( "execution(* org.zerock.service.SampleService*.*(..))")
  public void logBefore() {

    log.info("=========================");
  }

}
```

LogAdvice 클래스의 선언부에는 @Aspect 어노테이션이 추가되어 있습니다. @Aspect는 해당 클래스의 객체가 Aspect를 구현한 것임으로 나타내기 위해서 사용합니다. @Component는 AOP와는 관계가 없지만 스프링에서 빈(bean)으로 인식하기 위해서 사용합니다. logBefore( )는 @Before어노테이션을 적용하고 있습니다. @Before는 BeforeAdvice를 구현한 메서드에 추가합니다. @After, @AfterReturning, @AfterThrowing, @Around 역시 동일한 방식으로 적용합니다.

Advice와 관련된 어노테이션들은 내부적으로 Pointcut을 지정합니다. Pointcut은 별도의 @Pointcut으로 지정해서 사용할 수도 있습니다. @Before내부의 'execution.....' 문자열은 AspectJ의 표현식(expression)입니다. 'execution'의 경우 접근제한자와 특정 클래스의 메서드를 지정할 수 있습니다. 맨 앞의 '*'는 접근제한자를 의미하고, 맨 뒤의 '*'는 클래스의 이름과 메서드의 이름을 의미합니다.

## 18.3 AOP 설정

스프링 프로젝트에 AOP를 설정하는 것은 스프링 2버전 이후에는 간단히 자동으로 Proxy 객체를 만들어주는 설정을 추가해 주면 됩니다.

프로젝트의 root-context.xml을 선택해서 네임스페이스에 'aop'와 'context'를 추가합니다.

**Namespaces**

**Configure Namespaces**

Select XSD namespaces to use in the configuration file

- ☑ aop - http://www.springframework.org/schema/aop
- ☑ beans - http://www.springframework.org/schema/beans
- ☐ c - http://www.springframework.org/schema/c
- ☐ cache - http://www.springframework.org/schema/cache
- ☑ context - http://www.springframework.org/schema/context
- ☐ jee - http://www.springframework.org/schema/jee
- ☐ lang - http://www.springframework.org/schema/lang
- ☐ mvc - http://www.springframework.org/schema/mvc
- ☐ p - http://www.springframework.org/schema/p
- ☐ task - http://www.springframework.org/schema/task
- ☐ util - http://www.springframework.org/schema/util

Source | Namespaces | Overview | aop | beans | context | Beans Graph

root-context.xml에 아래와 같은 내용을 추가합니다.

**root-context.xml의 일부**

```
<context:annotation-config></context:annotation-config>

<context:component-scan
  base-package="org.zerock.service"></context:component-scan>
<context:component-scan
  base-package="org.zerock.aop"></context:component-scan>

<aop:aspectj-autoproxy></aop:aspectj-autoproxy>
```

Part 01

Part 02

Part 03

Part 04

Part 05

Part 06

Part 07

root-context.xml에서는 〈component-scan〉을 이용해서 'org.zerock.service' 패키지와 'org.zerock.aop' 패키지를 스캔합니다. 이 과정에서 SampleServiceImpl 클래스와 LogAdvice는 스프링의 빈(객체)으로 등록될 것이고, 〈aop:aspectj-autoproxy〉를 이용해서 LogAdvice에 설정한 @Before가 동작하게 됩니다.

이클립스가 무료인 관계로 간혹 버그가 존재하기는 하지만, 정상적인 상황이라면 SampleServiceImpl 클래스를 확인해 보면 AOP가 적용된 후에는 아래와 같은 아이콘이 추가된 것을 확인할 수 있습니다(아이콘이 추가된다고 해서 완벽한 동작이 보장되지는 않지만, 적어도 도움이 되는 것은 사실입니다.).

```
 8⊖     @Override
 9      public Integer doAdd(String str1, String str2) throws Exception {
10
11          return Integer.parseInt(str1) + Integer.parseInt(str2);
12      }
13
```

### 18.3.1 Java 설정을 이용하는 경우

스프링 설정을 Java를 이용해서 처리하려면 'org.zerock.service'와 'org.zerock.aop' 패키지는 @ComponentScan을 이용하고, @EnableAspectJAutoProxy 어노테이션을 추가합니다.

RootConfig 클래스의 일부

```
@Configuration
@ComponentScan(basePackages= {"org.zerock.service"})
@ComponentScan(basePackages="org.zerock.aop")
@EnableAspectJAutoProxy

@MapperScan(basePackages= {"org.zerock.mapper"})
public class RootConfig {

...생략...
```

## 18.4 AOP 테스트

정상적인 상황이라면 SampleServiceImpl, LogAdvice는 같이 묶여서 자동으로
Proxy 객체가 생성됩니다. 테스트 관련 폴더에 org.zerock.service.SampleService
Tests 클래스를 추가합니다.

**SampleServiceTests 클래스**

```java
package org.zerock.service;

import org.junit.Test;
import org.junit.runner.RunWith;
import org.springframework.beans.factory.annotation.Autowired;
import org.springframework.test.context.ContextConfiguration;
import org.springframework.test.context.junit4.SpringJUnit4ClassRunner;

import lombok.Setter;
import lombok.extern.log4j.Log4j;

@RunWith(SpringJUnit4ClassRunner.class)
@Log4j
@ContextConfiguration({ "file:src/main/webapp/WEB-INF/spring/root-
context.xml" })
//Java설정의 경우
//@ContextConfiguration(classes= {RootConfig.class})
public class SampleServiceTests {

  @Setter(onMethod_ = @Autowired)
  private SampleService service;

  @Test
  public void testClass() {

    log.info(service);
    log.info(service.getClass().getName());

  }

}
```

Part 01

Part 02

Part 03

Part 04

Part 05

Part 06

Part 07

SampleServiceTests에서 가장 먼저 작성해 봐야 하는 코드는 AOP 설정을 한 Target에 대해서 Proxy 객체가 정상적으로 만들어져 있는지를 확인하는 것입니다. 〈aop:aspectj-autoproxy〉〈/aop:aspectj-autoproxy〉가 정상적으로 모든 동작을 하고, LogAdvice에 설정 문제가 없다면 service 변수의 클래스는 단순히 org.zerock.service.SampleSeviceImpl의 인스턴스가 아닌 생성된 Proxy 클래스의 인스턴스가 됩니다. testClass( )를 실행해 보면 아래와 같은 결과를 보게 됩니다.

```
INFO : org.zerock.service.SampleServiceTests - org.zerock.service.
SampleServiceImpl@31ea9581
INFO : org.zerock.service.SampleServiceTests - com.sun.proxy.$Proxy20
```

단순히 service 변수를 출력했을 때는 기존에 사용하듯이 SampleServiceImpl 클래스의 인스턴스처럼 보입니다. 이것은 toString( )의 결과이므로 좀 더 세밀하게 파악하려면 getClass( )를 이용해서 파악해야만 합니다. com.sun.proxy.$Proxy는 JDK의 다이나믹 프록시(dynamic Proxy) 기법이 적용된 결과입니다. 이를 이용해서 SampleServiceImpl에 있는 코드를 실행하는 테스트 코드를 작성합니다.

**SampleServiceTests 클래스의 일부**

```
@Test
  public void testAdd() throws Exception {

    log.info(service.doAdd("123", "456"));

  }
```

SampleServiceImpl의 doAdd( )를 실행하면 LogAdvice의 설정이 같이 적용되어 아래와 같이 로그가 기록되어야 합니다.

```
INFO : org.zerock.aop.LogAdvice - =========================
INFO : org.zerock.service.SampleServiceTests - 579
```

### 18.4.1 args를 이용한 파라미터 추적

LogAdvice가 SampleService의 doAdd( )를 실행하기 직전에 간단한 로그를 기록하지만, 상황에 따라서는 해당 메서드에 전달되는 파라미터가 무엇인지 기록하거나, 예외가 발생했을 때 어떤 파라미터에 문제가 있는지 알고 싶은 경우도 많습니다.

LogAdvice에 적용된 @Before("execution(*org.zerock.service.SampleService*.*(..))")은 어떤 위치에 Advice를 적용할 것인지를 결정하는 Pointcut인데, 설정 시에 args를 이용하면 간단히 파라미터를 구할 수 있습니다.

**LogAdvice 클래스의 일부**

```
@Before("execution(* org.zerock.service.SampleService*.doAdd(String,
String)) && args(str1, str2)")
  public void logBeforeWithParam(String str1, String str2) {

    log.info("str1: " + str1);
    log.info("str2: " + str2);
}
```

logBeforeWithParam( )에서는 'execution'으로 시작하는 Pointcut 설정에 doAdd( ) 메서드를 명시하고, 파라미터의 타입을 지정했습니다. 뒤쪽의 '&& args (...' 부분에는 변수명을 지정하는데, 이 2종류의 정보를 이용해서 logBeforeWithParam( ) 메서드의 파라미터를 설정하게 됩니다.

기존의 테스트 코드를 실행하면 이제 단순한 로그와 더불어 전달된 파라미터 역시 파악할 수 있습니다.

```
INFO : org.zerock.aop.LogAdvice - =========================
INFO : org.zerock.aop.LogAdvice - str1: 123
INFO : org.zerock.aop.LogAdvice - str2: 456
INFO : org.zerock.service.SampleServiceTests - 579
```

Part 01

Part 02

Part 03

Part 04

Part 05

Part 06

Part 07

'&& args'를 이용하는 설정은 간단히 파라미터를 찾아서 기록할 때에는 유용하지만 파라미터가 다른 여러 종류의 메서드에 적용하는 데에는 간단하지 않다는 단점이 있습니다. 이에 대한 문제는 조금 뒤쪽에서 @Around와 ProceedingJoinPoint를 이용해서 해결할 수 있습니다.

### 18.4.2 @AfterThrowing

코드를 실행하다 보면 파라미터의 값이 잘못되어서 예외가 발생하는 경우가 많습니다. AOP의 @AfterThrowing 어노테이션은 지정된 대상이 예외를 발생한 후에 동작하면서 문제를 찾을 수 있도록 도와줄 수 있습니다.

**LogAdvice 클래스의 일부**

```
@AfterThrowing(pointcut = "execution(* org.zerock.service.
SampleService*.*(..))", throwing="exception")
  public void logException(Exception exception) {

    log.info("Exception....!!!!");
    log.info("exception: "+ exception);

}
```

logException( )에 적용된 @AfterThrowing은 'pointcut'과 'throwing' 속성을 지정하고 변수 이름을 'exception'으로 지정합니다. 테스트 코드에서는 고의적으로 예외가 발생할만한 코드를 작성해서 테스트합니다.

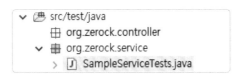

**SampleServiceTests의 일부**

```
@Test
public void testAddError() throws Exception {

  log.info(service.doAdd("123", "ABC"));

}
```

doAdd( )는 숫자로 변환이 가능한 문자열을 파라미터로 지정해야 하는데 고의적으로 'ABC'와 같은 문자를 전달하면 다음과 같은 로그를 보게 됩니다.

```
INFO : org.zerock.aop.LogAdvice - =========================
INFO : org.zerock.aop.LogAdvice - str1: 123
INFO : org.zerock.aop.LogAdvice - str2: ABC
INFO : org.zerock.aop.LogAdvice - Exception....!!!!
INFO : org.zerock.aop.LogAdvice - exception: java.lang.
NumberFormatException: For input string: "ABC"
```

## 18.5 @Around와 ProceedingJoinPoint

AOP를 처음 적용해 보았다면 '뭔지 모르게 신기한 일'이 생겼다는 느낌을 가지게 됩니다. 코드를 작성하지 않았는데 다른 코드와 같이 결합되어서 동작하기 때문에 지금까지 코드를 작성했던 것과는 완전히 다른 방식으로 코드를 작성하기 때문입니다. AOP를 이용해서 좀 더 구체적인 처리를 하고 싶다면 @Around와 ProceedingJoinPoint를 이용해야 합니다. @Around는 조금 특별하게 동작하는데 직접 대상 메서드를 실행할 수 있는 권한을 가지고 있고, 메서드의 실행 전과 실행 후에 처리가 가능합니다.

ProceedingJoinPoint는 @Around와 같이 결합해서 파라미터나 예외 등을 처리할 수 있습니다.

**LogAdvice의 일부**
```java
@Around("execution(* org.zerock.service.SampleService*.*(..))")
public Object logTime( ProceedingJoinPoint pjp) {

    long start = System.currentTimeMillis();

    log.info("Target: " + pjp.getTarget());
    log.info("Param: " + Arrays.toString(pjp.getArgs()));


    //invoke method
    Object result = null;

    try {
        result = pjp.proceed();
```

Part 01

Part 02

Part 03

Part 04

Part 05

Part 06

Part 07

```
        } catch (Throwable e) {
            // TODO Auto-generated catch block
            e.printStackTrace();
        }

        long end = System.currentTimeMillis();

        log.info("TIME: "  + (end - start));

        return result;
    }
```

logTime( )의 Pointcut 설정은 '...SampleService*.*(..)'로 지정합니다. logTime( )은 특별하게 ProceedingJoinPoint라는 파라미터를 지정하는데, ProceedingJoinPoint 는 AOP의 대상이 되는 Target이나 파라미터 등을 파악할 뿐만 아니라, 직접 실행을 결정할 수도 있습니다. @Before 등과 달리 @Around가 적용되는 메서드의 경우에는 리턴 타입이 void가 아닌 타입으로 설정하고, 메서드의 실행 결과 역시 직접 반환하는 형태로 작성해야만 합니다.

정상적으로 동작하는 테스트 코드를 실행해 보면 다음과 같은 결과를 볼 수 있습니다.

**SampleServiceTests의 testAdd( )의 실행 결과**

```
INFO : org.zerock.aop.LogAdvice - Target: org.zerock.service.
SampleServiceImpl@4a8355dd
INFO : org.zerock.aop.LogAdvice - Param: [123, 456]
INFO : org.zerock.aop.LogAdvice - =========================
INFO : org.zerock.aop.LogAdvice - str1: 123
INFO : org.zerock.aop.LogAdvice - str2: 456
INFO : org.zerock.aop.LogAdvice - TIME: 3
INFO : org.zerock.service.SampleServiceTests - 579
```

실행 결과를 보면 @Around가 먼저 동작하고, @Before 등이 실행된 후에 메서드가 실행되는데 걸린 시간이 로그로 기록되는 것을 볼 수 있습니다.

# 19 | 스프링에서 트랜잭션 관리

비즈니스에서는 쪼개질 수 없는 하나의 단위 작업을 말할 때 '트랜잭션(Transaction)'이라는 용어를 사용합니다. 사전적인 의미로 트랜잭션은 '거래'라는 뜻을 가지지만, 현실적으로는 '한 번에 이루어지는 작업의 단위'를 트랜잭션으로 간주합니다.

트랜잭션의 성격을 'ACID 원칙'으로 설명하곤 하는데 다음과 같습니다.

| | |
|---|---|
| **원자성(Atomicity)** | 하나의 트랜잭션은 모두 하나의 단위로 처리되어야 합니다. 좀 더 쉽게 말하자면 어떤 트랜잭션이 A와 B로 구성된다면 항상 A, B의 처리 결과는 동일한 결과이어야 합니다. 즉 A는 성공했지만, B는 실패할 경우 A, B는 원래 상태로 되돌려져야만 합니다. 어떤 작업이 잘못되는 경우 모든 것은 다시 원점으로 되돌아가야만 합니다. |
| **일관성(Consistency)** | 트랜잭션이 성공했다면 데이터베이스의 모든 데이터는 일관성을 유지해야만 합니다. 트랜잭션으로 처리된 데이터와 일반 데이터 사이에는 전혀 차이가 없어야만 합니다. |
| **격리(Isolation)** | 트랜잭션으로 처리되는 중간에 외부에서의 간섭은 없어야만 합니다. |
| **영속성(Durability)** | 트랜잭션이 성공적으로 처리되면, 그 결과는 영속적으로 보관되어야 합니다. |

트랜잭션에 가장 흔한 예제는 '계좌 이체'입니다. '계좌 이체'라는 행위가 내부적으로는 하나의 계좌에서는 출금이 이루어져야 하고, 이체의 대상 계좌에서는 입금이 이루어져야만 합니다. '계좌 이체'는 엄밀하게 따져보면 '출금'과 '입금'이라는 각각의 거래가 하나의 단위를 이루게 되는 상황입니다.

비즈니스에서 하나의 트랜잭션은 데이터베이스 상에서는 하나 혹은 여러 개의 작업이 같은 묶음을 이루는 경우가 많습니다. 예를 들어 비즈니스 계층에서 '계좌 이체'는

Part 01

Part 02

Part 03

Part 04

Part 05

Part 06

Part 07

bankTransfer( )라는 메서드로 정의되고, 계좌 내에 입금과 출금은 deposit( )(입금),
withdraw( )(출금)이라는 메서드로 정의된다고 가정해 봅니다.

deposit( )과 withdraw( )는 각자 고유하게 데이터베이스와 커넥션을 맺고 작업을 처리
합니다. 문제는 withdraw( )는 정상적으로 처리되었는데, deposit( )에서 예외가 발생하
는 경우입니다. 이미 하나의 계좌에서는 돈이 빠져나갔지만, 상대방의 계좌에는 돈이 입
금되지 않은 상황이 될 수 있습니다.

'트랜잭션으로 관리한다.' 혹은 '트랜잭션으로 묶는다'는 표현은 프로그래밍에서는 'AND'
연산과 유사합니다.

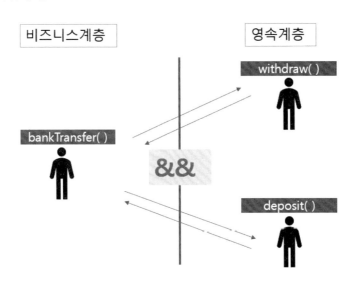

영속 계층에서 withdraw( )와 deposit( )은 각각 데이터베이스와 연결을 맺고 처리하는
데 하나의 트랜잭션으로 처리해야 할 경우에는 한쪽이 잘못되는 경우에 이미 성공한 작업
까지 다시 원상태로 복구되어야 합니다. 별도의 패턴이나 프레임워크를 사용하지 않는 순
수하게 JDBC를 이용하는 코드라면 withdraw( )와 deposit( )의 내부는 아래와 같이
Connection을 맺고 처리하도록 작성될 것입니다(아래 코드에서 각 메서드마다
Connection을 맺고 있는 점을 주목합니다.).

```
public boolean deposit( ){

  Connection con = ...

  try{
    con = ....

  }catch(Exception e) {

  }finally {
    try { con.close(); }

  }

}
```

```
public boolean withdraw( ){

  Connection con = ...

  try{
    con = ....

  }catch(Exception e) {

  }finally {
    try { con.close(); }

  }

}
```

withdraw( )와 deposit( )이 위와 같이 고유하게 연결을 맺고 처리되는 구조라면 bankTransfer( )를 작성할 때는 어느 한쪽이 실패할 때를 염두에 두는 코드를 복잡하게 만들어야 합니다. 스프링은 이러한 트랜잭션 처리를 간단히 XML 설정을 이용하거나, 어노테이션 처리만으로 할 수 있습니다.

## 19.1 데이터베이스 설계와 트랜잭션

데이터베이스의 저장 구조를 효율적으로 관리하기 위해서 흔히 '정규화'라는 작업을 합니다. '정규화'의 가장 기본은 '중복된 데이터를 제거'해서 데이터 저장의 효율을 올리자는 것입니다. 정규화를 진행하면 1) 테이블은 늘어나고, 2) 각 테이블의 데이터 양은 줄어드는 것이 일반적입니다.

정규화를 진행하면서 원칙적으로 칼럼으로 처리되지 않는 데이터는 다음과 같습니다.

- 시간이 흐르면 변경되는 데이터를 칼럼으로 기록하지 않습니다. – 대표적으로 사용자의 생년월일의 경우 칼럼에 기록하지만, 현재 나이는 칼럼으로 유지하지 않습니다(만일 나이에 대한 연산이 너무 빈번한 경우에는 칼럼으로 설정할 가능성도 있긴 합니다.).

- 계산이 가능한 데이터를 칼럼으로 기록하지 않습니다. – 주문과 주문 상세가 별도의 테이블로 분리되어 있다면 사용자가 한 번에 몇 개의 상품을 주문했는지 등은 칼럼으로 기록하지 않습니다(집합 연산이 성능에 영향을 주는 경우에만 칼럼으로 고려합니다.).

Part 01

Part 02

Part 03

Part 04

Part 05

Part 06

Part 07

• 누구에게나 정해진 값을 이용하는 경우 데이터베이스에서 취급하지 않습니다. – 예를 들어 2018년 1월 1일은 '월요일'이었고, 이 사실은 동일한 시간대를 사용하는 모든 사람들에게는 통용되기 때문에 데이터베이스에 기록하지 않습니다.

정규화가 잘 되었거나, 위와 같은 규칙들이 반영된 데이터베이스의 설계에서는 '트랜잭션'이 많이 일어나지는 않습니다. 정규화가 진행될수록 테이블은 점점 더 순수한 형태가 되어가는데, 순수한 형태가 될수록 '트랜잭션 처리'의 대상에서 멀어집니다. 정규화를 진행할수록 테이블은 더욱 간결해지지만 반대로 쿼리 등을 이용해서 필요한 데이터를 가져오는 입장에서는 점점 불편해 집니다. 현재 상황을 알기 위해서는 단순히 조회를 하는 것이 아니라 직접 조인(join)이나 서브쿼리(subquery)를 이용해서 처리해야 하기 때문입니다.

조인이나 서브쿼리를 이용하게 되면 다시 성능의 이슈가 발생할 수 있습니다. 매번 계산이 발생하도록 만들어지는 쿼리의 경우 성능이 저하되기 때문에 많은 양의 데이터를 처리해야 하는 상황에서는 바람직하지 않을 수 있습니다. 이러한 상황에서는 흔히 '반정규화(혹은 역정규화)'를 하게 됩니다. 정규화의 반대이므로 중복이나 계산되는 값을 데이터베이스 상에 보관하고, 대신에 조인이나 서브쿼리의 사용을 줄이는 방식입니다.

반정규화의 가장 흔한 예가 '게시물의 댓글'의 경우입니다. 정규화의 규칙을 따른다면 게시물 테이블과 댓글 테이블은 아래와 같은 구조를 가지는 것이 일반적입니다.

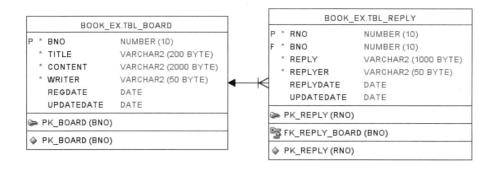

정규화를 했다면 tbl_board 테이블에는 위와 같이 게시물에 대한 정보들만으로 칼럼이 구성되어야 하고, tbl_reply 테이블을 이용해서 댓글들을 보관하게 됩니다. 문제는 게시

물의 목록 페이지에서 일반적으로 댓글의 숫자도 같이 표시된다는 데 있습니다. 댓글을 추가한 뒤에 댓글의 숫자를 표시하려면 조인을 하거나 서브쿼리를 이용해서 처리하게 됩니다. 이러한 상황에서는 흔히 tbl_board 테이블에 댓글의 숫자를 칼럼으로 처리하는 경우가 많습니다. 댓글의 숫자를 칼럼으로 처리하게 되면 게시물의 목록을 가져올 경우에는 tbl_reply 테이블을 이용해야 하는 일이 없기 때문에 성능상으로 좀 더 이득을 볼 수 있게 됩니다.

반정규화는 이처럼 중복이나 계산의 결과를 미리 보관해서 좀 더 빠른 결과를 얻기 위한 노력입니다. 반정규화를 하게 되면 쿼리가 단순해지고 성능상으로도 얻을 수 있는 이득이 있지만, 대신에 댓글이 추가될 때에는 댓글을 의미하는 tbl_reply 테이블에 insert 하고, 댓글의 숫자는 tbl_board 테이블에 update를 시켜주는 작업이 필요합니다. 두 작업은 하나의 트랜잭션으로 관리되어야 하는 작업입니다.

## 19.2 트랜잭션 설정 실습

스프링의 트랜잭션 설정은 AOP와 같이 XML을 이용해서 설정하거나 어노테이션을 이용해서 설정이 가능합니다. 우선 스프링의 트랜잭션을 이용하기 위해서는 Transaction Manager라는 존재가 필요합니다.

pom.xml에는 spring-jdbc, spring-tx 라이브러리를 추가하고, mybatis, mybatis-spring, hikari 등의 라이브러리를 추가합니다.

**pom.xml의 라이브러리 추가**

```xml
<dependency>
    <groupId>org.springframework</groupId>
    <artifactId>spring-jdbc</artifactId>
    <version>${org.springframework-version}</version>
</dependency>


<dependency>
    <groupId>org.springframework</groupId>
    <artifactId>spring-tx</artifactId>
    <version>${org.springframework-version}</version>
</dependency>
```

```xml
<!-- https://mvnrepository.com/artifact/com.zaxxer/HikariCP -->
<dependency>
  <groupId>com.zaxxer</groupId>
  <artifactId>HikariCP</artifactId>
  <version>2.7.4</version>
</dependency>

<!-- https://mvnrepository.com/artifact/org.mybatis/mybatis -->
<dependency>
  <groupId>org.mybatis</groupId>
  <artifactId>mybatis</artifactId>
  <version>3.4.6</version>
</dependency>

<!-- https://mvnrepository.com/artifact/org.mybatis/mybatis-spring -->
<dependency>
  <groupId>org.mybatis</groupId>
  <artifactId>mybatis-spring</artifactId>
  <version>1.3.2</version>
</dependency>

<!-- https://mvnrepository.com/artifact/org.bgee.log4jdbc-log4j2/
log4jdbc-log4j2-jdbc4 -->
<dependency>
  <groupId>org.bgee.log4jdbc-log4j2</groupId>
  <artifactId>log4jdbc-log4j2-jdbc4</artifactId>
  <version>1.16</version>
</dependency>
```

root-context.xml에서는 Namespaces 탭에서 'tx' 항목을 체크합니다.

- ☑ aop - http://www.springframework.org/schema/aop
- ☑ beans - http://www.springframework.org/schema/beans
- ☐ c - http://www.springframework.org/schema/c
- ☐ cache - http://www.springframework.org/schema/cache
- ☑ context - http://www.springframework.org/schema/context
- ☐ jee - http://www.springframework.org/schema/jee
- ☐ lang - http://www.springframework.org/schema/lang
- ☐ mvc - http://www.springframework.org/schema/mvc
- ☑ mybatis-spring - http://mybatis.org/schema/mybatis-spring
- ☐ p - http://www.springframework.org/schema/p
- ☐ task - http://www.springframework.org/schema/task
- ☑ tx - http://www.springframework.org/schema/tx
- ☐ util - http://www.springframework.org/schema/util

AOP와 트랜잭션

Part 01

Part 02

Part 03

Part 04

Part 05

Part 06

Part 07

root-context.xml에는 트랜잭션을 관리하는 빈(객체)을 등록하고, 어노테이션 기반으로 트랜잭션을 설정할 수 있도록 〈tx:annotation-driven〉 태그를 등록합니다.

**root-context.xml의 일부**

```xml
<context:annotation-config></context:annotation-config>

  <bean id="hikariConfig" class="com.zaxxer.hikari.HikariConfig">

    <property name="driverClassName"
      value="net.sf.log4jdbc.sql.jdbcapi.DriverSpy"></property>
    <property name="jdbcUrl"
      value="jdbc:log4jdbc:oracle:thin:@localhost:1521:XE"></property>
    <property name="username" value="book_ex"></property>
    <property name="password" value="book_ex"></property>

  </bean>

  <!-- HikariCP configuration -->
  <bean id="dataSource" class="com.zaxxer.hikari.HikariDataSource"
    destroy-method="close">
    <constructor-arg ref="hikariConfig" />
  </bean>

  <bean id="sqlSessionFactory"
    class="org.mybatis.spring.SqlSessionFactoryBean">
    <property name="dataSource" ref="dataSource"></property>
  </bean>

  <bean id="transactionManager"
    class="org.springframework.jdbc.datasource.
DataSourceTransactionManager">
    <property name="dataSource" ref="dataSource"></property>
  </bean>

  <tx:annotation-driven />

  <mybatis-spring:scan
    base-package="org.zerock.mapper" />

  <context:component-scan
    base-package="org.zerock.service"></context:component-scan>
  <context:component-scan
    base-package="org.zerock.aop"></context:component-scan>

  <aop:aspectj-autoproxy></aop:aspectj-autoproxy>
```

Part 01

Part 02

Part 03

Part 04

Part 05

Part 06

Part 07

〈bean〉으로 등록된 transactionManager와 〈tx:annotation-driven〉 설정이 추가된 후에는 트랜잭션이 필요한 상황을 만들어서 어노테이션을 추가하는 방식으로 설정하게 됩니다.

### 19.2.1 Java 설정을 이용한 트랜잭션 설정

Java 설정을 이용하는 경우에는 XML에서 설정한 'transactionManager'를 @Bean으로 설정하는 작업과 'aspectj-autoproxy'의 설정을 추가해서 처리합니다.

> **RootConfig 클래스의 일부**
>
> ```java
> @Configuration
> @ComponentScan(basePackages= {"org.zerock.service"})
> @ComponentScan(basePackages="org.zerock.aop")
> @EnableAspectJAutoProxy
>
> @EnableTransactionManagement
>
> @MapperScan(basePackages= {"org.zerock.mapper"})
> public class RootConfig {
>
>
>   @Bean
>   public DataSource dataSource() {
>     ...생략...
>   }
>
>   @Bean
>   public SqlSessionFactory sqlSessionFactory() throws Exception {
>     SqlSessionFactoryBean sqlSessionFactory = new
> SqlSessionFactoryBean();
>     sqlSessionFactory.setDataSource(dataSource());
>     return (SqlSessionFactory) sqlSessionFactory.getObject();
>   }
>
>   @Bean
>   public DataSourceTransactionManager txManager() {
>       return new DataSourceTransactionManager(dataSource());
>   }
>
> }
> ```

위의 설정에서 @EnableTransactionManagement 설정은 'aspectj-autoproxy'에 대한 설정이 되고, txManager( )는 〈bean〉 설정을 대신하게 됩니다.

## 19.2.2 예제 테이블 생성

트랜잭션의 실습은 간단히 2개의 테이블을 생성하고, 한 번에 두 개의 테이블에 insert 해야 하는 상황을 재현하도록 합니다. 예제로 사용할 테이블을 아래와 같이 생성합니다.

```
create table tbl_sample1( col1 varchar2(500));

create table tbl_sample2( col2 varchar2(50));
```

tbl_sample1 테이블의 col1의 경우는 varchar2(500)으로 설정된 반면에 tbl_sample2 는 varchar2(50)으로 설정되었습니다. 만일 50바이트 이상의 데이터를 넣는 상황이라면 tbl_sample1에는 정상적으로 insert 되지만, tbl_sample2에는 insert 시 칼럼의 최대 길이보다 크기 때문에 문제가 있게 됩니다.

org.zerock.mapper 패키지에 Sample1Mapper 인터페이스와 Sample2Mapper 인터페이스를 추가합니다.

**Sample1Mapper 인터페이스**
```java
package org.zerock.mapper;

import org.apache.ibatis.annotations.Insert;

public interface Sample1Mapper {

  @Insert("insert into tbl_sample1 (col1) values (#{data}) ")
  public int insertCol1(String data);

}
```

Part 01

Part 02

Part 03

Part 04

Part 05

Part 06

Part 07

**Sample2Mapper인터페이스**

```
package org.zerock.mapper;

import org.apache.ibatis.annotations.Insert;

public interface Sample2Mapper {

  @Insert("insert into tbl_sample2 (col2) values (#{data}) ")
  public int insertCol2(String data);

}
```

Sample1Mapper는 tbl_sample1 테이블에, Sampl2Mapper는 tbl_sample2 테이블에 데이터를 insert 하게 작성합니다.

### 19.2.3 비즈니스 계층과 트랜잭션 설정

트랜잭션은 비즈니스 계층에서 이루어지므로, org.zerock.service 계층에서 Sample1Mapper, Sample2Mapper를 사용하는 SampleTxService 인터페이스, SampleTxServiceImpl 클래스를 설계합니다.

트랜잭션의 설정이 안되어 있는 상태를 먼저 테스트하기 위해서 기존 방식처럼 코드를 작성합니다.

**SampleTxService 인터페이스**

```
package org.zerock.service;

public interface SampleTxService {

  public void addData(String value);
}
```

```java
package org.zerock.service;

import org.springframework.beans.factory.annotation.Autowired;
import org.springframework.stereotype.Service;
import org.zerock.mapper.Sample1Mapper;
import org.zerock.mapper.Sample2Mapper;

import lombok.Setter;
import lombok.extern.log4j.Log4j;

@Service
@Log4j
public class SampleTxServiceImpl implements SampleTxService {

  @Setter(onMethod_ = { @Autowired })
  private Sample1Mapper mapper1;

  @Setter(onMethod_ = { @Autowired })
  private Sample2Mapper mapper2;

  @Override
  public void addData(String value) {

    log.info("mapper1...................");
    mapper1.insertCol1(value);

    log.info("mapper2...................");
    mapper2.insertCol2(value);

    log.info("end........................");

  }

}
```

SampleTxService는 addData( )라는 메서드를 통해서 데이터를 추가합니다. SampleTxServiceImpl 클래스는 Sample1Mapper와 Sample2Mapper 모두를 이용해서 같은 데이터를 tbl_sample1과 tbl_sample2 테이블에 insert 하도록 작성합니다.

src/test/java에는 SampleTxService를 테스트하는 SampleTxServiceTests 클래스를 작성합니다.

```
  ∨ 🐻 src/test/java
      ⊞ org.zerock.controller
  ∨ ⊞ org.zerock.service
      > 🎵 SampleServiceTests.java
      > 🎵 SampleTxServiceTests.java
```

## SampleTxServiceTests 클래스

```java
package org.zerock.service;

import org.junit.Test;
import org.junit.runner.RunWith;
import org.springframework.beans.factory.annotation.Autowired;
import org.springframework.test.context.ContextConfiguration;
import org.springframework.test.context.junit4.SpringJUnit4ClassRunner;

import lombok.Setter;
import lombok.extern.log4j.Log4j;

@RunWith(SpringJUnit4ClassRunner.class)
@Log4j
@ContextConfiguration({ "file:src/main/webapp/WEB-INF/spring/root-
context.xml" })
//Java설정의 경우
//@ContextConfiguration(classes= {RootConfig.class})

public class SampleTxServiceTests {

  @Setter(onMethod_ = { @Autowired })
  private SampleTxService service;

  @Test
  public void testLong() {

    String str ="Starry\r\n" +
        "Starry night\r\n" +
        "Paint your palette blue and grey\r\n" +
        "Look out on a summer's day";

    log.info(str.getBytes().length);

    service.addData(str);
  }
}
```

AOP와 트랜잭션

testLong( )은 50bytes가 넘고 500bytes를 넘지 않는 길이의 어떤 문자열을 이용해서 tbl_sample1, tbl_sample2 테이블에 insert를 시도합니다. testLong( )을 실행하면 tbl_sample1에는 데이터가 추가되지만, tbl_sample2에는 길이의 제한으로 인해서 insert가 실패하게 됩니다. 테스트 코드를 실행했을 때에는 아래와 같은 결과를 보게 됩니다.

```
INFO : org.zerock.service.SampleTxServiceTests - 82
INFO : org.zerock.aop.LogAdvice - Target: org.zerock.service.
SampleTxServiceImpl@2a492f2a
INFO : org.zerock.aop.LogAdvice - Param: [Starry
Starry night
Paint your palette blue and grey
Look out on a summer's day]
..생략...

java.sql.SQLException: ORA-12899: value too large for column "BOOK_EX"."TBL_
SAMPLE2"."COL2" (actual: 82, maximum: 50)

  at oracle.jdbc.driver.T4CTTIoer11.processError(T4CTTIoer11.java:494)
...생략...
```

테스트에 사용한 문자열은 82bytes였으므로 tbl_sample1에는 아래와 같이 정상적으로 insert가 되고, tbl_sample2에는 insert에 실패합니다.

tbl_sample1

| COL1 |
| --- |
| 1 StarryStarry nightPaint your palette blue and greyLook out on a summer's day |

tbl_sample2

| COL2 |
| --- |

### 19.2.4 @Transactional 어노테이션

위의 결과를 보면 트랜잭션 처리가 되지 않았기 때문에 하나의 테이블에만 insert가 성공한 것을 볼 수 있습니다. 만일 트랜잭션 처리가 되었다면 tbl_sample1과 tbl_sample2

테이블 모두에 insert가 되지 않았어야 하므로, 트랜잭션 처리가 될 수 있도록 SampleTxServiceImpl의 addData( )에 @Transactional을 추가합니다.

**SampleTxServiceImpl 클래스의 일부**

```java
@Transactional
@Override
public void addData(String value) {

    log.info("mapper1....................");
    mapper1.insertCol1(value);

    log.info("mapper2....................");
    mapper2.insertCol2(value);

    log.info("end.........................");

}
```

기존의 코드에서 달라지는 부분은 @Transactional 어노테이션이 추가된 것뿐입니다. 이클립스에서 트랜잭션은 AOP와 마찬가지로 아이콘을 통해서 트랜잭션 처리가 된 메서드를 구분해 줍니다.

```java
22   @Transactional
23   @Override
24   public void addData(String value) {
25
26       log.info("mapper1....................");
27       mapper1.insertCol1(value);
28
29       log.info("mapper2....................");
30       mapper2.insertCol2(value);
31
32       log.info("end.........................");
33
34
35   }
```

정확한 테스트를 위해서 이전에 성공한 tbl_sample1의 데이터를 삭제하고, commit합니다.

```
delete tbl_sample1;

delete tbl_sample2;

commit;
```

양쪽 테이블에 모든 데이터가 없는 것을 확인한 후에 다시 테스트 코드를 실행합니다. 동일한 코드였지만 @Tranasactional이 추가된 후에는 실행 시 rollback( )되는 것을 확인할 수 있습니다.

```
INFO : jdbc.audit - 1. Connection.getMetaData() returned oracle.jdbc.
driver.OracleDatabaseMetaData@1c65121
INFO : jdbc.audit - 1. Connection.rollback() returned
INFO : jdbc.audit - 1. Connection.setAutoCommit(true) returned
INFO : jdbc.audit - 1. Connection.isReadOnly() returned false
INFO : jdbc.audit - 1. Connection.clearWarnings() returned
...생략...
```

데이터베이스에서도 tbl_sample1, tbl_sample2 테이블 모두 아무 데이터가 들어가지 않는 것을 확인할 수 있습니다.

### 19.2.5 @Transactional 어노테이션 속성들

스프링에서는 트랜잭션을 처리하기 위해서 제공되는 @Transactional 어노테이션을 이용하면 간단히 트랜잭션 설정을 완료할 수 있습니다. 이때 지정할 수 있는 속성들은 다음과 같습니다.

@Transactional 어노테이션은 몇 가지 중요한 속성을 가지고 있으니, 경우에 따라서는 속성들을 조정해서 사용해야 합니다.

전파(Propagation) 속성

- PROPAGATION_MADATORY: 작업은 반드시 특정한 트랜잭션이 존재한 상태에서만 가능
- PROPAGATION_NESTED: 기존에 트랜잭션이 있는 경우, 포함되어서 실행
- PROPAGATION_NEVER: 트랜잭션 상황하에 실행되면 예외 발생
- PROPAGATION_NOT_SUPPORTED: 트랜잭션이 있는 경우엔 트랜잭션이 끝날 때까지 보류된 후 실행
- PROPAGATION_REQUIRED: 트랜잭션이 있으면 그 상황에서 실행, 없으면 새로운 트랜잭션 실행 (기본 설정)
- PROPAGATION_REQUIRED_NEW: 대상은 자신만의 고유한 트랜잭션으로 실행
- PROPAGATION_SUPPORTS: 트랜잭션을 필요로 하지 않으나, 트랜잭션 상황하에 있다면 포함되어서 실행

격리(Isolation) 레벨

- DEFAULT: DB 설정, 기본 격리 수준(기본 설정)
- SERIALIZABLE: 가장 높은 격리, 성능 저하의 우려가 있음
- READ_UNCOMMITED: 커밋되지 않은 데이터에 대한 읽기를 허용
- READ_COMMITED: 커밋된 데이터에 대해 읽기 허용
- REPEATEABLE_READ: 동일 필드에 대해 다중 접근 시 모두 동일한 결과를 보장

Read- only 속성

- true인 경우 insert, update, delete 실행 시 예외 발생, 기본 설정은 false

Rollback-for-예외

- 특정 예외가 발생 시 강제로 Rollback

No-rollback-for-예외

- 특정 예외의 발생 시에는 Rollback 처리되지 않음

위의 속성들은 모두 @Transactional을 설정할 때 속성으로 지정할 수 있습니다.

## 19.2.6 @Transactional 적용 순서

스프링은 간단한 트랜잭션 매니저의 설정과 @Tranasactional 어노테이션을 이용한 설정만으로 애플리케이션 내의 트랜잭션에 대한 설정을 처리할 수 있습니다.

@Transactional 어노테이션의 경우 위와 같이 메서드에 설정하는 것도 가능하지만, 클래스나 인터페이스에 선언하는 것 역시 가능합니다.

어노테이션의 우선순위는 다음과 같습니다.

- 메서드의 @Transactional 설정이 가장 우선시 됩니다.
- 클래스의 @Transactional 설정은 메서드보다 우선순위가 낮습니다.
- 인터페이스의 @Transactional 설정이 가장 낮은 우선순위입니다.

위의 규칙대로 적용되는 것을 기준으로 작성하자면 인터페이스에는 가장 기준이 되는 @Transactional과 같은 설정을 지정하고, 클래스나 메서드에 필요한 어노테이션을 처리하는 것이 좋습니다.

Part 01

Part 02

Part 03

Part 04

Part 05

Part 06

Part 07

Chapter

# 20 | 댓글과 댓글 수에 대한 처리

실습할 예제는 단순히 댓글을 추가하면 tbl_reply 테이블에 insert 하고, tbl_board 테이블에는 댓글의 수를 의미하는 replyCnt라는 칼럼을 추가해서 해당 게시물 댓글의 수를 update합니다. tbl_board 테이블에는 replyCnt 칼럼을 추가합니다(게시물의 수가 많은 경우에는 시간이 조금 더 걸릴 수 3.).

```
alter table tbl_board add (replycnt number default 0);
```

기존에 댓글이 존재했다면 replyCnt에 반영해 두어야 하므로 아래의 쿼리를 실행합니다(게시글이 많을수록 처리하는 데이터가 많으므로 오래 걸릴 수 있습니다.).

```
update tbl_board set replycnt = (select count(rno) from tbl_reply
where tbl_reply.bno = tbl_board.bno);
```

## 20.1 프로젝트 수정

데이터베이스가 수정되었으므로, BoardVO 클래스와 MyBatis의 SQL, BoardService 등을 수정해 줄 필요가 있습니다. 이전 파트에서 작성했던 'ex03' 혹은 'jex03' 프로젝트를 수정하는 형태로 적용하도록 합니다(예제를 다운로드 할 경우에는 'ex04' 혹은 'jex04'를 다운로드 받도록 합니다.).

### 20.1.1 BoardVO, BoardMapper 수정

org.zerock.domain.BoardVO 클래스에는 댓글의 숫자를 의미하는 인스턴스 변수를
하나 추가해야 합니다.

**BoardVO 클래스**

```java
package org.zerock.domain;

import java.util.Date;

import lombok.Data;

@Data
public class BoardVO {

  private Long bno;
  private String title;
  private String content;
  private String writer;
  private Date regdate;
  private Date updateDate;

  private int replyCnt;
}
```

BoardMapper 인터페이스에는 새롭게 replyCnt를 업데이트하는 메서드를 추가해야 합
니다.

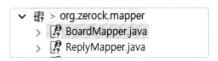

Part 01

Part 02

Part 03

Part 04

Part 05

Part 06

Part 07

```java
package org.zerock.mapper;

import java.util.List;

import org.apache.ibatis.annotations.Param;
import org.zerock.domain.BoardVO;
import org.zerock.domain.Criteria;

public interface BoardMapper {

    public List<BoardVO> getList();

    public List<BoardVO> getListWithPaging(Criteria cri);

    public void insert(BoardVO board);

    public Integer insertSelectKey(BoardVO board);

    public BoardVO read(Long bno);

    public int delete(Long bno);

    public int update(BoardVO board);

    public int getTotalCount(Criteria cri);

    public void updateReplyCnt(@Param("bno") Long bno, @Param("amount")
int amount);

}
```

새로 추가된 updateReplyCnt( )는 해당 게시물의 번호인 bno와 증가나 감소를 의미하는 amount 변수에 파라미터를 받을 수 있도록 처리합니다. 이것은 댓글이 등록되면 1이 증가하고, 댓글이 삭제되면 1이 감소하기 때문입니다. MyBatis의 SQL을 처리하기 위해서는 기본적으로 하나의 파라미터 타입을 사용하기 때문에 위와 같이 2개 이상의 데이터를 전달하려면 @Param이라는 어노테이션을 이용해서 처리할 수 있습니다.

댓글이 추가되면 반정규화된 tbl_board 테이블에 replycnt 칼럼이 업데이트되어야 하기 때문에 BoardMapper.xml에 updateReplyCnt 구문을 추가해야만 합니다.

## BoardMapper.xml의 수정

```xml
<update id="updateReplyCnt">
  update tbl_board set replycnt = replycnt + #{amount} where bno =
#{bno}
</update>
```

BoardMapper.xml의 게시물의 목록을 처리하는 부분에서는 새롭게 추가된 replycnt 칼럼을 가져오도록 인라인뷰 내에 추가하고, 바깥쪽 select에도 추가합니다.

## BoardMapper.xml의 수정

```xml
<select id="getListWithPaging" resultType="org.zerock.domain.BoardVO">
  <![CDATA[
  select
    bno, title, content, writer, regdate, updatedate, replycnt
  from
      (
      select /*+INDEX_DESC(tbl_board pk_board) */
        rownum rn, bno, title, content, writer, regdate, updatedate,
replycnt
      from
        tbl_board
      where
  ]]>

  <include refid="criteria"></include>

  <![CDATA[
      rownum <= #{pageNum} * #{amount}
      )
  where rn > (#{pageNum} -1) * #{amount}
  ]]>
</select>
```

Part 01

Part 02

Part 03

Part 04

Part 05

Part 06

Part 07

## 20.1.2 ReplyServiceImpl의 트랜잭션 처리

ReplyServiceImpl 클래스는 기존에는 ReplyMapper만을 이용했지만, 반정규화 처리가 되면서 BoardMapper를 같이 이용해야 하는 상황이 되었습니다. ReplyServiceImpl에서 새로운 댓글이 추가되거나 삭제되는 상황이 되면 BoardMapper와 ReplyMapper를 같이 이용해서 처리하고, 이 작업은 트랜잭션으로 처리되어야 합니다.

기존 프로젝트인 org.zerock.service 패키지의 ReplyServiceImpl 클래스를 수정합니다.

### ReplyServiceImpl 클래스의 일부

```java
import org.springframework.beans.factory.annotation.Autowired;
import org.springframework.stereotype.Service;
import org.zerock.domain.Criteria;
import org.zerock.domain.ReplyPageDTO;
import org.zerock.domain.ReplyVO;
import org.zerock.mapper.BoardMapper;
import org.zerock.mapper.ReplyMapper;

import lombok.Setter;
import lombok.extern.log4j.Log4j;

@Service
@Log4j
public class ReplyServiceImpl implements ReplyService {

  @Setter(onMethod_ = @Autowired)
  private ReplyMapper mapper;

  @Setter(onMethod_ = @Autowired)
  private BoardMapper boardMapper;

  ...생략...
```

기존과 달라지는 점은 기존에는 ReplyMapper만을 주입하기 때문에 스프링 4.3부터 지원하는 자동주입을 이용할 수 있었지만, 추가적으로 BoardMapper를 이용하면서 자동주입 대신 @Setter를 통한 주입이 이루어진다는 점입니다.

ReplyServiceImpl의 댓글 등록과 삭제를 담당하는 메서드는 @Transactional의 처리가 필요합니다.

**ReplyServiceImpl 클래스의 일부**

```java
@Transactional
@Override
public int register(ReplyVO vo) {

  log.info("register......" + vo);

  boardMapper.updateReplyCnt(vo.getBno(), 1);

  return mapper.insert(vo);

}
...생략...
@Transactional
@Override
public int remove(Long rno) {

  log.info("remove...." + rno);

  ReplyVO vo = mapper.read(rno);

  boardMapper.updateReplyCnt(vo.getBno(), -1);
  return mapper.delete(rno);

}

...생략...
```

댓글 등록의 경우에는 파라미터로 전달받은 ReplyVO 내에 게시물의 번호가 존재하므로 이를 이용해서 댓글을 추가합니다. 댓글의 삭제는 전달되는 파라미터가 댓글의 번호인 rno만을 받기 때문에 해당 댓글의 게시물을 알아내는 과정이 필요합니다(파라미터로 게시물의 번호 bno를 받을 수 있다면 좋겠지만 그럴 경우에는 ReplyController까지 같이 수정될 필요가 있습니다.).

Part 01

Part 02

Part 03

Part 04

Part 05

Part 06

Part 07

## 20.1.3 화면 수정

BoardController나 ReplyController 자체는 크게 수정할 것이 없지만, 게시물의 목록 화면에서는 댓글의 숫자가 출력될 수 있도록 수정해 줄 필요가 있습니다.

views 폴더 내 board/list.jsp 파일의 일부에 댓글의 숫자를 반영합니다.

**list.jsp의 일부**

```
<c:forEach items="${list}" var="board">
  <tr>
    <td><c:out value="${board.bno}" /></td>
     <td>
        <a class='move' href='<c:out value="${board.bno}"/>'>
           <c:out value="${board.title}" />   <b>[  <c:out
value="${board.replyCnt}" />  ]</b>
           </a>
    </td>
    <td><c:out value="${board.writer}" /></td>
    <td><fmt:formatDate pattern="yyyy-MM-dd"
         value="${board.regdate}" /></td>
    <td><fmt:formatDate pattern="yyyy-MM-dd"
         value="${board.updateDate}" /></td>
  </tr>
</c:forEach>
```

화면에서는 다음과 같이 댓글의 숫자가 표시됩니다.

| Board List Page | | |
| --- | --- | --- |
| **#번호** | **제목** | **작성자** |
| 1310720 | Test [ 2 ] | user04 |
| 1310719 | 오라클 테스트입니다. [ 10 ] | user06 |
| 1310718 | Test해 볼까요? [ 15 ] | user05 |
| 1310717 | Test [ 0 ] | user04 |
| 1310716 | 게시물 등록 테스트입니다. [ 0 ] | user03 |
| 1310715 | 테스트해 봅니다. [ 0 ] | user02 |
| 1310714 | Sample Test [ 0 ] | user01 |
| 1310713 | 테스트 제목 [ 0 ] | user00 |
| 1310712 | 테스트 제목 [ 0 ] | user00 |
| 1310711 | 테스트 제목 [ 0 ] | user00 |

AOP와 트랜잭션

# 파일 업로드 처리

대부분의 웹 프로젝트는 사용자가 첨부파일을 추가할 수 있는 기능이 있습니다. 초기에는 단순히 〈form〉 태그를 이용해서 첨부파일을 게시물 작성과 같은 시점에 처리하는 방식을 사용했지만, 최근에는 첨부파일을 별도로 업로드해서 사용자가 최종적으로 게시물을 등록하기 전에 자신이 어떤 파일들을 업로드하는지 알 수 있는 방식을 사용합니다.

첨부파일에 대한 처리는 흔히 업로드가 전부라고 생각하지만, 현실적으로 업로드된 이후에 처리가 상당히 복잡합니다. 예를 들어 이미지 파일의 경우에는 화면에 작은 섬네일(Thumbnail) 이미지를 생성해서 보여주어야 하고, 일반 파일의 경우에는 첨부파일이 존재한다는 아이콘만을 보여주어야 합니다. 또한 이미지의 경우는 대부분 클릭해서 원본 이미지를 확인할 수 있게 하지만, 반면에 일반 파일의 경우에는 단순히 다운로드만을 처리해야 합니다.

Part 01

Part 02

Part 03

Part 04

Part 05

Part 06

Part 07

Chapter

# 21 | 파일 업로드 방식

첨부파일을 서버에 전송하는 방식은 크게 〈form〉 태그를 이용해서 업로드하는 방식과 Ajax를 이용하는 방식으로 나눠볼 수 있습니다. 필자의 개인적인 생각으로는 브라우저 상에서 첨부파일에 대한 처리는 주로 다음과 같은 방식들을 이용하는 경우가 대부분입니다.

- 〈form〉 태그를 이용하는 방식: 브라우저의 제한이 없어야 하는 경우에 사용

  - 일반적으로 페이지 이동과 동시에 첨부파일을 업로드하는 방식

  - 〈iframe〉을 이용해서 화면의 이동 없이 첨부파일을 처리하는 방식

- Ajax를 이용하는 방식: 첨부파일을 별도로 처리하는 방식

  - 〈input type='file'〉을 이용하고 Ajax로 처리하는 방식

  - HTML5의 Drag And Drop 기능이나 jQuery 라이브러리를 이용해서 처리하는 방식

브라우저 상에서 첨부파일을 처리하는 방식은 다양하게 있지만, 서버 쪽에서의 처리는 거의 대부분 비슷합니다. 응답을 HTML 코드로 하는지 아니면 JSON 등으로 처리하는지 정도의 구분만 하면 됩니다. 이 책의 예제는 Ajax를 위주로 처리할 것입니다.

서버에서 주의해야 하는 점은 첨부파일의 처리를 위해서 어떤 종류의 라이브러리나 API 등을 활용할 것인지에 대한 부분입니다. 서버에서 첨부파일을 처리하는 방식은 크게 다음과 같은 API들을 활용합니다.

- cos.jar: 2002년도 이후에 개발이 종료되었으므로, 더 이상 사용하는 것을 권장하지 않습니다.

- commons-fileupload: 가장 일반적으로 많이 활용되고, 서블릿 스펙 3.0 이전에도 사용 가능

- 서블릿 3.0 이상 – 3.0 이상부터는 자체적인 파일 업로드 처리가 API 상에서 지원

위의 방식에서 가장 일반적인 형태는 commons-fileupload를 이용한 설정이지만, Tomcat 7버전 이후에는 서블릿 3.0 이상을 지원하므로, 예제에서는 이를 활용하는 방식으로 설정해서 사용하겠습니다. 첨부파일은 실제 서버가 동작하는 머신 내에 있는 폴더에 업로드 시켜야 하므로 C 드라이브 밑에 upload 폴더와 임시 업로드 파일을 저장할 temp 폴더를 아래와 같은 구조로 생성합니다.

## 21.1 스프링의 첨부파일을 위한 설정

예제를 위해 'ex05' 프로젝트를 Spring Legacy Project로 생성하고, 생성된 프로젝트의 pom.xml의 일부는 버전을 변경합니다.

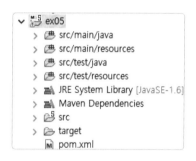

**pom.xml의 일부**

```
<properties>
    <java-version>1.8</java-version>
    <org.springframework-version>5.0.7.RELEASE</org.springframework-version>
    <org.aspectj-version>1.9.0</org.aspectj-version>
    <org.slf4j-version>1.7.25</org.slf4j-version>
</properties>
```

서블릿 3.0 이상을 활용하기 위해서 pom.xml에 설정된 서블릿의 버전(기존 2.5)을 수정하고, Lombok 등을 추가합니다.

Part 01

Part 02

Part 03

Part 04

Part 05

Part 06

Part 07

```
<!-- https://mvnrepository.com/artifact/javax.servlet/javax.servlet-api -->
    <dependency>
      <groupId>javax.servlet</groupId>
      <artifactId>javax.servlet-api</artifactId>
      <version>3.1.0</version>
      <scope>provided</scope>
    </dependency>

    <dependency>
      <groupId>org.projectlombok</groupId>
      <artifactId>lombok</artifactId>
      <version>1.18.0</version>
      <scope>provided</scope>
    </dependency>
```

## 21.1.1 web.xml을 이용하는 경우의 첨부파일 설정

프로젝트가 web.xml을 이용하는 경우라면 첨부파일의 처리에 대한 설정 역시 web.xml
을 이용해서 처리합니다. Spring Legacy Project로 생성된 경우에는 서블릿 버전은
2.5버전이므로 이를 수정하는 작업이 필요합니다.

web.xml의 상단에 XML 네임스페이스가 2.5버전으로 된 설정을 찾아서 수정합니다.

서블릿 2.5버전의 web.xml 상단

```
<?xml version="1.0" encoding="UTF-8"?>
<web-app version="2.5" xmlns="http://java.sun.com/xml/ns/javaee"
  xmlns:xsi="http://www.w3.org/2001/XMLSchema-instance"
  xsi:schemaLocation="http://java.sun.com/xml/ns/javaee http://java.sun.
com/xml/ns/javaee/web-app_2_5.xsd">
...생략...
```

web.xml은 아래와 같이 내용을 변경합니다.

web.xml의 일부

```
<?xml version="1.0" encoding="UTF-8"?>
<web-app
    xmlns:xsi="http://www.w3.org/2001/XMLSchema-instance"
    xmlns="http://xmlns.jcp.org/xml/ns/javaee"
    xsi:schemaLocation="http://xmlns.jcp.org/xml/ns/javaee http://xmlns.
```

　　　　　　　　　　　　　　　　　　　　　　　파일 업로드 처리

```
jcp.org/xml/ns/javaee/web-app_3_1.xsd"
    id="WebApp_ID" version="3.1">
...생략...
```

web.xml의 ⟨servlet⟩ 태그 내에는 ⟨multipart-config⟩ 태그를 추가합니다.

**web.xml의 일부**

```
<!-- Processes application requests -->
  <servlet>
    <servlet-name>appServlet</servlet-name>
    <servlet-class>org.springframework.web.servlet.DispatcherServlet</
servlet-class>
    <init-param>
      <param-name>contextConfigLocation</param-name>
      <param-value>/WEB-INF/spring/appServlet/servlet-context.xml</param-value>
    </init-param>
    <load-on-startup>1</load-on-startup>

    <multipart-config>
      <location>C:\\upload\\temp</location>
      <max-file-size>20971520</max-file-size> <!--1MB * 20 -->
      <max-request-size>41943040</max-request-size><!-- 40MB -->
      <file-size-threshold>20971520</file-size-threshold> <!-- 20MB -->
    </multipart-config>

  </servlet>
```

⟨multipart-config⟩의 설정은 특정 사이즈의 메모리 사용(file-size-threshold), 업로드되는 파일을 저장할 공간(location)과 업로드되는 파일의 최대 크기(max-file-size)와 한번에 올릴 수 있는 최대 크기(max-request-size)를 지정할 수 있습니다.

web.xml의 설정은 WAS(Tomcat) 자체의 설정일 뿐이고, 스프링에서 업로드 처리는 MultipartResolver라는 타입의 객체를 빈으로 등록해야만 가능합니다. Web과 관련된 설정이므로 servlet-context.xml을 이용해서 설정합니다.

Part 01

Part 02

Part 03

Part 04

Part 05

Part 06

Part 07

```
  v 🗁 WEB-INF
      🗁 classes
    v 🗁 spring
        v 🗁 appServlet
            📄 servlet-context.xml
        📄 root-context.xml
    > 🗁 views
      🗷 web.xml
```

**servlet-context.xml의 일부**

```
  <context:component-scan
    base-package="org.zerock.controller" />

  <beans:bean id="multipartResolver"
    class="org.springframework.web.multipart.support.
StandardServletMultipartResolver">

  </beans:bean>
```

첨부파일을 처리하는 빈을 설정할 때 id는 'multipartResolver'라는 이름으로 지정된 이
름을 사용합니다.

## 21.1.2 Java 설정을 이용하는 경우

Java 설정을 이용하는 프로젝트는 'jex05'로 생성합니다. Java 설정을 이용하는 경우에
는 먼저 pom.xml에서 web.xml이 없어도 문제가 없도록 〈plugin〉을 추가합니다.

**pom.xml의 일부**

```
        <plugin>
          <groupId>org.apache.maven.plugins</groupId>
          <artifactId>maven-war-plugin</artifactId>
          <configuration>
            <failOnMissingWebXml>false</failOnMissingWebXml>
          </configuration>
        </plugin>
```

org.zerock.config 패키지를 생성하고 설정과 관련된 클래스들을 이전 Java 설정을 참
고하여 추가합니다.

WebConfig 수정

XML 기반 설정에서 web.xml을 대신하는 존재는 WebConfig 클래스 파일이므로 이를 이용해서 파일 업로드를 위한 MultipartConfig 설정을 추가합니다. xml에서 〈multipart-config〉 태그는 WebConfig 클래스에서는 javax.servlet.Multipart ConfigElement라는 클래스를 이용합니다(서블릿 3.0 이상의 servlet.jar-API 문서는 https://docs.oracle.com/javaee/7/api/javax/servlet/MultipartConfigElement.html 등을 참고할 수 있습니다.).

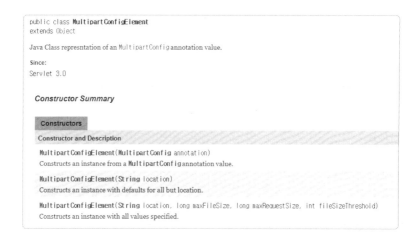

### WebConfig 클래스의 일부

```
@Override
protected void customizeRegistration(ServletRegistration.Dynamic
registration) {

    registration.setInitParameter("throwExceptionIfNoHandlerFound",
"true");

    MultipartConfigElement multipartConfig = new
MultipartConfigElement("C:\\upload\\temp", 20971520, 41943040,
```

Part 01

Part 02

Part 03

Part 04

Part 05

Part 06

Part 07

```
                20971520);
      registration.setMultipartConfig(multipartConfig);

   }
```

ServletConfig 수정

servlet-context.xml을 대신하는 ServletConfig 클래스 파일은 MulitpartResolver
를 아래와 같이 스프링의 빈으로 추가해야 합니다.

**ServletConfig 클래스의 일부**

```
@Bean
public MultipartResolver multipartResolver() {
  StandardServletMultipartResolver resolver
        = new StandardServletMultipartResolver();
  return resolver;
}
```

## 21.2 〈form〉 방식의 파일 업로드

서버상에서 첨부파일의 처리는 컨트롤러에서 이루어지므로, 실습을 위해 UploadController
를 작성합니다.

UploadController는 GET 방식으로 첨부파일을 업로드할 수 있는 화면을 처리하는 메
서드와 POST 방식으로 첨부파일 업로드를 처리하는 메서드를 추가합니다.

**UploadController의 일부**

```
package org.zerock.controller;

import org.springframework.stereotype.Controller;
import org.springframework.web.bind.annotation.GetMapping;
```

파일 업로드 처리

```
import lombok.extern.log4j.Log4j;

@Controller
@Log4j
public class UploadController {

  @GetMapping("/uploadForm")
  public void uploadForm() {

    log.info("upload form");
  }
}
```

UploadController에는 클래스 선언부에 @RequestMapping이 적용되지 않았으므로,
WEB-INF/views 폴더에 uploadForm.jsp 파일을 추가합니다.

**uploadForm.jsp의 일부**

```
<%@ page language="java" contentType="text/html; charset=UTF-8"
    pageEncoding="UTF-8"%>
<!DOCTYPE html>
<html>
<head>
<meta http-equiv="Content-Type" content="text/html; charset=UTF-8">
<title>Insert title here</title>
</head>
<body>


<form action="uploadFormAction" method="post" enctype="multipart/form-
data">

<input type='file' name='uploadFile' multiple>
```

Part 01

Part 02

Part 03

Part 04

Part 05

Part 06

Part 07

```
<button>Submit</button>

</form>

</body>
</html>
```

uploadForm.jsp는 간단하게 〈form〉 태그만을 생성하고 〈input type='file'〉을 추가합니다. 실제 전송은 uploadFormAction 경로를 이용해서 처리합니다. 파일 업로드에서 가장 신경 써야 하는 부분은 enctype의 속성값을 'multipart/form-data'로 지정하는 것입니다. 〈input type='file'〉의 경우 최근 브라우저에서는 'multiple'이라는 속성을 지원하는데 이를 이용하면 하나의 〈input〉 태그로 한꺼번에 여러 개의 파일을 업로드할 수 있습니다.

multiple 속성은 브라우저의 버전에 따라 지원 여부가 달라지므로 IE의 경우 10 이상에서만 사용할 수 있습니다.

작성된 프로젝트는 '/' 경로를 이용해서 서비스하도록 지정하고, Tomcat을 통해 확인합니다.

파일 업로드 처리

## 21.2.1 MultipartFile 타입

스프링 MVC에는 MultipartFile 타입을 제공해서 업로드되는 파일 데이터를 쉽게 처리할 수 있습니다. 위의 〈input type='file' name='uploadFile'〉의 name 속성으로 변수를 지정해서 처리합니다.

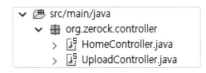

**UploadController의 일부**

```java
@Controller
@Log4j
public class UploadController {

  @GetMapping("/uploadForm")
  public void uploadForm() {

    log.info("upload form");
  }

  @PostMapping("/uploadFormAction")
  public void uploadFormPost(MultipartFile[] uploadFile, Model model) {

    for (MultipartFile multipartFile : uploadFile) {

      log.info("------------------------------------");
      log.info("Upload File Name: " +multipartFile.getOriginalFilename());
      log.info("Upload File Size: " +multipartFile.getSize());

    }
  }

}
```

파일 처리는 스프링에서 제공하는 MultipartFile이라는 타입을 이용합니다. 화면에서 첨부파일을 여러 개 선택할 수 있으므로 배열 타입으로 설정한 후 파일을 업로드 해 봅니다(아직은 파일 이름이 한글인 경우에 대한 설정이 없는 상태이므로 영문 이름의 파일만을 업로드해서 테스트하도록 합니다.).

Part 01

Part 02

Part 03

Part 04

Part 05

Part 06

Part 07

결과 페이지(uploadFormAction.jsp)를 작성하지 않았기 때문에 404 에러가 뜨기는 하지만, UploadController에서는 정상적으로 파일 데이터가 감지되는 것을 확인할 수 있습니다. IE의 경우는 getOriginalFilename( )의 결과가 조금 다르게 파일의 이름이 나오지 않고, 전체 경로가 출력됩니다.

IE까지 같이 처리하려면 마지막에 경로까지 잘라낸 문자만을 취해야 하는데, 이에 대한 처리는 Ajax 처리 시 알아보도록 합니다.

MultipartFile은 다음과 같은 메서드들을 가지고 있습니다.

| | |
|---|---|
| String getName( ) | 파라미터의 이름 〈input〉 태그의 이름 |
| String getOriginalFileName( ) | 업로드되는 파일의 이름 |
| boolean isEmpty( ) | 파일이 존재하지 않는 경우 true |

| long getSize( ) | 업로드되는 파일의 크기 |
|---|---|
| byte[ ] getBytes( ) | byte[ ]로 파일 데이터 반환 |
| InputStream getInputStream( ) | 파일데이터와 연결된 InputStream을 반환 |
| transferTo(File file) | 파일의 저장 |

## 파일 저장

업로드되는 파일을 저장하는 방법은 간단히 transferTo( )를 이용해서 처리할 수 있습니다.

**UploadController의 일부**

```java
@PostMapping("/uploadFormAction")
  public void uploadFormPost(MultipartFile[] uploadFile, Model model) {

    String uploadFolder = "C:\\upload";

    for (MultipartFile multipartFile : uploadFile) {

      log.info("------------------------------------");
      log.info("Upload File Name: " +multipartFile.
getOriginalFilename());
      log.info("Upload File Size: " +multipartFile.getSize());

      File saveFile = new File(uploadFolder, multipartFile.
getOriginalFilename());

      try {
        multipartFile.transferTo(saveFile);
      } catch (Exception e) {
        log.error(e.getMessage());
      }//end catch

    }//end for

  }
```

transferTo( )의 파라미터로는 java.io.File의 객체를 지정하면 되기 때문에 업로드 되는 원래 파일의 이름으로 C 드라이브 upload 폴더에 저장됩니다.

Part 01

Part 02

Part 03

Part 04

Part 05

Part 06

Part 07

파일 저장에는 파일 이름이 한글인 문제부터 여러 문제가 있습니다. 이에 대한 고민은 조금 미루고 Ajax를 이용하는 경우를 먼저 살펴보도록 합니다.

## 21.3 Ajax를 이용하는 파일 업로드

첨부파일을 업로드하는 또 다른 방식은 Ajax를 이용해서 파일 데이터만을 전송하는 방식입니다. Ajax를 이용하는 첨부파일 처리는 FormData라는 객체를 이용하는데 IE의 경우 10 이후의 버전부터 지원되므로 브라우저에 제약이 있을 수 있습니다.

UploadController에 GET 방식으로 첨부파일을 업로드하는 페이지를 제작합니다.

**UploadController의 일부**

```java
@GetMapping("/uploadAjax")
public void uploadAjax() {

    log.info("upload ajax");
}
```

WEB-INF/views 폴더에는 uploadAjax.jsp 페이지를 작성합니다.

파일 업로드 처리

```jsp
<%@ page language="java" contentType="text/html; charset=UTF-8"
    pageEncoding="UTF-8"%>
<!DOCTYPE html PUBLIC "-//W3C//DTD HTML 4.01 Transitional//EN" "http://
www.w3.org/TR/html4/loose.dtd">
<html>
<head>
<meta http-equiv="Content-Type" content="text/html; charset=UTF-8">
<title>Insert title here</title>
</head>
<body>
<h1>Upload with Ajax</h1>


<div class='uploadDiv'>
  <input type ='file' name='uploadFile' multiple>
</div>

<button id='uploadBtn'>Upload</button>

</body>
</html>
```

uploadAjax.jsp는 순수한 JavaScript를 이용해서 처리할 수도 있지만, jQuery를 이용해서 처리하는 것이 편리합니다. uploadAjax.jsp 내에 jQuery 라이브러리의 경로를 추가하고(jQuery cdn으로 검색하면 쉽게 링크를 찾을 수 있습니다.), 〈script〉를 이용해서 첨부파일을 처리합니다.

```jsp
<div class='uploadDiv'>
  <input type ='file' name='uploadFile' multiple>
</div>

<button id='uploadBtn'>Upload</button>

<script
  src="https://code.jquery.com/jquery-3.3.1.min.js"
  integrity="sha256-FgpCb/KJQlLNfOu91ta32o/NMZxltwRo8QtmkMRdAu8="
  crossorigin="anonymous"></script>

<script>
$(document).ready(function(){

  $("#uploadBtn").on("click", function(e){
```

Part 01

Part 02

Part 03

Part 04

Part 05

Part 06

Part 07

```
    var formData = new FormData();

    var inputFile = $("input[name='uploadFile']");

    var files = inputFile[0].files;

    console.log(files);

  });
});
</script>

</body>
</html>
```

jQuery를 이용하는 경우에 파일 업로드는 FormData라는 객체를 이용하게 됩니다(브라우저의 제약이 있으므로 주의합니다.). FormData는 쉽게 말해서 가상의 〈form〉 태그와 같다고 생각하면 됩니다. Ajax를 이용하는 파일 업로드는 FormData를 이용해서 필요한 파라미터를 담아서 전송하는 방식입니다.

본격적으로 첨부파일 데이터를 전송하기 전에 여러 개의 파일을 선택했을 때 jQuery에서 파일 데이터를 처리가 가능한지 브라우저에서 먼저 확인해야 합니다.

### 21.3.1 jQuery를 이용한 첨부파일 전송

Ajax를 이용해서 첨부파일을 전송하는 경우 가장 중요한 객체는 FormData 타입의 객체에 각 파일 데이터를 추가하는 것과 이를 Ajax로 전송할 때 약간의 옵션이 붙어야 한다는 점입니다.

```
<script>
$(document).ready(function(){

  $("#uploadBtn").on("click", function(e){

    var formData = new FormData();

    var inputFile = $("input[name='uploadFile']");

    var files = inputFile[0].files;

    console.log(files);

    //add File Data to formData
    for(var i = 0; i < files.length; i++){

        formData.append("uploadFile", files[i]);

    }


    $.ajax({
        url: '/uploadAjaxAction',
          processData: false,
          contentType: false,
          data: formData,
          type: 'POST',
          success: function(result){
              alert("Uploaded");
          }
    }); //$.ajax

  });
});
</script>
```

첨부파일 데이터는 fileData를 formData에 추가한 뒤에 Ajax를 통해서 formData 자체를 전송합니다. 이때 processData와 contentType은 반드시 'false'로 지정해야만 전송되므로 주의해야 합니다. UploadController에서는 기존과 동일하게 MultipartFile 타입을 이용해서 첨부파일 데이터를 처리합니다.

Part 01

Part 02

Part 03

Part 04

Part 05

Part 06

Part 07

**UploadController의 일부**

```
@PostMapping("/uploadAjaxAction")
public void uploadAjaxPost(MultipartFile[] uploadFile) {

  log.info("update ajax post.........");

  String uploadFolder = "C:\\upload";

  for (MultipartFile multipartFile : uploadFile) {

    log.info("------------------------------------");
    log.info("Upload File Name: " + multipartFile.
getOriginalFilename());
    log.info("Upload File Size: " + multipartFile.getSize());

    String uploadFileName = multipartFile.getOriginalFilename();

    // IE has file path
    uploadFileName = uploadFileName.substring(uploadFileName.
lastIndexOf("\\") + 1);
    log.info("only file name: " + uploadFileName);

    File saveFile = new File(uploadFolder, uploadFileName);

    try {

      multipartFile.transferTo(saveFile);
    } catch (Exception e) {
      log.error(e.getMessage());
    } // end catch

  } // end for

}
```

uploadAjaxPost( )는 기존의 〈form〉 태그를 이용하던 방식과 아무런 차이가 없지만,
조금 뒤에 Ajax 방식으로 결과 데이터를 전달하면서 리턴 타입이 달라지도록 합니다. 파
라미터에서는 Ajax 방식을 이용하기 때문에 Model을 사용할 일이 없으므로 사용하지 않
습니다. IE의 경우에는 전체 파일 경로가 전송되므로, 마지막 'W'를 기준으로 잘라낸 문
자열이 실제 파일 이름이 됩니다.

브라우저를 이용해서 '/uploadAjax'에서 정상적으로 첨부파일이 업로드가 되는지 확인
합니다.

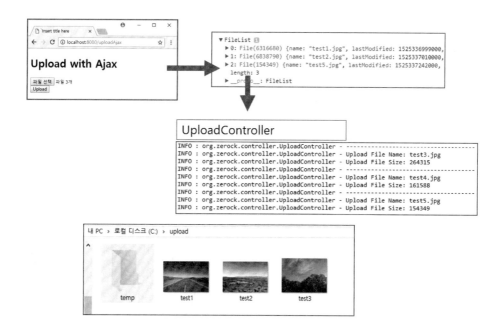

예제는 첨부파일의 처리를 Ajax를 이용할 것이므로 지금까지의 문제점 등을 파악하고 해결해 나가는 방식으로 진행합니다.

## 21.3.2 파일 업로드에서 고려해야 하는 점들

첨부파일을 서버에 전송하고 저장하는 일은 그다지 복잡한 일은 아니지만, 생각해야 하는 일들이 많습니다.

- 동일한 이름으로 파일이 업로드 되었을 때 기존 파일이 사라지는 문제
- 이미지 파일의 경우에는 원본 파일의 용량이 큰 경우 섬네일 이미지를 생성해야 하는 문제
- 이미지 파일과 일반 파일을 구분해서 다운로드 혹은 페이지에서 조회하도록 처리하는 문제
- 첨부파일 공격에 대비하기 위한 업로드 파일의 확장자 제한

Part 01

Part 02

Part 03

Part 04

Part 05

Part 06

Part 07

Chapter

# 22 | 파일 업로드 상세 처리

## 22.1 파일의 확장자나 크기의 사전 처리

최근 포털에서도 특정한 확장자를 제외한 파일들의 업로드를 제한하는 경우가 많은데, 이는 첨부파일을 이용하는 웹 공격을 막기 위해서 행해지는 조치입니다. 예제는 첨부파일의 확장자가 'exe, sh, zip' 등의 경우에는 업로드를 제한하고, 특정 크기 이상의 파일은 업로드할 수 없도록 제한하는 처리를 JavaScript로 처리합니다. 파일 확장자의 경우 정규표현식을 이용해서 검사할 수 있습니다.

uploadAjax.jsp에 파일의 확장자와 크기를 설정하고, 이를 검사하는 함수 checkExtension( )을 작성해서 적용하면 아래와 같은 형태가 됩니다.

**uploadAjax.jsp의 일부**

```
var regex = new RegExp("(.*?)\.(exe|sh|zip|alz)$");
var maxSize = 5242880; //5MB

function checkExtension(fileName, fileSize){

  if(fileSize >= maxSize){
    alert("파일 사이즈 초과");
    return false;
  }

  if(regex.test(fileName)){
    alert("해당 종류의 파일은 업로드할 수 없습니다.");
    return false;
  }
  return true;
}


$("#uploadBtn").on("click", function(e){
```

```
    var formData = new FormData();

    var inputFile = $("input[name='uploadFile']");

    var files = inputFile[0].files;

    console.log(files);

    for(var i = 0; i < files.length; i++){

      if(!checkExtension(files[i].name, files[i].size) ){
        return false;
      }

      formData.append("uploadFile", files[i]);

    }
    $.ajax({
      url: '/uploadAjaxAction',
      processData: false,
      contentType: false,
      data: formData,
          type: 'POST',
          success: function(result){
              alert("Uploaded");
          }
    }); //$.ajax

});
```

첨부파일을 업로드하면 for 루프에서 checkExtension( )을 호출해서 확장자와 파일의
크기를 체크하게 됩니다.

Part 01

Part 02

Part 03

Part 04

Part 05

Part 06

Part 07

### 22.1.1 중복된 이름의 첨부파일 처리

첨부파일을 저장할 때 신경 쓰이는 것은 크게 두 가지로 1) 중복된 이름의 파일 처리와 2) 한 폴더 내에 너무 많은 파일의 생성 문제입니다.

1)의 경우는 현재 시간을 밀리세컨드(천분의 1초단위)까지 구분해서 파일 이름을 생성해서 저장하거나 UUID를 이용해서 중복이 발생할 가능성이 거의 없는 문자열을 생성해서 처리합니다. 2)의 경우는 하나의 폴더에 생성될 수 있는 파일의 개수에 대한 문제인데, 한 폴더에 너무 많은 파일이 있는 경우 속도의 저하와 개수의 제한 문제가 생기는 것을 방지해야 합니다. 이에 대한 해결책으로 일반적인 방법은 '년/월/일' 단위의 폴더를 생성해서 파일을 저장하는 것입니다.

### 22.1.2 년/월/일 폴더의 생성

첨부파일을 보관하는 폴더를 생성하는 작업은 한 번에 폴더를 생성하거나 존재하는 폴더를 이용하는 방식을 사용합니다. java.io.File에 존재하는 mkdirs( )를 이용하면 필요한 상위 폴더까지 한 번에 생성할 수 있으므로 간단히 처리할 수 있습니다.

UploadController에 추가적인 메서드와 수정을 통해서 업로드 폴더 등을 처리하도록 합니다.

**UploadController의 일부**

```
private String getFolder() {

    SimpleDateFormat sdf = new SimpleDateFormat("yyyy-MM-dd");

    Date date = new Date();

    String str = sdf.format(date);

    return str.replace("-", File.separator);
}
```

파일 업로드 처리

```
@PostMapping("/uploadAjaxAction")
public void uploadAjaxPost(MultipartFile[] uploadFile) {

  String uploadFolder = "C:\\upload";

  // make folder --------
  File uploadPath = new File(uploadFolder, getFolder());
  log.info("upload path: " + uploadPath);

  if (uploadPath.exists() == false) {
    uploadPath.mkdirs();
  }
  // make yyyy/MM/dd folder

  for (MultipartFile multipartFile : uploadFile) {

    log.info("-------------------------------------");
    log.info("Upload File Name: " + multipartFile.
getOriginalFilename());
    log.info("Upload File Size: " + multipartFile.getSize());

    String uploadFileName = multipartFile.getOriginalFilename();

    // IE has file path
    uploadFileName = uploadFileName.substring(uploadFileName.
lastIndexOf("\\") + 1);
    log.info("only file name: " + uploadFileName);

    // File saveFile = new File(uploadFolder, uploadFileName);
    File saveFile = new File(uploadPath, uploadFileName);

    try {

      multipartFile.transferTo(saveFile);
    } catch (Exception e) {
      log.error(e.getMessage());
    } // end catch

  } // end for

}
```

getFolder( )는 오늘 날짜의 경로를 문자열로 생성합니다. 생성된 경로는 폴더 경로로 수
정된 뒤에 반환합니다. uploadAjaxPost( )에서는 해당 경로가 있는지 검사하고, 폴더를

생성합니다. 이후 생성된 폴더로 파일을 저장하게 합니다. 위와 같이 폴더를 생성한 후 기존과 달리 uploadPath 경로에 파일을 저장하게 되면 자동으로 폴더가 생성되면서 파일이 저장되는 것을 볼 수 있습니다.

### 22.1.3 중복 방지를 위한 UUID 적용

파일 이름을 생성할 때 동일한 이름으로 업로드되면 기존 파일을 지우게 되므로 java.util.UUID의 값을 이용해서 처리합니다.

**UploadController의 일부**

```java
@PostMapping("/uploadAjaxAction")
public void uploadAjaxPost(MultipartFile[] uploadFile) {

  String uploadFolder = "C:\\upload";

  // make folder --------
  File uploadPath = new File(uploadFolder, getFolder());
  log.info("upload path: " + uploadPath);

  if (uploadPath.exists() == false) {
    uploadPath.mkdirs();
  }
  // make yyyy/MM/dd folder

  for (MultipartFile multipartFile : uploadFile) {

    log.info("-------------------------------------");
    log.info("Upload File Name: " + multipartFile.
getOriginalFilename());
    log.info("Upload File Size: " + multipartFile.getSize());

    String uploadFileName = multipartFile.getOriginalFilename();

    // IE has file path
```

파일 업로드 처리

```
        uploadFileName = uploadFileName.substring(uploadFileName.
lastIndexOf("\\") + 1);
        log.info("only file name: " + uploadFileName);

        UUID uuid = UUID.randomUUID();

        uploadFileName = uuid.toString() + "_" + uploadFileName;

        File saveFile = new File(uploadPath, uploadFileName);

        try {

          multipartFile.transferTo(saveFile);
        } catch (Exception e) {
          log.error(e.getMessage());
        } // end catch

      } // end for

    }
```

첨부파일은 randomUUID( )를 이용해서 임의의 값을 생성합니다. 생성된 값은 원래의 파일 이름과 구분할 수 있도록 중간에 '_'를 추가합니다. 나중에 앞에서부터 '_'를 기준으로 분리하면 원래의 파일 이름을 파악할 수 있습니다.

이제 첨부파일을 업로드하면 UUID가 생성된 파일이 생기므로, 원본 이름과 같더라도 다른 이름의 파일로 생성되는 것을 확인할 수 있습니다.

UUID를 이용해서 고유한 파일명 생성

Part 01

Part 02

Part 03

Part 04

Part 05

Part 06

Part 07

## 22.2 섬네일 이미지 생성

이미지의 경로에 대한 처리와 중복 이름에 대한 처리가 완료되었다면, 남은 작업은 일반 파일과 이미지 파일을 구분하는 것입니다. 이미지 파일의 경우에는 화면에 보여지는 작은 이미지(이하 섬네일)를 생성하는 추가적인 처리입니다. 만일 용량이 큰 파일을 섬네일 처리하지 않는다면 모바일과 같은 환경에서 많은 데이터를 소비해야만 하므로 이미지의 경우는 특별한 경우가 아니라면 섬네일을 제작해야만 합니다.

섬네일을 제작하는 방법은 여러 가지 방식이 있습니다. JDK1.4부터는 ImageIO를 제공하기 때문에 이를 이용해서 원본 이미지의 크기를 줄일 수도 있고, ImgScalr와 같은 별도의 라이브러리를 이용하는 방식도 있습니다. JDK에 포함된 API를 이용하는 방식보다는 별도의 라이브러리를 사용하는 경우가 많은데, 이는 이미지를 축소했을 때의 크기나 해상도를 직접 조절하는 작업을 줄이기 위해서입니다. 예제에서는 Thumbnailator 라이브러리를 이용해서 섬네일 이미지를 생성합니다(https://github.com/coobird/thumbnailator).

maven 저장소에서 Thumbnailator 라이브러리를 검색해서 pom.xml에 추가합니다.

Home » net.coobird » thumbnailator

**Thumbnailator**

Thumbnailator - a thumbnail generation library for Java

| License | MIT |
| --- | --- |
| Used By | 48 artifacts |

Central (8) | Jahia (1)

| | Version |
| --- | --- |
| 0.4.8 | |
| 0.4.7 | |
| 0.4.6 | |

```
<!-- https://mvnrepository.com/artifact/net.coobird/thumbnailator -->
    <dependency>
        <groupId>net.coobird</groupId>
        <artifactId>thumbnailator</artifactId>
        <version>0.4.8</version>
    </dependency>
```

UploadController에서는 다음과 같은 단계를 이용해서 섬네일을 생성합니다.

- 업로드된 파일이 이미지 종류의 파일인지 확인
- 이미지 파일의 경우에는 섬네일 이미지 생성 및 저장

## 22.2.1 이미지 파일의 판단

화면에서 약간의 검사를 통해서 업로드되는 파일의 확장자를 검사하기는 하지만, Ajax로 사용하는 호출은 반드시 브라우저만을 통해서 들어오는 것이 아니므로 확인할 필요가 있습니다. 서버에 업로드된 파일은 조금 시간이 걸리더라도 파일 자체가 이미지인지를 정확히 체크한 뒤에 저장하는 것이 좋습니다.

특정한 파일이 이미지 타입인지를 검사하는 별도의 checkImageType( ) 메서드를 추가합니다.

UploadController의 일부

```
private boolean checkImageType(File file) {

    try {
        String contentType = Files.probeContentType(file.toPath());

        return contentType.startsWith("image");

    } catch (IOException e) {
        // TODO Auto-generated catch block
        e.printStackTrace();
    }

    return false;
}
```

만일 이미지 타입이라면 섬네일을 생성하도록 코드를 수정합니다.

**UploadController의 일부**

```
@PostMapping("/uploadAjaxAction")
public void uploadAjaxPost(MultipartFile[] uploadFile) {

  String uploadFolder = "C:\\upload";

  // make folder --------
  File uploadPath = new File(uploadFolder, getFolder());
  log.info("upload path: " + uploadPath);

  if (uploadPath.exists() == false) {
    uploadPath.mkdirs();
  }
  // make yyyy/MM/dd folder

    for (MultipartFile multipartFile : uploadFile) {

        log.info("------------------------------------");
        log.info("Upload File Name: " + multipartFile.
getOriginalFilename());
        log.info("Upload File Size: " + multipartFile.getSize());

        String uploadFileName = multipartFile.getOriginalFilename();

        // IE has file path
        uploadFileName = uploadFileName.substring(uploadFileName.
lastIndexOf("\\") + 1);
        log.info("only file name: " + uploadFileName);

        UUID uuid = UUID.randomUUID();

        uploadFileName = uuid.toString() + "_" + uploadFileName;

        try {
          File saveFile = new File(uploadPath, uploadFileName);
          multipartFile.transferTo(saveFile);
          // check image type file
          if (checkImageType(saveFile)) {

              FileOutputStream thumbnail = new FileOutputStream(new
File(uploadPath, "s_" + uploadFileName));

              Thumbnailator.createThumbnail(multipartFile.
getInputStream(), thumbnail, 100, 100);

              thumbnail.close();
```

```
            }

        } catch (Exception e) {
            e.printStackTrace();
        } //end catch
    } // end for

}
```

Thumbnailator는 InputStream과 java.io.File 객체를 이용해서 파일을 생성할 수 있고, 뒤에 사이즈에 대한 부분을 파라미터로 width와 height를 지정할 수 있습니다.

이제 /uploadAjax를 이용해서 이미지 파일을 업로드하면 원본 파일은 그대로 저장되고, 파일 이름이 's_'로 시작하는 섬네일 파일이 생성되는 것을 볼 수 있습니다. 반면에 일반 파일의 경우는 그냥 파일만 업로드되는 것을 볼 수 있습니다.

이미지파일의 경우

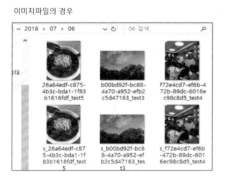

일반파일의 경우

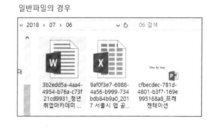

업로드된 결과를 보면 이미지 파일의 경우에는 앞에 's_'로 시작하는 것을 확인할 수 있습니다.

## 22.3 업로드된 파일의 데이터 반환

첨부파일 데이터의 업로드가 완료되었지만, 아직도 많은 작업이 남아있습니다. Ajax를 이용해서 파일을 업로드했지만, 아직 브라우저 쪽에 아무런 데이터도 전달하지 않았기 때문에 브라우저에서는 어떠한 피드백도 받을 수 없는 상황입니다.

Part 01

Part 02

Part 03

Part 04

Part 05

Part 06

Part 07

서버에서 Ajax의 결과로 전달해야 하는 데이터는 업로드된 파일의 경로가 포함된 파일의 이름입니다. 섬네일의 경우에는 's_'로 시작한다는 규칙만 알고 있으면 필요할 때 사용할 수 있습니다.

브라우저로 전송해야 하는 데이터는 다음과 같은 정보를 포함하도록 설계해야 합니다.

- 업로드된 파일의 이름과 원본 파일의 이름
- 파일이 저장된 경로
- 업로드된 파일이 이미지인지 아닌지에 대한 정보

이에 대한 모든 정보를 처리하는 방법은 1) 업로드된 경로가 포함된 파일 이름을 반환하는 방식과 2) 별도의 객체를 생성해서 처리하는 방법을 고려할 수 있습니다. 1)의 경우에는 브라우저 쪽에서 해야 하는 일이 많기 때문에 예제는 2)의 방식으로 구성하도록 합니다.

pom.xml에 jackson-databind 관련 라이브러리를 포함합니다.

**pom.xml의 일부**

```xml
<dependency>
  <groupId>com.fasterxml.jackson.core</groupId>
  <artifactId>jackson-databind</artifactId>
  <version>2.9.5</version>
</dependency>


<dependency>
  <groupId>com.fasterxml.jackson.dataformat</groupId>
  <artifactId>jackson-dataformat-xml</artifactId>
  <version>2.9.5</version>
</dependency>
```

### 22.3.1 AttachFileDTO 클래스

org.zerock.domain 패키지에 첨부파일의 정보들을 저장하는 AttachFileDTO 클래스를 작성합니다.

```
package org.zerock.domain;

import lombok.Data;

@Data
public class AttachFileDTO {

  private String fileName;
  private String uploadPath;
  private String uuid;
  private boolean image;

}
```

AttachFileDTO 클래스에는 원본 파일의 이름(fileName), 업로드 경로(uploadPath), UUID값(uuid), 이미지 여부(image) 정보를 하나로 묶어서 전달하는 용도로 사용합니다.

UploadController는 AttachFileDTO의 리스트를 반환하는 구조로 변경해야 합니다.

```
@PostMapping(value = "/uploadAjaxAction", produces = MediaType.
APPLICATION_JSON_UTF8_VALUE)
  @ResponseBody
  public ResponseEntity<List<AttachFileDTO>>
uploadAjaxPost(MultipartFile[] uploadFile) {

    List<AttachFileDTO> list = new ArrayList<>();
    String uploadFolder = "C:\\upload";

    String uploadFolderPath = getFolder();
    // make folder --------
    File uploadPath = new File(uploadFolder, uploadFolderPath);

    if (uploadPath.exists() == false) {
      uploadPath.mkdirs();
    }
```

Part 01

Part 02

Part 03

Part 04

Part 05

Part 06

Part 07

```java
        // make yyyy/MM/dd folder

    for (MultipartFile multipartFile : uploadFile) {

      AttachFileDTO attachDTO = new AttachFileDTO();

      String uploadFileName = multipartFile.getOriginalFilename();

      // IE has file path
      uploadFileName = uploadFileName.substring(uploadFileName.
lastIndexOf("\\") + 1);
      log.info("only file name: " + uploadFileName);
      attachDTO.setFileName(uploadFileName);

      UUID uuid = UUID.randomUUID();

      uploadFileName = uuid.toString() + "_" + uploadFileName;

      try {
        File saveFile = new File(uploadPath, uploadFileName);
        multipartFile.transferTo(saveFile);

        attachDTO.setUuid(uuid.toString());
        attachDTO.setUploadPath(uploadFolderPath);

        // check image type file
        if (checkImageType(saveFile)) {

          attachDTO.setImage(true);

          FileOutputStream thumbnail = new FileOutputStream(new
File(uploadPath, "s_" + uploadFileName));

          Thumbnailator.createThumbnail(multipartFile.getInputStream(),
thumbnail, 100, 100);

          thumbnail.close();
        }

        // add to List
        list.add(attachDTO);

      } catch (Exception e) {
        e.printStackTrace();
      }

    } // end for
    return new ResponseEntity<>(list, HttpStatus.OK);
  }
```

uploadAjaxPost( )는 기존과 달리 ResponseEntity〈List〈AttachFileDTO〉〉를 반환하는 형태로 수정하고, JSON 데이터를 반환하도록 변경됩니다. 내부에서는 각 파일에 맞게 AttachFileDTO를 생성해서 전달하는 구조로 변경됩니다.

### 22.3.2 브라우저에서 Ajax 처리

/uploadAjax에서는 결과 데이터를 JavaScript를 이용해서 반환된 정보를 처리하도록 수정합니다.

**uploadAjax.jsp의 일부**

```
$.ajax({
    url: '/uploadAjaxAction',
    processData: false,
    contentType: false,
    data: formData,
        type: 'POST',
        dataType:'json',
        success: function(result){

        console.log(result);

        }
}); //$.ajax
```

Ajax를 호출했을 때의 결과 타입(dataType)은 'json'으로 변경하고, 결과를 console. log( )로 찍도록 변경합니다. 첨부파일을 업로드한 후에는 브라우저에서 결과를 아래와 같이 확인할 수 있습니다.

```
▼ (2) [{…}, {…}] ⓘ
  ▼ 0:
      fileName: "test4.jpg"
      image: true
      uploadPath: "2018\07\06"
      uuid: "5ec7b354-690f-48f9-ae88-8fdfa6061ccf"
    ▶ __proto__: Object
  ▼ 1:
      fileName: "test5.jpg"
      image: true
      uploadPath: "2018\07\06"
      uuid: "1586d515-2921-4c43-8a8f-3c1a1f600e41"
    ▶ __proto__: Object
    length: 2
  ▶ __proto__: Array(0)
```

Part 01

Part 02

Part 03

Part 04

Part 05

Part 06

Part 07

Chapter

# 23 │ 브라우저에서 섬네일 처리

브라우저에서 첨부파일의 업로드 결과가 위와 같이 JSON 객체로 반환되었다면, 남은 작업은 다음과 같습니다.

- 업로드 후에 업로드 부분을 초기화 시키는 작업
- 결과 데이터를 이용해서 화면에 섬네일이나 파일 이미지를 보여주는 작업

현재 업로드는 〈input type='file'〉을 통해서 이루어지기 때문에 한 번 업로드가 끝난 후에는 이를 초기화 시켜주는 작업과 업로드된 결과를 화면에 반영해 줄 필요가 있습니다.

## 23.1 〈input type='file'〉의 초기화

〈input type='file'〉은 다른 DOM 요소들과 조금 다르게 readonly라 안쪽의 내용을 수정할 수 없기 때문에 별도의 방법으로 초기화 시켜서 또 다른 첨부파일을 추가할 수 있도록 만들어야 합니다.

**uploadAjax.jsp의 일부**

```
var cloneObj = $(".uploadDiv").clone();

$("#uploadBtn").on("click", function(e){

  var formData = new FormData();

  ...생략 ...
```

우선 첨부파일을 업로드하기 전에 아무 내용이 없는 〈input type='file'〉 객체가 포함된 〈div〉를 복사(clone)합니다. 첨부파일을 업로드한 뒤에는 복사된 객체를 〈div〉 내에 다

파일 업로드 처리

시 추가해서 첨부파일 부분을 초기화시킵니다.

```
uploadAjax.jsp의 일부
$.ajax({
        url : '/uploadAjaxAction',
        processData : false,
        contentType : false,
        data : formData,
        type : 'POST',
        dataType : 'json',
        success : function(result) {

          console.log(result);

          $(".uploadDiv").html(cloneObj.html());

        }
}); //$.ajax
```

화면에서 첨부파일을 추가하고 버튼을 클릭하면 이전과 달리 첨부파일을 다시 추가할 수 있는 형태로 변경되는 것을 확인할 수 있습니다.

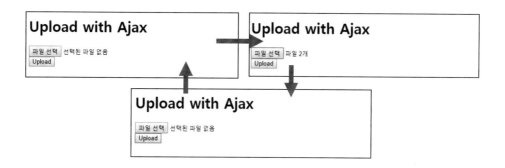

## 23.2 업로드된 이미지 처리

업로드된 결과는 JSON 형태로 받아왔기 때문에 이를 이용해서 화면에 적절한 섬네일을 보여주거나 화면에 파일 아이콘 등을 보여주어서 결과를 피드백해줄 필요가 있습니다. Ajax의 처리결과를 보여주도록 수정합니다.

Part 01

Part 02

Part 03

Part 04

Part 05

Part 06

Part 07

### 23.2.1 파일 이름 출력

uploadAjax.jsp에는 별도의 JavaScript 함수를 추가해서 특정한 〈ul〉 태그 내에 업로드된 파일의 이름을 보여주도록 합니다.

화면에는 〈ul〉 태그를 작성해서 첨부파일 이름을 목록으로 처리할 수 있도록 준비합니다.

**uploadAjax.jsp의 일부**

```html
<div class='uploadDiv'>
    <input type='file' name='uploadFile' multiple>
  </div>

  <div class='uploadResult'>
    <ul>

    </ul>
  </div>
```

JavaScript에서는 목록을 보여주는 부분을 별도의 함수로 처리합니다.

**uploadAjax.jsp의 일부**

```javascript
var uploadResult = $(".uploadResult ul");

    function showUploadedFile(uploadResultArr) {

      var str = "";

      $(uploadResultArr).each(function(i, obj) {

        str += "<li>" + obj.fileName + "</li>";

      });

      uploadResult.append(str);
    }
```

showUploadedFile( )은 JSON 데이터를 받아서 해당 파일의 이름을 추가합니다. Ajax 결과에서는 받은 JSON 데이터를 showUploadedFile( )을 호출하도록 수정합니다.

파일 업로드 처리

```
$.ajax({
        url : '/uploadAjaxAction',
        processData : false,
        contentType : false,
        data : formData,
        type : 'POST',
        dataType : 'json',
        success : function(result) {

            console.log(result);

            showUploadedFile(result);

            $(".uploadDiv").html(cloneObj.html());

        }
}); //$.ajax
```

화면에서는 업로드 후에 단순하게 업로드된 파일의 이름들이 보이는 것을 확인할 수 있습니다.

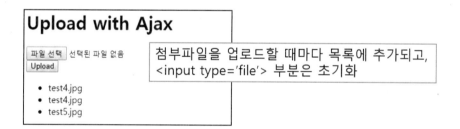

## 23.2.2 일반 파일의 파일 처리

첨부파일의 섬네일 이미지를 보여주는 작업은 조금 더 복잡하므로 우선적으로 일반 파일이 업로드된 상황에서 첨부파일의 아이콘 등을 보여주도록 수정합니다.

기존의 webapp 밑에 resources 폴더의 내용을 그대로 추가하고, img 폴더를 생성합니다. 일반 첨부파일의 이미지를 보여줄 attach.png 파일을 추가합니다(attach.png 파일은 인터넷 등에서 구할 수 있는 무료 이미지를 활용했습니다.).

Part 01

Part 02

Part 03

Part 04

Part 05

Part 06

Part 07

942 × 720 - pixabay.com

```
∨ 🔲 > main
  ∨ 🔲 > webapp
    ∨ 📁 > resources
      > 📁 > data
      > 📁 > dist
      ∨ 📁 > img
          🔲 attach.png
      > 📁 > js
```

uploadAjax.jsp에서 일반 파일의 경우에는 attach.png 이미지가 보이게 수정합니다. 화면에는 약간의 스타일을 적용해서 첨부파일 영역을 처리합니다.

**uploadAjax.jsp의 일부**

```html
<style>

.uploadResult {

  width:100%;
  background-color: gray;
}

.uploadResult ul{
  display:flex;
  flex-flow: row;
  justify-content: center;
  align-items: center;
}

.uploadResult ul li {
  list-style: none;
  padding: 10px;
}
.uploadResult ul li img{
  width: 20px;
}
```

```
</style>
<div class='uploadResult'>
  <ul>

  </ul>
</div>
...생략...
    function showUploadedFile(uploadResultArr) {

      var str = "";

      $(uploadResultArr).each(
        function(i, obj) {

          if (!obj.image) {
            str += "<li><img src='/resources/img/attach.png'>"
               + obj.fileName + "</li>";
          } else {
            str += "<li>" + obj.fileName + "</li>";
          }
        });

      uploadResult.append(str);
    }
```

showUploadedFile( )은 이미지 파일이 아닌 경우에 파일 아이콘을 보여주는 형태로 작성됩니다. 일반 파일을 첨부하면 아래와 같은 모습으로 보이게 됩니다.

### 23.2.3 섬네일 이미지 보여주기

일반 파일의 경우에는 단순히 파일 이미지만을 보여주지만 이미지 파일의 경우에는 섬네일 파일을 보여주어야 합니다. 섬네일은 서버를 통해서 특정 URI를 호출하면 보여줄 수 있도록 처리하는데, 해당 파일의 경로와 uuid가 붙은 파일의 이름이 필요하므로 조금 복잡해집니다. 서버에서 섬네일은 GET 방식을 통해서 가져올 수 있도록 처리합니다. 특정한 URI 뒤에 파일 이름을 추가하면 이미지 파일 데이터를 가져와서 〈img〉 태그를 작성하는 과정을 통해서 처리합니다.

서버에 전송하는 데이터는 '파일의 경로' + 's_' + 'uuid가 붙은 파일 이름'입니다. 이때 주의해야 하는 항목은 경로나 파일 이름에 한글 혹은 공백 등의 문자가 들어가면 문제가 발생할 수 있으므로 JavaScript의 encodeURIComponet( ) 함수를 이용해서 URI에 문제가 없는 문자열을 생성해서 처리합니다.

### UploadController에서 섬네일 데이터 전송하기

UploadController에서는 특정한 파일 이름을 받아서 이미지 데이터를 전송하는 코드를 우선 생성합니다.

**UploadController의 일부**

```java
@GetMapping("/display")
@ResponseBody
public ResponseEntity<byte[]> getFile(String fileName) {

    log.info("fileName: " + fileName);

    File file = new File("c:\\upload\\" + fileName);

    log.info("file: " + file);

    ResponseEntity<byte[]> result = null;

    try {
      HttpHeaders header = new HttpHeaders();

      header.add("Content-Type", Files.probeContentType(file.toPath()));
      result = new ResponseEntity<>(FileCopyUtils.copyToByteArray(file),
header, HttpStatus.OK);
    } catch (IOException e) {
      // TODO Auto-generated catch block
      e.printStackTrace();
    }
    return result;
  }
```

getFile( )은 문자열로 파일의 경로가 포함된 fileName을 파라미터로 받고 byte[ ]를 전송합니다. byte[ ]로 이미지 파일의 데이터를 전송할 때 신경 쓰이는 것은 브라우저에 보내주는 MIME 타입이 파일의 종류에 따라 달라지는 점입니다. 이 부분을 해결하기 위해서 probeContentType( )을 이용해서 적절한 MIME 타입 데이터를 Http의 헤더 메시지에 포함할 수 있도록 처리합니다.

getFile( )의 테스트는 upload 폴더 밑에 테스트할 수 있는 영문 이름의 파일들을 추가하고, 브라우저에서 http://localhost:8080/display?fileName=2018/07/06/test3.jpg 와 같이 경로와 파일 이름을 같이 전달해 보는 방식으로 테스트할 수 있습니다.

uuid가 있으면 호출할 때 복잡하므로 단순한 이름의 파일들을 업로드와 관계된 경로에 추가합니다. 테스트를 위해서 확장자가 jpg인 파일들과 png인 파일들을 폴더에 넣어둡니다.

호출은 '/display?fileName=' 뒤에 '년/월/일/파일이름'의 형태로 호출합니다.

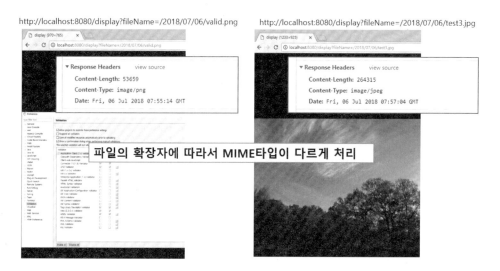

Part 01

Part 02

Part 03

Part 04

Part 05

Part 06

Part 07

브라우저에서는 올바르게 이미지가 보이고, 파일의 확장자에 맞게 MIME 타입이 변경되는 것을 볼 수 있습니다.

## JavaScript 처리

브라우저에서 GET 방식으로 첨부파일의 이름을 사용할 때에는 항상 파일 이름에 포함된 공백 문자나 한글 이름 등이 문제가 될 수 있습니다. 이를 수정하기 위해서는 encodeURIComponent( )를 이용해서 URI 호출에 적합한 문자열로 인코딩 처리해야 합니다(크롬과 IE의 경우 서로 다르게 처리되어서 첨부파일에 문제가 있을 수 있기 때문입니다.).

**uploadAjax.jsp의 일부**

```
function showUploadedFile(uploadResultArr){

        var str = "";

        $(uploadResultArr).each(function(i, obj){

          if(!obj.image){
            str += "<li><img src='/resources/img/attach.png'>"+obj.
fileName+"</li>";
          }else{
            //str += "<li>"+ obj.fileName+"</li>";

            var fileCallPath = encodeURIComponent( obj.uploadPath+ "/
s_"+obj.uuid+"_"+obj.fileName);

            str += "<li><img src='/
display?fileName="+fileCallPath+"'><li>";
          }
        });

        uploadResult.append(str);
      }
```

브라우저에서는 이미지 종류의 파일을 업로드한 경우에는 섬네일 이미지가, 일반 파일의 경우에는 파일 아이콘이 보이게 됩니다.

Part 01

Part 02

Part 03

Part 04

Part 05

Part 06

Part 07

Chapter

# 24 | 첨부파일의 다운로드 혹은 원본 보여주기

첨부파일의 업로드가 처리되는 과정도 복잡하지만, 이를 사용자가 사용하는 과정 역시 신경 써야 하는 일이 많습니다. 브라우저에서 보이는 첨부파일은 크게 1) 이미지 종류와 2) 일반 파일로 구분되므로 사용자의 첨부파일과 관련된 행위도 종류에 따라 다르게 처리되어야 합니다.

만일 첨부파일이 이미지인 경우에는 섬네일 이미지를 클릭했을 때 화면에 크게 원본 파일을 보여주는 형태로 처리되어야 합니다. 이 경우는 브라우저에서 새로운 〈div〉 등을 생성해서 처리하는 방식을 이용하는데 흔히 'light-box'라고 합니다. 'light-box'는 jQuery를 이용하는 많은 플러그인들이 있으므로, 이를 이용하거나 직접 구현할 수 있습니다. 예제는 직접 구현하는 방식으로 합니다.

첨부파일이 이미지가 아닌 경우에는 기본은 다운로드입니다. 사용자가 파일을 선택하면 다운로드가 실행되면서 해당 파일의 이름으로 다운로드가 가능해야 합니다(한글 이름 처리 등이 이슈가 될 수 있습니다.).

## 24.1 첨부파일의 다운로드

이미지를 처리하기 전에 우선 좀 더 간단한 첨부파일의 다운로드부터 처리하도록 합니다. 첨부파일의 다운로드는 서버에서 MIME 타입을 다운로드 타입으로 지정하고, 적절한 헤더 메시지를 통해서 다운로드 이름을 지정하게 처리합니다. 이미지와 달리 다운로드는 MIME 타입이 고정되기 때문에 메서드는 아래와 같이 시작하게 됩니다.

```
@GetMapping(value = "/download", produces = MediaType.APPLICATION_
OCTET_STREAM_VALUE)
@ResponseBody
public ResponseEntity<Resource> downloadFile(String fileName) {

    log.info("download file: " + fileName);

    FileSystemResource resource = new FileSystemResource("C:\\upload\\"
+ fileName);

    log.info("resource: " + resource);

    return null;
}
```

ResponseEntity〈 〉의 타입은 byte[ ] 등을 사용할 수 있으나, 이번 예제에서는 org.springframework.core.io.Resource 타입을 이용해서 좀 더 간단히 처리하도록 합니다.

테스트를 위해서 C:Wupload 폴더에 영문 파일을 하나 두고, '/download?fileName=파일이름'의 형태로 호출해 봅니다.

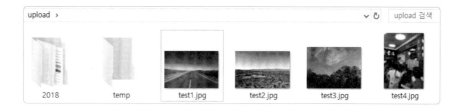

브라우저에는 아무런 반응이 없지만, 서버에는 로그가 기록되는 것을 먼저 확인합니다.

서버에서 파일이 정상적으로 인식되었다는 것이 확인되면 ResponseEntity〈〉를 처리합

Part 01

Part 02

Part 03

Part 04

Part 05

Part 06

Part 07

니다. 이때 HttpHeaders 객체를 이용해서 다운로드 시 파일의 이름을 처리하도록 합니다.

**UploadController의 일부**

```
@GetMapping(value = "/download", produces = MediaType.APPLICATION_
OCTET_STREAM_VALUE)
@ResponseBody
public ResponseEntity<Resource> downloadFile(String fileName) {

    log.info("download file: " + fileName);

    Resource resource = new FileSystemResource("c:\\upload\\" +
fileName);

    log.info("resource: " + resource);

    String resourceName = resource.getFilename();

    HttpHeaders headers = new HttpHeaders();
    try {
      headers.add("Content-Disposition",
          "attachment; filename=" + new String(resourceName.getBytes("UTF-8"),
"ISO-8859-1"));
    } catch (UnsupportedEncodingException e) {
      e.printStackTrace();
    }
    return new ResponseEntity<Resource>(resource, headers, HttpStatus.OK);
  }
```

MIME 타입은 다운로드를 할 수 있는 'application/octet-stream'으로 지정하고, 다운로드 시 저장되는 이름은 'Content-Disposition'을 이용해서 지정합니다. 파일 이름에 대한 문자열 처리는 파일 이름이 한글인 경우 저장할 때 깨지는 문제를 막기 위해서입니다. 크롬 브라우저에서 C:Wupload 폴더에 있는 파일의 이름과 확장자로 '/download? fileName=xxxx'와 같이 호출하면 브라우저는 자동으로 해당 파일을 다운로드하는 것을 볼 수 있습니다. IE 계열에서는 파일 다운로드가 호출이 안되는 문제가 발생합니다. 이에 대한 처리는 조금 뒤에 살펴보도록 합니다.

| 자동으로 해당 파일을 다운로드 | | 한글이름 파일 다운로드 |
|---|---|---|

### 24.1.1 IE/Edge 브라우저의 문제

첨부파일의 다운로드 시 Chrome 브라우저와 달리 IE에서는 한글 이름이 제대로 다운로드 되지 않습니다. 이것은 'Content-Disposition'의 값을 처리하는 방식이 IE의 경우 인코딩 방식이 다르기 때문입니다.

IE를 같이 서비스해야 한다면 HttpServletRequest에 포함된 헤더 정보들을 이용해서 요청이 발생한 브라우저가 IE 계열인지 확인해서 다르게 처리하는 방식으로 처리합니다. HTTP 헤더 메시지 중에서 디바이스의 정보를 알 수 있는 헤더는 'User-Agent' 값을 이용합니다(이를 이용해서 브라우저의 종류나 모바일인지 데스크톱인지 혹은 브라우저 프로그램의 종류를 구분할 수 있습니다.).

기존의 downloadFile( )은 'User-Agent' 정보를 파라미터로 수집하고, IE에 대한 처리를 추가합니다. Edge 브라우저는 IE와 또 다르게 처리되므로 주의합니다.

**UploadController의 일부**

```
  @GetMapping(value = "/download", produces = MediaType.APPLICATION_
OCTET_STREAM_VALUE)
  @ResponseBody
  public ResponseEntity<Resource> downloadFile(@RequestHeader("User-
Agent") String userAgent, String fileName) {

    Resource resource = new FileSystemResource("c:\\upload\\" +
fileName);
```

Part 01

Part 02

Part 03

Part 04

Part 05

Part 06

Part 07

```
    if (resource.exists() == false) {
      return new ResponseEntity<>(HttpStatus.NOT_FOUND);
    }

    String resourceName = resource.getFilename();

    HttpHeaders headers = new HttpHeaders();

    try {

      String downloadName = null;

      if(userAgent.contains("Trident")) {

        log.info("IE browser");

        downloadName = URLEncoder.encode(resourceName,"UTF-8").
replaceAll("\\+", " ");

      }else if(userAgent.contains("Edge")) {

        log.info("Edge browser");

        downloadName =  URLEncoder.encode(resourceName,"UTF-8");

        log.info("Edge name: "  + downloadName);

      }else {

        log.info("Chrome browser");
        downloadName = new String(resourceName.getBytes("UTF-8"), "ISO-
8859-1");

      }

      headers.add("Content-Disposition", "attachment; filename=" +
downloadName);

    } catch (UnsupportedEncodingException e) {
      e.printStackTrace();
    }

    return new ResponseEntity<Resource>(resource, headers, HttpStatus.OK);
  }
```

downloadFile( )은 @RequestHeader를 이용해서 필요한 HTTP 헤더 메시지의 내용
을 수집할 수 있습니다. 이를 이용해서 'User−Agent'의 정보를 파악하고, 값이 'MSIE'
혹은 'Trident'(IE 브라우저의 엔진 이름− IE11처리)인 경우에는 다른 방식으로 처리하
도록 합니다.

위의 코드가 적용되면 우선은 Chrome에서 한글 파일의 다운로드를 먼저 시도한 후에 인터넷 등을 이용해서 URL 주소로 인코딩하는 페이지를 이용해서 파일 이름을 변환해 봅니다. IE에서 주소창에 한글을 적으면 아래와 같이 에러가 발생합니다.

IE에서 테스트를 진행하고 싶다면 URL Encoding 작업을 해야 하는데 검색을 통해서 웹페이지를 쉽게 찾을 수 있습니다.

예를 들어 '구멍가게2.jpg'라는 이름의 한글은 인코딩 결과로 아래 그림과 같이 변환됩니다.

IE의 주소창에서는 한글이 직접 처리되지 않으므로, 위와 같이 변환된 문자열로 호출합니다.

Part 01

Part 02

Part 03

Part 04

Part 05

Part 06

Part 07

실행 결과를 보면 IE와 Chrome 모두 정상적으로 파일 이름이 반영되는 것을 볼 수 있습니다.

IE와 비슷해 보이지만 Edge 브라우저에서는 다음과 같은 방법으로 처리해 주어야 합니다.

- userAgent 내에 'Edge'라는 문자열이 있는지 확인합니다.
- 다운로드하는 파일 이름에 'ISO-8859-1' 인코딩을 적용하지 않습니다.

### 24.1.2 업로드된 후 다운로드 처리

다운로드 자체에 대한 처리는 완료되었으므로, /uploadAjax 화면에서 업로드된 후 파일 이미지를 클릭한 경우에 다운로드가 될 수 있도록 처리합니다. 이미지 파일이 아닌 경우는 아래와 같이 첨부파일 아이콘(이미지)이 보이게 됩니다.

위의 화면이 나오도록 처리되는 JavaScript 부분은 현재 아래와 같이 작성되었습니다.

**uploadAjax.jsp의 일부**

```
function showUploadedFile(uploadResultArr){

    var str = "";

    $(uploadResultArr).each(function(i, obj){

        if(!obj.image){
          str += "<li><img src='/resources/img/attach.png'>"+obj.
fileName+"</li>";
        }else{
          //str += "<li>"+ obj.fileName+"</li>";

            var fileCallPath = encodeURIComponent( obj.uploadPath+ "/
s_"+obj.uuid+"_"+obj.fileName);

            str += "<li><img src='/
display?fileName="+fileCallPath+"'><li>";
        }
    });

    uploadResult.append(str);
}
```

수정되어야 하는 부분은 'attach.png' 파일을 클릭하면 다운로드에 필요한 경로와 UUID 가 붙은 파일 이름을 이용해서 다운로드가 가능하도록 〈a〉 태그를 이용해서 '/download? fileName=xxxx' 부분을 추가합니다.

**uploadAjax.jsp의 일부**

```
function showUploadedFile(uploadResultArr){

    var str = "";

    $(uploadResultArr).each(function(i, obj){

        if(!obj.image){

            var fileCallPath = encodeURIComponent( obj.uploadPath+"/"+
obj.uuid +"_"+obj.fileName);

            str += "<li><a href='/download?fileName="+fileCallPath+"'>"
                +"<img src='/resources/img/attach.png'>"+obj.
fileName+"</a></li>"
```

Part 01

Part 02

Part 03

Part 04

Part 05

Part 06

Part 07

```
        }else{

            var fileCallPath = encodeURIComponent( obj.uploadPath+ "/
s_"+obj.uuid +"_"+obj.fileName);

            str += "<li><img src='/
display?fileName="+fileCallPath+"'><li>";
            }
        });

        uploadResult.append(str);

    }
```

브라우저에서는 〈img〉 태그를 클릭하게 되면 자동으로 다운로드가 되는 것을 확인할 수 있습니다.

다운로드가 정상적으로 이루어지는 것을 확인하였다면 마지막으로 서버에서 파일 이름에 UUID가 붙은 부분을 제거하고 순수하게 다운로드되는 파일의 이름으로 저장될 수 있도록 합니다.

```
@GetMapping(value = "/download", produces = MediaType.APPLICATION_OCTET_
STREAM_VALUE)
  @ResponseBody
  public ResponseEntity<Resource> downloadFile(@RequestHeader("User-
Agent") String userAgent, String fileName) {

    Resource resource = new FileSystemResource("c:\\upload\\" +
fileName);

    if (resource.exists() == false) {
      return new ResponseEntity<>(HttpStatus.NOT_FOUND);
    }

    String resourceName = resource.getFilename();

    // remove UUID
    String resourceOriginalName = resourceName.substring(resourceName.
indexOf("_") + 1);

    HttpHeaders headers = new HttpHeaders();
    try {

      String downloadName = null;

      if ( userAgent.contains("Trident")) {
        log.info("IE browser");
        downloadName = URLEncoder.encode(resourceOriginalName, "UTF-8").
replaceAll("\\+", " ");

      }else if(userAgent.contains("Edge")) {
          log.info("Edge browser");
          downloadName =  URLEncoder.encode(resourceOriginalName,"UTF-8");

      }else {
          log.info("Chrome browser");
          downloadName = new String(resourceOriginalName.getBytes("UTF-8"),
"ISO-8859-1");
      }

      log.info("downloadName: " + downloadName);

      headers.add("Content-Disposition", "attachment; filename=" +
downloadName);

    } catch (UnsupportedEncodingException e) {
      e.printStackTrace();
    }

    return new ResponseEntity<Resource>(resource, headers, HttpStatus.OK);
  }
```

Part 01

Part 02

Part 03

Part 04

Part 05

Part 06

Part 07

수정된 부분은 resourceOriginalName을 생성해서 UUID 부분을 잘라낸 상태의 파일 이름으로 저장하도록 하는 것입니다. 브라우저에서는 순수한 파일 이름으로 다운로드 되는 것을 확인할 수 있습니다.

## 24.2 원본 이미지 보여주기

일반 첨부파일과 달리 섬네일이 보여지는 이미지 파일의 경우 섬네일을 클릭하면 원본 이미지를 볼 수 있게 처리합니다. 섬네일의 이미지가 '업로드된 경로 + /s_+UUID_ + 파일이름'이었다면, 원본 이미지의 이름은 중간에 '/s_'가 '/'로 변경되는 점이 다릅니다. 원본 이미지를 화면에서 보기 위해서는 〈div〉를 생성하고, 해당 〈div〉에 이미지 태그를 작성해서 넣어주는 작업과 이를 화면상에서 절대 위치를 이용해서 보여줄 필요가 있습니다.

### 24.2.1 원본 이미지를 보여줄 〈div〉 처리

이미지의 경우 일반 파일과 달리 이미 이미지 파일 데이터는 섬네일과 동일한 방식으로 처리될 수 있기 때문에 사실상 핵심적인 부분은 이미지를 보여주는 〈div〉를 처리하는 부분이 핵심입니다.

〈div〉를 처리하는 부분은 섬네일 파일을 클릭할 때 이루어 지도록 JavaScript 함수를 작성합니다.

**uploadAjax.jsp의 일부**

```
<script>

  function showImage(fileCallPath){
```

파일 업로드 처리

```
    alert(fileCallPath);
}

$(document).ready(function(){
...생략...
```

showImage( ) 함수는 jQuery의 $(document).ready( )의 바깥쪽에 작성합니다. 이렇게 하는 이유는 나중에 〈a〉 태그에서 직접 showImage( )를 호출할 수 있는 방식으로 작성하기 위해서 입니다.

섬네일 이미지를 보여주도록 처리하는 JavaScript 코드에서는 섬네일의 클릭 시 showImage( )가 호출될 수 있는 코드를 추가합니다.

**uploadAjax.jsp의 일부**

```
function showUploadedFile(uploadResultArr){

    var str = "";

    $(uploadResultArr).each(function(i, obj){

      if(!obj.image){

        var fileCallPath =  encodeURIComponent( obj.uploadPath+"/"+ obj.
uuid +"_"+obj.fileName);

        str += "<li><a href='/download?fileName="+fileCallPath+"'><img
src='/resources/img/attach.png'>"+obj.fileName+"</a></li>"
      }else{

        var fileCallPath =  encodeURIComponent( obj.uploadPath+ "/s_"+obj.
uuid +"_"+obj.fileName);

        var originPath = obj.uploadPath+ "\\"+obj.uuid +"_"+obj.fileName;

        originPath = originPath.replace(new RegExp(/\\/g),"/");

        str += "<li><a
href=\"javascript:showImage(\'"+originPath+"\')\"><img src='/
display?fileName="+fileCallPath+"'></a><li>";
      }
    });

    uploadResult.append(str);
  }
```

Part 01

Part 02

Part 03

Part 04

Part 05

Part 06

Part 07

이미지 첨부파일의 경우 업로드된 경로와 UUID가 붙은 파일의 이름이 필요하기 때문에 originPath라는 변수를 통해서 하나의 문자열로 생성합니다. 생성된 문자열은 '₩' 기호 때문에 일반 문자열과는 다르게 처리되므로, '/'로 변환한 뒤 showImage( )에 파라미터 로 전달합니다.

브라우저에서는 파일 업로드 이후에 섬네일을 클릭하면 showImage( )가 호출되는 것을 확인할 수 있습니다.

## CSS와 HTML 처리

실제 원본 이미지를 보여주는 영역은 아래와 같이 작성합니다.

**uploadAjax.jsp의 일부**

```
<div class='bigPictureWrapper'>
  <div class='bigPicture'>
  </div>
</div>

<style>
.uploadResult {
  width:100%;
  background-color: gray;
}
.uploadResult ul{
  display:flex;
  flex-flow: row;
  justify-content: center;
```

```css
    align-items: center;
  }
  .uploadResult ul li {
    list-style: none;
    padding: 10px;
    align-content: center;
    text-align: center;
  }
  .uploadResult ul li img{
    width: 100px;
  }
  .uploadResult ul li span {
    color:white;
  }
  .bigPictureWrapper {
    position: absolute;
    display: none;
    justify-content: center;
    align-items: center;
    top:0%;
    width:100%;
    height:100%;
    background-color: gray;
    z-index: 100;
    background:rgba(255,255,255,0.5);
  }
  .bigPicture {
    position: relative;
    display:flex;
    justify-content: center;
    align-items: center;
  }

  .bigPicture img {
    width:600px;
  }

  </style>
```

실제 이미지는 '.bigPicture' 안에 〈img〉 태그를 생성해서 넣게 됩니다. 이때 CSS의
flex 기능을 이용하면 화면의 정중앙에 배치하는 것은 손쉽게 처리됩니다. showImage( )
함수에서는 약간의 코드를 이용해서 화면에 원본 이미지를 보여줄 수 있도록 수정합니다.

Part 01

Part 02

Part 03

Part 04

Part 05

Part 06

Part 07

uploadAjax.jsp의 일부

```
function showImage(fileCallPath){

    //alert(fileCallPath);

    $(".bigPictureWrapper").css("display","flex").show();

    $(".bigPicture")
    .html("<img src='/display?fileName=" encodeURI(fileCallPath)+"'>")
    .animate({width:'100%', height: '100%'}, 1000);

}
```

showImage( )는 내부적으로 화면 가운데 배치하는 작업 후 〈img〉 태그를 추가하고,
jQuery의 animate( )를 이용해서 지정된 시간 동안 화면에서 열리는 효과를 처리합니
다. 첨부파일의 섬네일을 클릭하면 다음 그림처럼 회색 화면의 배경이 깔리고, 원본 이미
지가 출력되는 것을 볼 수 있습니다.

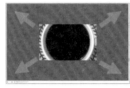

〈div〉 이벤트 처리

원본 이미지가 보여지는 〈div〉는 전체 화면을 차지하기 때문에 다시 한번 클릭하면 사라
지도록 이벤트를 처리합니다.

uploadAjax.jsp의 일부

```
$(".bigPictureWrapper").on("click", function(e){
    $(".bigPicture").animate({width:'0%', height: '0%'}, 1000);
    setTimeout(() => {
      $(this).hide();
    }, 1000);
});
```

원본 이미지 혹은 주변 배경을 선택하면 우선은 이미지를 화면 중앙으로 작게 점차 줄여줍니다(1초 동안). jQuery의 애니메이션이 끝난 후 이벤트를 감지하는 방식도 있지만, 예제는 1초 후에 자동으로 배경창을 안 보이도록 처리하는 방식을 이용합니다.

setTimeout( )에 적용된 '=>(ES6의 화살표 함수)'는 Chrome에서는 정상 작동하지만, IE 11에서는 제대로 동작하지 않으므로 필요하다면 다음의 코드로 내용을 변경해서 사용합니다.

```
$(".bigPictureWrapper").on("click", function(e){
    $(".bigPicture").animate({width:'0%', height: '0%'}, 1000);
    setTimeout(function(){
      $('.bigPictureWrapper').hide();
    }, 1000);
});
```

## 24.3 첨부파일 삭제

첨부파일 삭제는 생각보다 많은 고민이 필요한 작업입니다. 단순히 파일 하나만을 삭제한다고 생각할 수 있지만 실제로는 다음과 같은 문제점들을 고민해야 합니다.

- 이미지 파일의 경우에는 섬네일까지 같이 삭제되어야 하는 점
- 파일을 삭제한 후에는 브라우저에서도 섬네일이나 파일 아이콘이 삭제되도록 처리하는 점
- 비정상적으로 브라우저의 종료 시 업로드된 파일의 처리

### 24.3.1 일반 파일과 이미지 파일의 삭제

업로드된 첨부파일의 삭제는 Ajax를 이용하거나 〈form〉 태그를 이용하는 방식 모두를 적용할 수 있습니다. 이미 업로드된 첨부파일의 삭제는 일반 파일의 경우에는 업로드된 파일만을 삭제하면 되지만, 이미지의 경우에는 생성된 섬네일 파일과 원본 파일을 같이 삭제해야 합니다.

서버 측에서는 삭제하려는 파일의 확장자를 검사해서 일반 파일인지 이미지 파일인지를 파악하거나 파라미터로 파일의 종류를 파악하고, 이를 이용해서 처리를 다르게 합니다.

## 화면에서 삭제 기능

첨부파일이 업로드된 후에 생기는 이미지 파일 옆에 'x' 표시를 추가하도록 아래와 같이
수정합니다.

**uploadAjax.jsp의 일부**

```
function showUploadedFile(uploadResultArr){

   var str = "";

   $(uploadResultArr).each(function(i, obj){

     if(!obj.image){

        var fileCallPath = encodeURIComponent( obj.uploadPath+"/"+ obj.
uuid +"_"+obj.fileName);

        var fileLink = fileCallPath.replace(new RegExp(/\\/g),"/");

        str += "<li><div><a href='/download?fileName="+fileCallPath+"'>"+
            "<img src='/resources/img/attach.png'>"+obj.fileName+"</a>"+
            "<span data-file=\'"+fileCallPath+"\' data-type='file'> x </
span>"+
            "<div></li>"

     }else{

        var fileCallPath = encodeURIComponent( obj.uploadPath+ "/s_"+obj.
uuid +"_"+obj.fileName);

        var originPath = obj.uploadPath+ "\\"+obj.uuid +"_"+obj.fileName;

        originPath = originPath.replace(new RegExp(/\\/g),"/");

        str += "<li><a
href=\"javascript:showImage(\'"+originPath+"\')\">"+
            "<img src='display?fileName="+fileCallPath+"'></a>"+
            "<span data-file=\'"+fileCallPath+"\' data-type='image'> x
</span>"+
            "<li>";
     }
   });

   uploadResult.append(str);
 }
```

파일 업로드 처리

변경된 부분은 〈span〉 태그를 이용해서 섬네일이나 파일 아이콘 옆에 'x' 표시를 추가한
점과 〈span〉 태그에 'data-file'과 'data-type' 속성을 추가한 부분입니다. 화면을 보면
디자인은 볼품없지만, 테스트할 수 있도록 만든 'x' 표시가 보입니다.

'x' 표시에 대한 이벤트 처리는 아래와 같이 작성합니다.

**uploadAjax.jsp의 일부**

```
$(".uploadResult").on("click","span", function(e){

    var targetFile = $(this).data("file");
    var type = $(this).data("type");
    console.log(targetFile);

    $.ajax({
      url: '/deleteFile',
      data: {fileName: targetFile, type:type},
      dataType:'text',
      type: 'POST',
        success: function(result){
           alert(result);
         }
    }); //$.ajax

  });
```

첨부파일의 삭제는 〈span〉 태그를 이용해서 처리하지만, 첨부파일의 업로드 후에 생성
되기 때문에 '이벤트 위임' 방식으로 처리해야 합니다. 이벤트 처리에서는 Ajax를 이용해
서 첨부파일의 경로와 이름, 파일의 종류(이미지 혹은 일반)를 전송합니다.

Part 01

Part 02

Part 03

Part 04

Part 05

Part 06

Part 07

서버에서 첨부파일의 삭제

서버 측에서 첨부파일은 전달되는 파라미터의 이름과 종류를 파악해서 처리합니다.

**UploadController의 일부**

```
@PostMapping("/deleteFile")
@ResponseBody
public ResponseEntity<String> deleteFile(String fileName, String type) {

    log.info("deleteFile: " + fileName);

    File file;

    try {
        file = new File("c:\\upload\\" + URLDecoder.decode(fileName, "UTF-8"));

        file.delete();

        if (type.equals("image")) {

            String largeFileName = file.getAbsolutePath().replace("s_", "");

            log.info("largeFileName: " + largeFileName);

            file = new File(largeFileName);

            file.delete();
        }

    } catch (UnsupportedEncodingException e) {
        e.printStackTrace();
        return new ResponseEntity<>(HttpStatus.NOT_FOUND);
    }

    return new ResponseEntity<String>("deleted", HttpStatus.OK);

}
```

deleteFile( )은 브라우저에서 전송하는 파일 이름과 종류를 파라미터로 받아서 파일의 종류에 따라 다르게 동작합니다. 브라우저에서 전송되는 파일 이름은 '경로 + UUID + _ + 파일 이름'으로 구성되어 있으므로, 일반 파일의 경우에는 파일만을 삭제합니다.

이미지의 경우 섬네일이 존재하므로, 파일 이름의 중간에 's_'가 들어가 있습니다. 일반 이미지 파일의 경우 's_'가 없도록 되어 있으므로, 이 부분을 변경해서 원본 이미지 파일도 같이 삭제하도록 처리합니다.

### 24.3.2 첨부파일의 삭제 고민

첨부파일을 삭제하는 작업의 최대 고민은 사용자가 비정상적으로 브라우저를 종료하고 나가는 행위입니다. 서버에는 Ajax를 이용해서 업로드했기 때문에 이미 저장이 된 상태지만, 사용자가 '작업 관리자'나 전원 버튼을 누르는 등의 조치를 해서 브라우저 자체를 종료해 버린다면 이를 감지할 수 있는 적당한 방법이 없습니다(브라우저의 창이 닫히는 이벤트는 가능하긴 하지만 비정상적인 종료는 문제가 됩니다.).

이에 대한 가장 좋은 해결책은 실제 최종적인 결과와 서버에 업로드된 파일의 목록을 비교해서 처리하는 것입니다. 보통 이런 작업은 spring-batch나 Quartz 라이브러리를 이용해서 처리합니다. 자세한 내용은 조금 뒤쪽에서 다룹니다.

Part 01

Part 02

Part 03

Part 04

Part 05

Part 06

Part 07

Chapter

# 25 │ 프로젝트의 첨부파일 - 등록

첨부파일을 어떤 방식으로 처리하는지에 대한 학습이 완료되었다면 기존의 프로젝트에 첨부파일 기능을 추가하는 작업을 진행합니다. 첨부파일은 게시물의 등록/조회/수정, 삭제 화면에서 처리할 필요가 있으므로 각 단계마다 나누어서 개발을 진행합니다. 개발을 위해서 현재 예제를 작성한 프로젝트에 기존 프로젝트의 설정이나 패키지 등을 먼저 복사해서 추가한 상태로 개발을 시작합니다.

## 25.1 첨부파일 정보를 위한 준비

첨부파일이 게시물과 합쳐지면 가장 먼저 진행해야 하는 일은 게시물과 첨부파일의 관계를 저장하는 테이블의 설계가 우선입니다. 게시물의 첨부파일은 각자 고유한 UUID를 가지고 있기 때문에 별도의 PK를 지정할 필요는 없지만, 게시물을 등록할 때 첨부파일 테이블 역시 같이 insert 작업이 진행되어야 하므로 트랜잭션 처리가 필요합니다.

첨부파일을 보관하는 테이블은 tbl_attach로 설계합니다. tbl_board는 tbl_reply와 이미 외래키의 관계를 가지고 있으므로 첨부파일이 추가되면 아래와 같은 구조가 됩니다.

```
create table tbl_attach (
  uuid varchar2(100) not null,
  uploadPath varchar2(200) not null,
  fileName varchar2(100) not null,
  filetype char(1) default 'I',
  bno number(10,0)
);

alter table tbl_attach add constraint pk_attach primary key (uuid);

alter table tbl_attach add constraint fk_board_attach foreign key (bno)
references tbl_board(bno);
```

첨부파일의 보관은 UUID가 포함된 이름을 PK로 하는 uuid 칼럼과 실제 파일이 업로드 된 경로를 의미하는 uploadPath, 파일 이름을 의미하는 fileName, 이미지 파일 여부를 판단할 수 있는 fileType, 해당 게시물 번호를 저장하는 bno 칼럼을 이용합니다.

SQL을 처리하기 위해서는 파일 정보를 처리하기 위해 파라미터를 여러 개 사용해야 하는 불편함이 있으므로, org.zerock.domain 패키지에 아예 BoardAttachVO 클래스를 설계하는 것이 유용합니다(AttachFileDTO와 거의 유사하지만 게시물의 번호가 추가되었고, 혼란을 피하기 위해서 새로 클래스를 작성합니다.).

> 📦 org.zerock.controller
∨ 📦 > org.zerock.domain
  > 🗋 AttachFileDTO.java
  > 🗋 BoardAttachVO.java

**BoardAttachVO 클래스**

```java
package org.zerock.domain;

import lombok.Data;

@Data
public class BoardAttachVO {

  private String uuid;
  private String uploadPath;
  private String fileName;
  private boolean fileType;

  private Long bno;

}
```

기존의 BoardVO는 등록 시 한 번에 BoardAttachVO를 처리할 수 있도록
List〈BoardAttachVO〉를 추가합니다.

**BoardVO 클래스**

```java
package org.zerock.domain;

import java.util.Date;
import java.util.List;
```

```
import lombok.Data;

@Data
public class BoardVO {

  private Long bno;
  private String title;
  private String content;
  private String writer;
  private Date regdate;
  private Date updateDate;

  private int replyCnt;

  private List<BoardAttachVO> attachList;
}
```

### 25.1.1 첨부파일 처리를 위한 Mapper 처리

첨부파일 정보를 데이터베이스를 이용해서 보관하므로 이를 처리하는 SQL을 Mapper 인터페이스와 XML을 작성해서 처리합니다.

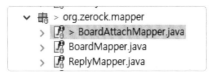

**BoardAttachMapper 인터페이스**

```
package org.zerock.mapper;

import java.util.List;

import org.zerock.domain.BoardAttachVO;

public interface BoardAttachMapper {

  public void insert(BoardAttachVO vo);

  public void delete(String uuid);

  public List<BoardAttachVO> findByBno(Long bno);

}
```

BoardAttachMapper의 경우는 첨부파일의 수정이라는 개념이 존재하지 않기 때문에, insert( )와 delete( ) 작업만을 처리합니다. 특정 게시물의 번호로 첨부파일을 찾는 작업이 필요하므로 findByBno( ) 메서드를 정의합니다.

Mapper 인터페이스의 SQL을 처리하는 BoardAttachMapper.xml을 추가합니다.

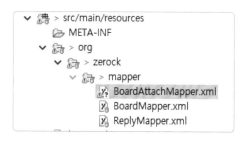

**BoardAttachMapper.xml**

```xml
<?xml version="1.0" encoding="UTF-8" ?>
<!DOCTYPE mapper
  PUBLIC "-//mybatis.org//DTD Mapper 3.0//EN"
  "http://mybatis.org/dtd/mybatis-3-mapper.dtd">
<mapper namespace="org.zerock.mapper.BoardAttachMapper">

  <insert id="insert">
  insert into tbl_attach (uuid, uploadpath, filename, filetype, bno)
  values (#{uuid}, #{uploadPath}, #{fileName}, #{fileType}, #{bno} )
  </insert>

  <delete id="delete">

  delete from tbl_attach where uuid = #{uuid}

  </delete>

  <select id="findByBno" resultType="org.zerock.domain.BoardAttachVO">
  select * from tbl_attach where bno = #{bno}
  </select>

</mapper>
```

Part 01

Part 02

Part 03

Part 04

Part 05

Part 06

Part 07

## 25.2 등록을 위한 화면 처리

첨부파일 자체의 처리는 Ajax를 통해서 이루어지므로, 게시물의 등록 시점에는 현재 서버에 업로드된 파일들에 정보를 등록하려는 게시물의 정보와 같이 전송해서 처리합니다. 이 작업은 게시물의 등록 버튼을 클릭했을 때 현재 서버에 업로드된 파일의 정보를 ⟨input type='hidden'⟩으로 만들어서 한 번에 전송하는 방식을 사용합니다.

게시물의 등록을 담당하는 /board/register.jsp 파일에서 첨부파일을 추가할 수 있도록 수정하는 작업부터 시작합니다.

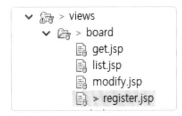

기존 게시물의 제목이나 내용을 입력하는 부분 아래쪽에 새로운 ⟨div⟩를 추가합니다.

**register.jsp의 일부**

```
</div>
    <!-- end panel-body -->
  </div>
  <!-- end panel -->
</div>
<!-- /.row -->

<!-새로 추가하는 부분-->
<div class="row">
  <div class="col-lg-12">
    <div class="panel panel-default">

      <div class="panel-heading">File Attach</div>
      <!-- /.panel-heading -->
      <div class="panel-body">
        <div class="form-group uploadDiv">
            <input type="file" name='uploadFile' multiple>
        </div>

        <div class='uploadResult'>
```

파일 업로드 처리

```
            <ul>

            </ul>
        </div>


    </div>
    <!-- end panel-body -->

    </div>
    <!-- end panel-body -->
  </div>
  <!-- end panel -->
 </div>
 <!-- /.row -->
```

추가된 〈div〉 안에는 이전 예제에서 사용한 〈div class='uploadResult'〉 등을 추가해서
파일 업로드한 결과를 처리할 수 있도록 합니다. 브라우저에서는 새로운 부분이 아래와
같이 추가되는 것을 확인합니다.

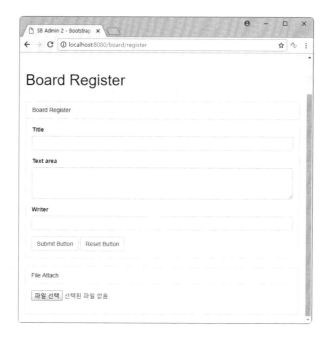

업로드를 위한 uploadAjax.jsp의 CSS 부분도 register.jsp 내에 추가합니다.

Part 01

Part 02

Part 03

Part 04

Part 05

Part 06

Part 07

## 25.2.1 JavaScript 처리

복잡한 부분은 파일을 선택하거나 'Submit Button'을 클릭했을 때의 JavaScript 처리입니다. 가장 먼저 'Submit Button'을 클릭했을 때 첨부파일 관련된 처리를 할 수 있도록 기본 동작을 막는 작업부터 시작합니다.

**register.jsp의 일부**

```
<script>

$(document).ready(function(e){

  var formObj = $("form[role='form']");

  $("button[type='submit']").on("click", function(e){

    e.preventDefault();

    console.log("submit clicked");

  });

});

</script>
```

파일의 업로드는 별도의 업로드 버튼을 두지 않고, 〈input type='file'〉의 내용이 변경되는 것을 감지해서 처리하도록 합니다. $(document).ready( ) 내에 파일 업로드 시 필요한 코드를 아래와 같이 추가합니다.

**register.jsp의 일부**

```
var regex = new RegExp("(.*?)\.(exe|sh|zip|alz)$");
  var maxSize = 5242880; //5MB

  function checkExtension(fileName, fileSize){

    if(fileSize >= maxSize){
      alert("파일 사이즈 초과");
      return false;
    }

    if(regex.test(fileName)){
      alert("해당 종류의 파일은 업로드할 수 없습니다.");
```

파일 업로드 처리

```
        return false;
    }
    return true;
}

$("input[type='file']").change(function(e){

    var formData = new FormData();

    var inputFile = $("input[name='uploadFile']");

    var files = inputFile[0].files;

    for(var i = 0; i < files.length; i++){

        if(!checkExtension(files[i].name, files[i].size) ){
            return false;
        }
        formData.append("uploadFile", files[i]);

    }

    $.ajax({
        url: '/uploadAjaxAction',
        processData: false,
        contentType: false,data:
        formData,type: 'POST',
        dataType:'json',
            success: function(result){
                console.log(result);
//showUploadResult(result); //업로드 결과 처리 함수

        }
    }); //$.ajax

});
```

첨부된 파일의 처리는 기존과 동일하지만 아직은 섬네일이나 파일 아이콘을 보여주는 부분은 처리하지 않습니다. 브라우저의 콘솔창을 이용해서 업로드가 정상적으로 처리되는지 만을 확인합니다. 아래 화면은 첨부파일을 3개 추가하는 경우 업로드 결과를 콘솔창에서 확인한 모습입니다.

Part 01

Part 02

Part 03

Part 04

Part 05

Part 06

Part 07

업로드된 결과를 화면에 섬네일 등을 만들어서 처리하는 부분은 별도의 showUploadResult( ) 함수를 제작하고 결과를 반영합니다.

**register.jsp의 일부**

```
function showUploadResult(uploadResultArr){

    if(!uploadResultArr || uploadResultArr.length == 0){ return; }

    var uploadUL = $(".uploadResult ul");

    var str ="";

    $(uploadResultArr).each(function(i, obj){

        //image type
        if(obj.image){
          ...
        }else{
          ...
        }


    });

    uploadUL.append(str);
}
```

showUploadResult( )는 Ajax 호출 후에 업로드된 결과를 처리하는 함수이므로, 이전의 코드에서 $.ajax( ) 호출 부분의 주석 처리한 부분을 해제합니다.

```
$.ajax({
  ...생략...
    success: function(result){
      console.log(result);
      showUploadResult(result); //업로드 결과 처리 함수

  }
}); //$.ajax
```

이미지 파일인 경우와 일반 파일의 경우에 보여지는 화면의 내용은 showUploadResult( )
내에 아래와 같은 HTML 태그들을 이용해서 작성합니다.

```
//image type
    if(obj.image){
        var fileCallPath = encodeURIComponent( obj.uploadPath+ "/
s_"+obj.uuid +"_"+obj.fileName);
        str += "<li><div>";
        str += "<span> "+ obj.fileName+"</span>";
        str += "<button type='button' class='btn btn-warning btn-
circle'><i class='fa fa-times'></i></button><br>";
        str += "<img src='/display?fileName="+fileCallPath+"'>";
        str += "</div>";
        str +"</li>";
    }else{
        var fileCallPath = encodeURIComponent( obj.uploadPath+"/"+
obj.uuid +"_"+obj.fileName);
        var fileLink = fileCallPath.replace(new RegExp(/\\/g),"/");

        str += "<li><div>";
        str += "<span> "+ obj.fileName+"</span>";
        str += "<button type='button' class='btn btn-warning btn-
circle'><i class='fa fa-times'></i></button><br>";
        str += "<img src='/resources/img/attach.png'></a>";
        str += "</div>";
        str +"</li>";
    }
```

게시물 등록 화면에서 첨부파일이 업로드되면 아래와 같은 모습으로 보이게 됩니다.

Part 01

Part 02

Part 03

Part 04

Part 05

Part 06

Part 07

### 25.2.2 첨부파일의 변경 처리

첨부파일의 변경은 사실상 업로드된 파일의 삭제이므로 'x' 모양의 아이콘을 클릭할 때 이루어지도록 이벤트를 처리합니다.

```
$(".uploadResult").on("click", "button", function(e){

    console.log("delete file");

});
```

업로드된 파일에 'x' 아이콘을 클릭하면 콘솔창에 'delete file'이 출력되는 것을 볼 수 있습니다.

삭제를 위해서는 업로드된 파일의 경로와 UUID가 포함된 파일 이름이 필요하므로 앞서 작성된 부분을 수정합니다. 〈button〉 태그에 'data-file'과 data-type' 정보를 추가합니다.

```
//image type
    if(obj.image){
        var fileCallPath = encodeURIComponent( obj.uploadPath+ "/
s_"+obj.uuid +"_"+obj.fileName);
        str += "<li><div>";
        str += "<span> "+ obj.fileName+"</span>";
        str += "<button type='button' data-file=\'"+fileCallPath+"\'
data-type='image' class='btn btn-warning btn-circle'><i class='fa fa-
times'></i></button><br>";
        str += "<img src='/display?fileName="+fileCallPath+"'>";
        str += "</div>";
        str +"</li>";
    }else{
        var fileCallPath = encodeURIComponent( obj.uploadPath+"/"+
obj.uuid +"_"+obj.fileName);
          var fileLink = fileCallPath.replace(new RegExp(/\\/g),"/");

        str += "<li><div>";
        str += "<span> "+ obj.fileName+"</span>";
        str += "<button type='button' data-file=\'"+fileCallPath+"\'
data-type='file' class='btn btn-warning btn-circle'><i class='fa fa-
times'></i></button><br>";
        str += "<img src='/resources/img/attach.png'></a>";
        str += "</div>";
        str +"</li>";
    }
```

'x' 아이콘을 클릭하면 서버에서 삭제하도록 이벤트를 처리합니다.

```
$(".uploadResult").on("click", "button", function(e){

    console.log("delete file");

    var targetFile = $(this).data("file");
    var type = $(this).data("type");

    var targetLi = $(this).closest("li");

    $.ajax({
      url: '/deleteFile',
      data: {fileName: targetFile, type:type},
      dataType:'text',
      type: 'POST',
        success: function(result){
          alert(result);
```

Part 01

Part 02

Part 03

Part 04

Part 05

Part 06

Part 07

```
            targetLi.remove();
        }
    }); //$.ajax
});
```

브라우저에서 첨부파일을 삭제하면 업로드된 파일도 같이 삭제되는 것을 확인할 수 있습니다.

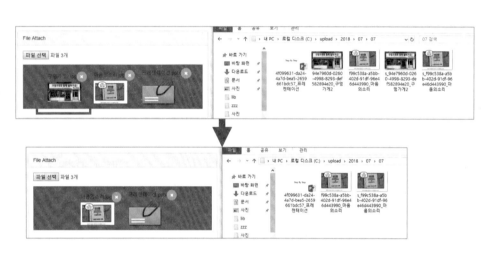

### 25.2.3 게시물 등록과 첨부파일의 데이터베이스 처리

게시물의 등록 과정에서는 첨부파일의 상세 조회는 의미가 없고, 단순히 새로운 첨부파일을 추가하거나 삭제해서 자신이 원하는 파일을 게시물 등록할 때 같이 포함하도록 합니다. Ajax를 이용하는 경우 이미 어떠한 파일을 첨부로 처리할 것인지는 이미 완료된 상태이므로 남은 작업은 게시물이 등록될 때 첨부파일과 관련된 자료를 같이 전송하고, 이를 데이터베이스에 등록하는 것입니다. 게시물의 등록은 〈form〉 태그를 통해서 이루어지므로, 이미 업로드된 첨부파일의 정보는 별도의 〈input type='hidden'〉 태그를 생성해서 처리합니다.

이를 위해서는 첨부파일 정보를 태그로 생성할 때 첨부파일과 관련된 정보(data-uuid, data-filename, data-type)를 추가합니다.

```
    if(obj.image){
        var fileCallPath = encodeURIComponent( obj.uploadPath+ "/s_"+obj.
uuid +"_"+obj.fileName);
        str += "<li data-path='"+obj.uploadPath+"'";
        str +=" data-uuid='"+obj.uuid+"' data-filename='"+obj.fileName+"'
data-type='"+obj.image+"'"
        str +" ><div>";
        str += "<span> "+ obj.fileName+"</span>";
        str += "<button type='button' data-file=\'"+fileCallPath+"\' "
        str += "data-type='image' class='btn btn-warning btn-circle'><i
class='fa fa-times'></i></button><br>";
        str += "<img src='/display?fileName="+fileCallPath+"'>";
        str += "</div>";
        str +"</li>";
    }else{
        var fileCallPath = encodeURIComponent( obj.uploadPath+"/"+ obj.
uuid +"_"+obj.fileName);
         var fileLink = fileCallPath.replace(new RegExp(/\\/g),"/");

        str += "<li "
        str += "data-path='"+obj.uploadPath+"' data-uuid='"+obj.uuid+"'
data-filename='"+obj.fileName+"' data-type='"+obj.image+"' ><div>";
        str += "<span> "+ obj.fileName+"</span>";
        str += "<button type='button' data-file=\'"+fileCallPath+"\' data-
type='file' "
        str += "class='btn btn-warning btn-circle'><i class='fa fa-
times'></i></button><br>";
        str += "<img src='/resources/img/attach.png'></a>";
        str += "</div>";
        str +"</li>";
    }
```

업로드된 정보는 JSON으로 처리

〈input type='hidden'〉으로 처리된 첨부파일의 정보는 BoardVO로 수집됩니다.

Part 01

Part 02

Part 03

Part 04

Part 05

Part 06

Part 07

```java
public class BoardVO {

    private Long bno;
    private String title;
    private String content;
    private String writer;
    private Date regdate;
    private Date updateDate;

    private int replyCnt;

    private List<BoardAttachVO> attachList;
}
```

BoardVO에는 attachList라는 이름의 변수로 첨부파일의 정보를 수집하기 때문에 〈input type='hidden'〉의 name은 'attachList[인덱스번호]'와 같은 이름을 사용하도록 합니다.

JSP 화면에서는 JavaScript를 이용해서 기존에 〈form〉 태그를 전송하는 부분을 아래와 같이 수정합니다.

**register.jsp의 일부**

```javascript
var formObj = $("form[role='form']");

  $("button[type='submit']").on("click", function(e){

    e.preventDefault();

    console.log("submit clicked");

    var str = "";

    $(".uploadResult ul li").each(function(i, obj){

      var jobj = $(obj);

      console.dir(jobj);

      str += "<input type='hidden' name='attachList["+i+"].fileName'
value='"+jobj.data("filename")+"'>";
      str += "<input type='hidden' name='attachList["+i+"].uuid'
value='"+jobj.data("uuid")+"'>";
      str += "<input type='hidden' name='attachList["+i+"].uploadPath'
value='"+jobj.data("path")+"'>";
      str += "<input type='hidden' name='attachList["+i+"].fileType'
value='"+ jobj.data("type")+"'>";

    });
```

파일 업로드 처리

```
        formObj.append(str).submit();

    });
```

브라우저에서 게시물 등록을 선택하면 이미 업로드된 항목들을 내부적으로 〈input type='hidden'〉 태그들로 만들어서 〈form〉 태그가 submit될 때 같이 전송되도록 합니다.

## 25.3 BoardController, BoardService의 처리

파라미터를 수집하는 BoardController는 별도의 처리 없이 전송되는 데이터가 제대로 수집되었는지를 먼저 확인합니다.

**BoardController의 일부**
```
@PostMapping("/register")
public String register(BoardVO board, RedirectAttributes rttr) {

    log.info("==========================");

    log.info("register: " + board);

    if (board.getAttachList() != null) {

        board.getAttachList().forEach(attach -> log.info(attach));

    }

    log.info("==========================");

    // service.register(board);

    // rttr.addFlashAttribute("result", board.getBno());

    return "redirect:/board/list";
}
```

Part 01

Part 02

Part 03

Part 04

Part 05

Part 06

Part 07

BoardController의 register( )는 BoardService를 호출하기 전에 log를 이용해서 확인하는 작업을 먼저 진행합니다. 브라우저에서 첨부파일을 추가하고 게시물을 등록하면 서버에서는 아래와 같은 로그들이 출력되는 것을 볼 수 있습니다. 이때 첨부파일이 이미지인지 여부에 따라서 fileType 등이 제대로 처리되는지 확인합니다.

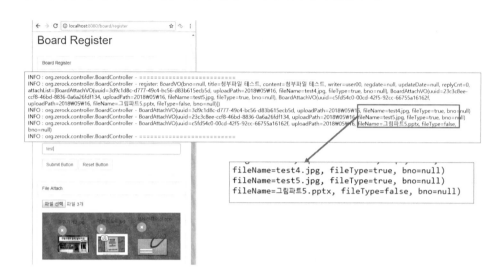

### 25.3.1 BoardServiceImpl 처리

BoardMapper와 BoardAttachMapper는 이미 작성해 두었기 때문에 남은 작업은 BoardServiceImpl에서 두 개의 Mapper 인터페이스 타입을 주입하고, 이를 호출하는 일입니다. 2개의 Mapper를 주입받아야 하기 때문에 자동주입 대신에 Setter 메서드를 이용하도록 수정합니다.

**BoardServiceImpl 클래스의 일부**

```
@Log4j
@Service
public class BoardServiceImpl implements BoardService {

  @Setter(onMethod_ = @Autowired)
  private BoardMapper mapper;

  @Setter(onMethod_ = @Autowired)
  private BoardAttachMapper attachMapper;
```

게시물의 등록 작업은 tbl_board 테이블과 tbl_attach 테이블 양쪽 모두 insert가 진행되어야 하기 때문에 트랜잭션 처리가 필요합니다. 일반적인 경우라면 오라클의 시퀀스(sequence)를 이용해서 nextval과 currval을 이용해서 처리하겠지만, 예제는 이미 MyBatis의 selectkey를 이용했기 때문에 별도의 currval을 매번 호출할 필요는 없습니다.

**BoardServiceImpl 클래스의 일부**

```
@Transactional
@Override
public void register(BoardVO board) {

  log.info("register......" + board);

  mapper.insertSelectKey(board);

  if(board.getAttachList() == null || board.getAttachList().size() <= 0) {
    return;
  }

  board.getAttachList().forEach(attach ->{

    attach.setBno(board.getBno());
    attachMapper.insert(attach);
  });
}
```

BoardServiceImpl의 register( )는 트랜잭션 하에서 tbl_board에 먼저 게시물을 등록하고, 각 첨부파일은 생성된 게시물 번호를 세팅한 후 tbl_attach 테이블에 데이터를 추가합니다. MyBatis 쪽에 문제가 없다면 데이터베이스의 tbl_attach 테이블에 첨부파일이 여러 개 등록되었을 때 아래와 같은 모습으로 출력되는 것을 볼 수 있습니다.

| | UUID | UPLOADPATH | FILENAME | FILETYPE | BNO |
|---|---|---|---|---|---|
| 1 | 43d46f79-b692-4777-a9bc-b20155aa6bd6 | 2018\07\08 | 구멍가게2.jpg | 1 | 3145781 |
| 2 | dd34aa83-6e1e-4c21-98ae-48030878a4e1 | 2018\07\08 | 마음의소리.jpg | 1 | 3145781 |
| 3 | 54263680-8e4a-448d-953b-fa25a4723c0f | 2018\07\08 | 프레젠테이션.pptx | 0 | 3145781 |

Part 01

Part 02

Part 03

Part 04

Part 05

Part 06

Part 07

# 26 | 게시물의 조회와 첨부파일

게시물의 조회에서는 첨부파일을 다운로드하거나 원본 이미지의 파일을 볼 수 있는 기능을 사용하게 됩니다. 게시물의 조회에서 고민해야 하는 내용은 첨부파일을 한 번에 볼 것인지, Ajax를 이용해서 별도로 처리할 것인지에 대한 결정입니다.

게시물의 정보는 tbl_board 테이블에 기록되어 있고, 첨부파일의 정보는 tbl_attach에 기록되어 있기 때문에 화면에서 두 테이블에 있는 정보를 사용하기 위해서는 다음과 같은 방식을 고려할 수 있습니다.

- BoardVO 객체를 가져올 때 join을 처리해서 한꺼번에 게시물과 첨부파일의 정보를 같이 처리하는 방식입니다. 데이터베이스를 한 번만 호출하게 되므로 효율적이지만 MyBatis 쪽에서 처리해야 하는 일이 많아집니다.
- JSP에서 첨부파일의 정보를 Ajax를 이용해서 처리하는 방식입니다. 다시 쿼리를 처리해야 하는 불편함이 있지만 난이도가 낮고, 화면에서 처리는 JavaScript 처리가 복잡합니다.

위의 방식들 중에서 전통적인 방식은 쿼리를 이용해서 두 개의 테이블을 join 해서 처리하는 방식입니다. 쿼리를 한 번만 실행하기 때문에 데이터베이스의 부하를 줄여줄 수 있다는 장점이 있습니다. join을 이용해서 하나의 객체를 구성하는 방식은 조금 뒤쪽에서 알아봅니다.

예제는 Ajax를 이용하는 방식을 사용해서 구성합니다. 가장 큰 이유는 기존에 개발해 둔 코드를 최소한으로 수정해서 사용하는 것이 가능하기 때문이기도 하고, 앞에서 작성한 예제 코드를 어느 정도 사용할 수 있기 때문입니다. 또한, 댓글의 처리 역시 Ajax를 이용했으므로 동작 방식에 일관성을 유지하는 의도도 있습니다.

## 26.1 BoardService와 BoardController 수정

게시물을 조회할 때 첨부파일을 Ajax로 처리하기로 했다면 우선적으로 서버 측에서 JSON 데이터를 만들어서 화면에 올바르게 전송하는 작업을 먼저 처리해야 합니다.

BoardAttachMapper에서는 이미 게시물의 번호를 이용해서 BoardAttachVO 타입으로 변환하는 메서드 findByBno( ) 메서드가 완성된 상태이므로, BoardService와 BoardServiceImpl 클래스를 수정합니다.

**BoardService 인터페이스의 일부**

```java
public interface BoardService {

  ...생략...

  public List<BoardAttachVO> getAttachList(Long bno);

}
```

마지막에 getAttachList( )를 추가해서 게시물의 첨부파일들의 목록을 가져옵니다.

**BoardServiceImpl 클래스의 일부**

```java
  @Override
  public List<BoardAttachVO> getAttachList(Long bno) {

    log.info("get Attach list by bno" + bno);

    return attachMapper.findByBno(bno);
  }
```

BoardServiceImpl은 이미 BoardAttachMapper를 주입하도록 설계한 상태이므로, BoardAttachMapper 인터페이스의 findByBno( )를 호출하고 반환하도록 작성합니다.

Part 01

Part 02

Part 03

Part 04

Part 05

Part 06

Part 07

## 26.2 BoardController의 변경과 화면 처리

BoardController는 특정한 게시물 번호를 이용해서 첨부파일과 관련된 데이터를 JSON
으로 반환하도록 처리합니다.

**BoardController 클래스의 일부**

```java
@GetMapping(value = "/getAttachList",
    produces = MediaType.APPLICATION_JSON_UTF8_VALUE)
  @ResponseBody
  public ResponseEntity<List<BoardAttachVO>> getAttachList(Long bno) {

    log.info("getAttachList " + bno);

    return new ResponseEntity<>(service.getAttachList(bno), HttpStatus.OK);

}
```

BoardController는 @RestController로 작성되지 않았기 때문에 직접 @ResponseBody
를 적용해서 JSON 데이터를 반환하도록 처리합니다.

### 26.2.1 게시물 조회 화면의 처리

게시물을 조회하는 화면은 views 내에 /board/get.jsp에서 이루어집니다. 가장 먼저 해
당 게시물의 댓글을 가져오는 부분이 자동으로 동작하게 처리하는 작업부터 시작합니다.

```
✓ 🗁 views
  ✓ 🗁 board
      📄 get.jsp
      📄 list.jsp
```

**get.jsp의 일부**

```html
<script>

$(document).ready(function(){
```

```
  (function(){

    var bno = '<c:out value="${board.bno}"/>';

    $.getJSON("/board/getAttachList", {bno: bno}, function(arr){

      console.log(arr);


    });//end getjson

  })();//end function

});

</script>
```

get.jsp 내에 〈script〉 태그를 추가하고, $(document).ready( )를 이용해서 첨부파일의
데이터를 가져오는 부분을 즉시 실행 함수를 이용해서 처리합니다. 브라우저에서 첨부파
일이 추가된 게시물을 선택하면 아래 그림과 같이 콘솔창에 해당 게시물의 첨부파일의 목
록을 볼 수 있습니다.

첨부파일 데이터를 가져왔다면 파일들을 보여줄 수 있도록 〈div〉를 생성합니다. 기존의
게시물이 보여지는 〈div class='row'〉의 아래쪽에 별도의 〈div class='row'〉를 생성해
서 처리합니다(CSS 부분은 지면 관계상 줄바꿈을 줄여서 표현하였습니다.).

Part 01

Part 02

Part 03

Part 04

Part 05

Part 06

Part 07

Writer

test

Modify    List

Files

첨부 파일이 보여질 영역

💬 Reply                    New Reply

---

```html
<div class='bigPictureWrapper'>
  <div class='bigPicture'>
  </div>
</div>

<style>
.uploadResult {
  width:100%;
  background-color: gray;
}
.uploadResult ul{
  display:flex;
  flex-flow: row;
  justify-content: center;
  align-items: center;
}
.uploadResult ul li {
  list-style: none;
  padding: 10px;
  align-content: center;
  text-align: center;
}
.uploadResult ul li img{
  width: 100px;
}
.uploadResult ul li span {
  color:white;
}
.bigPictureWrapper {
  position: absolute;
  display: none;
  justify-content: center;
  align-items: center;
  top:0%;
  width:100%;
```

```
      height:100%;
      background-color: gray;
      z-index: 100;
      background:rgba(255,255,255,0.5);
  }
  .bigPicture {
    position: relative;
    display:flex;
    justify-content: center;
    align-items: center;
  }

  .bigPicture img {
    width:600px;
  }

</style>


<div class="row">
  <div class="col-lg-12">
    <div class="panel panel-default">

      <div class="panel-heading">Files</div>
      <!-- /.panel-heading -->
      <div class="panel-body">

        <div class='uploadResult'>
          <ul>
          </ul>
        </div>
      </div>
      <!--  end panel-body -->
    </div>
    <!--  end panel-body -->
  </div>
  <!--  end panel -->
</div>
<!-- /.row -->
```

get.jsp 내에 추가되는 〈div〉는 크게 첨부파일의 목록을 보여주는 〈div class= 'uploadResult'〉 와 원본 이미지를 보여주는 〈div class='bigPicture'〉 부분입니다.

Part 01

Part 02

Part 03

Part 04

Part 05

Part 06

Part 07

## 26.2.2 첨부파일 보여주기

JSON으로 가져온 첨부파일 데이터는 작성된 〈div〉 안에서 보이도록 처리해주어야 합니다. 전달된 JSON 데이터는 BoardAttachVO 객체입니다.

```
▼ 0:
    bno: 2621482
    fileName: "jeju.jpg"
    fileType: true
    uploadPath: "2018\05\17"
    uuid: "9147b5cf-891d-4276-abe3-084c4a453a64"
  ▶ __proto__: Object
▼ 1:
    bno: 2621482
    fileName: "test3.jpg"
    fileType: true
    uploadPath: "2018\05\17"
    uuid: "8a0437e5-af58-484e-9cd9-79a16996d667"
  ▶ __proto__: Object
```

```
@Data
public class BoardAttachVO {

    private String uuid;
    private String uploadPath;
    private String fileName;
    private boolean fileType;

    private Long bno;

}
```

JavaScript에서는 다음과 같은 처리를 통해서 화면에 보여주는 부분을 작성합니다.

**get.jsp의 일부**

```
$.getJSON("/board/getAttachList", {bno: bno}, function(arr){

    console.log(arr);

    var str = "";

    $(arr).each(function(i, attach){

      //image type
      if(attach.fileType){
        var fileCallPath = encodeURIComponent( attach.uploadPath+ "/
s_"+attach.uuid +"_"+attach.fileName);

        str += "<li data-path='"+attach.uploadPath+"' data-
uuid='"+attach.uuid+"' data-filename='"+attach.fileName+"' data-
type='"+attach.fileType+"' ><div>";
        str += "<img src='/display?fileName="+fileCallPath+"'>";
        str += "</div>";
        str += "</li>";
      }else{

        str += "<li data-path='"+attach.uploadPath+"' data-
uuid='"+attach.uuid+"' data-filename='"+attach.fileName+"' data-
```

```
type='"+attach.fileType+"' ><div>";
        str += "<span> "+ attach.fileName+"</span><br/>";
        str += "<img src='/resources/img/attach.png'>";
        str += "</div>";
        str +"</li>";
     }
  });

    $(".uploadResult ul").html(str);


 });//end getjson
```

게시물의 등록과 달리 첨부파일의 삭제 표시 등의 필요 없는 부분은 조금 정리해서 출력하도록 합니다.

### 26.2.3 첨부파일 클릭 시 이벤트 처리

첨부파일의 목록이 보인다면 이미지 파일의 경우 화면에서 원본 이미지, 일반 파일의 경우에는 다운로드 처리가 필요합니다.

**get.jsp의 일부**

```
$(".uploadResult").on("click","li", function(e){

    console.log("view image");
```

Part 01

Part 02

Part 03

Part 04

Part 05

Part 06

Part 07

```
    var liObj = $(this);

    var path = encodeURIComponent(liObj.data("path")+"/" + liObj.
data("uuid")+"_" + liObj.data("filename"));

    if(liObj.data("type")){
      showImage(path.replace(new RegExp(/\\/g),"/"));
    }else {
      //download
      self.location ="/download?fileName="+path
    }


  });

  function showImage(fileCallPath){

    alert(fileCallPath);

    $(".bigPictureWrapper").css("display","flex").show();

    $(".bigPicture")
    .html("<img src='/display?fileName="+fileCallPath+"'>")
    .animate({width:'100%', height: '100%'}, 1000);

  }
```

첨부파일과 관련된 정보는 모두 〈li〉 태그 내에 존재하므로 이를 이용해서 이미지 파일과
일반 파일을 구분해서 처리합니다. 파일 경로의 경우 함수로 전달될 때 문제가 생기므로
replace( )를 이용해서 변환한 뒤에 전달합니다.

showImage( )는 해당 경로의 이미지를 보여주는 역할을 합니다. 위의 코드가 추가되면
화면에서 원본 이미지를 클릭했을 때 크게 보이게 됩니다.

파일 업로드 처리

배경이 흐려진 상태에서
원본 이미지가 점차 크게
보여지는 효과

일반 파일의 경우 파일 이름을 같이 출력
하고 클릭 시 다운로드

## 26.2.4 원본 이미지 창 닫기

게시물의 조회에서 마지막 처리는 원본 이미지가 보이는 창을 닫는 작업입니다. 앞의 예
제와 동일하게 〈div〉를 감추는 형태로 작성합니다.

**get.jsp의 일부**

```javascript
$(".bigPictureWrapper").on("click", function(e){
    $(".bigPicture").animate({width:'0%', height: '0%'}, 1000);
    setTimeout(function(){
      $('.bigPictureWrapper').hide();
    }, 1000);
});
```

Part 01

Part 02

Part 03

Part 04

Part 05

Part 06

Part 07

Chapter

# 27 게시물의 삭제와 첨부파일

게시물을 삭제할 때는 게시물이 포함된 첨부파일 역시 같이 삭제할 필요가 있습니다. 단순히 데이터베이스 상에서 삭제만 이루어지는 게 아니라 실제 폴더 내의 파일도 같이 삭제할 필요가 있기 때문에 작업의 순서 역시 신경 써야만 합니다. 폴더에서의 파일 삭제는 위험한 작업이기 때문에 가능하면 뒤쪽으로 미루고 먼저 데이터베이스의 삭제 작업을 처리한 후 실제 파일을 삭제하도록 합니다.

## 27.1 첨부파일 삭제 처리

첨부파일과 관련된 SQL은 BoardAttachMapper 인터페이스와 XML 파일에 작성되어 있으므로 이를 먼저 처리합니다.

**BoardAttachMapper 인터페이스의 일부**

```java
public interface BoardAttachMapper {

  public void insert(BoardAttachVO vo);

  public void delete(String uuid);

  public List<BoardAttachVO> findByBno(Long bno);

  public void deleteAll(Long bno);

}
```

실제 SQL은 XML 매퍼에 작성합니다.

---

**BoardAttachMapper.xml의 일부**

```xml
<delete id="deleteAll">

  delete tbl_attach where bno = #{bno}

</delete>
```

### 27.1.1 BoardServiceImpl의 변경

BoardServiceImpl은 첨부파일 삭제와 실제 게시물의 삭제가 같이 처리되도록 트랜잭션 하에서 BoardAttachMapper의 deleteAll( )을 호출하도록 수정합니다.

```
∨ 🏭 org.zerock.service
    > 🗋 BoardService.java
    > 🗋 BoardServiceImpl.java
```

---

**BoardServiceImpl 클래스의 일부**

```java
@Transactional
@Override
public boolean remove(Long bno) {

  log.info("remove...." + bno);

  attachMapper.deleteAll(bno);

  return mapper.delete(bno) == 1;
}
```

### 27.1.2 BoardController의 파일 삭제

BoardController는 데이터베이스의 삭제를 먼저 호출하고, 이후 파일을 삭제해야 합니다. 다만 파일을 삭제하기 위해서는 해당 게시물의 첨부파일 목록이 필요합니다.

문제는 첨부파일의 목록을 구한다고 해도 이미지 파일의 경우에는 섬네일 파일이 생성되어 있으므로 이에 대한 처리가 같이 필요하다는 점입니다. 따라서 작업의 순서를 정리하면 다음과 같습니다.

Part 01

Part 02

Part 03

Part 04

Part 05

Part 06

Part 07

- 해당 게시물의 첨부파일 정보를 미리 준비

- 데이터베이스 상에서 해당 게시물과 첨부파일 데이터 삭제

- 첨부파일 목록을 이용해서 해당 폴더에서 섬네일 이미지(이미지 파일의 경우)와 일반 파일을 삭제

## Criteria 수정

게시물의 삭제 후에 페이지 번호나 검색 조건을 유지하면서 이동하기 위해서는 'redirect'에 필요한 파라미터들을 매번 추가해야 하는 불편함이 있습니다. 이는 Criteria에서 처리할 수 있도록 이미 작성되어 있는지 확인합니다.

```
▼ ⊞ org.zerock.domain
  › J AttachFileDTO.java
  › J BoardAttachVO.java
  › J BoardVO.java
  › J Criteria.java
```

**Criteria 클래스의 일부**

```java
public String getListLink() {

    UriComponentsBuilder builder = UriComponentsBuilder.fromPath("")
        .queryParam("pageNum", this.pageNum)
        .queryParam("amount", this.getAmount())
        .queryParam("type", this.getType())
        .queryParam("keyword", this.getKeyword());

    return builder.toUriString();

}
```

UriComponentsBuilder는 브라우저에서 GET 방식 등의 파라미터 전송에 사용되는 문자열(쿼리스트링(query string))을 손쉽게 처리할 수 있는 클래스입니다.

## 파일 삭제 처리

파일 삭제는 BoardController에 deleteFiles( )라는 메서드를 추가해서 처리하도록 합니다. deleteFiles( )는 java.nio.file 패키지의 Path를 이용해서 처리합니다.

```java
private void deleteFiles(List<BoardAttachVO> attachList) {

    if(attachList == null || attachList.size() == 0) {
      return;
    }

    log.info("delete attach files...................");
    log.info(attachList);

    attachList.forEach(attach -> {
      try {
        Path file  = Paths.get("C:\\upload\\"+attach.
getUploadPath()+"\\" + attach.getUuid()+"_"+ attach.getFileName());

        Files.deleteIfExists(file);

        if(Files.probeContentType(file).startsWith("image")) {

          Path thumbNail = Paths.get("C:\\upload\\"+attach.
getUploadPath()+"\\s_" + attach.getUuid()+"_"+ attach.getFileName());

          Files.delete(thumbNail);
        }

      }catch(Exception e) {
        log.error("delete file error" + e.getMessage());
      }//end catch
    });//end foreachd
  }
```

```java
  @PostMapping("/remove")
  public String remove(@RequestParam("bno") Long bno, Criteria cri,
RedirectAttributes rttr) {

    log.info("remove..." + bno);

    List<BoardAttachVO> attachList = service.getAttachList(bno);

    if (service.remove(bno)) {

      // delete Attach Files
      deleteFiles(attachList);

      rttr.addFlashAttribute("result", "success");
```

Part 01

Part 02

Part 03

Part 04

Part 05

Part 06

Part 07

```
        }
        return "redirect:/board/list" + cri.getListLink();
    }
```

BoardController의 remove( )는 삭제 전에 먼저 해당 게시물의 첨부파일 목록을 확보합니다. 이후에 데이터베이스에서 게시물과 첨부파일 데이터를 삭제합니다. 만일 삭제에 성공했다면 실제 파일의 삭제를 시도합니다.

실제 첨부파일을 삭제하는 작업은 원본 파일을 삭제한 후 이미지의 경우 섬네일 파일을 추가적으로 삭제합니다. 삭제 화면은 별다른 처리 없이 기존 게시물의 수정/삭제 화면에서 동일하게 테스트할 수 있습니다. 첨부파일이 존재하는 게시물을 등록하면 아래 그림과 같이 폴더 내에 파일들이 생성됩니다.

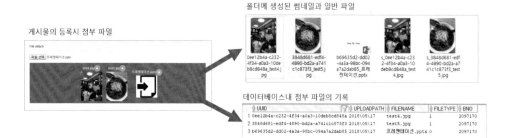

게시물의 수정/삭제 화면에서 게시물을 삭제하면 아래와 같이 모든 내용들이 정리됩니다.

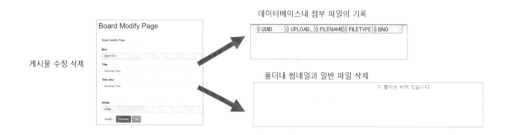

# Chapter

# 28 | 게시물의 수정과 첨부파일

게시물을 수정할 때 첨부파일과 관련된 작업은 사실상 게시물 등록 작업과 상당히 유사합니다. 첨부파일이라는 개념 자체가 수정이 아닌 기존 파일을 삭제하고, 새로운 파일을 추가하기 때문입니다. 게시물 수정에서 첨부파일은 수정이라는 개념보다는 삭제 후 다시 추가한다는 개념으로 접근해야 합니다. 게시물의 수정에는 기존의 게시물 테이블을 수정하는 작업과 변경(새롭게 추가된)된 첨부파일을 등록하는 작업으로 이루어집니다.

## 28.1 화면에서 첨부파일 수정

게시물의 수정은 views 폴더 내에 /board/modify.jsp에서 이루어집니다. 게시물의 수정은 게시물의 조회화면과 유사하지만 1) 원본 이미지 확대나 다운로드 기능이 필요하지 않다는 점, 2) 게시물 조회와 달리 삭제 버튼이 있어야 하는 점이 다릅니다.

### 28.1.1 첨부파일 데이터 보여주기

modify.jsp 파일에서 페이지가 로딩되면 첨부파일을 가져오는 작업을 먼저 처리합니다.

첨부파일을 보여주는 부분의 〈div〉를 추가하고, get.jsp에서 사용한 〈style〉 태그의 내용을 그대로 사용합니다.

Part 01

Part 02

Part 03

Part 04

Part 05

Part 06

Part 07

**modify.jsp의 일부**

```html
<div class='bigPictureWrapper'>
  <div class='bigPicture'>
  </div>
</div>

<style>
...생략.. get.jsp와 동일
</style>

<div class="row">
  <div class="col-lg-12">
    <div class="panel panel-default">

      <div class="panel-heading">Files</div>
      <!-- /.panel-heading -->
      <div class="panel-body">

        <div class='uploadResult'>
          <ul>
          </ul>
        </div>
      </div>
      <!--  end panel-body -->
    </div>
    <!--  end panel-body -->
  </div>
  <!-- end panel -->
</div>
<!-- /.row -->
```

jQuery의 $(document).ready( )를 이용해서 첨부파일을 보여주는 작업을 처리합니다.

**modify.jsp의 일부**

```html
<script>

$(document).ready(function() {
  (function(){

    var bno = '<c:out value="${board.bno}"/>';

    $.getJSON("/board/getAttachList", {bno: bno}, function(arr){

      console.log(arr);
```

```javascript
       var str = "";

     $(arr).each(function(i, attach){

       //image type
       if(attach.fileType){
         var fileCallPath =  encodeURIComponent( attach.uploadPath+
"/s_"+attach.uuid +"_"+attach.fileName);

         str += "<li data-path='"+attach.uploadPath+"' data-
uuid='"+attach.uuid+"' data-filename='"+attach.fileName+"' data-
type='"+attach.fileType+"' ><div>";
         str += "<img src='/display?fileName="+fileCallPath+"'>";
         str += "</div>";
         str +"</li>";
       }else{

         str += "<li data-path='"+attach.uploadPath+"' data-
uuid='"+attach.uuid+"' data-filename='"+attach.fileName+"' data-
type='"+attach.fileType+"' ><div>";
         str += "<span> "+ attach.fileName+"</span><br/>";
         str += "<img src='/resources/img/attach.png'></a>";
         str += "</div>";
         str +"</li>";
       }
     });

     $(".uploadResult ul").html(str);

   });//end getjson
 })();//end function
});

</script>
```

게시물의 조회화면에서 수정/삭제 화면으로 이동하면 첨부된 파일들을 볼 수 있습니다.

Part 01

Part 02

Part 03

Part 04

Part 05

Part 06

Part 07

첨부파일을 수정하기 위해서는 게시물을 등록할 때 사용했던 버튼과 파일을 교체하기 위한 〈input type='file'〉이 필요합니다.

```
<!-- /.panel-heading -->
<div class="panel-body">
  <div class="form-group uploadDiv">
      <input type="file" name='uploadFile' multiple="multiple">
  </div>

  <div class='uploadResult'>
    <ul>

    </ul>
  </div>
</div>
<!--  end panel-body -->
```

화면에서는 첨부파일이 보여지는 영역에 파일을 추가할 수 있는 〈input〉 태그가 추가됩니다.

Files

파일 선택 | 선택된 파일 없음

이미 등록되어 있는 첨부파일을 수정하려면 우선 기존의 특정한 파일을 삭제할 수 있도록 화면을 변경합니다. Ajax로 첨부파일의 데이터를 가져온 부분을 아래와 같이 수정합니다.

**modify.jsp의 일부**

```
$(arr).each(function(i, attach){

        //image type
        if(attach.fileType){
          var fileCallPath = encodeURIComponent( attach.uploadPath+
"/s_"+attach.uuid +"_"+attach.fileName);

          str += "<li data-path='"+attach.uploadPath+"' data-
uuid='"+attach.uuid+"' "
```

파일 업로드 처리

```
                    str +=" data-filename='"+attach.fileName+"' data-
type='"+attach.fileType+"' ><div>";
                    str += "<span> "+ attach.fileName+"</span>";
                    str += "<button type='button' data-file=\'"+fileCallPath+"\'
data-type='image' "
                    str += "class='btn btn-warning btn-circle'><i class='fa fa-
times'></i></button><br>";
                    str += "<img src='/display?fileName="+fileCallPath+"'>";
                    str += "</div>";
                    str +"</li>";
              }else{

                    str += "<li data-path='"+attach.uploadPath+"' data-
uuid='"+attach.uuid+"' "
                    str += "data-filename='"+attach.fileName+"' data-
type='"+attach.fileType+"' ><div>";
                    str += "<span> "+ attach.fileName+"</span><br/>";
                    str += "<button type='button' data-file=\'"+fileCallPath+"\'
data-type='file' "
                    str += " class='btn btn-warning btn-circle'><i class='fa fa-
times'></i></button><br>";
                    str += "<img src='/resources/img/attach.png'></a>";
                    str += "</div>";
                    str +"</li>";
              }
        });
```

화면에서는 교체하는 파일을 첨부하는 〈input〉 태그와 첨부파일의 이름과 삭제가 가능
한 버튼이 보이게 됩니다.

## 28.1.2 첨부파일의 삭제 이벤트

첨부파일 처리에서 가장 신경 쓰이는 부분은 사용자가 이미 있던 첨부파일 중에 일부를
삭제한 상태에서 게시물을 수정하지 않고 빠져나가는 상황입니다. 만일 사용자가 특정 첨

부파일을 삭제했을 때 Ajax를 통해서 업로드된 파일을 삭제하게 되면 나중에 게시물을 수정하지 않고 빠져나갔을 때 파일은 삭제된 상태가 되는 문제가 생깁니다. 이를 방지하려면 사용자가 특정 첨부파일을 삭제했을 때 화면에서만 삭제하고, 최종적으로 게시물을 수정했을 때 이를 반영하는 방식을 이용해야 합니다.

우선은 간단히 첨부파일의 'x' 버튼을 클릭하면 사용자의 확인을 거쳐 화면상에 사라지도록 합니다.

modify.jsp의 일부

```javascript
$(".uploadResult").on("click", "button", function(e){

    console.log("delete file");

    if(confirm("Remove this file? ")){

      var targetLi = $(this).closest("li");
      targetLi.remove();
    }
});
```

실제 파일의 삭제는 게시물의 수정 작업 시 이루어져야 하기 때문에 만일 사용자가 특정 첨부파일을 삭제했다면 삭제하는 파일에 대한 정보를 보관할 필요가 있습니다. 다행히도 〈li〉 태그 내에 필요한 모든 정보가 들어 있으므로, 이를 이용해서 〈input type= 'hidden'〉 태그를 생성해 둡니다.

실제 파일 삭제는 게시물의 수정 버튼을 누르고 처리되는 과정에서 이루어지도록 합니다. 데이터베이스 정보와 비교해서 수정된 게시물에 포함된 항목들 중에 기존에는 존재했으나 수정하면서 빠지는 항목이 있다면 이는 사용자가 해당 파일을 삭제하기 원하는 것입니다. 만일 사용자가 화면에서 특정 첨부파일을 삭제했더라도 게시물의 수정을 하지 않았다면 화면상에서만 파일이 안 보이는 것뿐이므로 나중에 다시 조회하면 원래의 첨부파일들을 확인할 수 있습니다.

### 28.1.3 첨부파일 추가

첨부파일 추가는 기존의 게시물 등록 시의 처리와 동일합니다. 서버에 파일을 업로드하고, 이를 화면에 섬네일이나 파일의 아이콘으로 보이게 처리합니다.

```
modify.jsp의 일부

var regex = new RegExp("(.*?)\.(exe|sh|zip|alz)$");
  var maxSize = 5242880; //5MB

  function checkExtension(fileName, fileSize){

     ...생략...
  }

  $("input[type='file']").change(function(e){

     ...생략...
  });

  function showUploadResult(arr){
     ...생략...
  }
```

### 28.1.4 게시물 수정 이벤트 처리

실제 게시물의 첨부파일을 수정하는 모든 작업은 서버에서 처리되도록 하므로, 게시물을 수정할 때는 게시물 등록 작업과 같이 모든 첨부파일 정보를 같이 전송해야 합니다. 기존의 소스 코드에서 수정 버튼을 클릭했을 때 아래와 같은 내용의 수정이 필요합니다.

Part 01

Part 02

Part 03

Part 04

Part 05

Part 06

Part 07

**modify.jsp의 일부**

```
var formObj = $("form");

    $('button').on("click", function(e){

      e.preventDefault();

      var operation = $(this).data("oper");

      console.log(operation);

      if(operation === 'remove'){
        formObj.attr("action", "/board/remove");

      }else if(operation === 'list'){
        //move to list
        ...생략...

      }else if(operation === 'modify'){

          console.log("submit clicked");

          var str = "";

          $(".uploadResult ul li").each(function(i, obj){

            var jobj = $(obj);

            console.dir(jobj);

            str += "<input type='hidden' name='attachList["+i+"].fileName'
value='"+jobj.data("filename")+"'>";
            str += "<input type='hidden' name='attachList["+i+"].uuid'
value='"+jobj.data("uuid")+"'>";
            str += "<input type='hidden' name='attachList["+i+"].
uploadPath' value='"+jobj.data("path")+"'>";
            str += "<input type='hidden' name='attachList["+i+"].fileType'
value='"+ jobj.data("type")+"'>";

          });
          formObj.append(str).submit();
        }

      formObj.submit();
    });
```

## 28.2 서버 측 게시물 수정과 첨부파일

게시물을 수정할 때 첨부파일의 처리는 생각보다 복잡합니다. 가장 큰 이유는 기존의 첨부파일 중에 어떤 파일을 수정했고, 어떤 파일이 삭제되었는지 알아야 하기 때문입니다. 예제에서 이에 대한 처리는 우선 간단한 방법으로 게시물의 모든 첨부파일 목록을 삭제하고, 다시 첨부파일 목록을 추가하는 형태로 처리를 하는 것입니다.

이 경우 데이터베이스 상에는 문제가 없는데, 실제로 파일이 업로드된 폴더에는 삭제된 파일이 남아 있는 문제가 생깁니다. 이에 대한 처리는 주기적으로 파일과 데이터베이스를 비교하는 등의 방법을 활용해서 처리할 수 있습니다.

### 28.2.1 BoardService(Impl)의 수정

BoardService에서 게시물의 수정은 우선 기존의 첨부파일 관련 데이터를 삭제한 후에 다시 첨부파일 데이터를 추가하는 방식으로 동작합니다.

**BoardServiceImpl 클래스의 일부**

```java
@Transactional
@Override
public boolean modify(BoardVO board) {

    log.info("modify......" + board);

    attachMapper.deleteAll(board.getBno());

    boolean modifyResult = mapper.update(board) == 1;

    if (modifyResult && board.getAttachList() != null && board.
getAttachList().size() > 0) {

        board.getAttachList().forEach(attach -> {

            attach.setBno(board.getBno());
            attachMapper.insert(attach);
        });
    }

    return modifyResult;
}
```

첨부파일은 수정이라기 보다는 삭제 후에 다시 추가한다는 개념이므로 게시물의 수정 전
과 후의 데이터베이스에 정상적으로 변경이 되는지 확인하는 것이 필요합니다.

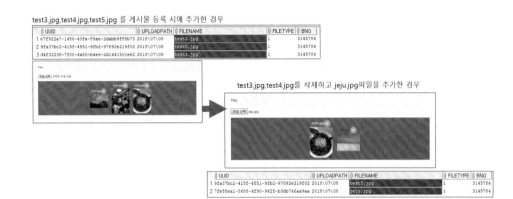

파일 업로드 처리

Chapter

# 29 | 잘못 업로드된 파일 삭제

Ajax를 이용해서 첨부파일을 사용하면 사용자가 게시물을 등록하거나 수정하기 전에 미리 업로드시킨 파일들을 볼 수 있다는 장점이 있지만, 다음과 같은 문제를 남깁니다.

- 첨부파일만을 등록하고 게시물을 등록하지 않았을 때의 문제 – 파일은 이미 서버에 업로드되었지만, 게시물을 등록하지 않았으므로 의미 없이 파일들만 서버에 업로드된 상황
- 게시물을 수정할 때 파일을 삭제했지만 실제로 폴더에서 기존 파일은 삭제되지 않은 문제 – 데이터베이스에는 기존 파일이 삭제되었지만, 실제 폴더에는 남는 문제

위 상황의 공통적인 문제는 사용자가 Ajax로 어떤 작업을 한 후에 비정상적으로 브라우저를 종료하거나 페이지를 빠져나가는 문제입니다. 이 문제를 해결하는 핵심은 정상적으로 사용자의 게시물에 첨부된 파일인지 아니면 사용자가 게시물을 수정할 때 업로드했지만 최종적으로 사용되는 파일인지 아닌지를 파악하는 것이 핵심입니다.

## 29.1 잘못 업로드된 파일의 정리

게시물에 필요한 모든 파일에 대한 정보는 최종적으로는 데이터베이스에 기록되어 있습니다. 만일 사용자가 게시물을 등록하거나 수정하기 위해서 첨부파일을 등록했지만, 최종적으로 submit을 하지 않은 경우에는 폴더에 파일들은 업로드되지만, 데이터베이스에는 아무 변화가 없게 됩니다.

만일 정상적으로 해당 첨부파일이 게시물에 사용되었다면 데이터베이스의 tbl_attach 테이블에 기록되어 있을 것이므로 데이터베이스와 비교하는 작업을 거쳐서 업로드만 된 파일의 목록을 찾아야 합니다.

Part 01

Part 02

Part 03

Part 04

Part 05

Part 06

Part 07

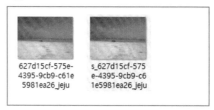

사용자가 게시물을 등록하지 않으면
서버에 업로드된 파일은 그대로 남아
있음

627d15cf-575e-
4395-9cb9-c61e
5981ea26_jeju

s_627d15cf-575
e-4395-9cb9-c6
1e5981ea26_jeju

파일의 목록을 찾을 때에는 반드시 오늘 날짜가 아닌 파일들을 대상으로 해야만 합니다.
만일 오늘 날짜를 대상으로 하는 경우 지금 현재 게시물을 작성하거나 수정하기 위해서 업
로드하고 있는 파일들을 삭제할 가능성이 있기 때문입니다.

어제 날짜로 등록된 첨부파일의 목록
을 구한다.

| UUID | UPLOADPATH | FILENAME | FILETYPE |
|---|---|---|---|
| e941b1c6-6fec-458... | 2018₩05₩21 | test3.jpg | 1 |
| e7c71a10-7aab-4a... | 2018₩05₩21 | test4.jpg | 1 |
| b4d2bd62-03bf-45... | 2018₩05₩21 | test5.jpg | 1 |
| 2726675a-c695-4d... | 2018₩05₩21 | 0c2229a.jpg | 1 |
| 20a6b192-3bad-43... | 2018₩05₩21 | 888627.jpg | 1 |
| 97a57a7b-a982-4f... | 2018₩05₩21 | c0022996_491ae4059d9... | 1 |
| e8f3ed3d-43e5-45... | 2018₩05₩21 | freesoul_76669_1[9].jpg | 1 |
| 758f8d17-e89b-42... | 2018₩05₩21 | jeju.jpg | 1 |
| 212aba25-e5b0-49... | 2018₩05₩21 | z7676.jpg | 1 |
| ba6c8831-80ba-4fa... | 2018₩05₩21 | z7677.jpg | 1 |

어제 업로드가 되었지만, 데이터베이
스에는 존재하지 않는 파일들을 찾는
다.

데이터베이스와 비교해서 필요 없는
파일들을 삭제한다.

이 작업은 주기적으로 동작해야 하므로 스케줄링을 할 수 있는 Spring-Batch나 Quartz 라이브러리를 이용합니다.

## 29.2 Quartz 라이브러리 설정

Quartz 라이브러리는 일반적으로 스케줄러를 구성하기 위해서 사용합니다. 서버를 운영하기 위해서는 간혹 주기적으로 매일, 매주, 매월 등 주기적으로 특정한 프로그램을 실행할 필요가 있습니다. 이 작업은 운영체제의 기능을 이용해서 작업할 수도 있지만, 스프링과 Quartz 라이브러리를 이용하면 간단히 처리할 수 있습니다(Spring Batch의 경우 많은 양의 데이터를 주기적으로 읽고 쓰는 작업에는 유용하지만 설정이 더 복잡합니다.).

Quartz 기능을 활용하기 위해서는 pom.xml에 아래와 같이 라이브러리를 추가합니다.

**pom.xml의 일부**

```xml
<!-- https://mvnrepository.com/artifact/org.quartz-scheduler/quartz -->
  <dependency>
    <groupId>org.quartz-scheduler</groupId>
    <artifactId>quartz</artifactId>
    <version>2.3.0</version>
  </dependency>


  <!-- https://mvnrepository.com/artifact/org.quartz-scheduler/quartz-jobs -->
  <dependency>
    <groupId>org.quartz-scheduler</groupId>
    <artifactId>quartz-jobs</artifactId>
    <version>2.3.0</version>
  </dependency>
```

Quartz에 대한 설정은 XML과 어노테이션을 활용할 수 있습니다. 어노테이션을 이용하기 위해서 root-context.xml의 일부를 수정합니다.

root-context.xml의 네임스페이스에 task 항목을 체크합니다.

root-context.xml에는 〈task:annotation-driven〉을 추가합니다.

**root-context.xml의 일부**

```xml
<?xml version="1.0" encoding="UTF-8"?>
<beans xmlns="http://www.springframework.org/schema/beans"
  xmlns:xsi="http://www.w3.org/2001/XMLSchema-instance"
  xmlns:aop="http://www.springframework.org/schema/aop"
  xmlns:context="http://www.springframework.org/schema/context"
  xmlns:tx="http://www.springframework.org/schema/tx"
  xmlns:mybatis-spring="http://mybatis.org/schema/mybatis-spring"
  xmlns:task="http://www.springframework.org/schema/task"
  xsi:schemaLocation="http://mybatis.org/schema/mybatis-spring http://
mybatis.org/schema/mybatis-spring-1.2.xsd
    http://www.springframework.org/schema/task http://www.
springframework.org/schema/task/spring-task-4.3.xsd
    http://www.springframework.org/schema/beans http://www.
springframework.org/schema/beans/spring-beans.xsd
    http://www.springframework.org/schema/context http://www.
```

파일 업로드 처리

```
springframework.org/schema/context/spring-context-4.3.xsd
    http://www.springframework.org/schema/aop http://www.springframework.
org/schema/aop/spring-aop-4.3.xsd
    http://www.springframework.org/schema/tx http://www.springframework.
org/schema/tx/spring-tx-4.3.xsd">
...생략...
<task:annotation-driven/>
```

## 29.2.1 Java 설정을 이용하는 경우

어노테이션을 이용하는 스케줄러의 설정은 @EnableScheduling 설정을 통해서 이루어
집니다. RootConfig 클래스 파일에는 org.zerock.task 패키지를 스캔하고 어노테이션
을 추가합니다.

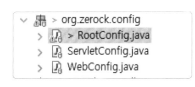

**RootConfig 클래스의 일부**

```
@Configuration
@ComponentScan(basePackages= {"org.zerock.service"})
@ComponentScan(basePackages="org.zerock.aop")
@EnableAspectJAutoProxy
@EnableScheduling
@EnableTransactionManagement

@MapperScan(basePackages= {"org.zerock.mapper"})
public class RootConfig {

    ...생략...
```

## 29.2.2 Task 작업의 처리

실제 작업의 로직은 별도로 org.zerock.task라는 패키지 내에 FileCheckTask라는 클
래스를 작성해서 처리합니다.

Part 01

Part 02

Part 03

Part 04

Part 05

Part 06

Part 07

> ⬛ org.zerock.mapper
> ⬛ org.zerock.service
∨ ⬛ > org.zerock.task
  > 🗋 > FileCheckTask.java

**FileCheckTask 클래스**

```java
package org.zerock.task;

import org.springframework.scheduling.annotation.Scheduled;
import org.springframework.stereotype.Component;

import lombok.extern.log4j.Log4j;

@Log4j
@Component
public class FileCheckTask  {

  @Scheduled(cron="0 * * * * *")
  public void checkFiles()throws Exception{

    log.warn("File Check Task run.................");

    log.warn("=========================================");

  }
}
```

FileCheckTask에는 @Component 어노테이션과 @Scheduled 어노테이션이 사용되었습니다. @Scheduled 어노테이션 내에는 cron이라는 속성을 부여해서 주기를 제어합니다. 로그가 정상적으로 기록되는지 확인하기 위해서 log.warn( ) 레벨을 이용해서 실행 중에 확인할 수 있도록 합니다.

우선 FileCheckTask가 정상적으로 동작하는지 확인하기 위해서 root-context.xml에 FileCheckTask를 스프링의 빈으로 설정합니다.

**root-context.xml의 일부**

```xml
<context:component-scan
  base-package="org.zerock.task"></context:component-scan>

<task:annotation-driven/>
```

예제의 cron 설정은 위의 경우 매분 0초마다 한 번씩 실행되도록 지정되었으므로, 서버를 실행해 두고 1분에 한 번씩 로그가 기록되는지를 확인합니다(아래의 화면은 몇 분간 별도의 작업 없이 서버를 실행해둔 상태에서 기록되는 로그입니다.).

```
WARN : org.zerock.task.FileCheckTask - File Check Task run..................
WARN : org.zerock.task.FileCheckTask - ===================================
WARN : org.zerock.task.FileCheckTask - File Check Task run..................
WARN : org.zerock.task.FileCheckTask - ===================================
WARN : org.zerock.task.FileCheckTask - File Check Task run..................
WARN : org.zerock.task.FileCheckTask - ===================================
```

Java 설정의 경우 'org.zerock.task' 패키지를 RootConfig에서 스캔하도록 지정합니다.

```
@Configuration
@ComponentScan(basePackages= {"org.zerock.service"})
@ComponentScan(basePackages="org.zerock.aop")
@ComponentScan(basePackages="org.zerock.task")

@EnableAspectJAutoProxy
@EnableScheduling
@EnableTransactionManagement

@MapperScan(basePackages= {"org.zerock.mapper"})
public class RootConfig {
...생략...
```

## 29.3 BoardAttachMapper 수정

FileCheckTask가 정상적으로 동작하는지를 확인했다면 데이터베이스에서 어제 등록된 모든 파일의 목록이 필요하므로, BoardAttachMapper에 첨부파일 목록을 가져오는 메서드를 추가합니다.

```
> 🎲 org.zerock.domain
∨ 🎲 org.zerock.mapper
    > 📄 BoardAttachMapper.java
    > 📄 BoardMapper.java
```

Part 01

Part 02

Part 03

Part 04

Part 05

Part 06

Part 07

**BoardAttachMapper 인터페이스의 일부**

```java
package org.zerock.mapper;

import java.util.List;

import org.zerock.domain.BoardAttachVO;

public interface BoardAttachMapper {

  ...생략...

  public List<BoardAttachVO> getOldFiles();

}
```

BoardAttachMapper.xml 파일에는 아래와 같이 쿼리를 추가합니다. sysdate 에서 1을 빼 어제 날짜를 처리합니다.

**BoardAttachMapper.xml의 일부**

```xml
<select id="getOldFiles"
    resultType="org.zerock.domain.BoardAttachVO">

    select * from tbl_attach where uploadpath = to_char(sysdate -1
,'yyyy\mm\dd')

</select>
```

## 29.4 cron 설정과 삭제 처리

Cron은 원래 유닉스 계열에서 사용되는 스케줄러 프로그램의 이름이지만, 워낙 많이 사용되다 보니 각종 언어나 기술에 맞는 라이브러리 형태로 많이 사용됩니다. 작성된 FileCheckTask 내에서는 @Scheduled(cron="0 * * * * *")과 같이 표현식이 사용되었는데, 이때의 의미는 다음 그림을 참고해서 '매분 0초가 될 때 마다 실행한다'로 해석할 수 있습니다.

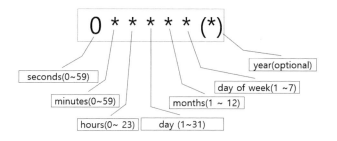

| * | 모든 수 |
| --- | --- |
| ? | 제외 |
| - | 기간 |
| , | 특정 시간 |
| / | 시작 시간과 반복시간 |
| L | 마지막 |
| W | 가까운 평일 |

### 29.4.1 파일의 목록 처리

작업의 순서는 1) 데이터베이스에서 어제 사용된 파일의 목록을 얻어오고, 2) 해당 폴더의 파일 목록에서 데이터베이스에 없는 파일을 찾아냅니다. 3) 이후 데이터베이스에 없는 파일들을 삭제하는 순서로 구성됩니다.

FileCheckTask 클래스

```java
package org.zerock.task;

import java.io.File;
import java.nio.file.Path;
import java.nio.file.Paths;
import java.text.SimpleDateFormat;
import java.util.Calendar;
import java.util.Date;
import java.util.List;
import java.util.stream.Collectors;

import org.springframework.beans.factory.annotation.Autowired;
import org.springframework.scheduling.annotation.Scheduled;
import org.springframework.stereotype.Component;
import org.zerock.domain.BoardAttachVO;
import org.zerock.mapper.BoardAttachMapper;

import lombok.Setter;
import lombok.extern.log4j.Log4j;

@Log4j
@Component
public class FileCheckTask {

  @Setter(onMethod_ = { @Autowired })
  private BoardAttachMapper attachMapper;
```

Part 01

Part 02

Part 03

Part 04

Part 05

Part 06

Part 07

```java
    private String getFolderYesterDay() {

      SimpleDateFormat sdf = new SimpleDateFormat("yyyy-MM-dd");

      Calendar cal = Calendar.getInstance();

      cal.add(Calendar.DATE, -1);

      String str = sdf.format(cal.getTime());

      return str.replace("-", File.separator);
    }

    @Scheduled(cron = "0 0 2 * * *")
    public void checkFiles() throws Exception {

      log.warn("File Check Task run.................");
      log.warn(new Date());
      // file list in database
      List<BoardAttachVO> fileList = attachMapper.getOldFiles();

      // ready for check file in directory with database file list
      List<Path> fileListPaths = fileList.stream()
          .map(vo -> Paths.get("C:\\upload", vo.getUploadPath(),
  vo.getUuid() + "_" + vo.getFileName()))
          .collect(Collectors.toList());

      // image file has thumnail file
      fileList.stream().filter(vo -> vo.isFileType() == true)
          .map(vo -> Paths.get("C:\\upload", vo.getUploadPath(), "s_" +
  vo.getUuid() + "_" + vo.getFileName()))
          .forEach(p -> fileListPaths.add(p));

      log.warn("=========================================");

      fileListPaths.forEach(p -> log.warn(p));

      // files in yesterday directory
      File targetDir = Paths.get("C:\\upload", getFolderYesterDay()).
  toFile();

      File[] removeFiles = targetDir.listFiles(file -> fileListPaths.
  contains(file.toPath()) == false);

      log.warn("-----------------------------------------");
      for (File file : removeFiles) {

        log.warn(file.getAbsolutePath());
```

```
            file.delete();

        }
    }
}
```

FileCheckTask의 checkFiles( )는 매일 새벽 2시에 동작합니다. 먼저 attachMapper 를 이용해서 어제 날짜로 보관되는 모든 첨부파일의 목록을 가져옵니다. 데이터베이스에 서 가져온 파일 목록은 BoardAttachVO 타입의 객체이므로, 나중에 비교를 위해서 java.nio.Paths의 목록으로 변환합니다. 이때 이미지 파일의 경우에는 섬네일 파일도 목 록에 필요하기 때문에 별도로 처리해서 해당 일의 예상 파일 목록을 완성합니다. 코드에 서는 fileListPaths라는 이름의 변수로 처리합니다.

데이터베이스에 있는 파일들의 준비가 끝나면 실제 폴더에 있는 파일들의 목록에서 데이 터베이스에는 없는 파일들을 찾아서 목록으로 준비합니다. 이 결과는 removeFiles 변수 에 담아서 처리합니다. 최종적으로는 삭제 대상이 되는 파일들을 삭제합니다.

아래 화면은 전날 등록된 파일들 중에 데이터베이스에서 필요한 파일이 없는 경우에 모든 파일들을 찾아서 삭제하는 로그의 일부입니다.

```
INFO : jdbc.resultsettable -
|-----|-----------|---------|---------|----|
|uuid |uploadpath |filename |filetype |bno |
|-----|-----------|---------|---------|----|
|-----|-----------|---------|---------|----|

INFO : jdbc.resultset - 1. ResultSet.next() returned false
INFO : jdbc.resultset - 1. ResultSet.close() returned void
INFO : jdbc.audit - 1. Connection.getMetaData() returned oracle.jdbc.driver.
OracleDatabaseMetaData@27e3bfbb
INFO : jdbc.audit - 1. PreparedStatement.isClosed() returned false
INFO : jdbc.audit - 1. PreparedStatement.close() returned
INFO : jdbc.audit - 1. Connection.clearWarnings() returned
WARN : org.zerock.task.FileCheckTask - =========================================
WARN : org.zerock.task.FileCheckTask - -----------------------------------------
WARN : org.zerock.task.FileCheckTask - C:\upload\2018\07\07\05a1ba6f-6eda-461e-
9186-f52b6e8ba282_구멍가게2.jpg
WARN : org.zerock.task.FileCheckTask - C:\upload\2018\07\07\23b0b210-630d-46f8-
8268-e2d638de9b7d_마음의소리.jpg
WARN : org.zerock.task.FileCheckTask - C:\upload\2018\07\07\2d62a96e-b606-4989-
bfe4-8ac2c5b57c53_마음의소리.jpg
WARN : org.zerock.task.FileCheckTask - C:\upload\2018\07\07\40fa560f-f903-483f-
aa0b-68ce6ae296a3_마음의소리.jpg
WARN : org.zerock.task.FileCheckTask - C:\upload\2018\07\07\42fa77a0-4315-46b1-
```

9604-695a1640f79c_마음의소리.jpg
WARN : org.zerock.task.FileCheckTask - C:\upload\2018\07\07\66312fa9-019f-4d1c-
b3a2-3836a4e8de6b_구멍가게2.jpg
WARN : org.zerock.task.FileCheckTask - C:\upload\2018\07\07\732292e6-1fce-4536-
b97e-6d4bce392ddc_test3.jpg

WARN : org.zerock.task.FileCheckTask - C:\upload\2018\07\07\7d5e73fd-c12a-49b0-
a52f-2c9c57253eef_구멍가게2.jpg
WARN : org.zerock.task.FileCheckTask - C:\upload\2018\07\07\8584c737-b0c8-4c95-
ba75-53542e0c9074_구멍가게2.jpg
WARN : org.zerock.task.FileCheckTask - C:\upload\2018\07\07\87d394b8-1f4a-4df6-
8a0b-eeb4fe54eee7_마음의소리.jpg

# Spring Web Security를 이용한 로그인 처리

거의 대부분 웹 기반의 프로젝트에서는 사용자의 권한이나 등급에 기반을 두는 로그인 체크를 이용합니다. 웹에서는 기본적으로 쿠키를 이용하거나 세션을 이용하는 방식이 일반적입니다. 스프링에서도 이를 활용할 수 있는 방법은 Interceptor 등을 이용해서 처리할 수 있습니다.

PART 7에서는 이러한 처리를 스프링 웹 시큐리티를 이용해서 처리합니다. 스프링 시큐리티를 이용하면 다음과 같은 작업들을 간편히 처리할 수 있습니다.

- 로그인 처리와 CSRF 토큰 처리
- 암호화 처리
- 자동로그인
- JSP에서의 로그인 처리

Part 01

Part 02

Part 03

Part 04

Part 05

Part 06

Part 07

# 30 | Spring Web Security 소개

스프링 시큐리티의 기본 동작 방식은 서블릿의 여러 종류의 필터와 인터셉터를 이용해서 처리됩니다. 필터는 서블릿에서 말하는 단순한 필터를 의미하고, 인터셉터(Interceptor)는 스프링에서 필터와 유사한 역할을 합니다.

필터와 인터셉터는 특정한 서블릿이나 컨트롤러의 접근에 관여한다는 점에서는 유사하지만 결정적인 차이를 구분하자면 필터는 스프링과 무관하게 서블릿 자원이고, 인터셉터는 스프링의 빈으로 관리되면서 스프링의 컨텍스트 내에 속한다는 차이입니다.

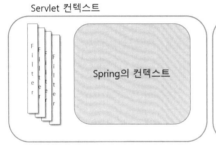
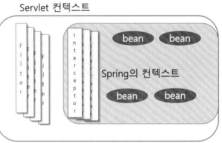

위의 그림에서 왼쪽은 일반 필터로 현재 실행되는 서블릿 컨텍스트에 속하긴 하지만 스프링과 무관합니다. 반면에 인터셉터의 경우는 스프링의 내부에서 컨트롤러를 호출할 때 관여하기 때문에 스프링의 컨텍스트 내에 있는 모든 자원을 활용할 수 있습니다.

스프링 시큐리티를 이용하게 되면 위와 같이 인터셉터와 필터를 이용하면서 별도의 컨텍스트를 생성해서 처리됩니다. 하나의 스프링 MVC 프로젝트에 스프링 시큐리티가 적용된다면 다음과 같은 구조가 생성됩니다.

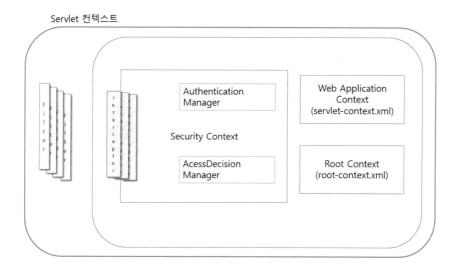

Servlet 컨텍스트

스프링 시큐리티는 현재 동작하는 스프링 컨텍스트 내에서 동작하기 때문에 이미 컨텍스트에 포함된 여러 빈들을 같이 이용해서 다양한 방식의 인증 처리가 가능하도록 설계할 수 있습니다.

## 30.1 Spring Web Security의 설정

스프링 시큐리티를 이론으로 공부하는 것은 나중으로 미루더라도 프로젝트를 생성해서 스프링 시큐리티의 동작을 먼저 살펴보겠습니다. 프로젝트는 'ex06' 프로젝트로 생성하고, 스프링의 버전을 조정합니다. 기존의 예제에서 사용한 pom.xml을 이용해서 수정하면 별도의 과정 없이 처리를 할 수 있습니다.

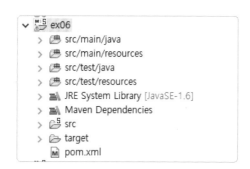

Part 01

Part 02

Part 03

Part 04

Part 05

Part 06

Part 07

스프링 시큐리티는 스프링의 여러 하위 프로젝트 중에 하나이므로, https://projects.
spring.io/spring-security/와 같은 페이지를 이용해서 필요한 버전을 추가합니다(스프링
공식 문서에는 spring-security-web만이 존재하지만, 다양한 처리를 위해서는 아래와
같이 3개의 파일을 받도록 합니다. 3개의 파일은 동일한 버전으로 맞춰야 합니다.).

JSP에서는 스프링 시큐리티 관련된 태그 라이브러리를 활용할 수 있도록 spring-
security-taglib을 추가합니다.

**pom.xml의 일부**

```xml
<dependency>
    <groupId>org.springframework.security</groupId>
    <artifactId>spring-security-web</artifactId>
    <version>5.0.6.RELEASE</version>
</dependency>

<dependency>
    <groupId>org.springframework.security</groupId>
    <artifactId>spring-security-config</artifactId>
    <version>5.0.6.RELEASE</version>
</dependency>

<dependency>
    <groupId>org.springframework.security</groupId>
    <artifactId>spring-security-core</artifactId>
    <version>5.0.6.RELEASE</version>
</dependency>

<!-- https://mvnrepository.com/artifact/org.springframework.security/
spring-security-taglibs -->
<dependency>
    <groupId>org.springframework.security</groupId>
    <artifactId>spring-security-taglibs</artifactId>
    <version>5.0.6.RELEASE</version>
</dependency>
```

### 30.1.1 security-context.xml 생성

스프링 시큐리티는 단독으로 설정할 수 있기 때문에 기존의 root-context.xml이나
servlet-context.xml과는 별도로 security-context.xml을 따로 작성하는 것이 좋습
니다. security-context.xml 파일은 메뉴에서 'Spring Bean Configuration File'

메뉴를 통해서 생성하거나 일반 XML 파일로 생성할 수 있습니다.

작성한 security-context.xml은 네임스페이스에서 security 항목을 체크합니다.

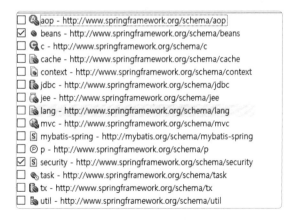

스프링 시큐리티 5버전에서 한 가지 주의해야 하는 사항은 네임스페이스에 추가된 버전이 5.0의 XML 네임스페이스라는 점입니다.

Part 01

Part 02

Part 03

Part 04

Part 05

Part 06

Part 07

```
<?xml version="1.0" encoding="UTF-8"?>
<beans xmlns="http://www.springframework.org/schema/beans"
  xmlns:xsi="http://www.w3.org/2001/XMLSchema-instance"
  xmlns:security="http://www.springframework.org/schema/security"
  xsi:schemaLocation="http://www.springframework.org/schema/security
http://www.springframework.org/schema/security/spring-security-5.0.xsd
```

XML을 이용해서 스프링 시큐리티를 설정할 때에는 5.0 네임스페이스에서 문제가 발생하기 때문에 security-context.xml은 아래와 같이 수정합니다(4.2버전까지는 허용이되지만 5.0은 에러가 발생하는 버그(?)가 있으니 주의해야 합니다. 나머지 부분은 수정하지 않습니다.).

```
<beans xmlns="http://www.springframework.org/schema/beans"
        xmlns:xsi="http://www.w3.org/2001/XMLSchema-instance"
        xmlns:security="http://www.springframework.org/schema/security"
        xsi:schemaLocation="http://www.springframework.org/schema/
        security http://www.springframework.org/schema/security/
        spring-security.xsd
                    http://www.springframework.org/schema/beans
http://www.springframework.org/schema/beans/spring-beans.xsd">
```

### 30.1.2 web.xml 설정

스프링 시큐리티가 스프링 MVC에서 사용되기 위해서는 필터를 이용해서 스프링 동작에관여하도록 설정합니다.

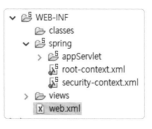

**web.xml의 일부**

```
<filter>
    <filter-name>springSecurityFilterChain</filter-name>
    <filter-class>org.springframework.web.filter.DelegatingFilterProxy
```

```
    </filter-class>
  </filter>

    <filter-mapping>
      <filter-name>springSecurityFilterChain</filter-name>
      <url-pattern>/*</url-pattern>
    </filter-mapping>
```

web.xml에 필터를 적용한 후 프로젝트를 실행해 보면 아래와 같이 에러가 발생하는 것을 확인할 수 있습니다.

```
심각: Exception starting filter [springSecurityFilterChain]
org.springframework.beans.factory.NoSuchBeanDefinitionException: No bean named 'springSecurityFilterChain' available
        at org.springframework.beans.factory.support.DefaultListableBeanFactory.getBeanDefinition(DefaultListableBeanFactory.java:686)
        at org.springframework.beans.factory.support.AbstractBeanFactory.getMergedLocalBeanDefinition(AbstractBeanFactory.java:1210)
        at org.springframework.beans.factory.support.AbstractBeanFactory.doGetBean(AbstractBeanFactory.java:291)
        at org.springframework.beans.factory.support.AbstractBeanFactory.getBean(AbstractBeanFactory.java:204)
        at org.springframework.context.support.AbstractApplicationContext.getBean(AbstractApplicationContext.java:1095)
        at org.springframework.web.filter.DelegatingFilterProxy.initDelegate(DelegatingFilterProxy.java:337)
```

에러의 원인은 'springSecurityFilterChain'이라는 빈이 제대로 설정되지 않아서 발생한다고 나오는데, 이는 스프링 시큐리티의 설정 파일을 찾을 수 없기 때문입니다. 이에 대한 처리는 작성된 security-context.xml을 로딩하도록 설정하는 작업과 security-context.xml에 최소한의 설정이 필요합니다.

**web.xml의 일부**

```
  <!-- The definition of the Root Spring Container shared by all Servlets
      and Filters -->
  <context-param>
    <param-name>contextConfigLocation</param-name>
    <param-value>/WEB-INF/spring/root-context.xml
    /WEB-INF/spring/security-context.xml
    </param-value>
  </context-param>
```

security-context.xml에는 아래와 같이 설정을 추가합니다.

**security-context.xml**

```
  <?xml version="1.0" encoding="UTF-8"?>
  <beans xmlns="http://www.springframework.org/schema/beans"
    xmlns:xsi="http://www.w3.org/2001/XMLSchema-instance"
```

Part 01

Part 02

Part 03

Part 04

Part 05

Part 06

Part 07

```
    xmlns:security="http://www.springframework.org/schema/security"
    xsi:schemaLocation="http://www.springframework.org/schema/security
http://www.springframework.org/schema/security/spring-security.xsd
    http://www.springframework.org/schema/beans http://www.
springframework.org/schema/beans/spring-beans.xsd">

<security:http>

    <security:form-login />

</security:http>

    <security:authentication-manager>

    </security:authentication-manager>

</beans>
```

스프링 시큐리티가 동작하기 위해서는 Authentication Manager라는 존재와 스프링
시큐리티의 시작 지점이 필요하기 때문에 위와 같이 최소한의 설정을 지정한 후에 실행합
니다.

서버를 실행해서 기존과 달리 에러가 발생하지는 않는 것을 확인합니다.

```
INFO : org.springframework.web.servlet.DispatcherServlet - FrameworkServlet 'appServlet': initialization started
INFO : org.springframework.web.context.support.XmlWebApplicationContext - Refreshing WebApplicationContext for namespace 'appSer
INFO : org.springframework.beans.factory.xml.XmlBeanDefinitionReader - Loading XML bean definitions from ServletContext resource
INFO : org.springframework.beans.factory.annotation.AutowiredAnnotationBeanPostProcessor - JSR-330 'javax.inject.Inject' annotat
INFO : org.springframework.web.servlet.mvc.method.annotation.RequestMappingHandlerMapping - Mapped "{[/],methods=[GET]}" onto pul
INFO : org.springframework.web.servlet.mvc.method.annotation.RequestMappingHandlerAdapter - Looking for @ControllerAdvice: WebApp
INFO : org.springframework.web.servlet.mvc.method.annotation.RequestMappingHandlerAdapter - Looking for @ControllerAdvice: WebApp
INFO : org.springframework.web.servlet.handler.SimpleUrlHandlerMapping - Mapped URL path [/resources/**] onto handler 'org.spring
INFO : org.springframework.web.servlet.DispatcherServlet - FrameworkServlet 'appServlet': initialization completed in 1103 ms
```

## 30.2 시큐리티가 필요한 URI 설계

스프링 시큐리티의 최소한의 설정이 완료되었다면 시큐리티에 의해 제어가 필요한 URI
를 설계하고 적용하도록 합니다. 예제는 다음과 같은 URI를 설계합니다.

- /sample/all –> 로그인을 하지 않은 사용자도 접근 가능한 URI

- /sample/member –> 로그인 한 사용자들만이 접근할 수 있는 URI

- /sample/admin –> 로그인 한 사용자들 중에서 관리자 권한을 가진 사용자만이 접근할 수 있는 URI

org.zerock.controller 패키지 내에 SampleController를 작성하고 해당 URI에 맞는
메서드를 작성합니다.

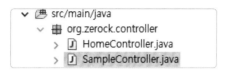

```
package org.zerock.controller;

import org.springframework.stereotype.Controller;
import org.springframework.web.bind.annotation.GetMapping;
import org.springframework.web.bind.annotation.RequestMapping;

import lombok.extern.log4j.Log4j;

@Log4j
@RequestMapping("/sample/*")
@Controller
public class SampleController {


  @GetMapping("/all")
  public void doAll() {

    log.info("do all can access everybody");
  }

  @GetMapping("/member")
  public void doMember() {

    log.info("logined member");
  }

  @GetMapping("/admin")
  public void doAdmin() {

    log.info("admin only");
  }

}
```

Part 01

Part 02

Part 03

Part 04

Part 05

Part 06

Part 07

views 폴더에는 sample 폴더를 작성하고 해당 URI에 맞는 화면을 작성합니다.

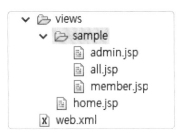

서버에서 프로젝트를 실행하고 해당 URI가 정상적으로 동작하는지 확인합니다(서버의 프로젝트 경로는 '/controller'가 아닌 '/' 경로를 사용하도록 세팅합니다.).

**all.jsp의 일부**

```jsp
<%@ page language="java" contentType="text/html; charset=UTF-8"
    pageEncoding="UTF-8"%>
<!DOCTYPE html PUBLIC "-//W3C//DTD HTML 4.01 Transitional//EN" "http://
www.w3.org/TR/html4/loose.dtd">
<html>
<head>
<meta http-equiv="Content-Type" content="text/html; charset=UTF-8">
<title>Insert title here</title>
</head>
<body>
<!-- all or member or admin -->
<h1>/sample/all page</h1>
</body>
</html>
```

member.jsp나 admin.jsp 역시 거의 동일하게 구성하고 〈h1〉 태그의 내용만을 구분할 수 있도록 작성합니다.

## 30.3 인증(Authentication)과 권한 부여(Authorization – 인가)

스프링 시큐리티의 동작을 이해하기 위해서는 가장 중요한 용어인 인증(Authentication)과 권한(Authorization)에 대한 이해입니다. 인증과 권한에 대한 두 단어의 의미에 대해서는 정확히 정리할 필요가 있습니다.

'인증(Authentication)'은 쉽게 말해서 '자신을 증명하는 것'입니다. 다시 말해서 자기 스스로가 무언가 자신을 증명할 만한 자료를 제시하는 것입니다. 반면에 '권한 부여(Authorization)'는 남에 의해서 자격이 부여된다는 점에서 차이가 있습니다.

시큐리티의 개념을 어떤 회사에 방문하는 장면으로 비유하면 아래 그림과 유사합니다.

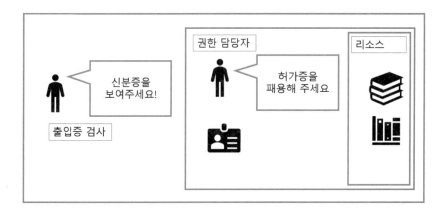

엔지니어 A는 B 회사에 고장 난 데이터베이스를 고치기 위해서 방문합니다. 예약을 한 상태에서 방문한 A씨는 우선 회사 입구에서 '본인을 인증'할 것을 요구받습니다. 출입증을 검사하는 직원은 A의 신분을 확인합니다. 인증이란 이처럼 본인이 무엇인가를 증명하는 행위라고 보면 됩니다.

회사 내부에 들어간 A씨는 다시 담당자를 만나서 데이터베이스의 접근 권한 등의 정보를 얻어야 합니다. 이 과정을 인가 혹은 권한 부여(authorization)라고 볼 수 있습니다. 권한 부여 과정에서 A씨에는 데이터베이스를 조회하거나 수정할 수 있는 권한이 부여됩니다.

Part 01

Part 02

Part 03

Part 04

Part 05

Part 06

Part 07

스프링 시큐리티의 내부에도 이와 비슷한 구조를 가지고 있습니다. 스프링 시큐리티에서 가장 중요한 역할을 하는 존재가 인증을 담당하는 AuthenticationManager(인증 매니저)라는 존재입니다. AuthenticationManager는 다양한 방식의 인증을 처리할 수 있도록 아래와 같은 구조로 설계되어 있습니다.

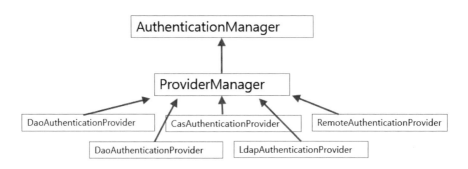

ProviderManager는 인증에 대한 처리를 AuthenticationProvider라는 타입의 객체를 이용해서 처리를 위임합니다.

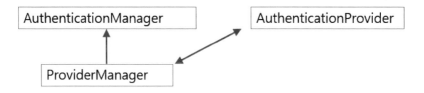

AuthenticationProvider(인증 제공자)는 실제 인증 작업을 진행합니다. 이때 인증된 정보에는 권한에 대한 정보를 같이 전달하게 되는데 이 처리는 UserDetailsService라는 존재와 관련 있습니다. UserDetailsService 인터페이스의 구현체는 실제로 사용자의 정보와 사용자가 가진 권한의 정보를 처리해서 반환하게 됩니다.

개발자가 스프링 시큐리티를 커스터마이징 하는 방식은 크게 AuthenticationProvider를 직접 구현하는 방식과 실제 처리를 담당하는 UserDetailsService를 구현하는 방식으로 나누어집니다. 대부분의 경우에는 UserDetailsService를 구현하는 형태를 사용하는 것만으로도 충분하지만, 새로운 프로토콜이나 인증 구현 방식을 직접 구현하는 경우에는 AuthenticationProvider 인터페이스를 직접 구현해서 사용합니다.

Part 01

Part 02

Part 03

Part 04

Part 05

Part 06

Part 07

Chapter

# 31 │ 로그인과 로그아웃 처리

스프링 시큐리티의 내부 구조는 상당히 복잡하지만 실제 사용은 약간의 설정만으로도 처리가 가능합니다. 앞에서 설계한 몇 개의 URI에 대한 접근 제한을 통해서 간단히 스프링 시큐리티의 적용 방법을 살펴보겠습니다.

## 31.1 접근 제한 설정

security-context.xml에 아래와 같이 접근 제한을 설정합니다.

**security-context.xml의 일부**

```
<security:http>

    <security:intercept-url pattern="/sample/all" access="permitAll"/>

    <security:intercept-url pattern="/sample/member"
            access="hasRole('ROLE_MEMBER')"/>


    <security:form-login />

</security:http>

<security:authentication-manager>


</security:authentication-manager>
```

특정한 URI에 접근할 때 인터셉터를 이용해서 접근을 제한하는 설정은 〈security : intercept-url〉을 이용합니다. 〈security:intercept-url〉은 pattern이라는 속성과 access라는 속성을 지정해야만 합니다. pattern 속성은 말 그대로 URI의 패턴을 의미하고, access의 경우는 권한을 체크합니다. 위의 경우 '/sample/member'라는 URI는 'ROLE_MEMBER'라는 권한이 있는 사용자만이 접근할 수 있습니다.

access의 속성값으로 사용되는 문자열은 1) 표현식과 2) 권한명을 의미하는 문자열을 이용할 수 있습니다. 〈security:http〉는 기본 설정이 표현식을 이용하는 것입니다. 만일 단순한 문자열만을 이용하고 싶은 경우에는 use-expressions="false"를 지정합니다. 아래 화면은 표현식을 사용하지 않는 경우에 권한을 지정하는 방식입니다(표현식을 사용하는 방식이 권장되므로 예제에서는 사용하지 않습니다. 표현식에 대한 내용은 JSP 화면을 처리하는 부분에서 다룹니다.). 표현식을 사용하지 않는다면 아래와 같은 형태로 작성할 수 있습니다(예제에서는 사용하지 않습니다.).

```xml
<security:http auto-config="true" use-expressions="false">

<security:intercept-url pattern="/sample/userPage" access="ROLE_MEMBER"/>
<security:intercept-url pattern="/sample/puserPage" access="ROLE_MANAGER"/>
<security:intercept-url pattern="/sample/adminPage" access="ROLE_ADMIN"/>
```

설정을 변경하고 WAS를 실행한 후 '/sample/member'를 접근해 보면 '/sample/all'과는 달리 '/sample/member'는 로그인 페이지로 강제로 이동하는 것을 볼 수 있습니다.

/sample/member 호출 시 강제로 로그인 페이지로 이동

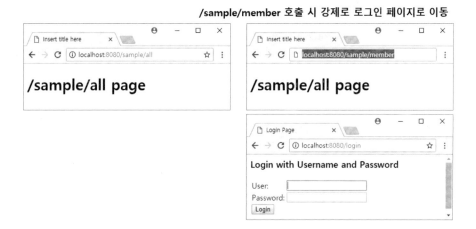

신기한 점은 '/login'에 해당하는 컨트롤러나 웹페이지를 제작한 적이 없다는 사실입니다.

이것은 스프링 시큐리티가 기본으로 제공하는 페이지인데, 현실적으로는 별도의 로그인 페이지를 제작해야만 하므로 테스트하는 과정에서만 사용할 만합니다.

## 31.2 단순 로그인 처리

로그인 화면이 보여지기는 하지만 로그인을 할 수 없는 상황이므로, '/sample/member'에 접근할 수 있는 방법은 아무것도 없는 상황입니다. 추가적인 설정을 통해서 지정된 아이디와 패스워드로 로그인이 가능하도록 설정을 추가해 봅니다.

스프링 시큐리티에서 명심해야 하는 사항 중 하나는 스프링 시큐리티가 사용하는 username이나 User라는 용어의 의미가 일반적인 시스템에서의 의미와 차이가 있다는 점입니다. 보통 시스템에서 사용자 아이디를 의미하는 userid는 스프링 시큐리티에서는 username에 해당합니다. 일반적으로 사용자의 이름을 username이라고 처리하는 것과 혼동하면 안 됩니다.

User라는 용어 역시 혼란의 여지가 있습니다. 스프링 시큐리티의 User는 인증 정보와 권한을 가진 객체이므로 일반적인 경우에 사용하는 사용자 정보와는 다른 의미입니다. 예제에서는 이를 구분하기 위해서 시스템상의 회원 정보는 MemberVO라는 클래스를 이용할 것 입니다. 단순히 로그인이 처리되는 것을 확인하기 위해서 메모리상에 문자열을 지정하고 이를 기준으로 동작하도록 설정해 봅니다.

인증과 권한에 대한 실제 처리는 UserDetailsService라는 것을 이용해서 처리하는데, XML에서는 다음과 같이 지정할 수 있습니다.

**security-context.xml의 일부**

```
<security:http>

  <security:intercept-url pattern="/sample/all" access="permitAll"/>

  <security:intercept-url pattern="/sample/member"
          access="hasRole('ROLE_MEMBER')"/>


  <security:form-login />
```

```
    </security:http>

    <security:authentication-manager>

      <security:authentication-provider>
        <security:user-service>

          <security:user name="member" password="member" authorities="ROLE_MEMBER"/>

        </security:user-service>

      </security:authentication-provider>

    </security:authentication-manager>
```

추가된 설정의 핵심은 'member'라는 계정 정보를 가진 사용자가 로그인을 할 수 있도록 하는 것입니다. 위의 설정을 추가한 후에 WAS를 통해서 '/sample/member'로 접근해서 로그인하면 예상과 달리 에러가 발생합니다.

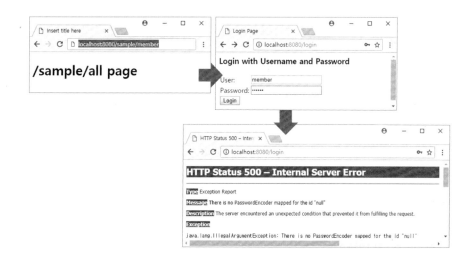

실행 결과에서 에러는 'PasswordEncoder'라는 존재가 없기 때문에 발생합니다.

```
java.lang.IllegalArgumentException: There is no PasswordEncoder mapped for the id "null"
    org.springframework.security.crypto.password.DelegatingPasswordEncoder$UnmappedIdPasswordEncoder.matches(DelegatingPasswordEncoder.java:238)
    org.springframework.security.crypto.password.DelegatingPasswordEncoder.matches(DelegatingPasswordEncoder.java:198)
    org.springframework.security.authentication.dao.DaoAuthenticationProvider.additionalAuthenticationChecks(DaoAuthenticationProvider.java:86)
    org.springframework.security.authentication.dao.AbstractUserDetailsAuthenticationProvider.authenticate(AbstractUserDetailsAuthenticationPro...
```

Part 01

Part 02

Part 03

Part 04

Part 05

Part 06

Part 07

스프링 시큐리티 5버전부터 반드시 PasswordEncoder라는 존재를 이용하도록 변경되었습니다. 스프링 시큐리티 4버전까지는 PasswordEncoder의 지정이 없어도 동작했지만, 5버전부터는 PasswordEncoder의 지정이 반드시 필요합니다.

임시 방편으로 스프링 시큐리티 5버전에는 포맷팅 처리를 지정해서 패스워드 인코딩 방식을 지정할 수 있습니다(https://spring.io/blog/2017/11/01/spring-security-5-0-0-rc1-released#password-storage-format). 만일 패스워드의 인코딩 처리 없이 사용하고 싶다면 패스워드 앞에 '{noop}' 문자열을 추가합니다.

**security-context.xml의 일부**

```
<security:user name="member" password="{noop}member" authorities="ROLE_MEMBER"/>
```

다시 WAS를 실행해서 '/sample/member'에 접근하고 'member/member'로 로그인하면 아래와 같이 동작하는 것을 확인할 수 있습니다.

### 31.2.1 로그아웃 확인

스프링 시큐리티를 학습하다 보면 매번 로그아웃하고 새롭게 로그인을 해야 하는 상황이 자주 발생합니다. 이에 대해서 가장 확실한 방법은 브라우저에서 유지하고 있는 세션과 관련된 정보를 삭제하는 것입니다. 개발자 도구에서 Application 탭을 확인해 보면 'Cookies' 항목에 'JSESSIONID'와 같이 세션을 유지하는데 사용되는 세션 쿠키의 존재를 확인할 수 있습니다(JSESSIONID는 Tomcat에서 발행하는 쿠키의 이름입니다. WAS마다 다른 이름을 사용합니다.).

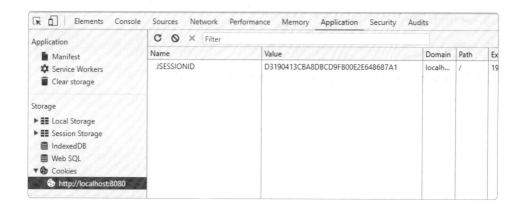

로그아웃은 JSESSIONID 쿠키를 강제로 삭제해서 처리합니다.

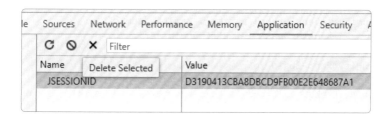

쿠키를 삭제한 후에 로그인이 필요한 URI를 다시 호출해 보면 로그인이 필요한 것을 확인할 수 있습니다.

JSESSIONID 쿠키를 삭제한 후 동일
경로 접근 시에는 다시 로그인 필요

예제에서 웹 화면을 이용하는 로그아웃은 조금 뒤에 처리하도록 합니다.

Part 01

Part 02

Part 03

Part 04

Part 05

Part 06

Part 07

### 31.2.2 여러 권한을 가지는 사용자 설정

정상적으로 로그인이 처리되는 것을 확인했다면 '/sample/admin'을 처리하도록 합니다. '/sample/admin'은 'ROLE_ADMIN'이라는 권한을 가진 사용자가 접근할 수 있도록 지 정하는데 사용자는 'ROLE_ADMIN'과 'ROLE_MEMBER'라는 2개의 권한을 가지도록 지정합니다.

```xml
security-context.xml의 일부

<security:http>

    <security:intercept-url pattern="/sample/all" access="permitAll"/>

    <security:intercept-url pattern="/sample/member"
            access="hasRole('ROLE_MEMBER')"/>

    <security:intercept-url pattern="/sample/admin"
            access="hasRole('ROLE_ADMIN')"/>

    <security:form-login />

</security:http>

<security:authentication-manager>

    <security:authentication-provider>
      <security:user-service>

        <security:user name="member" password="{noop}member"
                authorities="ROLE_MEMBER"/>

        <security:user name="admin" password="{noop}admin"
                authorities="ROLE_MEMBER, ROLE_ADMIN"/>

      </security:user-service>

    </security:authentication-provider>

</security:authentication-manager>
```

새롭게 추가된 〈security:intercept-url〉은 '/sample/admin'에 대한 접근을 설정합니 다. 〈security:user〉에 추가된 admin 사용자는 'ROLE_MEMBER'와 'ROLE_ ADMIN'이라는 2개의 권한을 가지도록 설정합니다. Admin 계정을 가진 사용자는

'/sample/member'와 '/sample/admin' 모두에 접근할 수 있습니다.

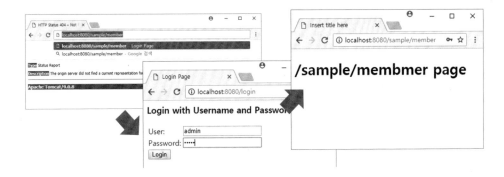

### 31.2.3 접근 제한 메시지의 처리

특정한 사용자가 로그인은 했지만, URI를 접근할 수 있는 권한이 없는 상황이 발생할 수도 있습니다. 이 경우에는 접근 제한 에러 메시지를 보게 됩니다. 예제의 경우 member라는 권한을 가진 사용자는 '/sample/member'에는 접근할 수 있지만, '/sample/admin'은 접근할 수 없습니다. 이 경우에는 아래와 같은 메시지를 보게 됩니다.

스프링 시큐리티에서는 접근 제한에 대해서 AccessDeniedHandler를 직접 구현하거나 특정한 URI를 지정할 수 있습니다.

```
security-context.xml의 일부

    <security:http auto-config="true" use-expressions="true">

        <security:intercept-url pattern="/sample/all" access="permitAll"/>
```

Part 01

Part 02

Part 03

Part 04

Part 05

Part 06

Part 07

```
    <security:intercept-url pattern="/sample/member"
            access="hasRole('ROLE_MEMBER')"/>

    <security:intercept-url pattern="/sample/admin"
            access="hasRole('ROLE_ADMIN')"/>

    <security:form-login />

  <security:access-denied-handler error-page="/accessError"/>

  </security:http>
```

〈security:access-denied-handler〉는 org.springframework.security.web.
access.AccessDeniedHandler 인터페이스의 구현체를 지정하거나 error-page를 지
정할 수 있습니다. 위의 경우 '/accessError'라는 URI로 접근 제한 시 보이는 화면을 처
리합니다.

 org.zerock.controller에 CommonController 클래스를 생성해서 '/accessError'를
처리하도록 지정합니다.

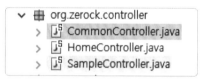

### CommonController 클래스

```
package org.zerock.controller;

import org.springframework.security.core.Authentication;
import org.springframework.stereotype.Controller;
import org.springframework.ui.Model;
import org.springframework.web.bind.annotation.GetMapping;

import lombok.extern.log4j.Log4j;

@Controller
@Log4j
public class CommonController {

  @GetMapping("/accessError")
  public void accessDenied(Authentication auth, Model model) {
```

```
    log.info("access Denied : " + auth);

    model.addAttribute("msg", "Access Denied");
  }
}
```

CommonController에서는 간단히 사용자가 알아볼 수 있는 에러 메시지만을 Model에 추가합니다. '/accessError'는 Authentication 타입의 파라미터를 받도록 설계해서 필요한 경우에 사용자의 정보를 확인할 수 있도록 합니다. views 폴더에는 'accessError. jsp' 파일을 생성합니다.

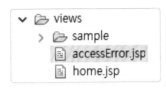

**accessError.jsp**

```
<%@ page language="java" contentType="text/html; charset=UTF-8"
    pageEncoding="UTF-8"%>
<%@ taglib uri="http://java.sun.com/jsp/jstl/core" prefix="c" %>
<%@ taglib uri="http://www.springframework.org/security/tags"
prefix="sec" %>
<%@ page import="java.util.*" %>
<!DOCTYPE html PUBLIC "-//W3C//DTD HTML 4.01 Transitional//EN" "http://
www.w3.org/TR/html4/loose.dtd">
<html>
<head>
<meta http-equiv="Content-Type" content="text/html; charset=UTF-8">
<title>Insert title here</title>
</head>
<body>
<h1>Access Denied Page</h1>


<h2><c:out value="${SPRING_SECURITY_403_EXCEPTION.getMessage()}"/></h2>

<h2><c:out value="${msg}"/></h2>


</body>
</html>
```

Part 01

Part 02

Part 03

Part 04

Part 05

Part 06

Part 07

Access Denied의 경우는 403 에러 메시지가 발생합니다. JSP에서는 HttpServlet
Request 안에 'SPRING_SECURITY_403_EXCEPTION'이라는 이름으로 Access
DeniedException 객체가 전달됩니다. 브라우저에서 '/sample/admin' URI를 member/
member정보로 로그인한 사용자가 접근하는 경우 이전과 달리 에러 메시지 대신에
accessError.jsp의 내용이 보이게 됩니다.

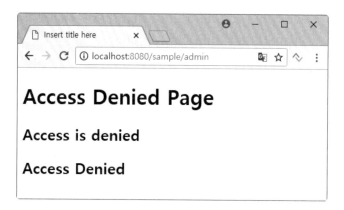

### 31.2.4 AccessDeniedHandler 인터페이스를 구현하는 경우

⟨security:access-denied-handler error-page="/accessError" /⟩와 같이
error-page만을 제공하는 경우에는 사용자가 접근했던 URI 자체의 변화는 없습니다.
위의 그림에서도 URI 자체는 '/sample/admin'으로 되어 있고, 화면의 내용은
'/accessError'에 해당하는 URI의 결과입니다.

접근 제한이 된 경우에 다양한 처리를 하고 싶다면 직접 AccessDeniedHandler 인터페
이스를 구현하는 편이 좋습니다. 예를 들어 접근 제한이 되었을 때 쿠키나 세션에 특정한
작업을 하거나 HttpServletResponse에 특정한 헤더 정보를 추가하는 등의 행위를 할
경우에는 직접 구현하는 방식이 더 권장됩니다.

예제를 위해 org.zerock.security 패키지를 생성하고 CustomAccessDeniedHandler
클래스를 추가합니다.

**CustomAccessDeniedHandler 클래스**

```java
package org.zerock.security;

import java.io.IOException;

import javax.servlet.ServletException;
import javax.servlet.http.HttpServletRequest;
import javax.servlet.http.HttpServletResponse;

import org.springframework.security.access.AccessDeniedException;
import org.springframework.security.web.access.AccessDeniedHandler;

import lombok.extern.log4j.Log4j;

@Log4j
public class CustomAccessDeniedHandler implements AccessDeniedHandler {

  @Override
  public void handle(HttpServletRequest request,
     HttpServletResponse response, AccessDeniedException accessException)
     throws IOException, ServletException {

    log.error("Access Denied Handler");

    log.error("Redirect....");

    response.sendRedirect("/accessError");

  }

}
```

CustomAccessDeniedHandler 클래스는 AccessDeniedHandler 인터페이스를 직접
구현합니다. 인터페이스의 메서드는 handle() 뿐이기 때문이고 HttpServletRequest,
HttpServletResponse를 파라미터로 사용하기 때문에 직접적으로 서블릿 API를 이용
하는 처리가 가능합니다.

위의 코드에서는 접근 제한에 걸리는 경우 리다이렉트 하는 방식으로 동작하도록 지정되었습니다. security-context.xml에서는 error-page 속성 대신에 CustomAccessDeniedHandler를 빈으로 등록해서 사용합니다.

**security-context.xml의 일부**

```xml
<bean id="customAccessDenied" class="org.zerock.security.
CustomAccessDeniedHandler"></bean>

  <security:http>

    <security:intercept-url pattern="/sample/all" access="permitAll"/>

    <security:intercept-url pattern="/sample/member"
            access="hasRole('ROLE_MEMBER')"/>

    <security:intercept-url pattern="/sample/admin"
            access="hasRole('ROLE_ADMIN')"/>

    <!-- <security:access-denied-handler  error-page="/accessError" /> -->
    <security:access-denied-handler ref="customAccessDenied"/>

    <security:form-login />

  </security:http>
```

〈security:access-denied-handler〉는 error-page 속성과 ref 속성 둘 중 하나만을 사용합니다. 위와 동일한 방식으로 '/sample/admin'에 member/member 계정으로 로그인하면 이전과 달리 '/accessError'로 리다이렉트 되는 것을 확인할 수 있습니다.

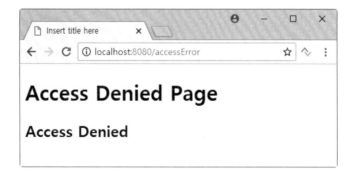

## 31.3 커스텀 로그인 페이지

앞서 언급했듯이 스프링 시큐리티에서 기본적으로 로그인 페이지를 제공하기는 하지만, 현실적으로는 화면 디자인 등의 문제로 사용하기 불편합니다. 때문에 거의 대부분 경우 별도의 URI를 이용해서 로그인 페이지를 다시 제작해서 사용합니다. 이를 이용하는 방식 은 접근 제한 페이지와 유사하게 직접 특정한 URI를 지정할 수 있습니다.

**security-context.xml의 일부**

```xml
<security:http>

    <security:intercept-url pattern="/sample/all" access="permitAll"/>

...생략...

<!--     <security:form-login /> -->

    <security:form-login login-page="/customLogin" />

</security:http>
```

login-page 속성의 URI는 반드시 GET 방식으로 접근하는 URI를 지정합니다.

org.zerock.controller 패키지의 CommonController에 '/customLogin'에 해당하는 메서드를 추가합니다.

**CommonController의 일부**

```java
@GetMapping("/customLogin")
public void loginInput(String error, String logout, Model model) {

  log.info("error: " + error);
  log.info("logout: " + logout);

  if (error != null) {
    model.addAttribute("error", "Login Error Check Your Account");
  }

  if (logout != null) {
    model.addAttribute("logout", "Logout!!");
  }
}
```

Part 01

Part 02

Part 03

Part 04

Part 05

Part 06

Part 07

loginInput( )은 GET 방식으로 접근하고, 에러 메시지와 로그아웃 메시지를 파라미터로
사용할 수 있습니다.

views 폴더에는 customLogin.jsp를 추가합니다.

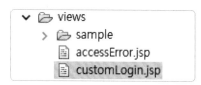

**customLogin.jsp**

```jsp
<%@ page language="java" contentType="text/html; charset=UTF-8"
    pageEncoding="UTF-8"%>
<%@ taglib uri="http://java.sun.com/jsp/jstl/core" prefix="c" %>

<!DOCTYPE html PUBLIC "-//W3C//DTD HTML 4.01 Transitional//EN" "http://
www.w3.org/TR/html4/loose.dtd">
<html>
<head>
<meta http-equiv="Content-Type" content="text/html; charset=UTF-8">
<title>Insert title here</title>
</head>
<body>

  <h1>Custom Login Page</h1>
  <h2><c:out value="${error}"/></h2>
  <h2><c:out value="${logout}"/></h2>

  <form method='post' action="/login">

  <div>
    <input type='text' name='username' value='admin'>
  </div>
  <div>
    <input type='password' name='password' value='admin'>
  </div>
  <div>
    <input type='submit'>
  </div>
  <input type="hidden" name="${_csrf.parameterName}" value="${_csrf.token}" />

  </form>

</body>
</html>
```

코드를 저장하고 브라우저에서 로그인 정보를 삭제한 후 '/sample/admin'과 같이 접근
제한이 필요한 URI에 접근하면 작성된 customLogin.jsp 페이지의 내용을 볼 수 있습
니다.

customLogin.jsp를 보면 몇 가지 특이한 점들이 있습니다. 우선 〈form〉 태그의 action
속성값이 '/login'으로 지정되어 있다는 점입니다. 실제로 로그인의 처리 작업은 '/login'을
통해서 이루어지는데 반드시 POST 방식으로 데이터를 전송해야만 합니다. 〈input〉 태
그의 name 속성은 기본적으로는 username과 password 속성을 이용합니다.

마지막의 〈input type='hidden'〉 태그는 조금 특이하게도 ${_csrf.parameterName}
으로 처리합니다. 이 EL의 값은 실제 브라우저에서는 '_csrf'라는 이름으로 처리됩니다.
브라우저에서 '페이지 소스 보기'를 해보면 아래와 같은 태그와 값이 생성된 것을 볼 수 있
습니다(이때의 value 값은 임의의 값이 지정됩니다.).

```
<input type="hidden" name="_csrf" value="3b02c62d-cb68-4a1b-813a-
08bd3baf6ac1" />
```

만일 사용자가 패스워드 등을 잘못 입력하는 경우에는 자동으로 다시 로그인 페이지로 이
동하게 됩니다.

Part 01

Part 02

Part 03

Part 04

Part 05

Part 06

Part 07

## 31.4 CSRF(Cross-site request forgery) 공격과 토큰

스프링 시큐리티에서 POST 방식을 이용하는 경우 기본적으로 CSRF 토큰이라는 것을 이용하게 됩니다. 별도의 설정이 없다면 스프링 시큐리티가 적용된 사이트의 모든 POST 방식에는 CSRF 토큰이 사용되는데 '사이트간 위조 방지'를 목적으로 특정한 값의 토큰을 사용하는 방식입니다.

CSRF 공격은 '사이트간 요청 위조'라고 번역될 수 있습니다. 서버에서 받아들이는 정보가 특별히 사전 조건을 검증하지 않는다는 단점을 이용하는 공격 방식입니다. 실제로 2008년에 국내 인터넷 A 쇼핑몰이 이 기법으로 관리자 계정을 탈취해서 개인정보들이 유출되었습니다. CSRF를 이용해서 단순히 게시물의 조회수를 늘리는 등의 조작부터 피해자의 계정을 이용하는 다양한 공격이 가능합니다.

예를 들어 인터넷에 A라는 사이트가 존재한다고 가정해 봅니다. A 사이트에는 특정 사용자의 등급을 변경하는 URI가 존재하는 것을 공격자(attacker)가 알았고, 해당 URI에는 약간의 파라미터가 필요하다는 것을 알았다고 가정합니다.

```
www.aaa.xxx/update? grade=admin& account=123
```

Spring WebSecurity를 이용한 로그인 처리

공격자는 A 사이트의 관리자(피해자)가 자주 방문하는 B 사이트에 ⟨img⟩ 태그나 ⟨form⟩ 태그를 이용해서 위의 URI를 추가한 게시물을 작성합니다(2008년의 경우 이메일의 링크를 통해서 A 사이트에 대한 공격이 이루어졌습니다.).

```
<form action='www.aaa.xxx/update? grade=admin& account=123'>
  <input type='submit' value='▨ ▨ ▨ ▨ ▨ '>
</form>

▨ ▨

<img src='www.aaa.xxx/update? grade=admin& account=123'>
```

A 사이트의 관리자(피해자)는 자신이 평상시에 방문하던 B 사이트를 방문하게 되고 공격자가 작성한 게시물을 보게 됩니다. 이때 ⟨img⟩ 태그 등에 사용된 URI가 호출되고 서버에서는 로그인한 관리자의 요청에 의해서 공격자는 admin 등급의 사용자로 변경됩니다. 이 과정을 그림으로 표현하면 아래와 같은 구조가 됩니다.

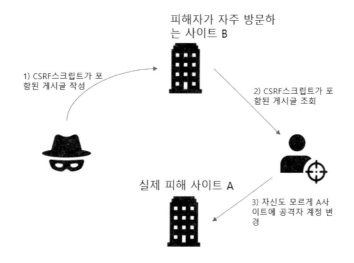

A 사이트의 관리자(피해자)는 자신이 관리하던 A사이트에 로그인이 되어 있는 상태라면 A 사이트의 서버 입장에서는 로그인한 사용자의 정상적인 요청으로 해석됩니다. CSRF 공격은 서버에서 받아들이는 요청을 해석하고 처리할 때 어떤 출처에서 호출이 진행되었는지 따지지 않기 때문에 생기는 허점을 노리는 공격 방식입니다. '사이트간 요청 위조'라

Part 01

Part 02

Part 03

Part 04

Part 05

Part 06

Part 07

고 하지만 현실적으로는 하나의 사이트 내에서도 가능합니다. CSRF는 〈img〉 태그 등의 URI 등을 이용할 수 있기 때문에 손쉽게 공격할 수 있는 방법이 됩니다.

CSRF 공격을 막기 위해서는 여러 방식이 존재할 수 있습니다. CSRF 공격 자체가 사용자의 요청에 대한 출처를 검사하지 않아서 생기는 허점이기 때문에 사용자의 요청에 대한 출처를 의미하는 referer 헤더를 체크하거나 일반적인 경우에 잘 사용되지 않고 REST 방식에서 사용되는 PUT, DELETE와 같은 방식을 이용하는 등의 방식을 고려해 볼 수 있습니다.

### 31.4.1 CSRF 토큰

CSRF 토큰은 사용자가 임의로 변하는 특정한 토큰값을 서버에서 체크하는 방식입니다. 서버에는 브라우저에 데이터를 전송할 때 CSRF 토큰을 같이 전송합니다. 사용자가 POST 방식 등으로 특정한 작업을 할 때는 브라우저에서 전송된 CSRF 토큰의 값과 서버가 보관하고 있는 토큰의 값을 비교합니다. 만일 CSRF 토큰의 값이 다르다면 작업을 처리하지 않는 방식입니다.

서버에서 생성하는 토큰은 일반적으로 난수를 생성해서 공격자가 패턴을 찾을 수 없도록 합니다. 아래 그림은 사용자가 '/customLogin'을 처음 호출했을 때와 강제로 세션 쿠키를 삭제한 후에 다시 호출했을 때 CSRF 토큰의 값이 변경된 것을 확인한 것입니다.

```
▼<form method="post" action="/login">
  ▶<div>…</div>
  ▶<div>…</div>
  ▶<div>…</div>
    <input type="hidden" name="_csrf" value="5a0ded0c-a151-4f6d-95f5-4c66664308d1">
  </form>
```

```
▼<form method="post" action="/login">
  ▶<div>…</div>
  ▶<div>…</div>
  ▶<div>…</div>
    <input type="hidden" name="_csrf" value="3b5b49da-11ba-44a4-a021-8117ebefd5b7">
  </form>
```

공격자의 입장에서는 CSRF 공격을 하려면 변경되는 CSRF 토큰의 값을 알아야만 하기 때문에 고정된 내용의 〈form〉 태그나 〈img〉 태그 등을 이용할 수 없게 됩니다.

## 31.4.2 스프링 시큐리티의 CSRF 설정

일반적으로 CSRF 토큰은 세션을 통해서 보관하고, 브라우저에서 전송된 CSRF 토큰값을 검사하는 방식으로 처리합니다. 스프링 시큐리티에서는 CSRF 토큰 생성을 비활성화하거나 CSRF 토큰을 쿠키를 이용해서 처리하는 등의 설정을 지원합니다.

```
<security:csrf disabled="true"/>
```

## 31.5 로그인 성공과 AuthenticationSuccessHandler

로그인을 처리하다 보면 로그인 성공 이후에 특정한 동작을 하도록 제어하고 싶은 경우가 있습니다. 예를 들어 만일 로그인할 때 'admin 계정/admin 패스워드'로 로그인 했다면 사용자가 어떤 경로로 로그인 페이지로 들어오건 무조건 '/sample/admin'으로 이동하게 하거나, 별도의 쿠키 등을 생성해서 처리하고 싶은 경우를 생각해볼 수 있습니다.

이런 경우를 위해서 스프링 시큐리티에서는 AuthenticationSuccessHandler라는 인터페이스를 구현해서 설정할 수 있습니다. org.zerock.security 패키지에 Custom-LoginSuccessHandler 클래스를 추가합니다.

```
✔ ⊞ org.zerock.security
    > 🗾 CustomAccessDeniedHandler.java
    > 🗾 CustomLoginSuccessHandler.java
```

**CustomLoginSuccessHandler 클래스**

```
package org.zerock.security;

import java.io.IOException;
import java.util.ArrayList;
import java.util.List;

...생략...

import lombok.extern.log4j.Log4j;
```

Part 01

Part 02

Part 03

Part 04

Part 05

Part 06

Part 07

```java
@Log4j
public class CustomLoginSuccessHandler implements
AuthenticationSuccessHandler {

  @Override
  public void onAuthenticationSuccess(HttpServletRequest request,
    HttpServletResponse response, Authentication auth)
      throws IOException, ServletException {

    log.warn("Login Success");

    List<String> roleNames = new ArrayList<>();

    auth.getAuthorities().forEach(authority -> {

      roleNames.add(authority.getAuthority());

    });

    log.warn("ROLE NAMES: " + roleNames);

    if (roleNames.contains("ROLE_ADMIN")) {

      response.sendRedirect("/sample/admin");
      return;
    }

    if (roleNames.contains("ROLE_MEMBER")) {

      response.sendRedirect("/sample/member");
      return;
    }

    response.sendRedirect("/");
  }
}
```

CustomLoginSuccessHandler는 로그인 한 사용자에 부여된 권한 Authentication 객체를 이용해서 사용자가 가진 모든 권한을 문자열로 체크합니다. 만일 사용자가 'ROLE_ADMIN' 권한을 가졌다면 로그인 후에 바로 '/sample/admin'으로 이동하게 하는 방식입니다.

security-context.xml에서는 작성된 CustomLoginSuccessHandler를 빈으로 등록하고 로그인 성공 후 처리를 담당하는 핸들러로 지정합니다.

**security-context.xml의 일부**

```xml
<bean id="customAccessDenied" class="org.zerock.security.
CustomAccessDeniedHandler"></bean>
  <bean id="customLoginSuccess" class="org.zerock.security.
CustomLoginSuccessHandler"></bean>

  <security:http>

    <security:intercept-url pattern="/sample/all" access="permitAll"/>

    <security:intercept-url pattern="/sample/member"
            access="hasRole('ROLE_MEMBER')"/>

    <security:intercept-url pattern="/sample/admin"
            access="hasRole('ROLE_ADMIN')"/>

    <security:access-denied-handler ref="customAccessDenied"/>

    <security:form-login login-page="/customLogin" authentication-
            success-handler-ref="customLoginSuccess" />

    <!-- <security:csrf disabled="true"/> -->

  </security:http>
```

브라우저에서 기존과 달리 '/customLogin'의 호출부터 시작해서 로그인하면 사용자의 권한에 따라 다른 페이지를 호출하는 것을 확인할 수 있습니다.

Part 01

Part 02

Part 03

Part 04

Part 05

Part 06

Part 07

http://localhost:8080/customLogin

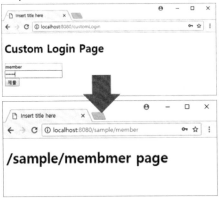

http://localhost:8080/customLogin

## 31.6 로그아웃의 처리와 LogoutSuccessHandler

로그인과 마찬가지로 특정한 URI를 지정하고, 로그아웃 처리 후 직접 로직을 처리할 수 있는 핸들러를 등록할 수 있습니다.

**security-context.xml의 일부**

```
<security:logout logout-url="/customLogout" invalidate-session="true"/>
```

로그아웃 시 세션을 무효화 시키는 설정이나 특정한 쿠키를 지우는 작업을 지정할 수 있습니다. org.zerock.controller 패키지의 CommonController에는 GET 방식으로 로그아웃을 결정하는 페이지에 대한 메서드를 처리합니다.

**CommonController의 일부**

```
@GetMapping("/customLogout")
public void logoutGET() {

    log.info("custom logout");
}
```

views 폴더에는 customLogout.jsp를 추가합니다.

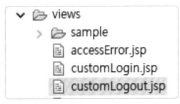

---

**customLogout.jsp**

```jsp
<%@ page language="java" contentType="text/html; charset=UTF-8"
    pageEncoding="UTF-8"%>
<!DOCTYPE html PUBLIC "-//W3C//DTD HTML 4.01 Transitional//EN" "http://
www.w3.org/TR/html4/loose.dtd">
<html>
<head>
<meta http-equiv="Content-Type" content="text/html; charset=UTF-8">
<title>Insert title here</title>
</head>
<body>

<h1> Logout Page</h1>

<form action="/customLogout" method='post'>
<input type="hidden"name="${_csrf.parameterName}"value="${_csrf.token}"/>
<button>로그아웃</button>
</form>

</body>
</html>
```

로그아웃 역시 로그인과 동일하게 실제 작업은 '/customLogout'으로 처리하고 POST 방식으로 이루어 집니다. POST 방식으로 처리되기 때문에 CSRF 토큰값을 같이 지정합니다.

POST 방식으로 처리되는 로그아웃은 스프링 시큐리티의 내부에서 동작합니다. 만일 로그아웃 시 추가적인 작업을 해야 한다면 logoutSuccessHandler를 정의해서 처리합니다.

Part 01

Part 02

Part 03

Part 04

Part 05

Part 06

Part 07

로그아웃의 처리는 실제로는 어떤 결과를 이용해도 관계 없습니다.

로그아웃을 테스트하기 위해서 '/sample/admin.jsp' 페이지에 로그아웃으로 이동하는 링크를 추가합니다.

```
views 밑의 '/sample/admin.jsp'의 일부
```

```
<h1>/sample/admin page</h1>

<a href="/customLogout">Logout</a>
```

작성된 코드를 실행해서 로그아웃을 테스트하면 아래 그림과 같은 시나리오가 가능합니다.

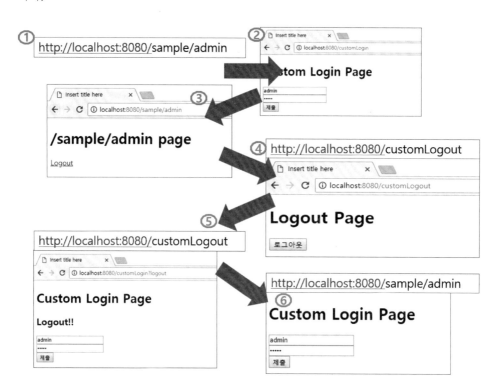

로그인이 되지 않은 사용자는 브라우저에서 1)과 같이 '/sample/admin'을 호출합니다. 사용자가 로그인 한 적이 없거나 적당한 권한이 없다면 2)와 같이 로그인하는 화면으로 이동하게 됩니다. 2)에서 로그인이 정상적으로 실행되면 3)과 같이 '/sample/admin' 화면을 보게 됩니다. 화면에서 'Logout'을 선택하면 GET 방식으로 4)의 화면을 보게 됩니다. '/customLogout'에서 POST 방식으로 로그아웃을 하게 되면 5)와 같이 내부적으로는 자동으로 로그인 페이지를 호출하게 됩니다. 이 부분은 스프링 시큐리티의 기본 설정이므로 필요하다면 logout-success-url 속성 등을 이용해서 변경할 수 있습니다.

로그아웃이 정상적으로 처리되었는지 확인하는 방법은 6)과 같이 로그인이 필요한 '/sample/admin'을 다시 호출해보는 방식으로 확인할 수 있습니다.

Part 01

Part 02

Part 03

Part 04

Part 05

Part 06

Part 07

Chapter

# 32 | JDBC를 이용하는 간편 인증/권한 처리

비록 security-context.xml 파일에 고정된 몇 개의 계정이지만, 로그인 처리가 되었다면 다음 단계는 좀 더 현실적으로 JDBC를 이용하는 방식을 살펴보겠습니다. 앞서 언급했듯이 스프링 시큐리티에서는 사용자를 확인하는 '인증(Authentication)'과 권한 등을 부여하는 인가 과정(Authorization)'으로 나누어 볼 수 있습니다.

인증과 권한에 대한 처리는 크게 보면 Authentication Manager를 통해서 이루어지는데 이때 인증이나 권한 정보를 제공하는 존재(Provider)가 필요하고, 다시 이를 위해서 UserDetailsService라는 인터페이스를 구현한 존재를 활용하게 됩니다.

UserDetailsService는 스프링 시큐리티 API 내에 이미 CachingUserDetailsService, InMemoryUserDetailsManager, JdbcDaoImpl, JdbcUserDetailsManager, LdapUserDetailsManager, LdapUserDetailsService와 같은 구현 클래스들을 제공하고 있습니다. 이전의 예제에서 security-context.xml에 문자열로 고정한 방식은 사실 InMemoryUserDatailsmanager를 이용한 것입니다.

이번 예제는 기존에 데이터베이스가 존재하는 상황에서 MyBatis나 기타 프레임워크 없이 사용하는 방법을 익혀 봅니다. security-context.xml에는 기존의 〈security:user-service〉는 아래와 같이 변경될 것입니다.

```
<security:jdbc-user-service data-source-ref="dataSource" |>
/security:authentication-provider>                          ⓐ authorities-by-username-query
                                                            ⓐ cache-ref
urity:authentication-manager>                               ⓐ group-authorities-by-username-query
                                                            ⓐ id
ext:component-scan base-package="org.zerock.security"></con  ⓐ role-prefix
                                                            ⓐ users-by-username-query
ces | Overview | beans | context | sec | Beans Graph        # default namespace - Default Namespace Attribute
```

jdbc-user-service는 기본적으로 DataSource가 필요하므로 root-context.xml에
있는 설정을 추가합니다.

## 32.1 JDBC를 이용하기 위한 테이블 설정

JDBC를 이용해서 인증/권한을 체크하는 방식은 크게 1) 지정된 형식으로 테이블을 생성
해서 사용하는 방식과 2) 기존에 작성된 데이터베이스를 이용하는 방식이 있습니다.

스프링 시큐리티가 JDBC를 이용하는 경우에 사용하는 클래스는 JdbcUserDetails
Manager 클래스인데 github 등에 공개된 코드를 보면 아래와 같은 SQL 등이 이용되는
것을 확인할 수 있습니다(https://github.com/spring-projects/spring-security/
blob/master/core/src/main/java/org/springframework/security/
provisioning/JdbcUserDetailsManager.java).

```
// GroupManager SQL
public static final String DEF_FIND_GROUPS_SQL = "select group_name from groups";
public static final String DEF_FIND_USERS_IN_GROUP_SQL = "select username from group_members gm, groups g "
        + "where gm.group_id = g.id" + " and g.group_name = ?";
public static final String DEF_INSERT_GROUP_SQL = "insert into groups (group_name) values (?)";
public static final String DEF_FIND_GROUP_ID_SQL = "select id from groups where group_name = ?";
public static final String DEF_INSERT_GROUP_AUTHORITY_SQL = "insert into group_authorities (group_id, authority) values (?,?)";
public static final String DEF_DELETE_GROUP_SQL = "delete from groups where id = ?";
public static final String DEF_DELETE_GROUP_AUTHORITIES_SQL = "delete from group_authorities where group_id = ?";
public static final String DEF_DELETE_GROUP_MEMBERS_SQL = "delete from group_members where group_id = ?";
public static final String DEF_RENAME_GROUP_SQL = "update groups set group_name = ? where group_name = ?";
public static final String DEF_INSERT_GROUP_MEMBER_SQL = "insert into group_members (group_id, username) values (?,?)";
public static final String DEF_DELETE_GROUP_MEMBER_SQL = "delete from group_members where group_id = ? and username = ?";
public static final String DEF_GROUP_AUTHORITIES_QUERY_SQL = "select g.id, g.group_name, ga.authority "
        + "from groups g, group_authorities ga "
        + "where g.group_name = ? "
        + "and g.id = ga.group_id ";
public static final String DEF_DELETE_GROUP_AUTHORITY_SQL = "delete from group_authorities where group_id = ? and authority = ?";
```

만일 스프링 시큐리티에서 지정된 SQL을 그대로 이용하고 싶다면 지정된 형식으로 테이
블을 생성해 주기만 하면 됩니다.

### 스프링 시큐리티의 지정된 테이블을 생성하는 SQL

```
create table users(
    username varchar2(50) not null primary key,
    password varchar2(50) not null,
```

Part 01

Part 02

Part 03

Part 04

Part 05

Part 06

Part 07

```
        enabled char(1) default '1');


  create table authorities (
      username varchar2(50) not null,
      authority varchar2(50) not null,
      constraint fk_authorities_users foreign key(username) references
users(username));

  create unique index ix_auth_username on authorities (username,authority);


insert into users (username, password) values ('user00','pw00');
insert into users (username, password) values ('member00','pw00');
insert into users (username, password) values ('admin00','pw00');

insert into authorities (username, authority) values ('user00','ROLE_
USER');
insert into authorities (username, authority) values ('member00','ROLE_
MANAGER');
insert into authorities (username, authority) values ('admin00','ROLE_
MANAGER');
insert into authorities (username, authority) values ('admin00','ROLE_
ADMIN');
commit;
```

**Users 테이블**

| USERNAME | PASSWORD | ENABLED |
|---|---|---|
| 1 user00 | pw00 | 1 |
| 2 member00 | pw00 | 1 |
| 3 admin00 | pw00 | 1 |

**Authorities 테이블**

| USERNAME | AUTHORITY |
|---|---|
| 1 admin00 | ROLE_ADMIN |
| 2 admin00 | ROLE_MANAGER |
| 3 member00 | ROLE_MANAGER |
| 4 user00 | ROLE_USER |

security-context.xml의 〈security:authentication-manager〉 내용은 아래와 같이 작성됩니다(아래 코드를 작성하기 전에 root-context.xml에 'dataSource'라는 이름의 빈(Bean)이 등록되어 있는지 확인하고 진행하도록 합니다.).

**security-context.xml의 일부**

```
<security:authentication-manager>

    <security:authentication-provider>
      <security:jdbc-user-service data-source-ref="dataSource" />
```

```
    </security:authentication-provider>

  </security:authentication-manager>
```

WAS를 실행해서 '/sample/admin'과 같이 인증/권한이 필요한 URI를 호출해 보면 별도의 처리 없이 자동으로 필요한 쿼리들이 호출되는 것을 확인할 수 있습니다.

```
INFO : jdbc.sqltiming - select username,password,enabled from users where
username = 'admin00'

|---------|---------|---------|
|username |password |enabled |
|---------|---------|---------|
|admin00  |pw00     |true     |
|---------|---------|---------|
...생략...
INFO : jdbc.audit - ... select username,authority from authorities where username = ?)
|---------|-------------|
|username |authority    |
|---------|-------------|
|[unread] |ROLE_ADMIN   |
|[unread] |ROLE_MANAGER |
|---------|-------------|
```

위와 같이 쿼리들이 실행은 되었지만 아쉽게도 패스워드가 평문으로 처리되었기 때문에 마지막 결과는 예외가 발생하게 됩니다.

```
심각: Servlet.service() for servlet [appServlet] in context with path [] threw exception
java.lang.IllegalArgumentException: There is no PasswordEncoder mapped for the id "null"
        at org.springframework.security.crypto.password.DelegatingPasswordEncoder$UnmappedIdPasswordEncoder.ma
        at org.springframework.security.crypto.password.DelegatingPasswordEncoder.matches(DelegatingPasswordEn
        at org.springframework.security.authentication.dao.DaoAuthenticationProvider.additionalAuthenticationC
        at org.springframework.security.authentication.dao.AbstractUserDetailsAuthenticationProvider.authentic
        at org.springframework.security.authentication.ProviderManager.authenticate(ProviderManager.java:174)
        at org.springframework.security.authentication.ProviderManager.authenticate(ProviderManager.java:199)
```

### 32.1.1 PasswordEncoder 문제 해결

앞에서도 언급되었지만 스프링 시큐리티 5부터는 기본적으로 PasswordEncoder를 지정해야만 합니다. 앞의 예제에서는 임시로 '{noop}' 접두어를 이용해서 잠시 피해서 진행되었지만, 데이터베이스 등을 이용하는 경우에는 PasswordEncoder라는 것을 이용해야만 합니다.

문제는 패스워드 인코딩을 처리하고 나면 사용자의 계정 등을 입력할 때부터 인코딩 작업이 추가되어야 하기 때문에 할 일이 많다는 점입니다. 스프링 시큐리티의 Password Encoder는 인터페이스로 설계되어 있고, 이미 여러 종류의 구현 클래스가 존재합니다.

Part 01

Part 02

Part 03

Part 04

Part 05

Part 06

Part 07

```
org.springframework.security.crypto.password

Interface PasswordEncoder

All Known Implementing Classes:
AbstractPasswordEncoder, BCryptPasswordEncoder, NoOpPasswordEncoder, Pbkdf2PasswordEncoder, SCryptPasswordEncoder, StandardPasswordEncoder
```

4버전까지는 위와 같이 별도의 PasswordEncoder를 이용하고 싶지 않을 때 NoOpPasswordEncoder를 이용해서 처리할 수 있었지만, 5버전부터는 Deprecated되어서 더 이상 사용할 수 없습니다. NoOpPasswordEncoder를 사용할 수 없기 때문에 예제에서는 직접 암호화가 없는 PasswordEncoder를 구현해서 사용합니다.

org.zerock.security 패키지에 CustomNoOpPasswordEncoder 클래스를 생성합니다.

```
✓ ⊞ org.zerock.security
  > 🗾 CustomAccessDeniedHandler.java
  > 🗾 CustomLoginSuccessHandler.java
  > 🗾 CustomNoOpPasswordEncoder.java
```

**CustomNoOpPasswordEncoder 클래스**

```java
package org.zerock.security;

import org.springframework.security.crypto.password.PasswordEncoder;

import lombok.extern.log4j.Log4j;

@Log4j
public class CustomNoOpPasswordEncoder implements PasswordEncoder {

  public String encode(CharSequence rawPassword) {

    log.warn("before encode :" + rawPassword);

    return rawPassword.toString();
  }

  public boolean matches(CharSequence rawPassword, String
encodedPassword) {

    log.warn("matches: " + rawPassword + ":" + encodedPassword);
```

```
    return rawPassword.toString().equals(encodedPassword);
  }

}
```

PasswordEncoder 인터페이스에는 encode( )와 matches( ) 메서드가 존재하므로 위와 같이 직접 처리합니다.

security-context.xml에는 작성된 CustomNoOpPasswordEncoder 클래스를 빈으로 등록합니다.

**security-context.xml의 일부**

```
<bean id="customAccessDenied"
  class="org.zerock.security.CustomAccessDeniedHandler"></bean>
<bean id="customLoginSuccess"
  class="org.zerock.security.CustomLoginSuccessHandler"></bean>
<bean id="customPasswordEncoder"
  class="org.zerock.security.CustomNoOpPasswordEncoder"></bean>

<security:http>

...생략...

</security:http>


<security:authentication-manager>

  <security:authentication-provider>
    <security:jdbc-user-service
      data-source-ref="dataSource" />

    <security:password-encoder
      ref="customPasswordEncoder" />

  </security:authentication-provider>

</security:authentication-manager>
```

WAS를 실행해서 로그인을 확인해보면 정상적으로 로그인 처리가 JDBC를 이용해서 처리되는 것을 볼 수 있습니다.

Part 01

Part 02

Part 03

Part 04

Part 05

Part 06

Part 07

```
INFO : jdbc.sqlonly - select username,password,enabled from users where
username = 'admin00'

...
|---------|---------|--------|
|username |password |enabled |
|---------|---------|--------|
|admin00  |pw00     |true    |
|---------|---------|--------|

...
INFO : jdbc.sqlonly - select username,authority from authorities where
username = 'admin00'

INFO : jdbc.sqltiming - select username,authority from authorities where
username = 'admin00'
 {executed in 1 msec}
INFO : jdbc.resultset - 1. ResultSet.new ResultSet returned
...
|---------|-------------|
|username |authority    |
|---------|-------------|
|[unread] |ROLE_ADMIN   |
|[unread] |ROLE_MANAGER |
|---------|-------------|

INFO : jdbc.resultset - 1. ResultSet.next() returned false
...
WARN : org.zerock.security.CustomNoOpPasswordEncoder - matches: pw00:pw00
WARN : org.zerock.security.CustomLoginSuccessHandler - Login Success
WARN : org.zerock.security.CustomLoginSuccessHandler - ROLE NAMES: [ROLE_
ADMIN, ROLE_MANAGER]
```

## 32.2 기존의 테이블을 이용하는 경우

스프링 시큐리티가 기본적으로 이용하는 테이블 구조를 그대로 생성해서 사용하는 방식
도 나쁘지는 않지만, 기존의 회원 관련 데이터베이스가 구축되어 있었다면 이를 사용하는
것은 오히려 더 복잡하게 느껴질 수도 있습니다. JDBC를 이용하고 기존에 테이블이 있
다면 약간의 지정된 결과를 반환하는 쿼리를 작성해 주는 작업으로도 처리가 가능합니다.

〈security:jdbc-user-service〉 태그에는 아래와 같은 속성들을 지정할 수 있습니다.

@ authorities-by-username-query
@ cache-ref
@ group-authorities-by-username-query
@ id
@ role-prefix
@ users-by-username-query

속성들 중에서 'users-by-username-query' 속성과 'authorities-by-user-name-query' 속성에 적당한 쿼리문을 지정해 주면 JDBC를 이용하는 설정을 그대로 사용할 수 있습니다.

### 32.2.1 인증/권한을 위한 테이블 설계

예제는 일반적으로 사용하는 회원 관련 테이블, 권한 테이블을 설계해서 이를 활용해 봅니다. 이전과 달리 인코딩된 패스워드를 활용해서 좀 더 현실적인 예제를 작성하도록 합니다.

**일반적인 회원 테이블과 권한 테이블**

```
create table tbl_member(
    userid varchar2(50) not null primary key,
    userpw varchar2(100) not null,
    username varchar2(100) not null,
    regdate date default sysdate,
    updatedate date default sysdate,
    enabled char(1) default '1');


create table tbl_member_auth (
    userid varchar2(50) not null,
    auth varchar2(50) not null,
    constraint fk_member_auth foreign key(userid) references
tbl_member(userid)
);
```

### 32.2.2 BCryptPasswordEncoder 클래스를 이용한 패스워드 보호

이번 예제에서는 스프링 시큐리티에서 제공되는 BCyptPasswordEncoder 클래스를 이용해서 패스워드를 암호화해서 처리하도록 합니다. bcrypt는 태생 자체가 패스워드를 저장하는 용도로 설계된 해시 함수로 특정 문자열을 암호화하고, 체크하는 쪽에서는 암호화된 패스워드가 가능한 패스워드인지만 확인하고 다시 원문으로 되돌리지는 못합니다.

BcryptPasswordEncoder는 이미 스프링 시큐리티의 API 안에 포함되어 있으므로, 이를 활용해서 security-context.xml에 설정 합니다(기존의 CustomNoOpPasswordEncoder는 사용하지 않을 것이므로 삭제하거나 주석 처리합니다.).

**security-context.xml의 일부**

```
<bean id="customAccessDenied"
   class="org.zerock.security.CustomAccessDeniedHandler"></bean>
 <bean id="customLoginSuccess"
   class="org.zerock.security.CustomLoginSuccessHandler"></bean>

<!--   <bean id="customPasswordEncoder"
   class="org.zerock.security.CustomNoOpPasswordEncoder"></bean>
 -->

<bean id="bcryptPasswordEncoder"
   class="org.springframework.security.crypto.bcrypt.
BCryptPasswordEncoder" />

<security:http>

   ...생략...

</security:http>

   </security:authentication-manager> -->

<security:authentication-manager>

   <security:authentication-provider>
     <security:jdbc-user-service
       data-source-ref="dataSource" />

   <!--change to Bcrypt <security:password-encoder
      ref="customPasswordEncoder" /> -->

      <security:password-encoder
      ref="bcryptPasswordEncoder" />

   </security:authentication-provider>

 </security:authentication-manager>


</beans>
```

　　　　　　　　　　　　　　　　　　Spring WebSecurity를 이용한 로그인 처리

bcrypt 방식을 이용하는 PasswordEncoder는 이미 스프링 시큐리티에서 제공하므로 이를 빈으로 추가하고, PasswordEncoder는 org.springframework.security. crypto.bcrypt.BcryptPasswordEncoder로 지정합니다.

### 인코딩된 패스워드를 가지는 사용자 추가

실제 데이터베이스에 기록하는 회원 정보는 BcryptPasswordEncoder를 이용해서 암호화된 상태로 넣어주어야 하므로 테스트 코드를 작성해서 처리합니다.

테스트 코드를 실행하기 위해서는 pom.xml에 spring-test가 추가되어야 합니다.

**pom.xml의 일부**

```
<dependency>
    <groupId>org.springframework</groupId>
    <artifactId>spring-test</artifactId>
    <version>${org.springframework-version}</version>
</dependency>
```

src/test/java 내에 org.zerock.security 패키지를 생성하고, MemberTests 클래스를 추가합니다.

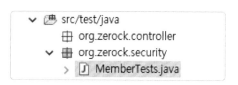

**MemberTests 클래스의 일부**

```
package org.zerock.security;

import java.sql.Connection;
...생략..

import lombok.Setter;
import lombok.extern.log4j.Log4j;

@RunWith(SpringJUnit4ClassRunner.class)
@ContextConfiguration({
  "file:src/main/webapp/WEB-INF/spring/root-context.xml",
```

Part 01

Part 02

Part 03

Part 04

Part 05

Part 06

Part 07

```
  "file:src/main/webapp/WEB-INF/spring/security-context.xml"
})
@Log4j
public class MemberTests {

  @Setter(onMethod_ = @Autowired)
  private PasswordEncoder pwencoder;

  @Setter(onMethod_ = @Autowired)
  private DataSource ds;

  @Test
  public void testInsertMember() {

    String sql = "insert into tbl_member(userid, userpw, username) values
(?,?,?)";

    for(int i = 0; i < 100; i++) {

      Connection con = null;
      PreparedStatement pstmt = null;

      try {
        con = ds.getConnection();
        pstmt = con.prepareStatement(sql);

        pstmt.setString(2, pwencoder.encode("pw" + i));

        if(i <80) {

          pstmt.setString(1, "user"+i);
          pstmt.setString(3,"일반사용자"+i);

        }else if (i <90) {

          pstmt.setString(1, "manager"+i);
          pstmt.setString(3,"운영자"+i);

        }else {

          pstmt.setString(1, "admin"+i);
          pstmt.setString(3,"관리자"+i);

        }

        pstmt.executeUpdate();

      }catch(Exception e) {
        e.printStackTrace();
      }finally {
```

```
        if(pstmt != null) { try { pstmt.close();  } catch(Exception e) {} }
        if(con != null) { try { con.close();  } catch(Exception e) {} }


        }
    }//end for
    }
}
```

MemberTests에는 PasswordEncoder와 DataSource를 주입해서 100명의 회원 정보를 기록합니다. PasswordEncoder를 이용해서 암호화된 문자열을 추가하는 과정을 통하기 때문에 위의 코드를 실행하고 나면 BcryptPasswordEncoder를 이용해서 암호화된 패스워드가 기록된 것을 확인할 수 있습니다.

| 1 user2 | $2a$10$ArNpKl/MSpIHT/JetsYQ5O/klPjLc0exPF8XjiFHS5sj4atus4NBy | 일반사용자2 |
| 2 user3 | $2a$10$pIRwzMYcC3/Y2RkYZhHMjeqTGVzXY9VTu/XkeMuN3NTPk5ymLDBiu | 일반사용자3 |
| 3 user4 | $2a$10$3PFQPWJpcjcqJZ5JIQLEy.s5KXTpyzUyAHrzaTDD2xiEYSxB5ako. | 일반사용자4 |
| 4 user5 | $2a$10$DJFO3ZUJzskLik27anNqSOyLioHtyYn4DneXVOKTuPsWCVUdymnHG | 일반사용자5 |
| 5 user6 | $2a$10$y82Zb6j3J8Qp8X9FKNpsJelOf9rafwAlpXwLIv/6kzn/Nq2JTHRnW | 일반사용자6 |
| 6 user7 | $2a$10$LGy4ptXggqb2AlML6UAJ3OBNfQdyrtGRYCwxqm.5W7dbgZUqFYuTi | 일반사용자7 |
| 7 user8 | $2a$10$MWAlVoDtk5FQckoml8l2H.99jRub/ryz5RiHk/ypffZZrlblGIRLe | 일반사용자8 |
| 8 user9 | $2a$10$rR/yrwbS6fRzBjSc7tT/AeAdL5y4PF6/84NylhSxretPth0XHhoKS | 일반사용자9 |
| 9 user10 | $2a$10$RR7vEIc6sXgvjsWYeLmrHu.iFM/TVd/lKlYu7.45r6PhnuKo3164K | 일반사용자10 |
| 10 user11 | $2a$10$f.Qoclsf725EaTG6oZ7ZTORYpEA9llK3BnbU8RGQcnv/rNHwvzd26 | 일반사용자11 |
| 11 user12 | $2a$10$L7e32HEEni./w9f97gvS5ehGrg/KsMZKxydH3Dq6sPr6u5pgTVC3m | 일반사용자12 |
| 12 user13 | $2a$10$vxsKaMkl W2eQHlXqrhFZyeGnEa5YZ0buhfUJYRPUe44UzeqeDmcQy | 일반사용자13 |
| 13 user14 | $2a$10$Xq35oSrqbnSU70rkRMiNE.DWWgltVnpwCji67iy55UWCVMblRoUsW | 일반사용자14 |
| 14 user15 | $2a$10$73TSct7my8jyN7AqbsIfYO5TfJu/grnst7CISSaNtS8jZeP3g.nkK | 일반사용자15 |
| 15 user16 | $2a$10$wq.x0jf9zgGYuj/DCMJzAurSKyV0obUs.UZ1.UHWtJlbcZ9ILHz2y | 일반사용자16 |
| 16 user17 | $2a$10$lAGAy9plaaGpNfZA3yd8P.EDTUN6CsAf8iqiOaK5BvTPf80VQF4a6 | 일반사용자17 |
| 17 user18 | $2a$10$V3fLZhCAeYO5lISelMz2seHHZVVy8rGDZqGFSR5qA96uete6JObra | 일반사용자18 |

#### 생성된 사용자에 권한 추가하기

사용자 생성이 완료되었다면 tbl_member_auth 테이블에 사용자의 권한에 대한 정보도 tbl_member_auth 테이블에 추가해야 합니다. 'user00~user79'까지는 'ROLE_USER' 권한을, 'manager80~manager89'까지는 'ROLE_MEMBER' 권한을, 'admin90~admin99'까지는 'ROLE_ADMIN' 권한을 부여하는 코드를 아래와 같이 작성해서 실행합니다.

Part 01

Part 02

Part 03

Part 04

Part 05

Part 06

Part 07

**MemberTests 클래스의 일부**

```java
@Test
public void testInsertAuth() {

  String sql = "insert into tbl_member_auth (userid, auth) values
(?,?)";

  for(int i = 0; i < 100; i++) {

    Connection con = null;
    PreparedStatement pstmt = null;

    try {
      con = ds.getConnection();
      pstmt = con.prepareStatement(sql);

      if(i <80) {

        pstmt.setString(1, "user"+i);
        pstmt.setString(2,"ROLE_USER");

      }else if (i <90) {

        pstmt.setString(1, "manager"+i);
        pstmt.setString(2,"ROLE_MEMBER");

      }else {

        pstmt.setString(1, "admin"+i);
        pstmt.setString(2,"ROLE_ADMIN");

      }

      pstmt.executeUpdate();

    }catch(Exception e) {
      e.printStackTrace();
    }finally {
      if(pstmt != null) { try { pstmt.close();  } catch(Exception e) {} }
      if(con != null) { try { con.close();  } catch(Exception e) {} }

    }
  }//end for
}
```

## 32.2.3 쿼리를 이용하는 인증

위와 같이 지정된 방식이 아닌 테이블 구조를 이용하는 경우에는 인증을 하는데 필요한
쿼리(users-by-username-query 속성값)와 권한을 확인하는데 필요한
쿼리(authorities-by-username-query 속성값)를 이용해서 처리합니다.

**users-by-username-query**

```
select
  userid username, userpw password, enabled
from
  tbl_member
where userid ='admin90'
```

**authorities-by-username-query**

```
select
  userid username, auth authority
from
  tbl_member_auth
where userid ='admin90'
```

위의 쿼리문을 PreparedStatement에서 사용하는 구문으로 바꾸고 〈security:jdbc-
user-service〉 태그의 속성으로 지정하면 아래와 같은 형태가 됩니다.

**security-context.xml의 일부**

```
<security:authentication-manager>

    <security:authentication-provider>

      <!-- <security:jdbc-user-service data-source-ref="dataSource" /> -->

      <security:jdbc-user-service
        data-source-ref="dataSource"
        users-by-username-query="select userid , userpw , enabled from
tbl_member where userid = ? "
        authorities-by-username-query="select userid, auth from
tbl_member_auth where userid = ? " />


      <!-- <security:password-encoder ref="customPasswordEncoder" /> -->
```

```
    <security:password-encoder
      ref="bcryptPasswordEncoder" />

  </security:authentication-provider>
```
```
</security:authentication-manager>
```

브라우저를 통해서 'admin90/pw90'으로 로그인하면 정상적으로 처리되는 것을 확인할 수 있습니다.

Spring WebSecurity를 이용한 로그인 처리

# **33** 커스텀 UserDetailsService 활용

JDBC를 이용하는 방식으로도 데이터베이스를 처리해서 편리하게 사용할 수 있기는 하지만 약간의 아쉬움은 사용자의 여러 정보들 중에서 제한적인 내용만을 이용한다는 단점이 있습니다. 스프링 시큐리티에서 username이라고 부르는 사용자의 정보만을 이용하기 때문에 실제 프로젝트에서 사용자의 이름이나 이메일 등의 자세한 정보를 이용할 경우에는 충분하지 못하다는 단점이 있습니다.

이러한 문제를 해결하기 위해서는 직접 UserDetailsService를 구현하는 방식을 이용하는 것이 좋습니다. 흔히 커스텀 UserDetailsServcie라고 하는데, 이를 이용하면 원하는 객체를 인증과 권한 체크에 활용할 수 있기 때문에 많이 사용됩니다.

스프링 시큐리티의 UserDetailsService 인터페이스는 단 하나의 메서드만이 존재합니다.

loadUserByUsername( )이라는 메서드의 반환 타입인 UserDetails 역시 인터페이스로 사용자의 정보와 권한 정보 등을 담는 타입입니다. UserDetails 타입은 getAuthorities( ), getPassword( ), getUserName( ) 등의 여러 추상 메서드를 가지고 있어서, 개발 전에 이를 직접 구현할 것인지 UserDetails 인터페이스를 구현해둔 스프링 시큐리티의 여러 하위 클래스를 이용할 것인지 판단해야 합니다.

Part 01

Part 02

Part 03

Part 04

Part 05

Part 06

Part 07

org.springframework.security.core.userdetails

## Interface UserDetails

**All Superinterfaces:**
java.io.Serializable

**All Known Subinterfaces:**
LdapUserDetails

**All Known Implementing Classes:**
InetOrgPerson, LdapUserDetailsImpl, Person, User

가장 일반적으로 많이 사용되는 방법은 여러 하위 클래스들 중에서 org.springframework.
security.core.userdetails.User 클래스를 상속하는 형태입니다. 예제는 커스텀 UserDetailsService
를 이용하는 방식을 이용하기 위해서 MyBatis를 이용하는 MemberMapper와 서비스
를 작성하고, 이를 스프링 시큐리티와 연결해서 사용하는 방식으로 진행합니다.

## 33.1 회원 도메인, 회원 Mapper 설계

예제를 위해서 앞에서 만든 tbl_member 테이블과 tbl_member_auth 테이블을
MyBatis를 이용하는 코드로 처리합니다. org.zerock.domain 패키지에서
MemberVO와 AuthVO 클래스를 설계합니다.

---

**MemberVO 클래스**

```
package org.zerock.domain;

import java.util.Date;
import java.util.List;

import lombok.Data;
```

```
@Data
public class MemberVO {

  private String userid;
  private String userpw;
  private String userName;
  private boolean enabled;

  private Date regDate;
  private Date updateDate;
  private List<AuthVO> authList;

}
```

Member 클래스는 내부적으로 여러 개의 사용자 권한을 가질 수 있는 구조로 설계합니다.

**AuthVO 클래스**

```
package org.zerock.domain;

import lombok.Data;

@Data
public class AuthVO {

  private String userid;
  private String auth;

}
```

AuthVO는 tbl_member_auth의 칼럼을 그대로 반영해서 userid, auth를 지정합니다.

### 33.1.1 MemberMapper

회원에 대한 정보는 MyBatis를 이용해서 처리할 것이므로 MemberMapper를 작성해서 tbl_member와 tbl_member_auth 테이블에 데이터를 추가하고, 조회할 수 있도록 작성합니다. Member 객체를 가져오는 경우에는 한 번에 tbl_member와 tbl_member_auth를 조인해서 처리할 수 있는 방식으로 MyBatis의 ResultMap이라는 기능을 사용합니다.

Part 01

Part 02

Part 03

Part 04

Part 05

Part 06

Part 07

하나의 MemberVO 인스턴스는 내부적으로 여러 개의 AuthVO를 가지는데 이를 흔히 '1+N 관계'라고 합니다. 즉 하나의 데이터가 여러 개의 하위 데이터를 포함하고 있는 것을 의미합니다. MyBatis의 ResultMap을 이용하면 하나의 쿼리로 MemberVO와 내부의 AuthVO의 리스트까지 아래와 같이 처리할 수 있습니다.

MyBatis를 이용하기 위한 MemberMapper 인터페이스를 org.zerock.mapper 패키지를 작성해서 추가합니다.

```
> 🗄 org.zerock.controller
> 🗄 org.zerock.domain
∨ 🗄 org.zerock.mapper
    > 📄 MemberMapper.java
```

**MemberMapper 인터페이스**

```java
package org.zerock.mapper;

import org.zerock.domain.MemberVO;

public interface MemberMapper {

  public MemberVO read(String userid);
}
```

sr/main/resources 밑에 org/zerock/mapper 폴더 구조를 작성하고 MemberMapper.xml 을 작성합니다.

```
∨ 🗄 > src/main/resoureces
    ∨ 🗄 > org.zerock.mapper
        📄 > MemberMapper.xml
```

**MemberMapper.xml**

```xml
<?xml version="1.0" encoding="UTF-8" ?>
<!DOCTYPE mapper
  PUBLIC "-//mybatis.org//DTD Mapper 3.0//EN"
  "http://mybatis.org/dtd/mybatis-3-mapper.dtd">
<mapper namespace="org.zerock.mapper.MemberMapper">

  <resultMap type="org.zerock.domain.MemberVO" id="memberMap">
```

```xml
        <id property="userid" column="userid"/>
        <result property="userid" column="userid"/>
        <result property="userpw" column="userpw"/>
        <result property="userName" column="username"/>
        <result property="regDate" column="regdate"/>
        <result property="updateDate" column="updatedate"/>
        <collection property="authList" resultMap="authMap">
        </collection>
    </resultMap>

    <resultMap type="org.zerock.domain.AuthVO" id="authMap">
        <result property="userid" column="userid"/>
        <result property="auth" column="auth"/>
    </resultMap>

    <select id="read" resultMap="memberMap">
SELECT
    mem.userid,  userpw, username, enabled, regdate, updatedate, auth
FROM
    tbl_member mem LEFT OUTER JOIN tbl_member_auth auth on mem.userid =
auth.userid
WHERE mem.userid = #{userid}
    </select>

</mapper>
```

id가 'read'인 〈select〉 태그는 resultMap 속성을 지정합니다. 지정된 'memberMap'은 아래와 같은 쿼리의 결과를 처리합니다.

| US... | USERPW | USERNAME | ENABLED | REGDATE | UPDATEDATE | AUTH |
|---|---|---|---|---|---|---|
| 1 xadmin15 | $2a$10$afI6PSj2dCezW5m25DzoOu/S7ZbEndzP1W0AZXmPIXRV.5qatvaIW | 테스트회원15 | 1 | 18/05/31 | 18/05/31 | ROLE_MEMBER |
| 2 xadmin15 | $2a$10$afI6PSj2dCezW5m25DzoOu/S7ZbEndzP1W0AZXmPIXRV.5qatvaIW | 테스트회원15 | 1 | 18/05/31 | 18/05/31 | ROLE_ADMIN |

위의 결과를 자세히 보면 오른쪽 끝의 'AUTH'의 값은 다르지만, 나머지 정보는 같은 것을 볼 수 있습니다. 즉 회원 정보는 MemberVO 하나이고, AuthVO는 2개가 되어야 하는 결과입니다. memberMap이라는 이름을 가지는 〈resultMap〉은 〈result〉와 〈collection〉을 이용해서 바깥쪽 객체(MemberVO의 인스턴스)와 안쪽 객체들(AuthVO 의 인스턴스들)을 구성할 수 있습니다. MyBatis에서는 이처럼 하나의 결과에 부가적으로 여러 개의 데이터를 처리하는 경우 1:N의 결과를 처리할 수 있는 〈resultMap〉 태그를 지원합니다.

Part 01

Part 02

Part 03

Part 04

Part 05

Part 06

Part 07

### 33.1.2 MemberMapper 테스트

MemberMapper를 이용해서 MemberVO를 구성하고 이를 스프링 시큐리티에서 사용할 것이므로 연동하기 전에 MemberMapper가 정상적으로 동작하는지 확인합니다. 생성된 프로젝트의 root-context.xml은 이전 예제에서 사용하던 파일을 재사용하도록 합니다. MyBatis의 설정이나 트랜잭션의 설정 등에 주의해서 설정합니다.

쿼리 동작은 테스트 코드를 이용해서 올바른 결과가 나오는지 확인해야 합니다. src/test/java에 MemberMapperTests 클래스를 작성합니다.

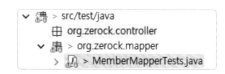

**MemberMapperTests 클래스의 일부**

```
package org.zerock.mapper;


import org.junit.Test;
import org.junit.runner.RunWith;
import org.springframework.beans.factory.annotation.Autowired;
import org.springframework.test.context.ContextConfiguration;
import org.springframework.test.context.junit4.SpringRunner;
import org.zerock.domain.MemberVO;

import lombok.Setter;
import lombok.extern.log4j.Log4j;

@RunWith(SpringRunner.class)
@ContextConfiguration({"file:src/main/webapp/WEB-INF/spring/root-
context.xml"})
@Log4j
public class MemberMapperTests {

  @Setter(onMethod_ = @Autowired)
  private MemberMapper mapper;


  @Test
  public void testRead() {

    MemberVO vo = mapper.read("admin90");
```

```
    log.info(vo);

    vo.getAuthList().forEach(authVO -> log.info(authVO));

  }

}
```

testRead( )에서는 'admin90'에 대한 정보를 조회합니다. 정상적이라면 MemberVO와 내부의 AuthVO가 구성된 것을 확인할 수 있습니다.

```
INFO : org.zerock.mapper.MemberMapperTests - MemberVO(userid=admin90,
userpw=$2a$10$WMZvuOyzEysYp9NlVDcyNuM5h6i.ldfXrTZ.J6h9KlAHNDtiDwGlS,
userName=관리자90, enabled=false, regDate=..., updateDate=...,
authList=[AuthVO(userid=admin90, auth=ROLE_ADMIN)])
INFO : org.zerock.mapper.MemberMapperTests - AuthVO(userid=admin90,
auth=ROLE_ADMIN)
```

## 33.2 CustomUserDetailsService 구성

MyBatis를 이용해서 MemberVO와 같이 회원을 처리하는 부분이 구성되었다면 이를 이용해서 스프링 시큐리티의 UserDetailsService를 구현하는 클래스를 직접 작성하도록 합니다. 작성하려는 CustomUserDetailsService는 스프링 시큐리티의 UserDetailsService를 구현하고, MemberMapper 타입의 인스턴스를 주입받아서 실제 기능을 구현합니다.

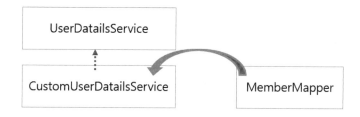

Part 01

Part 02

Part 03

Part 04

Part 05

Part 06

Part 07

org.zerock.security 패키지에 CustomUserDetailsService 클래스를 작성합니다.

```
✓ ⊞ > org.zerock.security
  > Ⅰ⁵⁸ CustomAccessDeniedHandler.java
  > Ⅰ⁵⁸ CustomLoginSuccessHandler.java
  > Ⅰₐ CustomNoOpPasswordEncoder.java
  > Ⅰₐ? CustomUserDetailsService.java
```

**CustomUserDetailsService 클래스**

```java
package org.zerock.security;

import org.springframework.beans.factory.annotation.Autowired;
import org.springframework.security.core.userdetails.UserDetails;
import org.springframework.security.core.userdetails.UserDetailsService;
import org.springframework.security.core.userdetails.
UsernameNotFoundException;
import org.zerock.mapper.MemberMapper;

import lombok.Setter;
import lombok.extern.log4j.Log4j;

@Log4j
public class CustomUserDetailsService implements UserDetailsService {

  @Setter(onMethod_ = { @Autowired })
  private MemberMapper memberMapper;

  @Override
  public UserDetails loadUserByUsername(String userName) throws
UsernameNotFoundException {

    log.warn("Load User By UserName : " + userName);

    return null;
  }
}
```

작성하는 클래스는 스프링 시큐리티를 통해서 테스트를 진행한 후 추가로 채우고, 우선은
로그만을 기록해서 정상적으로 동작하는지 만을 확인합니다.

CustomUserDetailsService 클래스는 security-context.xml을 이용해서 스프링의
빈으로 등록합니다.

```
    <bean id="customAccessDenied"
      class="org.zerock.security.CustomAccessDeniedHandler"></bean>
    <bean id="customLoginSuccess"
      class="org.zerock.security.CustomLoginSuccessHandler"></bean>

    <bean id="bcryptPasswordEncoder"
      class="org.springframework.security.crypto.bcrypt.
BCryptPasswordEncoder" />

    <bean id="customUserDetailsService"
      class="org.zerock.security.CustomUserDetailsService"></bean>


    <security:http>

      ...생략...

    </security:http>


    <security:authentication-manager>

      <security:authentication-provider
        user-service-ref="customUserDetailsService">

        <security:password-encoder
          ref="bcryptPasswordEncoder" />

      </security:authentication-provider>

    </security:authentication-manager>
```

변경된 부분은 authentication-provider 속성의 값을 작성한 CustomUserDetails Service로 지정한 부분입니다. 프로젝트를 실행하고 아래와 같은 화면에서 로그인을 시도했을 때 지정된 로그가 출력되고, 의존성 주입 등이 정상적으로 처리되었는지 확인합니다.

**Custom Login Page**

```
admin90
•••••
제출
```

```
INFO : org.zerock.controller.CommonController - logout: null
WARN : org.zerock.security.CustomUserDetailsService - Load User By UserName : admin90
ERROR: org.springframework.security.web.authentication.UsernamePasswordAuthenticationFilter -
org.springframework.security.authentication.InternalAuthenticationServiceException: UserDetai
          at org.springframework.security.authentication.dao.DaoAuthenticationProvider.retrieve
```

Part 01

Part 02

Part 03

Part 04

Part 05

Part 06

Part 07

### 33.2.1 MemberVO를 UsersDetails 타입으로 변환하기

스프링 시큐리티의 UserDetailsService는 loadUserByUsername( )라는 하나의 추상 메서드만을 가지고 있으며 리턴 타입은 org.springframework.security.core. userdetails.UserDetails라는 타입입니다. 모든 작업에 문제가 없다면 최종적으로 MemberVO의 인스턴스를 스프링 시큐리티의 UserDetails 타입으로 변환하는 작업을 처리해야 합니다. 예제는 UserDetails를 구현한 org.springframework.security. core.userdetails.User 클래스를 상속해서 CustomUser라는 클래스를 생성합니다.

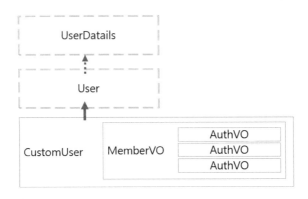

물론 MemberVO 클래스를 직접 수정해서 UserDetails 인터페이스를 구현하도록 하는 방법도 나쁘다고 생각되지는 않지만, 가능하면 기존의 클래스를 수정하지 않고 확장하는 방식이 더 낫다고 생각되기 때문에 org.zerock.security 패키지에 별도의 domain 패키지를 추가해서 CustomUser 클래스를 생성합니다.

**CustomUser 클래스**

```
package org.zerock.security.domain;

import java.util.Collection;
import java.util.stream.Collectors;

import org.springframework.security.core.GrantedAuthority;
```

```
import org.springframework.security.core.authority.
SimpleGrantedAuthority;
import org.springframework.security.core.userdetails.User;
import org.zerock.domain.MemberVO;

import lombok.Getter;

@Getter
public class CustomUser extends User {

  private static final long serialVersionUID = 1L;

  private MemberVO member;

  public CustomUser(String username, String password,
Collection<? extends GrantedAuthority> authorities) {
    super(username, password, authorities);
  }

  public CustomUser(MemberVO vo) {

    super(vo.getUserid(), vo.getUserpw(), vo.getAuthList().stream()
        .map(auth -> new SimpleGrantedAuthority(auth.getAuth())).
collect(Collectors.toList()));

    this.member = vo;
  }
}
```

CustomUser는 org.springframework.security.core.userdetails.User 클래스를
상속하기 때문에 부모 클래스의 생성자를 호출해야만 정상적인 객체를 생성할 수 있습니
다. 예제는 MemberVO를 파라미터로 전달해서 User 클래스에 맞게 생성자를 호출합니
다. 이 과정에서 AuthVO 인스턴스는 GrantedAuthority 객체로 변환해야 하므로
stream()과 map()을 이용해서 처리합니다.

변경 후에는 CustomUserDetailsService에서 CustomUser를 반환하도록 수정해 봅
니다.

**CustomUserDetailsService 클래스의 일부**

```
@Log4j
public class CustomUserDetailsService implements UserDetailsService {

  @Setter(onMethod_ = { @Autowired })
  private MemberMapper memberMapper;

  @Override
  public UserDetails loadUserByUsername(String userName) throws
UsernameNotFoundException {

    log.warn("Load User By UserName : " + userName);

    // userName means userid
    MemberVO vo = memberMapper.read(userName);

    log.warn("queried by member mapper: " + vo);

    return vo == null ? null : new CustomUser(vo);
  }

}
```

loadUserByUsername( )은 내부적으로 MemberMapper를 이용해서 MemberVO를
조회하고, 만일 MemberVO의 인스턴스를 얻을 수 있다면 CustomUser 타입의 객체로
변환해서 반환합니다. 브라우저에는 이를 테스트해 보면 로그인 시 CustomUserDetails
Service가 동작하는 모습을 확인할 수 있습니다.

```
INFO : jdbc.audit - 1. Connection.clearWarnings() returned
WARN : org.zerock.security.CustomUserDetailsService - queried by member mapper: MemberVO(userid=admin90, userpw=$2a$10$Zd
WARN : org.zerock.security.CustomLoginSuccessHandler - Login Success
WARN : org.zerock.security.CustomLoginSuccessHandler - ROLE NAMES: [ROLE_ADMIN]
INFO : org.zerock.controller.SampleController - admin only
```

JDBC와 약간의 쿼리를 이용하는 것만으로도 데이터베이스를 이용해서 스프링 시큐리티를 사용할 수 있음에도 불구하고, 굳이 CustomUserDetailsService와 같이 별도의 인증/권한 체크를 하는 가장 큰 이유는 JSP 등에서 단순히 사용자의 아이디(스프링 시큐리티에서는 username) 정도가 아닌 사용자의 이름이나 이메일과 같은 추가적인 정보를 이용하기 위해서입니다.

이 장의 시작 부분에서 이미 pom.xml에 스프링 시큐리티를 이용할 때 사용하는 태그 라이브러리를 추가해 두었으므로, JSP에서 이를 활용하는 방법에 대해서 알아봅니다.

## 34.1 JSP에서 로그인한 사용자 정보 보여주기

'/sample/admin'과 같은 경로는 로그인한 사용자만이 접근할 수 있고, 만일 권한이 적당하지 않으면 볼 수 없는 페이지이므로 로그인한 사용자가 접근했을 때에는 해당 사용자의 여러 정보를 보여줄 필요가 있습니다.

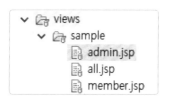

스프링 시큐리티와 관련된 정보를 출력하거나 사용하려면 JSP 상단에 스프링 시큐리티 관련 태그 라이브러리의 사용을 선언하고, 〈sec:authentication〉 태그와 principal이라는 이름의 속성을 사용합니다.

Part 01

Part 02

Part 03

Part 04

Part 05

Part 06

Part 07

**admin.jsp**

```jsp
<%@ page language="java" contentType="text/html; charset=UTF-8"
    pageEncoding="UTF-8"%>

<%@ taglib uri="http://java.sun.com/jsp/jstl/core" prefix="c" %>
<%@ taglib uri="http://www.springframework.org/security/tags"
prefix="sec" %>

<!DOCTYPE html PUBLIC "-//W3C//DTD HTML 4.01 Transitional//EN" "http://
www.w3.org/TR/html4/loose.dtd">
<html>
<head>
<meta http-equiv="Content-Type" content="text/html; charset=UTF-8">
<title>Insert title here</title>
</head>
<body>
<h1>/sample/admin page</h1>


<p>principal : <sec:authentication property="principal"/></p>
<p>MemberVO : <sec:authentication property="principal.member"/></p>
<p>사용자이름 : <sec:authentication property="principal.member.
userName"/></p>
<p>사용자아이디 : <sec:authentication property="principal.username"/></p>
<p>사용자 권한 리스트  : <sec:authentication property="principal.member.
authList"/></p>


<a href="/customLogout">Logout</a>


</body>
</html>
```

〈sec:authentication property="principal"/〉를 이용했을 때 의미하는 것은 UserDetailsService에서 반환된 객체입니다. 즉 CustomUserDetailsService를 이용했다면 loadUserByUsername( )에서 반환된 CustomUser 객체가 됩니다. 이 사실을 이해하면 'principal'이 CustomUser를 의미하므로 'principal.member'는 CustomUser 객체의 getMember( )를 호출한다는 것을 알 수 있습니다.

브라우저에서 사용자가 로그인을 한 후에 보는 admin.jsp에는 다음과 같은 정보들이 출력됩니다.

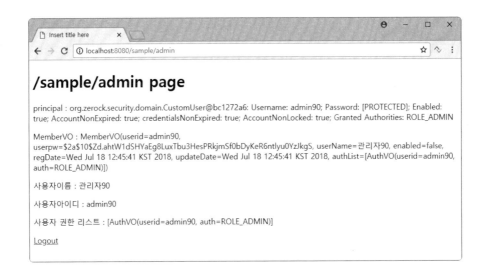

## 34.2 표현식을 이용하는 동적 화면 구성

경우에 따라서는 특정한 페이지에서 로그인한 사용자의 경우에는 특정한 내용을 보여주고, 그렇지 않은 경우에는 다른 내용을 보여주는 경우가 있습니다. 예제는 '/sample/all'이 이런 경우에 해당하는데 이때 유용한 것이 스프링 시큐리티의 표현식(expression)입니다. 스프링 시큐리티의 표현식은 security-context.xml에서도 사용됩니다.

스프링 시큐리티에서 주로 사용되는 표현식은 아래와 같습니다.

| 표현식 | 설명 |
|---|---|
| hasRole( [role] )<br>hasAuthority( [authority] ) | 해당 권한이 있으면 true |
| hasAnyRole( [role,role2])<br>hasAnyAuthority([authority]) | 여러 권한들 중에서 하나라도 해당하는 권한이 있으면 true |
| principal | 현재 사용자 정보를 의미 |
| permitAll | 모든 사용자에게 허용 |
| denyAll | 모든 사용자에게 거부 |

Part 01

Part 02

Part 03

Part 04

Part 05

Part 06

Part 07

| 표현식 | 설명 |
|---|---|
| isAnonymous( ) | 익명의 사용자의 경우(로그인을 하지 않은 경우도 해당) |
| isAuthenticated( ) | 인증된 사용자면 true |
| isFullyAuthenticated( ) | Remember-me로 인증된 것이 아닌 인증된 사용자인 경우 true |

표현식은 거의 대부분 true/false를 리턴하기 때문에 조건문을 사용하는 것처럼 사용됩니다. '/sample/all'의 JSP 페이지를 이용해서 사용자의 로그인 상태에 따라 다른 화면을 구성해 보면 아래와 같은 형태가 됩니다.

```
✓ 🗁 > views
   ✓ 🗁 > sample
      🖹 > admin.jsp
      🖹 > all.jsp
```

**all.jsp의 일부**

```jsp
<%@ page language="java" contentType="text/html; charset=UTF-8"
    pageEncoding="UTF-8"%>
<%@ taglib uri="http://java.sun.com/jsp/jstl/core" prefix="c" %>
<%@ taglib uri="http://www.springframework.org/security/tags"
prefix="sec" %>

<!DOCTYPE html PUBLIC "-//W3C//DTD HTML 4.01 Transitional//EN" "http://
www.w3.org/TR/html4/loose.dtd">
<html>
<head>
<meta http-equiv="Content-Type" content="text/html; charset=UTF-8">
<title>Insert title here</title>
</head>
<body>
<!-- all or member or admin -->
<h1>/sample/all page</h1>


<sec:authorize access="isAnonymous()">

  <a href="/customLogin">로그인</a>

</sec:authorize>
```

```
<sec:authorize access="isAuthenticated()">

  <a href="/customLogout">로그아웃</a>

</sec:authorize>

</body>
</html>
```

all.jsp의 내용은 로그인한 경우와 그렇지 않은 경우에 따라서 다른 결과를 만들어 냅
니다.

**로그인하지 않은 사용자**

**로그인된 사용자**

Part 01

Part 02

Part 03

Part 04

Part 05

Part 06

Part 07

Chapter

# 35 | 자동 로그인(remember-me)

최근의 웹페이지들은 '자동 로그인'이나 '로그인 기억하기'라는 이름으로 한 번 로그인하면 일정 시간 동안 다시 로그인을 하지 않아도 되는 기능을 가지고 있습니다. 영어로는 'remember-me'라고 표현하는데 이 기능은 거의 대부분 쿠키(Cookie)를 이용해서 구현됩니다. 국내에서도 많은 사이트에서 이 기능을 제공하고 있습니다.

| 아이디 | 로그인 | IP보안 ON | 로그인 상태 유지 IP보안 ON | | 로그인 유지 IP보안 ON |
|---|---|---|---|---|---|

스프링 시큐리티의 경우 'remember-me' 기능을 메모리상에서 처리하거나, 데이터베이스를 이용하는 형태로 약간의 설정만으로 구현이 가능합니다. security-context.xml에는 〈security:remember-me〉 태그를 이용해서 기능을 구현합니다. 〈security:remember-me〉에는 아래와 같이 여러 속성값을 지정할 수 있습니다. 여러 속성 중에서 주로 사용되는 속성은 다음과 같습니다.

- key: 쿠키에 사용되는 값을 암호화하기 위한 키(key)값
- data-source-ref: DataSource를 지정하고 테이블을 이용해서 기존 로그인 정보를 기록(옵션)
- remember-me-cookie: 브라우저에 보관되는 쿠키의 이름을 지정합니다. 기본값은 'remember-me' 입니다.
- remember-me-parameter: 웹 화면에서 로그인할 때 'remember-me'는 대부분 체크박스를 이용해서 처리합니다. 이때 체크박스 태그는name 속성을 의미합니다.
- token-validity-seconds: 쿠키의 유효시간을 지정합니다.

## 35.1 데이터베이스를 이용하는 자동 로그인

자동 로그인 기능을 처리하는 방식 중에서 가장 많이 사용되는 방식은 로그인이 되었던 정보를 데이터베이스를 이용해서 기록해 두었다가 사용자의 재방문 시 세션에 정보가 없으면 데이터베이스를 조회해서 사용하는 방식입니다. 서버의 메모리상에만 데이터를 저장하는 방식보다 좋은 점은 데이터베이스에 정보가 공유되기 때문에 좀 더 안정적으로 운영이 가능하다는 점입니다.

스프링 시큐리티에서 'remember-me' 기능 역시 JDBC를 이용하는 경우처럼 지정된 이름의 테이블을 생성하면 지정된 SQL문이 실행되면서 이를 처리하는 방식과 직접 구현하는 방식이 있습니다. 생성된 테이블은 로그인을 유지하는데 필요한 정보를 보관하는 용도일 뿐이므로, 커스터마이징 하기 보다는 지정된 형식의 테이블을 생성합니다.

스프링 시큐리티의 공식 문서에 나오는 로그인 정보를 유지하는 테이블은 아래와 같은 스크립트로 구성됩니다.

```
create table persistent_logins (
username varchar(64) not null,
series varchar(64) primary key,
token varchar(64) not null,
last_used timestamp not null);
```

테이블을 생성하는 스크립트는 특정한 데이터베이스에 맞게 테이블 이름과 칼럼명을 제외한 칼럼의 타입 등을 적당히 조정해서 사용하면 됩니다. 오라클에서는 varchar를 그대로 이용하거나 varchar2로 변경해서 사용하면 됩니다.

자동 로그인에서 데이터베이스를 이용하는 설정은 별도의 설정 없이 data-source-ref만을 지정하면 됩니다.

**security-context.xml의 일부**

```xml
<bean id="customAccessDenied"
  class="org.zerock.security.CustomAccessDeniedHandler"></bean>
<bean id="customLoginSuccess"
  class="org.zerock.security.CustomLoginSuccessHandler"></bean>
```

Part 01

Part 02

Part 03

Part 04

Part 05

Part 06

Part 07

```xml
    <bean id="bcryptPasswordEncoder"
      class="org.springframework.security.crypto.bcrypt.
BCryptPasswordEncoder" />

    <bean id="customUserDetailsService"
      class="org.zerock.security.CustomUserDetailsService"></bean>


  <security:http>

    <security:intercept-url pattern="/sample/all"
      access="permitAll" />

    <security:intercept-url
      pattern="/sample/member" access="hasRole('ROLE_MEMBER')" />

    <security:intercept-url pattern="/sample/admin"
      access="hasRole('ROLE_ADMIN')" />

    <security:access-denied-handler
      ref="customAccessDenied" />

    <security:form-login login-page="/customLogin"
      authentication-success-handler-ref="customLoginSuccess" />

    <security:logout logout-url="/customLogout"
      invalidate-session="true" />

    <security:remember-me
      data-source-ref="dataSource" token-validity-seconds="604800" />

  </security:http>


  <security:authentication-manager>

    <security:authentication-provider
      user-service-ref="customUserDetailsService">

      <security:password-encoder
        ref="bcryptPasswordEncoder" />

    </security:authentication-provider>

  </security:authentication-manager>

</beans>
```

### 35.1.1 로그인 화면에 자동 로그인 설정

자동 로그인은 로그인 화면에서 선택해서 처리되므로, 체크박스의 형태로 구현하고 〈input〉 태그의 name 속성값은 'remember-me'입니다.

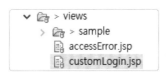

**customLogin.jsp의 일부**

```
<form method='post' action="/login">

<div>
  <input type='text' name='username' value='admin'>
</div>
<div>
  <input type='password' name='password' value='admin'>
</div>

<div>
  <input type='checkbox' name='remember-me'> Remember Me
</div>

<div>
  <input type='submit'>
</div>
  <input type="hidden" name="${_csrf.parameterName}"
  value="${_csrf.token}" />

</form>
```

프로젝트를 실행하고 'Remember-me'를 체크한 후 브라우저에서 쿠키를 조사해 보면 자동으로 'remember-me'라는 이름의 쿠키가 생긴 것을 확인할 수 있습니다.

**Custom Login Page**

admin90

····

☑ Remember Me

제출

| Name | Value | Domain | Path | Expire... | Size | HTTP |
|------|-------|--------|------|-----------|------|------|
| JSESSIONID | 675E1947B03A0DF7C9F6C67B5D34A1BC | localh... | / | 1969-... | 42 | ✓ |
| remember-me | a2JaaVFLR1VuZGdkMUxSV09SMIQzUSUzRCU... | localh... | / | 2018-... | 90 | ✓ |

데이터베이스의 'persistence_logins' 테이블에도 사용자가 로그인한 정보가 남아 있는 것을 볼 수 있습니다.

🖥 스크립트 출력 × ▶ 질의 결과 ×

📌 🖨 🔍 🔍 SQL | 인출된 모든 행: 1(0,024초)

| | USERNAME | SERIES | TOKEN | LAST_USED |
|---|----------|--------|-------|-----------|
| 1 | admin90 | KEUn+4ffDla9wzB5ApUTBw== | AoWTMTYMEHzNU/25xspgOQ== | 18/07/19 11:47:08.894000000 |

'remember-me' 이름으로 생성된 쿠키는 유효기간이 있으므로, 사용자는 브라우저를 완전히 종료한 후에 다시 '/sample/admin'과 같이 로그인이 필요한 페이지에 접근해 보면 정상적으로 로그인 되는 것을 확인할 수 있습니다.

브라우저를 종료한 후 '/sample/admin'을 호출했을 때 브라우저가 보내는 정보를 확인해 보면 'remember-me' 쿠키의 정보가 전송되는 것을 볼 수 있습니다.

▼ **Request Headers**    view source
  **Accept:** text/html,application/xhtml+xml,application/xml;q=0.9,image/webp,image/apng,*/*;q=0.8
  **Accept-Encoding:** gzip, deflate, br
  **Accept-Language:** ko-KR,ko;q=0.9,en-US;q=0.8,en;q=0.7
  **Connection:** keep-alive
  **Cookie:** remember-me=a2JaaVFLR1VuZGdkMUxSV09SM1QzUSUzRCUzRDpNYTV5cTdiOFRFZDg1MkJVTVJnUnpTcXc1M0Q1M0Q
  **DNT:** 1
  **Host:** localhost:8080
  **Upgrade-Insecure-Requests:** 1
  **User-Agent:** Mozilla/5.0 (Windows NT 10.0; Win64; x64) AppleWebKit/537.36 (KHTML, like Gecko) Chrome/66.0.3359.181 Safari/537.36

## 35.1.2 로그아웃 시 쿠키 삭제

자동 로그인 기능을 이용하는 경우에 사용자가 로그아웃을 하면 기존과 달리 자동 로그인에 사용하는 쿠키도 삭제해 주도록 쿠키를 삭제하는 항목을 security-context.xml에 지정합니다.

**security-context.xml의 일부**

```
<security:http>

    <security:intercept-url pattern="/sample/all"
      access="permitAll" />

    <security:intercept-url
      pattern="/sample/member" access="hasRole('ROLE_MEMBER')" />

    <security:intercept-url pattern="/sample/admin"
      access="hasRole('ROLE_ADMIN')" />

    <security:access-denied-handler
      ref="customAccessDenied" />

    <security:form-login login-page="/customLogin"
      authentication-success-handler-ref="customLoginSuccess" />

    <!-- <security:csrf disabled="true"/> -->


    <security:remember-me
      data-source-ref="dataSource" token-validity-seconds="604800" />

    <security:logout logout-url="/customLogout"
      invalidate-session="true" delete-cookies="remember-me,JSESSION_ID" />


</security:http>
```

별도의 설정이 없었다면 자동 로그인에서 사용한 쿠키의 이름은 'remember-me'였을 것이고, Tomcat을 통해서 실행되고 있었다면 WAS가 발행하는 쿠키의 이름은 'JSESSION_ID'입니다. Tomcat 등이 발행하는 쿠키는 굳이 지정할 필요가 없지만 관련된 모든 쿠키를 같이 삭제하도록 해 주는 것이 좋습니다.

Part 01

Part 02

Part 03

Part 04

Part 05

Part 06

Part 07

Chapter

# 36 │ Java 설정을 이용하는 경우의 스프링 시큐리티 설정

스프링 시큐리티 역시 다른 설정과 마찬가지로 Java 설정을 이용할 수 있습니다. 다른 예
제들과 달리 스프링 시큐리티는 개념이나 용어가 많이 나오기 때문에 XML 쪽을 미리 학
습한 후에 Java 설정을 공부하는 것이 좋습니다.

기존의 프로젝트 코드를 이용하는 jex06 프로젝트를 생성하고, 스프링 시큐리티의 설정
을 연습하도록 합니다.

프로젝트의 생성 뒤에는 web.xml과 root-context.xml, servlet-context.xml을 삭
제하고, log4jdbc.log4j2.properties나 오라클의 JDBC 드라이버 등 필요한 파일들을
추가합니다. pom.xml에는 스프링 시큐리티 관련 파일들과 태그 라이브러리들을 추가합
니다. XML 설정에 사용했던 코드들 역시 프로젝트에 포함시키도록 합니다.

JSP 파일들 역시 필요하므로 'WEB-INF/views' 폴더 내에 추가해 둡니다.

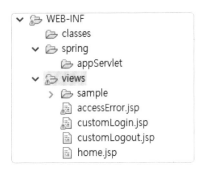

## 36.1 Java 설정 추가 및 동작 확인

XML을 이용하는 경우에는 web.xml을 이용해서 스프링 시큐리티 동작에 기본적으로
필요한 필터를 추가하는 작업부터 진행되었지만, web.xml이 없고 WebConfig 클래스
를 추가한 상황에서는 1) getServletFilters( )를 이용해서 직접 스프링 시큐리티 관련
필터를 추가하거나 2) AbstractSecurityWebApplicationInitializer라는 클래스를 상
속하는 클래스를 추가하는 방식을 이용합니다.

AbstractSecurityWebApplicationInitializer 클래스는 내부적으로 Delegating
FilterProxy를 스프링에 등록하는데 이 작업은 별도의 구현 없이 클래스를 추가하는 것
만으로도 설정이 완료됩니다. org.zerock.config 패키지에 SecurityIntializer 클래스
를 추가합니다.

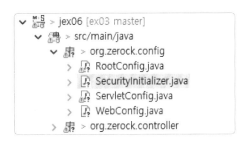

Java 설정을 이용하는 경우의 스프링 시큐리티 설정 **683**

Part 01

Part 02

Part 03

Part 04

Part 05

Part 06

Part 07

**SecurityIntializer 클래스**

```
package org.zerock.config;

import org.springframework.security.web.context.
AbstractSecurityWebApplicationInitializer;

public class SecurityIntializer extends
AbstractSecurityWebApplicationInitializer {

}
```

security-context.xml을 대신하는 설정은 org.zerock.config 내에 SecurityConfig
클래스를 추가합니다.

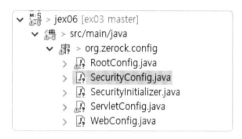

SecurityConfig 클래스는 org.springframework.security.config.annotation.
web.configuration.WebSecurityConfigurerAdapter라는 클래스를 상속해서 필요
한 기능을 오버라이드 해서 구현합니다.

**SecurityConfig 클래스**

```
package org.zerock.config;

import org.springframework.context.annotation.Configuration;
import org.springframework.security.config.annotation.web.configuration.
EnableWebSecurity;
import org.springframework.security.config.annotation.web.configuration.
WebSecurityConfigurerAdapter;

import lombok.extern.log4j.Log4j;

@Configuration
@EnableWebSecurity
@Log4j
```

```
public class SecurityConfig extends WebSecurityConfigurerAdapter {

}
```

클래스 선언부의 @EnableWebSecurity는 스프링 MVC와 스프링 시큐리티를 결합하는 용도로 사용됩니다. SecurityConfig 클래스에는 configure( ) 메서드를 오버라이드해서 security-context.xml에서 사용했던 〈security:http〉 관련 설정들을 대신합니다.

configure( )는 파라미터로 WebSecurity와 HttpSecurity를 받는 메서드가 있으므로 주의해서 오버라이드 합니다.

```
...생략...

@Configuration
@EnableWebSecurity
@Log4j
public class SecurityConfig extends WebSecurityConfigurerAdapter {

  @Override
  public void configure(HttpSecurity http) throws Exception {

  }

}
```

HttpSecurity를 이용하는 부분은 XML의 내용을 대신합니다. 예제를 처음 설정했을 때 최초의 설정은 아래와 같습니다.

**security-context.xml의 일부**

```
<security:http>

    <security:intercept-url pattern="/sample/all"
      access="permitAll" />

    <security:intercept-url
      pattern="/sample/member" access="hasRole('ROLE_MEMBER')" />

    <security:intercept-url pattern="/sample/admin"
      access="hasRole('ROLE_ADMIN')" />
```

이를 SecurityConfig 클래스로 변경하면 아래와 같은 형태가 됩니다.

**SecurityConfig 클래스의 일부**

```
@Override
  public void configure(HttpSecurity http) throws Exception {

    http.authorizeRequests()
      .antMatchers("/sample/all").permitAll()
      .antMatchers("/sample/admin").access("hasRole('ROLE_ADMIN')")
      .antMatchers("/sample/member").access("hasRole('ROLE_MEMBER')");

  }
```

스프링 시큐리티를 동작시키기 위해서는 추가적인 설정이 필요하지만 위의 최소한의 설

정만을 지정한 상태에서 프로젝트를 실행해서 스프링 시큐리티의 동작이 이루어지고 있

는지 확인해 봅니다. 프로젝트를 Tomcat을 통해서 실행하면 아래와 같은 에러 메시지들

을 보게 됩니다.

```
심각: Exception starting filter [springSecurityFilterChain]
org.springframework.beans.factory.NoSuchBeanDefinitionException: No bean named 'springSecurityFilterChain' avai
        at org.springframework.beans.factory.support.DefaultListableBeanFactory.getBeanDefinition(DefaultListab
        at org.springframework.beans.factory.support.AbstractBeanFactory.getMergedLocalBeanDefinition(AbstractBe
        at org.springframework.beans.factory.support.AbstractBeanFactory.doGetBean(AbstractBeanFactory.java:291
        at org.springframework.beans.factory.support.AbstractBeanFactory.getBean(AbstractBeanFactory.java:204)
        at org.springframework.context.support.AbstractApplicationContext.getBean(AbstractApplicationContext.jav
        at org.springframework.web.filter.DelegatingFilterProxy.initDelegate(DelegatingFilterProxy.java:337)
        at org.springframework.web.filter.DelegatingFilterProxy.initFilterBean(DelegatingFilterProxy.java:242)
```

### 36.1.1 WebConfig 클래스의 변경

스프링 시큐리티의 설정이 정상적으로 동작하기 위해서는 WebConfig 클래스를 아래와

같이 수정해야 합니다.

**WebConfig 클래스의 일부**

```
public class WebConfig extends
AbstractAnnotationConfigDispatcherServletInitializer {

  @Override
  protected Class<?>[] getRootConfigClasses() {
    return new Class[] { RootConfig.class, SecurityConfig.class };
  }
...생략...
```

Spring WebSecurity를 이용한 로그인 처리

스프링이 로딩될 때 SecurityConfig 클래스가 같이 로딩되도록 수정한 후 프로젝트를 실행해 정상적으로 로딩이 되는지를 확인합니다. WebConfig 클래스를 수정해서 프로젝트가 로딩되었다고 해도, 실제 동작에는 PasswordEncoder라든가 인증 매니저에 대한 설정이 없기 때문에 정상적으로 실행되지 않습니다.

## 36.2 로그인 페이지 관련 설정

'/sample/admin'에 처리를 담당하는 컨트롤러와 jsp가 정상적으로 존재했다면, 위와 같이 'Access Denied' 메시지가 출력되는 것을 볼 수 있는데, 이런 경우 로그인 페이지로 이동하고 로그인을 할 수 있는 설정을 아래와 같이 추가합니다.

SecurityConfig 클래스의 일부

```java
    @Override
    public void configure(HttpSecurity http) throws Exception {

        http.authorizeRequests().antMatchers("/sample/all")
        .permitAll().antMatchers("/sample/admin")
        .access("hasRole('ROLE_ADMIN')")
        .antMatchers("/sample/member").access("hasRole('ROLE_MEMBER')");

        http.formLogin().loginPage("/customLogin").loginProcessingUrl("/login");

    }

    @Override
    protected void configure(AuthenticationManagerBuilder auth) throws
Exception {
```

Part 01

Part 02

Part 03

Part 04

Part 05

Part 06

Part 07

```
    log.info("configure.........................");
    auth.inMemoryAuthentication().withUser("admin").password("{noop}
admin").roles("ADMIN");
    auth.inMemoryAuthentication().withUser("member").password("{noop}
member").roles("MEMBER");
}
```

동일한 내용을 XML을 이용했을 경우와 비교해 보면 거의 유사한 것을 확인할 수 있습니다. XML과 가장 큰 차이는 XML의 경우 기본으로 POST 방식을 처리하는 경로가 '/login'으로 지정되지만, Java 설정을 이용하는 경우에는 loginPage( )에 해당하는 경로를 기본으로 사용한다는 점입니다. 예제는 XML과 동일하게 동작하는 것을 목표로 하기 때문에 loginProcessingUrl( )을 이용해서 '/login'을 지정해 주었습니다.

---

**XML을 이용하는 경우**

```
  <security:authentication-mana ger>

    <security:authentication-provider>
      <security:user-service>

        <security:user name="member" password="{noop}member"
authorities="ROLE_MEMBER"/>

        <security:user name="admin" password="{noop}admin"
authorities="ROLE_MEMBER, ROLE_ADMIN"/>

      </security:user-service>

    </security:authentication-provider>

  </security:authentication-manager>
```

---

## 36.2.1 로그인 성공 처리

앞의 예제에서 사용했던 로그인이 성공하는 경우의 처리는 Java 설정을 이용하는 경우는 @Bean을 이용하는 설정을 통해서 처리할 수 있습니다.

앞에서 만든 CustomLoginSuccessHandler를 Java 설정을 이용해서 추가하면 다음과 같이 됩니다.

```
package org.zerock.config;

...생략...

@Configuration
@EnableWebSecurity
@Log4j
public class SecurityConfig extends WebSecurityConfigurerAdapter {

  @Override
  protected void configure(AuthenticationManagerBuilder auth) throws
Exception {
    log.info("configure...........................");
    auth.inMemoryAuthentication()
    .withUser("admin").password("{noop}admin").roles("ADMIN");
    auth.inMemoryAuthentication()
    .withUser("member").password("{noop}member").roles("MEMBER");
  }

  @Bean
  public AuthenticationSuccessHandler loginSuccessHandler() {
    return new CustomLoginSuccessHandler();
  }

  @Override
  public void configure(HttpSecurity http) throws Exception {

    http.authorizeRequests().antMatchers("/sample/all")
    .permitAll()
    .antMatchers("/sample/admin")
    .access("hasRole('ROLE_ADMIN')")
    .antMatchers("/sample/member")
    .access("hasRole('ROLE_MEMBER')");

    http.formLogin()
    .loginPage("/customLogin")
    .loginProcessingUrl("/login")
    .successHandler(loginSuccessHandler());

  }
}
```

Part 01

Part 02

Part 03

Part 04

Part 05

Part 06

Part 07

### 36.2.2 로그인 실습 시 주의점

XML 설정의 경우 스프링 시큐리티의 UserDetailsService를 커스터마이징 하는 단계까지 진행되었지만, Java 설정은 아직 그 단계가 아니므로 '/sample/admin'과 같이 다양한 정보를 볼 수 있는 상태가 아니므로 제대로 작동하는지에 대한 확인은 별도의 추가적인 설정이 없는 '/sample/member'를 이용합니다.

프로젝트를 실행하고 '/sample/member'를 호출해 로그인 페이지로 이동하고, 'member/member'로 로그인해서 정상적인 로그인이 되면 '/sample/member'로 이동하는지 확인합니다.

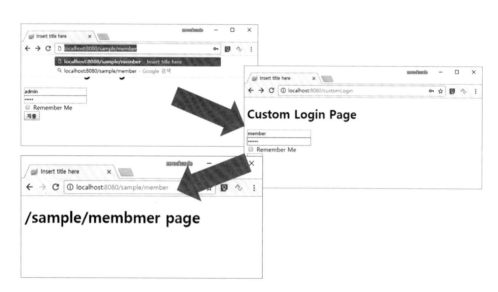

## 36.3 로그아웃 처리

로그아웃 처리는 GET 방식으로 처리되는 로그아웃 페이지를 볼 수 있는 기능과 실제 로그아웃 처리, 자동 로그인에서 사용하는 로그인에 사용된 쿠키들의 삭제를 목적으로 합니다.

**security-context.xml의 일부**

```
<security:logout logout-url="/customLogout"
  invalidate-session="true" delete-cookies="remember-me,JSESSION_ID"/>
```

SecurityConfig에서는 동일한 기능을 아래와 같이 작성하게 됩니다.

**SecurityConfig 클래스의 일부**

```java
@Override
public void configure(HttpSecurity http) throws Exception {

  http.authorizeRequests().antMatchers("/sample/all")
  .permitAll()
  .antMatchers("/sample/admin")
  .access("hasRole('ROLE_ADMIN')")
  .antMatchers("/sample/member")
  .access("hasRole('ROLE_MEMBER')");

  http.formLogin()
    .loginPage("/customLogin")
    .loginProcessingUrl("/login")
    .successHandler(loginSuccessHandler());

  http.logout()
    .logoutUrl("/customLogout")
    .invalidateHttpSession(true)
    .deleteCookies("remember-me", "JSESSION_ID");

}
```

로그아웃 처리 과정을 확인하는 방법은 아래 그림과 같이 로그인 후에 생성되는 쿠키의 값을 확인하고, 로그아웃 이후에 기존의 쿠키값이 삭제되고 다른 값으로 변경되었는지 확인합니다.

Part 01

Part 02

Part 03

Part 04

Part 05

Part 06

Part 07

/sample/member

로그인 후의 쿠키값

| Value |
|---|
| 1673DE0276CFA04CC31BA45782F2C4B4 |

로그아웃 페이지로 이동

로그아웃 실행후

| Value |
|---|
| 1484F0A12E50714611E6CEEC9BB27613 |

## 36.4 PasswordEncoder 지정

JDBC나 복잡한 구성을 사용하기 위해서는 PasswordEncoder를 미리 준비하는 것이 좋습니다. 앞에서는 사실상 암호화를 하지 않는 CustomNoOpPasswordEncoder를 작성해 본 적이 있으므로 이를 @Bean을 이용해서 지정하거나 BcryptPasswordEncoder 등을 지정합니다(PasswordEncoder가 지정된 후에는 로그인이 정상적으로 이루어지지 않습니다.).

SecurityConfig 클래스의 일부

```
@Bean
public PasswordEncoder passwordEncoder() {
  return new BCryptPasswordEncoder();
}
```

PasswordEncoder를 이용하기 위해서는 인코딩된 패스워드가 필요하므로 'member/member'로 로그인 시에는 아래와 같은 메시지만을 볼 수 있습니다.

```
INFO : org.zerock.controller.CommonController - logout: null
WARN : org.springframework.security.crypto.bcrypt.BCryptPasswordEncoder - Encoded password does not look like BCrypt
INFO : org.zerock.controller.CommonController - error:
```

만일 정상적으로 로그인 되는 상황을 테스트하고 싶다면 해당 패스워드를 Password Encoder를 이용해서 인코딩 해야만 합니다. 'src/test/java'에 PasswordEncoder를 이용하는 테스트 클래스를 아래와 같이 작성합니다.

## PasswordEncoderTests 클래스

```java
package org.zerock.security;

import org.junit.Test;
import org.junit.runner.RunWith;
import org.springframework.beans.factory.annotation.Autowired;
import org.springframework.security.crypto.password.PasswordEncoder;
import org.springframework.test.context.ContextConfiguration;
import org.springframework.test.context.junit4.SpringJUnit4ClassRunner;

import lombok.Setter;
import lombok.extern.log4j.Log4j;

@RunWith(SpringJUnit4ClassRunner.class)
@ContextConfiguration(classes = {
    org.zerock.config.RootConfig.class,
    org.zerock.config.SecurityConfig.class } )
@Log4j
public class PasswordEncoderTests {

  @Setter(onMethod_ = {@Autowired})
  private PasswordEncoder pwEncoder;

  @Test
  public void testEncode() {

    String str = "member";

    String enStr = pwEncoder.encode(str);

    // 패스워드 인코딩 결과는 매번 조금씩 달라질 수 있습니다.
    //$2a$10$yJl/xKnd3D9mkhk4SiSmzOnRnIBE9WHx3uWImwcSkQ.abnkeFViPW
    log.info(enStr);

  }
}
```

'member'라는 문자열을 인코딩한 결과는 매번 달라지지만 스프링 시큐리티에서는 올바르게 인코딩된 것인지를 확인하기 때문에 SecurityConfig 클래스에 테스트 결과를 다음과 같이 반영해서 로그인이 가능한지 확인할 수 있습니다.

Part 01

Part 02

Part 03

Part 04

Part 05

Part 06

Part 07

```
@Override
  protected void configure(AuthenticationManagerBuilder auth) throws
Exception {
    log.info("configure.........................");

    auth.inMemoryAuthentication().withUser("admin").password("{noop}
admin").roles("ADMIN");

    //$2a$10$yJl/xKnd3D9mkhk4SiSmzOnRnIBE9WHx3uWImwcSkQ.abnkeFViPW

    auth.inMemoryAuthentication()
    .withUser("member")
    .password("$2a$10$yJl/xKnd3D9mkhk4SiSmzOnRnIBE9WHx3uWImwcSkQ.abnkeFViPW")
    .roles("MEMBER");
  }
```

브라우저를 통해서 'member/member'계정으로 정상적으로 로그인이 되는지 확인합
니다.

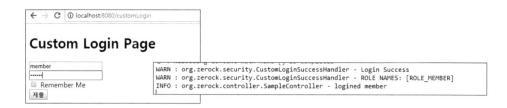

## 36.5 JDBC를 이용하는 Java 설정

스프링 시큐리티의 인증은 크게 1) username으로 사용자의 정보를 얻어오는 작업과, 2)
적당한 권한 등을 체크하는 과정으로 처리됩니다. 앞의 예제에서 이미 'tbl_member' 테
이블과 'tbl_member_auth' 테이블을 생성해 두었기 때문에 이를 이용하는 JDBC 설정
을 한다면 기존의 메서드를 다음과 같이 변경합니다.

```
@Configuration
@EnableWebSecurity
@Log4j
```

```
public class SecurityConfig extends WebSecurityConfigurerAdapter {

  @Setter(onMethod_ = {@Autowired})
  private DataSource dataSource;

//  @Override
//  protected void configure(AuthenticationManagerBuilder auth) throws
Exception {
//    log.info("configure.........................");
//
//    auth.inMemoryAuthentication().withUser("admin").password("{noop}
admin").roles("ADMIN");
//
//    // $2a$10$yJl/xKnd3D9mkhk4SiSmzOnRnIBE9WHx3uWImwcSkQ.abnkeFViPW
//
//    auth.inMemoryAuthentication().withUser("member")
//        .password("$2a$10$yJl/xKnd3D9mkhk4SiSmzOnRnIBE9WHx3uWImwcSkQ.
abnkeFViPW").roles("MEMBER");
//  }

  @Override
  protected void configure(AuthenticationManagerBuilder auth) throws
Exception {
    log.info("configure JDBC .........................");

    String queryUser = "select userid , userpw , enabled from tbl_member
where userid = ? ";
    String queryDetails = "select userid, auth from tbl_member_auth where
userid = ? ";

    auth.jdbcAuthentication()
      .dataSource(dataSource)
      .passwordEncoder(passwordEncoder())
      .usersByUsernameQuery(queryUser)
      .authoritiesByUsernameQuery(queryDetails);
  }
```

인증 과정에서 패스워드 정보는 BcryptPasswordEncoder를 이용하고 있으므로 이를
지정해 주고, 필요한 쿼리를 지정합니다. 테스트 전에 데이터베이스에는 테스트에 적당한
정보들이 존재하는지 확인합니다. 이전 MemberMapper 예제에서 테스트 코드를 수행
했다면 100명의 사용자 중에서 'manager80/pw80~manager89/pw89'에 계정은
'ROLE_MEMBER'의 권한을 가집니다.

Part 01

Part 02

Part 03

Part 04

Part 05

Part 06

Part 07

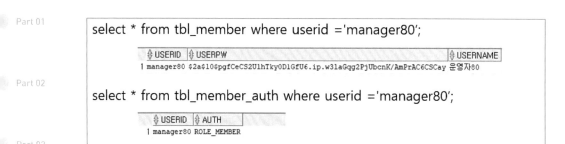

```
select * from tbl_member where userid ='manager80';

  ⊕ USERID  ⊕ USERPW                                              ⊕ USERNAME
1 manager80 $2a$10$pgfCeCS2UlhTky0DlGfU6.ip.w3laGqg2PjUbcnK/AmPrAC6CSCay 운영자80

select * from tbl_member_auth where userid ='manager80';

  ⊕ USERID  ⊕ AUTH
1 manager80 ROLE_MEMBER
```

## 36.6 커스텀 UserDetailsService 설정

설정 이전에 MyBatis나 MyBatis가 사용하는 Mapper파일, org.zerock.domain 패키지의 내용 등을 추가해서 프로젝트의 실행에 문제가 발생하지 않는지 먼저 확인합니다.

```
✓ 🗁 > src/main/java
  > 🗁 > org.zerock.config
  > 🗁 > org.zerock.controller
  > 🗁 > org.zerock.domain
  > 🗁 > org.zerock.mapper
  > 🗁 > org.zerock.security
> 🗁 > src/main/resources
```

src/main/resources 밑에는 MemberMapper.xml 파일이 존재하도록 준비합니다. org.zerock.security 패키지에는 CustomUserDetailsService를 추가해 두고, org.zerock.security.domain 패키지를 생성해서 CustomUser를 추가합니다.

```
✓ 🗁 > org.zerock.security
  > 📄 CustomAccessDeniedHandler.java
  > 📄 CustomLoginSuccessHandler.java
  > 📄 CustomNoOpPasswordEncoder.java
  > 📄 CustomUserDetailsService.java
✓ 🗁 > org.zerock.security.domain
  > 📄 CustomUser.java
```

XML을 이용하는 경우에는 아래와 같이 설정되었습니다.

```xml
<bean id="customUserDetailsService"
  class="org.zerock.security.CustomUserDetailsService"></bean>


...생략...

<security:authentication-manager>

  <security:authentication-provider
    user-service-ref="customUserDetailsService">

  <security:password-encoder
    ref="bcryptPasswordEncoder" />

  </security:authentication-provider>

</security:authentication-manager>
```

**SecurityConfig 클래스의 일부**

```java
@Setter(onMethod_ = { @Autowired })
  private DataSource dataSource;

  @Bean
  public UserDetailsService customUserService() {
    return new CustomUserDetailsService();
  }

  // in custom userdetails
  @Override
  protected void configure(AuthenticationManagerBuilder auth) throws
Exception {

    auth.userDetailsService(customUserService()).
    passwordEncoder(passwordEncoder());
  }
```

최종 확인은 '/sample/admin' 경로에 로그인한 사용자만이 정상적으로 접근이 가능한
지 확인합니다.

Part 01

Part 02

Part 03

Part 04

Part 05

Part 06

Part 07

**/sample/admin page**

principal : org.zerock.security.domain.CustomUser@bc1272a6: Username: admin90; Password: [PROTECTED]; Enabled: true; AccountNonExpired: true; credentialsNonExpired: true; AccountNonLocked: true; Granted Authorities: ROLE_ADMIN

MemberVO : MemberVO(userid=admin90, userpw=$2a$10$WMZvuOyzEysYp9NlVDcyNuM5h6i.ldfXrTZ.J6h9KlAHNDtiDwGlS, userName=관리자90, enabled=false, regDate=Sun May 27 17:45:01 KST 2018, updateDate=Sun May 27 17:45:01 KST

## 36.7 자동 로그인 설정(remember-me)

자동 로그인 설정 역시 XML을 이용할 때와 유사하지만, DataSource를 직접 추가하던 방식이 아니라 PersistentTokenRepository라는 타입을 이용하므로 약간의 추가 설정이 필요합니다.

**SecurityConfig 클래스의 일부**

```
@Override
public void configure(HttpSecurity http) throws Exception {

  http.authorizeRequests()
  .antMatchers("/sample/all").permitAll()
  .antMatchers("/sample/admin")
  .access("hasRole('ROLE_ADMIN')")
  .antMatchers("/sample/member")
  .access("hasRole('ROLE_MEMBER')");

  http.formLogin()
  .loginPage("/customLogin")
  .loginProcessingUrl("/login")
  .successHandler(loginSuccessHandler());

  http.logout()
  .logoutUrl("/customLogout")
  .invalidateHttpSession(true)
  .deleteCookies("remember-me","JSESSION_ID");

  http.rememberMe()
      .key("zerock")
      .tokenRepository(persistentTokenRepository())
```

```
                .tokenValiditySeconds(604800);


        }

        @Bean
        public PersistentTokenRepository persistentTokenRepository() {
            JdbcTokenRepositoryImpl repo = new JdbcTokenRepositoryImpl();
            repo.setDataSource(dataSource);
            return repo;
        }
```

확인은 로그인 후에 데이터베이스에 있는 persistent_login 테이블에 정상적으로 데이
터가 추가되는지를 확인합니다. 단계별로 설정을 진행하다 보면 상당히 복잡해 보이지만
실제 작성된 코드의 양은 아래와 같이 많은 편이 아닙니다.

**SecurityConfig 클래스의 전체**

```
@Configuration
@EnableWebSecurity
@Log4j
public class SecurityConfig extends WebSecurityConfigurerAdapter {

    @Setter(onMethod_ = { @Autowired })
    private DataSource dataSource;

    @Bean
    public UserDetailsService customUserService() {
        return new CustomUserDetailsService();
    }

    // in custom userdetails
    @Override
    protected void configure(AuthenticationManagerBuilder auth) throws
Exception {

        auth.userDetailsService(customUserService()).
            passwordEncoder(passwordEncoder());
    }


    @Bean
    public AuthenticationSuccessHandler loginSuccessHandler() {
        return new CustomLoginSuccessHandler();
    }
```

```
      @Override
      public void configure(HttpSecurity http) throws Exception {

        http.authorizeRequests()
        .antMatchers("/sample/all").permitAll()
        .antMatchers("/sample/admin")
        .access("hasRole('ROLE_ADMIN')")
        .antMatchers("/sample/member")
        .access("hasRole('ROLE_MEMBER')");

        http.formLogin()
        .loginPage("/customLogin")
        .loginProcessingUrl("/login")
        .successHandler(loginSuccessHandler());

        http.logout()
        .logoutUrl("/customLogout")
        .invalidateHttpSession(true)
        .deleteCookies("remember-me","JSESSION_ID");

        http.rememberMe()
        .key("zerock")
        .tokenRepository(persistentTokenRepository())
        .tokenValiditySeconds(604800);


      }

      @Bean
      public PasswordEncoder passwordEncoder() {
        return new BCryptPasswordEncoder();
      }

      @Bean
      public PersistentTokenRepository persistentTokenRepository() {
        JdbcTokenRepositoryImpl repo = new JdbcTokenRepositoryImpl();
        repo.setDataSource(dataSource);
        return repo;
      }

    }
```

Part 02

Part 03

Part 04

Part 05

Part 06

Part 07

Spring WebSecurity를 이용한 로그인 처리

# 37 | 어노테이션을 이용하는 스프링 시큐리티 설정

XML이나 Java 설정을 이용해서 스프링 시큐리티를 설정하고 사용하는 방식도 좋지만 매번 필요한 URL에 따라서 설정을 변경하는 일은 번거로운 일입니다. 스프링 시큐리티 역시 다른 기능들처럼 어노테이션을 이용해서 필요한 설정을 추가할 수 있습니다. 사용되는 어노테이션은 주로 @Secured와 @PreAuthorize, @PostAuthorize입니다.

- @Secured: 스프링 시큐리티 초기부터 사용되었고, ( ) 안에 'ROLE_ADMIN'과 같은 문자열 혹은 문자열 배열을 이용합니다.

- @PreAuthorize, @PostAuthorize: 3버전부터 지원되며, ( ) 안에 표현식을 사용할 수 있으므로 최근에는 더 많이 사용됩니다.

예제를 위해서 앞의 XML을 이용하는 예제에서 사용했던 SampleController에 간단한 메서드와 설정을 아래와 같이 추가합니다.

**SampleController 클래스의 일부**

```
@PreAuthorize("hasAnyRole('ROLE_ADMIN','ROLE_MEMBER')")
@GetMapping("/annoMember")
public void doMember2() {

  log.info("logined annotation member");
}



@Secured({"ROLE_ADMIN"})
@GetMapping("/annoAdmin")
```

```
   public void doAdmin2() {

      log.info("admin annotation only");
   }
```

doMember2( )에는 @PreAuthorize를 이용해서 표현식으로 'hasAnyRole'을 사용해서 체크하고, doAdmin2( )는 @Secured를 이용해서 처리합니다. @Secured에는 단순히 값(value)만을 추가할 수 있으므로 여러 개를 사용할 때에는 배열로 표현합니다. 주의할 사항은 컨트롤러에 사용하는 스프링 시큐리티의 어노테이션을 활성화하기 위해서는 security-context.xml이 아닌 스프링 MVC의 설정을 담당하는 servlet-context.xml에 관련 설정이 추가된다는 점입니다.

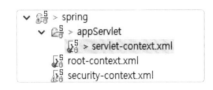

우선 servlet-context.xml에 security 네임스페이스를 추가합니다.

XML에 스프링 시큐리티의 네임스페이스가 추가될 때 5.0버전으로 추가되는 것은 4.2버전으로 낮추거나 버전 정보를 지워야 에러가 없이 작동합니다.

**servlet-context.xml의 일부**

```xml
<?xml version="1.0" encoding="UTF-8"?>
<beans:beans
  xmlns="http://www.springframework.org/schema/mvc"
  xmlns:xsi="http://www.w3.org/2001/XMLSchema-instance"
  xmlns:beans="http://www.springframework.org/schema/beans"
  xmlns:context="http://www.springframework.org/schema/context"
  xmlns:security="http://www.springframework.org/schema/security"
  xsi:schemaLocation="http://www.springframework.org/schema/security
http://www.springframework.org/schema/security/spring-security.xsd
    http://www.springframework.org/schema/mvc http://www.springframework.
org/schema/mvc/spring-mvc.xsd
    http://www.springframework.org/schema/beans http://www.
springframework.org/schema/beans/spring-beans.xsd
    http://www.springframework.org/schema/context http://www.
springframework.org/schema/context/spring-context.xsd">


  <resources mapping="/resources/**" location="/resources/" />

  <beans:bean
    class="org.springframework.web.servlet.view.
InternalResourceViewResolver">
    <beans:property name="prefix" value="/WEB-INF/views/" />
    <beans:property name="suffix" value=".jsp" />
  </beans:bean>

  <context:component-scan
    base-package="org.zerock.controller" />

  <security:global-method-security
    pre-post-annotations="enabled" secured-annotations="enabled" />

</beans:beans>
```

추가된 security 네임스페이스를 이용해서 global-method-security를 지정합니다. 어노테이션은 기본으로 'disabled'되어 있으므로 'enabled'로 설정합니다. Java 설정을 이용할 때에는 servlet-context.xml에 상응하는 ServletConfig.java 클래스에 어노테이션을 추가해서 사용합니다.

Part 01

Part 02

Part 03

Part 04

Part 05

Part 06

Part 07

```
∨ 🔧 > org.zerock.config
  > 📄 RootConfig.java
  > 📄 > SecurityConfig.java
  > 📄 SecurityInitializer.java
  > 📄 > ServletConfig.java
  > 📄 WebConfig.java
```

### ServletConfig 클래스의 일부

```
@EnableWebMvc
@ComponentScan(basePackages = { "org.zerock.controller" })
@EnableGlobalMethodSecurity(prePostEnabled=true, securedEnabled=true)
public class ServletConfig implements WebMvcConfigurer {
...생략...
```

# 38 | 기존 프로젝트에 스프링 시큐리티 접목하기

기존 프로젝트에 스프링 시큐리티를 접목하는 작업은 다음과 같은 순서로 진행할 수 있습니다.

- 로그인과 회원 가입 페이지의 작성
- 기존 화면과 컨트롤러에 시큐리티 관련 내용 추가
- Ajax 부분의 변경

기존 예제에서 사용하던 코드들은 현재 작성 중인 프로젝트에 반영합니다(책의 예제 코드에서는 혼란을 피하기 위해서 새로운 프로젝트('ex06_2')에 작성합니다.).
기존 프로젝트에 스프링 시큐리티 관련 설정을 추가합니다. 체크해야 하는 항목은 다음과 같습니다.

- security-context.xml의 추가/org.zerock.security 및 이하 패키지의 추가/org.zerock.domain 내에 MemberVO와 AuthVO 클래스의 추가
- web.xml에서 security-context.xml 설정과 필터 추가
- MemberMapper 인터페이스와 MemberMapper.xml의 추가
- org.zerock.controller 패키지에 CommonController의 추가

정리가 끝났을 때 소스 코드 패키지의 구조는 다음 그림과 같은 항목들로 구성됩니다.

Part 01

Part 02

Part 03

Part 04

Part 05

Part 06

Part 07

## org.zerock.controller

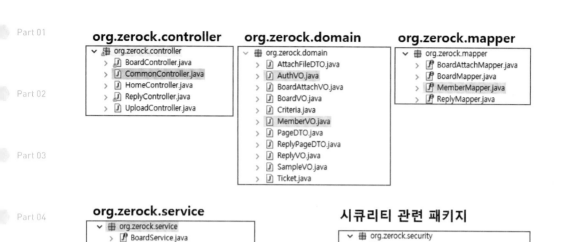

## org.zerock.domain

## org.zerock.mapper

## org.zerock.service

## 시큐리티 관련 패키지

설정과 관련된 XML들의 구성은 아래와 같습니다.

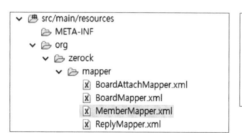

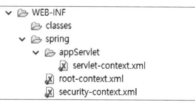

## 38.1 로그인 페이지 처리

로그인 페이지의 기본 HTML 코드는 webapp/resources 내의 pages/login.html 페이지를 이용합니다.

로그인에 대한 처리는 앞에서 '/customLogin'으로 처리해 두었기 때문에 앞에서 만든 customLogin.jsp를 복사한 후 login.html의 코드를 적용해서 JSP로 처리하고, 스프링 시큐리티 관련 항목들을 추가합니다.

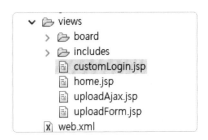

customLogin.jsp에서 CSS나 JavaScript 파일의 링크는 '../vendor' 나 '../dist'로 되어 있는 모든 링크를 '/resources/vendor' 와 '/resources/dist'로 수정해야 합니다.

**customLogin.jsp의 일부**

```
<%@ page language="java" contentType="text/html; charset=UTF-8"
  pageEncoding="UTF-8"%>
<%@ taglib uri="http://java.sun.com/jsp/jstl/core" prefix="c"%>
<%@ taglib uri="http://java.sun.com/jsp/jstl/fmt" prefix="fmt"%>
<!DOCTYPE html>
<html lang="en">

<head>
```

```
...생략...

<!-- Bootstrap Core CSS -->
<link href="/resources/vendor/bootstrap/css/bootstrap.min.css"
rel="stylesheet">

<!-- MetisMenu CSS -->
<link href="/resources/vendor/metisMenu/metisMenu.min.css"
rel="stylesheet">

<!-- Custom CSS -->
<link href="/resources/dist/css/sb-admin-2.css" rel="stylesheet">

<!-- Custom Fonts -->
<link href="/resources/vendor/font-awesome/css/font-awesome.min.css"
  rel="stylesheet" type="text/css">


</head>

<body>

...생략...
            <form role="form" method='post' action="/login">
              <fieldset>
                <div class="form-group">
                  <input class="form-control" placeholder="userid"
                    name="username" type="text" autofocus>
                </div>
                <div class="form-group">
                  <input class="form-control" placeholder="Password"
                    name="password" type="password" value="">
                </div>
                <div class="checkbox">
                  <label> <input name="remember-me"
type="checkbox">Remember
                    Me
                  </label>
                </div>
                <!-- Change this to a button or input when using this as
a form -->
                <a href="index.html" class="btn btn-lg btn-success btn-
block">Login</a>
              </fieldset>
              <input type="hidden" name="${_csrf.parameterName}"
                value="${_csrf.token}" />
            </form>
...생략...
```

Part 01

Part 02

Part 03

Part 04

Part 05

Part 06

Part 07

```
<!-- jQuery -->
<script src="/resources/vendor/jquery/jquery.min.js"></script>

<!-- Bootstrap Core JavaScript -->
<script src="/resources/vendor/bootstrap/js/bootstrap.min.js"></script>

<!-- Metis Menu Plugin JavaScript -->
<script src="/resources/vendor/metisMenu/metisMenu.min.js"></script>

<!-- Custom Theme JavaScript -->
<script src="/resources/dist/js/sb-admin-2.js"></script>
<script>

$(".btn-success").on("click", function(e){

  e.preventDefault();
  $("form").submit();

});

</script>

</body>

</html>
```

customLogin.jsp를 작성할 때 신경 써야 하는 부분들은 다음과 같습니다.

- JSTL이나 스프링 시큐리티의 태그를 사용할 수 있도록 선언
- CSS 파일이나 JS 파일의 링크는 절대 경로를 쓰도록 수정
- 〈form〉 태그 내의 〈input〉 태그의 name 속성을 스프링 시큐리티에 맞게 수정
- CSRF 토큰 항목 추가
- JavaScript를 통한 로그인 전송

위의 항목들 중에서 가장 신경 써야 하는 항목은 역시 〈form〉 태그 내의 〈input〉 태그들의 name 속성입니다.

Part 01

Part 02

Part 03

Part 04

Part 05

Part 06

Part 07

### 38.1.1 로그인 테스트

로그인 페이지의 처리가 끝나면 프로젝트를 실행해서 로그인이 정상적으로 이루어지는지 확인합니다.

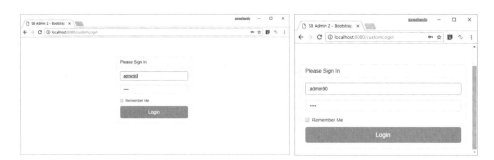

'/customLogin'을 호출해서 'admin90/pw90'으로 로그인했다면 아래와 같은 에러 화면을 보게 됩니다.

이는 이전 예제에서 로그인 성공 후에 CustomLoginSuccessHandler를 이용해서 사용자의 권한에 따라서 이동하도록 했기 때문입니다. 스프링 시큐리티는 기본적으로 로그인 후 처리를 SavedRequestAwareAuthenticationSuccessHandler라는 클래스를 이용합니다. 해당 클래스는 사용자가 원래 보려고 했던 페이지의 정보를 유지해서 로그인 후에 다시 원했던 페이지로 이동하는 방식입니다.

SavedRequestAwareAuthenticationSuccessHandler를 이용하는 설정은 기존에 XML이나 Java 설정에서 authentication-success-handler-ref 속성이나 success Handler( ) 메서드를 삭제하고 관련 스프링 빈의 설정도 사용하지 않도록 합니다. 예제는 게시물의 작성('/board/register') 시 로그인 페이지로 이동하고, 로그인 후에 다시 게시물의 작성 페이지로 이동하는 방식을 적용해 볼 것이므로 아래와 같이 변경합니다.

**security-context.xml의 경우**

```
<!--    <bean id="customLoginSuccess"
    class="org.zerock.security.CustomLoginSuccessHandler"></bean> -->

    <security:form-login login-page="/customLogin" />
```

**SecurityConfig 클래스의 경우**

```
    http.formLogin().loginPage("/customLogin").loginProcessingUrl("/
login");
```

## 38.2 게시물 작성 시 스프링 시큐리티 처리

일반적인 경우라면 게시물 리스트의 경우 사용자들의 관심을 끌기 위해서 아무 제약 없이 보여주지만, 게시물 작성 시에는 로그인한 사용자에 한해서 처리되는 경우가 많습니다. 이런 상황을 고려해 servlet-context.xml에는 스프링 시큐리티 관련 설정을 추가하고, BoardController에 어노테이션을 통해서 제어하도록 합니다. 전체 흐름을 보면 다음 그림과 같습니다.

Part 01

Part 02

Part 03

Part 04

Part 05

Part 06

Part 07

**로그인 하지 않은 경우**

**게시물 작성으로 이동하는 경우**

**로그인 사용자의 경우**　　**로그인 성공후 이동**

servlet-context.xml에서 어노테이션을 위한 설정은 앞에서 처리한 내용을 참고하고, BoardController의 메서드의 일부는 아래와 같이 어노테이션들을 추가합니다.

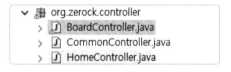

```
> 🖩 org.zerock.controller
    > 🗋 BoardController.java
    > 🗋 CommonController.java
    > 🗋 HomeController.java
```

**BoardController의 일부**

```java
@GetMapping("/register")
@PreAuthorize("isAuthenticated()")
public void register() {

}

@PostMapping("/register")
@PreAuthorize("isAuthenticated()")
public String register(BoardVO board, RedirectAttributes rttr) {

    log.info("==========================");

    log.info("register: " + board);
```

```
      if (board.getAttachList() != null) {

        board.getAttachList().forEach(attach -> log.info(attach));

      }

      log.info("==========================");

      service.register(board);

      rttr.addFlashAttribute("result", board.getBno());

      return "redirect:/board/list";
    }
```

@PreAuthorize를 이용할 때의 표현식은 isAuthenticated( )로 어떠한 사용자든 로그인이 성공한 사용자만이 해당 기능을 사용할 수 있도록 처리합니다.

### 38.2.1 게시물 작성 시 로그인한 사용자의 아이디 출력

게시물의 작성은 로그인한 사용자들만 허락되므로, 작성자(writer) 항목에는 현재 사용자의 아이디가 출력될 수 있게 수정합니다.

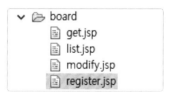

**register.jsp의 일부**

```
<%@ page language="java" contentType="text/html; charset=UTF-8"
  pageEncoding="UTF-8"%>
<%@ taglib uri="http://java.sun.com/jsp/jstl/core" prefix="c"%>
<%@ taglib uri="http://java.sun.com/jsp/jstl/fmt" prefix="fmt"%>

<%@ taglib uri="http://www.springframework.org/security/tags"
prefix="sec" %>

<%@include file="../includes/header.jsp"%>

...생략...
```

Part 01

Part 02

Part 03

Part 04

Part 05

Part 06

Part 07

```
<div class="form-group">
        <label>Writer</label> <input class="form-control"
name='writer'
             value='<sec:authentication property="principal.
username"/>' readonly="readonly">
        </div>
    ...생략...
```

register.jsp와 같이 스프링 시큐리티의 영향을 받는 JSP 파일에는 반드시 시큐리티 관련 태그 라이브러리를 설정하도록 주의합니다. 작성자(writer)에 현재 사용자는 현재 로그인한 사용자의 아이디를 출력합니다(스프링 시큐리티에서는 username이 사용자의 아이디입니다.).

브라우저에 현재 사용자의 아이디가 추가된 상태인지 확인합니다.

## 38.2.2 CSRF 토큰 설정

스프링 시큐리티를 사용할 때 POST 방식의 전송은 반드시 CSRF 토큰을 사용하도록 추가해야만 합니다. 〈form〉 태그 내에 CSRF 토큰의 값을 〈input type='hidden'〉으로 아래와 같이 추가합니다.

**register.jsp의 일부**

```
<form role="form" action="/board/register" method="post">

<input type="hidden" name="${_csrf.parameterName}" value="${_
csrf.token}"/>
```

브라우저에서 게시물의 등록이 정상적으로 이루어지는지 확인한 후 다음 단계를 진행합니다. 게시물 등록 시 사용되는 첨부파일의 경우는 Ajax와 관련 있으므로 조금 뒤쪽에서 처리합니다.

### 38.2.3 스프링 시큐리티 한글 처리

게시물의 등록에서 한 가지 주의할 점은 스프링 시큐리티의 적용 이후에 한글이 깨지는 문제가 발생할 수 있다는 점입니다. 한글 처리는 web.xml을 이용해서 스프링의 CharacterEncodingFilter를 이용해서 처리하지만, 시큐리티를 필터로 적용할 때에는 필터의 순서를 주의해서 설정해야만 합니다.

**web.xml의 일부 (인코딩 설정을 먼저 적용하고, 스프링 시큐리티 적용 )**

```
<filter>
    <filter-name>encodingFilter</filter-name>
    <filter-class>org.springframework.web.filter.
CharacterEncodingFilter</filter-class>
    <init-param>
        <param-name>encoding</param-name>
        <param-value>UTF-8</param-value>
    </init-param>
</filter>

<filter-mapping>
    <filter-name>encodingFilter</filter-name>
    <url-pattern>/*</url-pattern>
</filter-mapping>

<filter>
    <filter-name>springSecurityFilterChain</filter-name>
    <filter-class>org.springframework.web.filter.DelegatingFilterProxy</
filter-class>
</filter>

<filter-mapping>
    <filter-name>springSecurityFilterChain</filter-name>
    <url-pattern>/*</url-pattern>
</filter-mapping>
```

web.xml에서 필터의 순서가 바뀌는 경우에는 게시물 작성 시에 한글이 깨져서 BoardController에 전달됩니다.

Part 01

Part 02

Part 03

Part 04

Part 05

Part 06

Part 07

## 38.3 게시물 조회와 로그인 처리

일반적인 경우라면 게시물의 조회는 그 자체는 로그인 여부에 관계없이 처리되지만, 게시물의 조회 화면에서 현재 로그인한 사용자만이 수정/삭제 작업을 할 수 있는 기능이 활성화될 필요가 있습니다.

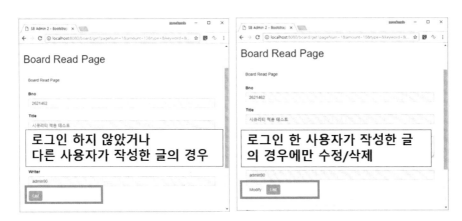

게시물 조회를 담당하는 화면에서는 현재 게시물의 작성자와 현재 로그인한 사용자 정보를 비교해서 이를 처리하도록 수정합니다.

### get.jsp의 상단

```
...생략...
<%@ taglib uri="http://java.sun.com/jsp/jstl/core" prefix="c"%>
<%@ taglib uri="http://java.sun.com/jsp/jstl/fmt" prefix="fmt"%>

<%@ taglib uri="http://www.springframework.org/security/tags" prefix="sec" %>
...생략...
```

위의 그림과 같이 현재 로그인하고, 게시글의 작성자만이 '수정/삭제'가 가능한 버튼이 보이게 하는 부분은 다음과 같이 구현합니다.

```
<sec:authentication property="principal" var="pinfo"/>

  <sec:authorize access="isAuthenticated()">

  <c:if test="${pinfo.username eq board.writer}">

  <button data-oper='modify' class="btn btn-default">Modify</button>

  </c:if>
</sec:authorize>
```

〈secu:authentication〉 태그를 매번 이용하는 것은 불편하기 때문에 로그인과 관련된 정보인 principal은 아예 JSP 내에서 pinfo라는 이름의 변수로 사용하도록 합니다. 〈sec:authorize〉는 인증받은 사용자만이 영향을 받기 위해서 지정하고, 내부에서는 username과 게시물의 writer가 일치하는지를 확인해서 'Modify' 버튼을 추가합니다. 브라우저에는 자신이 작성한 게시물만이 'Modify' 버튼이 보이게 됩니다.

### 38.3.1 조회 화면에서 댓글 추가 버튼

로그인한 사용자만이 조회 화면에서 댓글을 추가할 수 있으므로, 〈sec:authrize〉를 이용해서 댓글 버튼의 활성화/비활성화도 처리하도록 합니다.

**로그인 한 사용자의 경우**

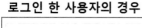

**로그인 하지 않은 경우**

Part 01

Part 02

Part 03

Part 04

Part 05

Part 06

Part 07

get.jsp의 일부

```
<div class="panel-heading">
  <i class="fa fa-comments fa-fw"></i> Reply
  <sec:authorize access="isAuthenticated()">
  <button id='addReplyBtn' class='btn btn-primary btn-xs pull-
      right'>New Reply</button>
  </sec:authorize>
</div>
```

## 38.4 게시물의 수정/삭제

게시물의 수정과 삭제는 브라우저에서는 로그인한 사용자만이 접근할 수 있지만, 사용자가 URL을 조작해서도 접근이 가능하기 때문에 화면과 POST 방식으로 처리되는 부분에서 CSRF 토큰과 스프링 시큐리티를 적용합니다.

게시물의 수정과 삭제에서 신경 쓰이는 부분은 게시물의 수정과 삭제는 현재 로그인한 사용자와 게시물의 작성자가 동일한 경우에만 할 수 있다는 것입니다. 이 처리를 과거에는 인터셉터로 처리했지만, @PreAuthorize의 경우에는 표현식으로 처리할 수 있습니다.

### 38.4.1 브라우저 화면에서의 설정

코드의 수정은 modify.jsp를 통해서 처리합니다.

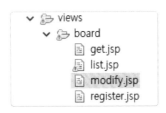

우선 상단에는 스프링 시큐리티의 태그 라이브러리를 사용할 수 있도록 설정합니다. 또한 POST 방식으로 처리되는 부분이므로 CSRF 토큰을 추가합니다.

```
<%@ taglib uri="http://java.sun.com/jsp/jstl/fmt" prefix="fmt"%>
<%@ taglib uri="http://www.springframework.org/security/tags"
prefix="sec" %>

...생략..

<form role="form" action="/board/modify" method="post">

    <input type="hidden" name="${_csrf.parameterName}" value="${_csrf.
token}"/>
...생략...
```

조회와 마찬가지로 현재 로그인한 사용자가 게시물의 작성자인 경우에만 수정과 삭제가
가능하도록 제어합니다.

```
<sec:authentication property="principal" var="pinfo"/>

<sec:authorize access="isAuthenticated()">

<c:if test="${pinfo.username eq board.writer}">

  <button type="submit" data-oper='modify' class="btn btn-
default">Modify</button>
  <button type="submit" data-oper='remove' class="btn btn-
danger">Remove</button>
</c:if>
</sec:authorize>
```

## 38.4.2 BoardController에서의 제어

BoardController에서는 메서드를 실행하기 전에 로그인한 사용자와 현재 파라미터로
전달되는 작성자가 일치하는지 체크합니다. @PreAuthorize의 경우 문자열로 표현식을
지정할 수 있는데 이때 컨트롤러에 전달되는 파라미터를 같이 사용할 수 있으므로 유용합
니다.

삭제의 경우 기존에는 파라미터로 게시물의 번호 bno만을 받았지만, 작성자를 의미하는
writer를 같이 추가해서 @PreAuthorize로 검사하도록 합니다.

Part 01

Part 02

Part 03

Part 04

Part 05

Part 06

Part 07

**BoardController의 삭제 처리**

```
@PreAuthorize("principal.username == #writer")
@PostMapping("/remove")
public String remove(@RequestParam("bno") Long bno, Criteria cri,
    RedirectAttributes rttr, String writer) {

  log.info("remove..." + bno);

  List<BoardAttachVO> attachList = service.getAttachList(bno);

  if (service.remove(bno)) {

    // delete Attach Files
    deleteFiles(attachList);

    rttr.addFlashAttribute("result", "success");
  }
  return "redirect:/board/list" + cri.getListLink();
}
```

기존과 달라진 부분은 파라미터로 writer가 추가된 부분과 해당 파라미터를 @PreAuthorize
에서 '#writer'를 이용해서 체크한 부분입니다. 게시물의 수정은 파라미터로 Board 타입
의 객체를 받도록 설계되어 있으므로 아래와 같이 변경합니다.

**BoardController의 수정 처리**

```
@PreAuthorize("principal.username == #board.writer")
@PostMapping("/modify")
public String modify(BoardVO board, Criteria cri, RedirectAttributes rttr) {
  log.info("modify:" + board);

  if (service.modify(board)) {
    rttr.addFlashAttribute("result", "success");
  }

  return "redirect:/board/list" + cri.getListLink();
}
```

## 38.5 Ajax와 스프링 시큐리티 처리

〈form〉 태그를 이용하는 방식 외에 많이 사용되는 Ajax를 이용하는 경우에는 약간의 추가적인 설정이 필요합니다. 예제는 파일 업로드와 댓글 부분이 Ajax를 이용하므로 로그인한 사용자만이 해당 기능들을 사용할 수 있도록 수정해 봅니다.

스프링 시큐리티가 적용되면 POST, PUT, PATCH, DELETE와 같은 방식으로 데이터를 전송하는 경우에는 반드시 추가적으로 'X-CSRF-TOKEN'와 같은 헤더 정보를 추가해서 CSRF 토큰값을 전달하도록 수정해야만 합니다. Ajax는 JavaScript를 이용하기 때문에 브라우저에서는 CSRF 토큰과 관련된 값을 변수로 선언하고, 전송 시 포함시켜주는 방식으로 수정합니다.

### 38.5.1 게시물 등록 시 첨부파일의 처리

스프링 시큐리티가 적용된 후에는 게시물에 파일 첨부가 정상적으로 동작하지 않는 것을 알 수 있는데 게시물의 등록이 POST 방식으로 전송되기 때문에 발생하는 문제입니다. 게시물의 등록 페이지에서 JavaScript를 수정합니다.

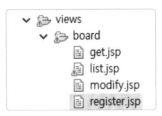

register.jsp의 일부

```
var csrfHeaderName ="${_csrf.headerName}";
 var csrfTokenValue="${_csrf.token}";

 $("input[type='file']").change(function(e){

   var formData = new FormData();

   var inputFile = $("input[name='uploadFile']");

   var files = inputFile[0].files;
```

Part 01

Part 02

Part 03

Part 04

Part 05

Part 06

Part 07

```
  for(var i = 0; i < files.length; i++){

    if(!checkExtension(files[i].name, files[i].size) ){
      return false;
    }
    formData.append("uploadFile", files[i]);

  }

  $.ajax({
    url: '/uploadAjaxAction',
    processData: false,
    contentType: false,
    beforeSend: function(xhr) {
        xhr.setRequestHeader(csrfHeaderName, csrfTokenValue);
    },
    data:formData,
    type: 'POST',
    dataType:'json',
      success: function(result){
        console.log(result);
      showUploadResult(result); //업로드 결과 처리 함수

    }
  }); //$.ajax

});
```

기존 코드에서 csrfHeaderName과 csrfTokenValue 변수를 추가합니다. 브라우저에
서는 아래와 같은 코드가 생성되게 됩니다(CSRF 토큰의 값은 세션이 달라질 때마다 변
합니다.).

```
var csrfHeaderName ="X-CSRF-TOKEN";
var csrfTokenValue="f1378ba8-4414-4bd7-be1a-b7d0a4f66494";
```

Ajax로 데이터를 전송할 때에는 beforeSend를 이용해서 추가적인 헤더를 지정해서 전
송합니다. 브라우저 내 개발자 도구를 통해서 살펴보면 전송 시 특별한 헤더가 같이 전송
되는 것을 확인할 수 있습니다.

```
User-Agent: Mozilla/5.0 (Windows NT 10.0; Win64; x64)
359.181 Safari/537.36
X-CSRF-TOKEN: 01435bc0-8848-4c6c-af87-a44008f7d4b9
X-Requested-With: XMLHttpRequest
```

## 첨부파일의 제거

첨부파일의 등록과 마찬가지로 첨부된 파일을 삭제하는 경우에도 POST 방식으로 동작하기 때문에 마찬가지로 CSRF 토큰의 처리가 필요합니다.

**register.jsp의 일부**

```javascript
$(".uploadResult").on("click", "button", function(e){

    console.log("delete file");

    var targetFile = $(this).data("file");
    var type = $(this).data("type");

    var targetLi = $(this).closest("li");

    $.ajax({
      url: '/deleteFile',
      data: {fileName: targetFile, type:type},
      beforeSend: function(xhr) {
          xhr.setRequestHeader(csrfHeaderName, csrfTokenValue);
      },

      dataType:'text',
      type: 'POST',
        success: function(result){
          alert(result);

          targetLi.remove();
        }
    }); //$.ajax
  });
```

## UploadController의 수정

브라우저에서 로그인한 사용자만이 업로드가 가능하지만 필요하다면 서버 쪽에서도 어노테이션 등을 이용해서 업로드 시 보안을 확인할 수 있습니다.

Part 01

Part 02

Part 03

Part 04

Part 05

Part 06

Part 07

**org.zerock.controller**
- BoardController.java
- CommonController.java
- HomeController.java
- ReplyController.java
- UploadController.java

**UploadController의 일부**

```java
    @PreAuthorize("isAuthenticated()")
    @PostMapping(value = "/uploadAjaxAction", produces = MediaType.
APPLICATION_JSON_UTF8_VALUE)
    @ResponseBody
    public ResponseEntity<List<AttachFileDTO>>
      uploadAjaxPost(MultipartFile[] uploadFile) {

    ...생략...


    @PreAuthorize("isAuthenticated()")
    @PostMapping("/deleteFile")
    @ResponseBody
    public ResponseEntity<String> deleteFile(String fileName, String type) {

    ...생략...
```

첨부파일의 등록과 삭제는 외부에서 로그인한 사용자만이 할 수 있도록 제한합니다.

### 38.5.2 게시물 수정/삭제에서 첨부파일의 처리

게시물의 수정 화면에서도 첨부파일은 추가되거나 삭제가 가능하므로 코드를 수정할 필
요가 있습니다.

**views**
- **board**
  - get.jsp
  - list.jsp
  - modify.jsp
  - register.jsp

```jsp
<%@ taglib uri="http://www.springframework.org/security/tags"
prefix="sec" %>
...생략...
var csrfHeaderName ="${_csrf.headerName}";
  var csrfTokenValue="${_csrf.token}";


  $("input[type='file']").change(function(e){

    var formData = new FormData();

    var inputFile = $("input[name='uploadFile']");

    var files = inputFile[0].files;

    for(var i = 0; i < files.length; i++){

      if(!checkExtension(files[i].name, files[i].size) ){
        return false;
      }
      formData.append("uploadFile", files[i]);

    }

    $.ajax({
      url: '/uploadAjaxAction',
      processData: false,
      contentType: false,data:
      formData,type: 'POST',
      beforeSend: function(xhr) {
          xhr.setRequestHeader(csrfHeaderName, csrfTokenValue);
      },
      dataType:'json',
        success: function(result){
          console.log(result);
      showUploadResult(result); //업로드 결과 처리 함수


      }
    }); //$.ajax

  });
```

Part 01

Part 02

Part 03

Part 04

Part 05

Part 06

Part 07

### 38.5.3 댓글 기능에서의 Ajax

댓글의 경우 모든 동작이 Ajax를 통해서 이루어지기 때문에 화면에서도 수정되어야 하는 부분이 있고, 서버 쪽에서도 변경될 부분이 꽤 있습니다. 우선 서버 쪽에서는 ReplyController가 댓글에 대한 보안 원칙을 다음과 같이 설계할 수 있습니다.

- 댓글의 등록: 로그인한 사용자만이 댓글을 추가할 수 있도록 합니다.
- 댓글의 수정과 삭제: 로그인한 사용자와 댓글 작성자의 아이디를 비교해서 같은 경우에만 댓글을 수정/삭제할 수 있도록 합니다.

브라우저 쪽에서는 기존과 달라지는 부분은 다음과 같습니다.

- 댓글의 등록: CSRF 토큰을 같이 전송하도록 수정해야 합니다.
- 댓글의 수정/삭제: 기존의 댓글 삭제에는 댓글 번호만으로 처리했는데, 서버 쪽에서 사용할 것이므로 댓글 작성자를 같이 전송하도록 수정해야 합니다.

#### 댓글 등록

댓글의 처리는 get.jsp 파일만을 수정해서 처리합니다.

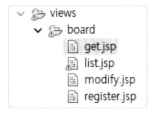

get.jsp 상단에는 스프링 시큐리티의 태그 라이브러리를 추가합니다.

**get.jsp의 일부**

```
<%@ taglib uri="http://java.sun.com/jsp/jstl/core" prefix="c"%>
<%@ taglib uri="http://java.sun.com/jsp/jstl/fmt" prefix="fmt"%>

<%@ taglib uri="http://www.springframework.org/security/tags"
prefix="sec" %>
```

댓글 등록은 만일 사용자가 로그인했다면 현재 로그인한 사용자가 댓글 작성자가 되어야 하므로, 아래와 같은 코드를 통해서 댓글 작성자를 JavaScript의 변수로 설정합니다.

```
get.jsp의 일부

    var modal = $(".modal");
    var modalInputReply = modal.find("input[name='reply']");
    var modalInputReplyer = modal.find("input[name='replyer']");
    var modalInputReplyDate = modal.find("input[name='replyDate']");

    var modalModBtn = $("#modalModBtn");
    var modalRemoveBtn = $("#modalRemoveBtn");
    var modalRegisterBtn = $("#modalRegisterBtn");

    var replyer = null;

    <sec:authorize access="isAuthenticated()">

    replyer ='<sec:authentication property="principal.username"/>';

  </sec:authorize>

    var csrfHeaderName ="${_csrf.headerName}";
    var csrfTokenValue="${_csrf.token}";
```

JavaScript에는 〈sec:authorize〉 태그를 이용해서 스프링 시큐리티의 username을 replyer라는 변수로 처리할 수 있도록 합니다. 이클립스에서는 이 코드가 에러처럼 표시될 수 있지만 실제로는 정상 동작하는 코드입니다.

가장 중요한 CSRF 토큰에 대한 처리는 csrfHeaderName 변수와 csrfTokenValue 변수를 선언해서 처리합니다. 댓글을 보여주는 모달창에는 현재 로그인한 사용자의 이름으로 replyer 항목이 고정되도록 수정합니다.

Part 01

Part 02

Part 03

Part 04

Part 05

Part 06

Part 07

```
$("#addReplyBtn").on("click", function(e){

  modal.find("input").val("");
  modal.find("input[name='replyer']").val(replyer);
  modalInputReplyDate.closest("div").hide();
  modal.find("button[id !='modalCloseBtn']").hide();

  modalRegisterBtn.show();

  $(".modal").modal("show");

});
```

jQuery를 이용해서 Ajax로 CSRF 토큰을 전송하는 방식은 첨부파일의 경우 beforeSend
를 이용해서 처리했지만, 기본 설정으로 지정해서 사용하는 것이 더 편하기 때문에 아래 코
드를 사용합니다.

**get.jsp의 일부**

```
//Ajax spring security header...
$(document).ajaxSend(function(e, xhr, options) {
  xhr.setRequestHeader(csrfHeaderName, csrfTokenValue);
});

modalRegisterBtn.on("click",function(e){

  ...생략...
});

modalModBtn.on("click", function(e){

  ...생략...
});

modalRemoveBtn.on("click", function (e){

  ...생략...
});
```

ajaxSend( )를 이용한 코드는 모든 Ajax 전송 시 CSRF 토큰을 같이 전송하도록 세팅되
기 때문에 매번 Ajax 사용 시 beforeSend를 호출해야 하는 번거로움을 줄일 수 있습니
다. ReplyController에서는 댓글 등록이 로그인한 사용자인지를 확인하도록 합니다.

```
@PreAuthorize("isAuthenticated()")
@PostMapping(value = "/new", consumes = "application/json", produces = {
MediaType.TEXT_PLAIN_VALUE })
public ResponseEntity<String> create(@RequestBody ReplyVO vo) {

  log.info("ReplyVO: " + vo);

  int insertCount = service.register(vo);

  log.info("Reply INSERT COUNT: " + insertCount);

  return insertCount == 1
   ?  new ResponseEntity<>("success", HttpStatus.OK)
   : new ResponseEntity<>(HttpStatus.INTERNAL_SERVER_ERROR);
}
```

브라우저에 새로운 댓글을 추가하려고 하면 아래와 같이 댓글 작성자(replyer)는 고정된 형태로 보이게 되고, 전송 시 CSRF 토큰이 같이 전송됩니다.

댓글 삭제

댓글 삭제는 자신이 작성한 댓글만이 삭제가 가능하도록 해야 합니다. 화면에서는 JavaScript를 이용해서 모달창의 댓글 작성자 정보와 현재 로그인한 사용자가 같은지를 비교해서 같은 경우에만 Ajax로 댓글을 삭제할 수 있도록 합니다. 만일 자신이 작성한 댓글이 아닌 경우나 로그인하지 않은 경우에는 삭제할 수 없도록 제한해야 합니다.

댓글의 수정과 삭제는 처리해야 하는 작업이 조금 많습니다. 우선 기존과 달리 댓글 작성자 항목을 같이 전송해야 하므로 이에 대한 코드의 수정이 필요합니다. 댓글의 삭제 시 기존에는 rno와 같이 댓글 번호만을 전송했지만, 원래 댓글의 작성자를 같이 전송하도록 수정합니다.

**get.jsp의 일부**

```
modalRemoveBtn.on("click", function (e){

    var rno = modal.data("rno");

    console.log("RNO: " + rno);
    console.log("REPLYER: " + replyer);

    if(!replyer){
      alert("로그인후 삭제가 가능합니다.");
      modal.modal("hide");
      return;
    }

    var originalReplyer = modalInputReplyer.val();

    console.log("Original Replyer: " + originalReplyer); //댓글의 원래 작성자

    if(replyer  != originalReplyer){

      alert("자신이 작성한 댓글만 삭제가 가능합니다.");
      modal.modal("hide");
      return;

    }

    replyService.remove(rno, originalReplyer, function(result){
```

```
                alert(result);
                modal.modal("hide");
                showList(pageNum);

        });

    });
```

originalReplyer가 추가된 후에는 resources 폴더 내의 js/reply.js에서 rno와 replyer
를 같이 전송하도록 수정해야 합니다.

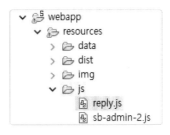

**reply.js의 일부**

```
    function remove(rno, replyer, callback, error) {

      $.ajax({
        type : 'delete',
        url : '/replies/' + rno,

        data:  JSON.stringify({rno:rno, replyer:replyer}),

        contentType: "application/json; charset=utf-8",

        success : function(deleteResult, status, xhr) {
          if (callback) {
            callback(deleteResult);
          }
        },
        error : function(xhr, status, er) {
          if (error) {
            error(er);
          }
        }
      });
    }
```

Part 01

Part 02

Part 03

Part 04

Part 05

Part 06

Part 07

reply.js의 remove는 기존과 다르게 replyer를 추가적으로 파라미터로 지정하고, 데이터 전송 시 JSON 타입으로 전송하도록 변경합니다. ReplyController는 JSON으로 전송되는 데이터를 처리하도록 아래와 같이 수정합니다.

**ReplyController의 일부**

```
@PreAuthorize("principal.username == #vo.replyer")
@DeleteMapping("/{rno}")
public ResponseEntity<String> remove(@RequestBody ReplyVO vo,
  @PathVariable("rno") Long rno) {

  log.info("remove: " + rno);

  log.info("replyer: " + vo.getReplyer());

  return service.remove(vo) == 1
      ? new ResponseEntity<>("success", HttpStatus.OK)
      : new ResponseEntity<>(HttpStatus.INTERNAL_SERVER_ERROR);

}
```

기존의 코드와 비교해보면 어노테이션이 추가되었고, 파라미터가 @RequestBody가 적용되어 JSON으로 된 데이터를 받도록 수정되었습니다.

**기존의 댓글 삭제**

```
@DeleteMapping("/{rno}")
public ResponseEntity<String> remove(@PathVariable("rno") Long rno) {

    log.info("remove: " + rno);
```

**변경된 댓글 삭제**

```
@PreAuthorize("principal.username == #vo.replyer")
@DeleteMapping("/{rno}")
public ResponseEntity<String> remove(@RequestBody ReplyVO vo,@PathVariable("rno") Long rno) {

    log.info("remove: " + rno);
```

브라우저를 통해서 댓글이 정상적으로 삭제되는지 확인합니다. 브라우저에는 JSON 데이터를 전송하고 ReplyController에서는 로그를 통해서 정상적으로 동작하는지 확인합니다.

## 댓글 수정

댓글 수정은 기존에는 댓글의 내용만을 전송했지만, 댓글의 작성자가 같이 전송되도록 수정합니다.

**get.jsp의 일부**

```
modalModBtn.on("click", function(e){

 var originalReplyer = modalInputReplyer.val();

  var reply = {
        rno:modal.data("rno"),
        reply: modalInputReply.val(),
        replyer: originalReplyer};

 if(!replyer){
   alert("로그인후 수정이 가능합니다.");
   modal.modal("hide");
   return;
 }

 console.log("Original Replyer: " + originalReplyer);

 if(replyer  != originalReplyer){

   alert("자신이 작성한 댓글만 수정이 가능합니다.");
   modal.modal("hide");
   return;

 }

 replyService.update(reply, function(result){

   alert(result);
   modal.modal("hide");
   showList(pageNum);
```

Part 01

Part 02

Part 03

Part 04

Part 05

Part 06

Part 07

```
    });

    });
```

ReplyController에서는 어노테이션 처리가 추가됩니다.

**ReplyController의 일부**

```java
    @PreAuthorize("principal.username == #vo.replyer")
    @RequestMapping(method = { RequestMethod.PUT,
        RequestMethod.PATCH }, value = "/{rno}", consumes = "application/
json")
    public ResponseEntity<String> modify(@RequestBody ReplyVO vo,
@PathVariable("rno") Long rno) {

        log.info("rno: " + rno);
        log.info("modify: " + vo);

        return service.modify(vo) == 1 ? new ResponseEntity<>("success",
HttpStatus.OK)
            : new ResponseEntity<>(HttpStatus.INTERNAL_SERVER_ERROR);

    }
```

브라우저를 통해서 실행할 때에는 JSON 데이터가 전송되는지 확인하고, 서버에서 로그를 확인합니다.

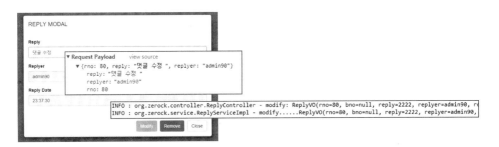

# 39 | 로그아웃 처리

프로젝트에 적용된 템플릿에 로그인 페이지의 링크는 includes 폴더 내에 header.jsp에 정의되어 있습니다. header.jsp를 수정해서 스프링 시큐리티를 이용하도록 수정하고, 로그인한 상태에서는 로그아웃 페이지('/customLogout')로 이동합니다.

### header.jsp의 일부

```jsp
<%@ page language="java" contentType="text/html; charset=UTF-8"
    pageEncoding="UTF-8"%>

<%@ taglib uri="http://www.springframework.org/security/tags"
prefix="sec" %>

...생략...
<ul class="dropdown-menu dropdown-user">
    <li><a href="#"><i class="fa fa-user fa-fw"></i> User Profile</a>
    </li>
    <li><a href="#"><i class="fa fa-gear fa-fw"></i> Settings</a>
    </li>

    <li class="divider"></li>
    <sec:authorize access="isAuthenticated()">

    <li><a href="/customLogout"><i class="fa fa-sign-out fa-fw"></i>
        Logout</a></li>
    </sec:authorize>
```

Part 01

Part 02

Part 03

Part 04

Part 05

Part 06

Part 07

```
    <sec:authorize access="isAnonymous()">

    <li><a href="/customLogin"><i class="fa fa-sign-out fa-fw"></i>
        Login</a></li>
    </sec:authorize>
</ul>
```

브라우저에 로그인한 경우와 하지 않은 경우를 비교해 보면 아래 그림처럼 보이게 됩니다.

### 로그인 하지 않은 경우

### 로그인 한 사용자의 경우

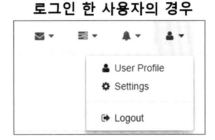

## 39.1 로그아웃 페이지

로그아웃 페이지는 'customLogout.jsp'로 제작하고, 사용하는 부트스트랩 테마의 로그인 페이지를 수정해서 '/customLogout'으로 이용합니다.

```
...생략...
<div class="col-md-4 col-md-offset-4">
        <div class="login-panel panel panel-default">
           <div class="panel-heading">
             <h3 class="panel-title">Logout Page</h3>
           </div>
           <div class="panel-body">
             <form role="form" method='post' action="/customLogout">
               <fieldset>

                    <!-- Change this to a button or input when using this as
a form -->
                    <a href="index.html" class="btn btn-lg btn-success btn-
block">Logout</a>
                </fieldset>
                <input type="hidden" name="${_csrf.parameterName}"
                    value="${_csrf.token}" />
             </form>
          </div>
        </div>
      </div>
...생략...
  <script>

  $(".btn-success").on("click", function(e){

    e.preventDefault();
    $("form").submit();

  });

</script>
<c:if test="${param.logout != null}">
      <script>
      $(document).ready(function(){
       alert("로그아웃하였습니다.");
      });
      </script>
</c:if>
```

브라우저에서는 다음과 같은 모습으로 보이며, 로그아웃 시 자동으로 로그인 페이지로 이
동하면서 경고창을 보여주게 됩니다.

Part 01

Part 02

Part 03

Part 04

Part 05

Part 06

Part 07

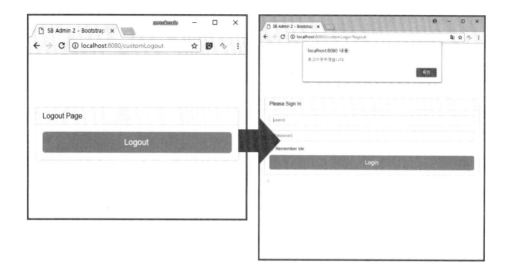

## 39.2 로그인 후 '/board/list'로 이동하기

로그인 후에는 기본적으로 '/' 경로로 이동하기 때문에 HomeController에서 지정된 대로 home.jsp로 이동하게 됩니다. 만일 로그인 후 '/board/list'로 이동하고자 한다면 아래와 같이 처리할 수 있습니다.

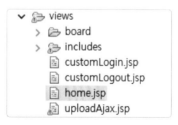

**home.jsp의 일부**

```
<script type="text/javascript">

self.location="/board/list";

</script>
```

Appendix

# A | Intellij와 Gradle을 이용하는 스프링 환경

최근에 Eclipse나 STS 말고도 Intellij를 이용하는 경우도 점점 증가하고 있습니다. Intellij와 Gradle을 이용하는 경우에는 환경설정 방법이 조금 다르기 때문에 아래의 내용을 참고하도록 합니다.


## A.1  Intellij 버전과 다운로드

Intellij는 https://www.jetbrains.com/idea/에서 다운로드가 가능하고, 스프링 개발이 가능한 Ultimate 버전과 일반 Java 개발에 이용할 수 있는 Community 버전으로 나누어집니다.

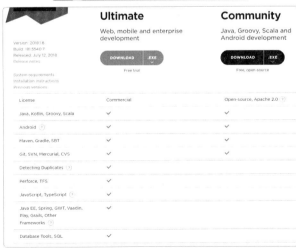

Chapter  A

Intellij와 Gradle을 이용하는 스프링 환경  **739**

Ultimate 버전은 30일간 무료로 이용할 수 있으며, 상용 제품인 관계로 구매가 필요합니다. 학생 라이선스를 이용하면 이메일 인증으로 1년간 사용할 수 있으므로 이를 이용하는 것이 좋습니다(https://www.jetbrains.com/idea/buy/#edition=discounts 페이지를 통해서 다양한 종류의 할인을 받을 수 있습니다.).

## A.2 Gradle 설치

Gradle은 Maven처럼 프로젝트의 빌드 도구입니다. Gradle은 https://gradle.org/에서 다운로드할 수 있습니다.

Windows 환경에서는 https://gradle.org/install/ 페이지의 'Binary-only'를 다운로드 받아서 설치하는 것이 가장 간단합니다.

```
Install manually

Step 1. Download the latest Gradle distribution

The current Gradle release is version 4.9, released on 16 Jul 2018. The distribution zip file
comes in two flavors:
  • Binary-only
  • Complete, with docs and sources

If in doubt, choose the binary-only version and browse docs and sources online.

Need to work with an older version? See the releases page.

Step 2. Unpack the distribution
```

다운로드 받은 파일은 C://드라이브 같은 경로에 압축을 풀어줍니다.

Gradle을 이용하기 위해서는 환경설정을 하는 것이 좋기 때문에 환경 변수에 'Path'에 추가적인 설정이 필요합니다.

환경 변수들 중에서 'Path' 항목에 Gradle의 'bin' 폴더를 지정합니다.

환경 변수의 설정 후에는 명령 프롬프트를 이용해서 'gradle-v'와 같은 명령어가 정상 실행되는지 확인합니다.

## A.3 프로젝트 생성

Intellij를 실행하고 새로운 프로젝트를 생성합니다. 프로젝트 생성 시에는 'Gradle' 프로젝트를 생성하고, 'java' 항목과 'web' 항목을 체크해서 생성합니다. 최초 생성 시에는 JDK를 지정합니다(만일 'web' 항목이 보이지 않는다면 뒤쪽의 'Lombok' 플러그인과 같이 'Tomcat' 관련 플러그인을 추가해 두면 됩니다.).

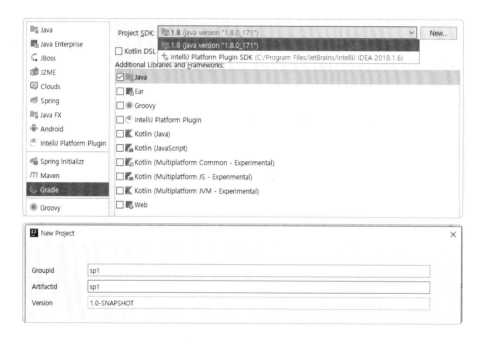

기타 항목들은 아래와 같이 지정합니다.

프로젝트의 이름을 지정하고 생성합니다.

## A.4 스프링 프레임워크 추가

작성된 프로젝트는 아직 스프링 프레임워크에 대한 지정이 없는 상태입니다. 이를 추가하는 방법은 프로젝트에서 'Add Framework Support'를 이용하거나, Gradle에 직접 추가하는 방식입니다. 'Add Framework Support' 방식이 편하기는 하지만 스프링 4.3.x 버전이라는 단점이 있습니다.

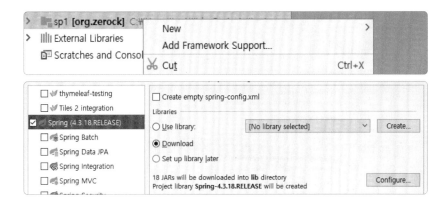

만일 본인이 원하는 버전으로 조정하는 방식으로 만든다면 직접 Gradle을 이용하는 방식이 더 편리하다고 생각합니다.

### A.4.1 build.gradle 파일 수정

프로젝트 내에는 build.gradle 파일이 하나 생성되어 있고, JUnit 4.11 혹은 4.12 버전이 추가되어 있습니다.

브라우저 등을 이용해서 'Maven Spring' 등을 검색해서 스프링 관련 항목들을 추가합니다. build.gradle에 추가할 경우에는 줄바꿈이 없어야 하지만 지면 관계상 줄바꿈이 추가되었습니다.

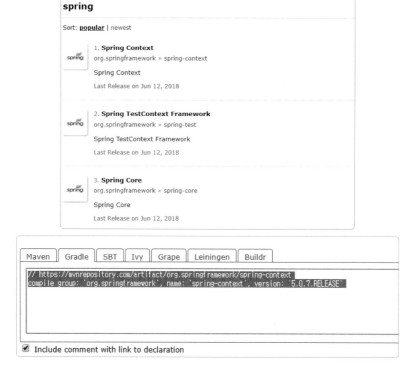

build.gradle 파일 일부

```
dependencies {
    testCompile group: 'junit', name: 'junit', version: '4.11'
    compile group: 'org.springframework', name: 'spring-context',
version: '5.0.7.RELEASE'
    compile group: 'org.springframework', name: 'spring-test', version:
'5.0.7.RELEASE'

}
```

build.gradle 파일에 추가하면 자동으로 다운로드와 빌드가 실행됩니다.

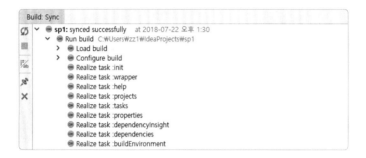

## A.5 Lombok 플러그인 추가

Eclipse와 마찬가지로 Lombok을 이용하기 위해서는 약간의 추가적인 설정이 필요합니다. 'File' 메뉴의 'Settings'를 이용해서 Plugin 메뉴를 선택합니다.

하단의 'Browse repositories...'를 이용해서 Lombok을 검색하고 설치합니다.

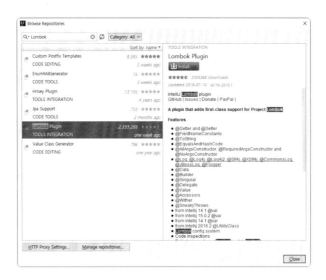

Lombok 플러그인의 설치 이후에는 Intellij를 재시작하게 됩니다. build.gradle 파일에는 Lombok을 아래와 같이 추가합니다(각 라이브러리는 한 라인으로 처리하지만 지면 관계상 줄바꿈이 되었습니다.).

**build.gradle 파일 일부**

```
dependencies {
    testCompile group: 'junit', name: 'junit', version: '4.11'
    compile group: 'org.springframework', name: 'spring-context',
version: '5.0.7.RELEASE'
    compile group: 'org.springframework', name: 'spring-test', version:
'5.0.7.RELEASE'
// https://mvnrepository.com/artifact/org.projectlombok/lombok
    compile group: 'org.projectlombok', name: 'lombok', version: '1.18.0'

}
```

## A.6 Lombok 컴파일 환경

Lombok 컴파일 시 정상적으로 동작시키기 위해서는 Intellij에 컴파일 관련 옵션을 조정해야 합니다. 'Settings -> Build -> Compiler -> Annotation Processors' 메뉴

를 이용해서 지정합니다. 아래 화면에서 'Enable annotation processing'을 체크합니다.

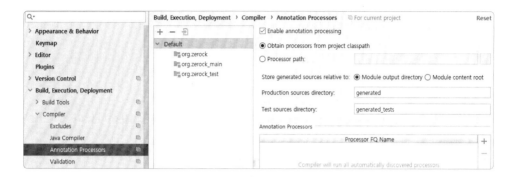

## A.7 Log4j 추가

테스트를 진행하거나, Tomcat을 실행하면서 필요한 메시지를 System.out.println( )
대신에 Log4j를 이용해서 기록합니다. 이를 위해서는 Log4j 라이브러리가 필요하고,
Log4j 관련 설정을 추가해 줄 필요가 있습니다.

**build.gradle 파일 일부**

```
dependencies {
    testCompile group: 'junit', name: 'junit', version: '4.11'
    compile group: 'org.springframework', name: 'spring-context',
version: '5.0.7.RELEASE'
    compile group: 'org.springframework', name: 'spring-test', version:
'5.0.7.RELEASE'
    compile group: 'org.projectlombok', name: 'lombok', version: '1.18.0'
    compile group: 'log4j', name: 'log4j', version: '1.2.17'
}
```

Log4j를 제대로 이용하기 위해서는 Log4j의 설정 파일 혹은 객체를 생성해야 합니다. 주
로 XML 이나 properties 파일을 이용해서 설정합니다. 프로젝트 내에 'resources' 폴더
를 생성합니다. 'resources' 폴더와 함께 나중에 사용하게 될 java 폴더도 같이 생성합니다.

프로젝트의 'src' 내의 'resources' 경로에 log4j.properties 파일을 작성합니다.

```
log4j.properties
log4j.rootLogger=INFO, stdout

# Direct log messages to stdout
log4j.appender.stdout=org.apache.log4j.ConsoleAppender
log4j.appender.stdout.Target=System.out
log4j.appender.stdout.layout=org.apache.log4j.PatternLayout
log4j.appender.stdout.layout.ConversionPattern= %-5p %c{1}:%L - %m%n
```

## A.8 Tomcat 설정

Intellij의 경우 Tomcat을 설정하고, 프로젝트의 실행에 Tomcat에 프로젝트를 추가하는 방식을 이용합니다. 화면의 오른쪽 상단에는 'Run' 항목이 있는데 별도의 설정이 없었다면 아래와 같은 모습으로 보이게 됩니다. 'Edit Configurations...'를 선택합니다.

'Templates' 항목을 보면 'Tomcat Server' 항목이 있고 'Local' 설정을 추가합니다.

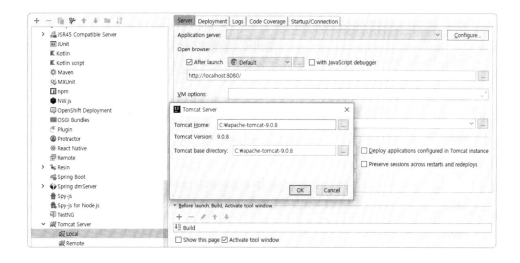

## A.8.1 Tomcat에서 프로젝트 실행

Tomcat을 지정해도 프로젝트를 실행하는 메뉴는 변화가 없습니다. 앞에서 지정한 Tomcat에 현재 프로젝트를 추가해 주어야만 합니다.

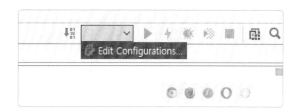

상단의 '+' 버튼을 이용해서 추가합니다.

항목에서 'Tomcat Server -> Local'을 선택하고 저장합니다.

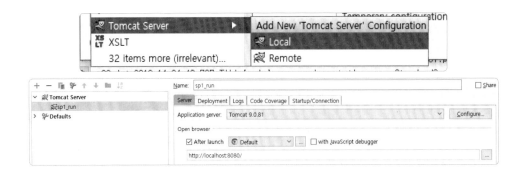

'Deployment' 항목을 선택하고, 현재 작성 중인 프로젝트를 추가합니다.

화면에서는 'sp1_run'이라는 실행 가능한 항목이 생성되고, 실행이 가능합니다.

```
22-Jul-2018 14:50:05.663 정보 [main] org.apache.coyote.AbstractProtocol.start Starting ProtocolHandler ["http-nio-8080"]
22-Jul-2018 14:50:05.669 정보 [main] org.apache.coyote.AbstractProtocol.start Starting ProtocolHandler ["ajp-nio-8009"]
22-Jul-2018 14:50:05.671 정보 [main] org.apache.catalina.startup.Catalina.start Server startup in 30 ms
Connected to server
[2018-07-22 02:50:05,781] Artifact Gradle : org.zerock : org.zerock-1.0-SNAPSHOT.war (exploded): Artifact is being deployed, please wait...
22-Jul-2018 14:50:06.581 정보 [RMI TCP Connection(3)-127.0.0.1] org.apache.jasper.servlet.TldScanner.scanJars At least one JAR was scanned
[2018-07-22 02:50:06,611] Artifact Gradle : org.zerock : org.zerock-1.0-SNAPSHOT.war (exploded): Artifact is deployed successfully
[2018-07-22 02:50:06,612] Artifact Gradle : org.zerock : org.zerock-1.0-SNAPSHOT.war (exploded): Deploy took 831 milliseconds
```

## A.9 스프링 MVC 추가와 XML 파일 생성

build.gradle에 spring-webmvc를 추가합니다.

**build.gradle의 일부**

```
dependencies {
    testCompile group: 'junit', name: 'junit', version: '4.11'
    compile group: 'org.springframework', name: 'spring-context',
version: '5.0.7.RELEASE'
    compile group: 'org.springframework', name: 'spring-test', version:
'5.0.7.RELEASE'
    compile group: 'org.springframework', name: 'spring-webmvc', version:
'5.0.7.RELEASE'

// https://mvnrepository.com/artifact/org.projectlombok/lombok
    compile group: 'org.projectlombok', name: 'lombok', version: '1.18.0'
    compile group: 'log4j', name: 'log4j', version: '1.2.17'
}
```

책의 예제에서 사용했던 root-context.xml과 servlet-context.xml을 작성하는 방식은 webapp 폴더에 필요한 폴더 구조를 생성해서 사용합니다. 'WEB-INF' 폴더를 먼저 생성하고 spring, appServlet 폴더를 생성합니다.

WEB-INF 밑에 spring 폴더에는 'root-context.xml' 파일을 생성합니다. XML 파일을 직접 생성할 수도 있지만, 메뉴를 이용해서 생성할 수 있습니다.

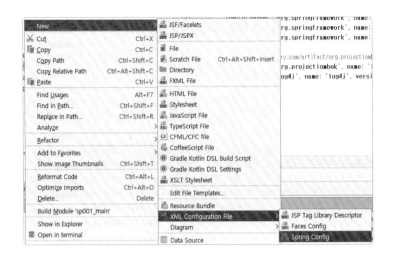

위와 같은 메뉴를 이용해서 'root-context.xml'과 'servlet-context.xml'을 생성합니다.

스프링의 설정을 담당하는 XML 파일들이 추가되면 화면의 상단에 'Application context ...'와 같은 메시지가 보이게 됩니다.

Intellij는 XML 파일들을 자동으로 추적해서 해당 파일에 어떤 프레임워크의 설정 파일인지를 파악하고 프로젝트 정보에 포함합니다. 화면 오른쪽의 설정 메뉴를 이용해서 추가

하고 'Project Structure'를 확인해 보면 root-context.xml과 servlet-context.xml
이 추가된 것을 볼 수 있습니다.

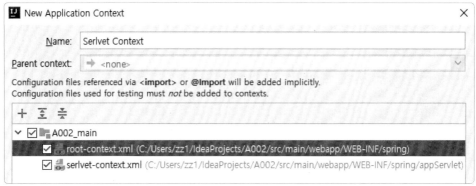

### A.9.1 SampleController 추가

main 폴더 내에 java 폴더를 이용해서 'org.zerock.controller' 패키지를 생성합니다.

생성된 패키지에 SampleController 클래스를 추가합니다.

```
package org.zerock.controller;


import lombok.extern.log4j.Log4j;
import org.springframework.stereotype.Controller;
import org.springframework.web.bind.annotation.GetMapping;

@Controller
@Log4j
public class SampleController {

    @GetMapping("/doA")
    public void doA(){

        log.info("doA called.............");
        log.info("----------------------");
    }

}
```

작성한 SampleController에는 @Log4j 등을 이용해서 Lombok을 이용하는 컴파일이
정상적으로 실행되는지 확인합니다. 작성한 SampleController가 정상적으로 작동하기
위해서는 servlet-context.xml을 설정해야 합니다. Intellij의 경우 XML 설정 파일에
설정을 추가하면 약간의 자동완성 기능으로 XML 네임스페이스가 추가됩니다.

```
<mvc:annotation-driven/>

<context:component-scan base-package="org.zerock.controller"/>

<bean class="org.springframework.web.servlet.view.
    InternalResourceViewResolver">
    <property name="prefix" value="/WEB-INF/views/" />
    <property name="suffix" value=".jsp" />
</bean>
```

## A.10 web.xml 생성과 실행 테스트

'File' 메뉴의 'Project Structure' 내에 'Facets' 항목을 열어서 web.xml을 추가합니다.

위 화면 오른쪽에 '+'를 선택해서 web.xml을 추가합니다.

만들어지는 web.xml의 위치는 '.idea' 폴더 내에 생성됩니다.

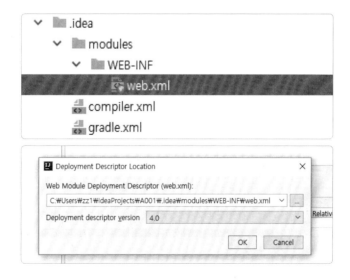

만들어진 web.xml은 다음의 내용으로 수정합니다.

```
<context-param>
    <param-name>contextConfigLocation</param-name>
    <param-value>/WEB-INF/spring/root-context.xml</param-value>
</context-param>

<!-- Creates the Spring Container shared by all Servlets and Filters -->
<listener>
  <listener-class>
  org.springframework.web.context.ContextLoaderListener
  </listener-class>
</listener>

<!-- Processes application requests -->
<servlet>
    <servlet-name>appServlet</servlet-name>
    <servlet-class>org.springframework.web.servlet.DispatcherServlet
    </servlet-class>
    <init-param>
        <param-name>contextConfigLocation</param-name>
        <param-value>/WEB-INF/spring/appServlet/servlet-context.xml
        </param-value>
    </init-param>
    <load-on-startup>1</load-on-startup>
</servlet>

<servlet-mapping>
    <servlet-name>appServlet</servlet-name>
    <url-pattern>/</url-pattern>
</servlet-mapping>
```

Tomcat을 실행해서 아래와 같은 화면이 나오는지 확인합니다.

나머지 views 폴더의 추가와 jsp 파일의 추가는 WEB-INF 밑에 views 폴더를 생성해서 추가합니다.

# 찾아보기